中国金融监管制度改革报告 2018

中国经济体制改革研究会金融新常态课题组　编

中国金融出版社

责任编辑：曹亚豪
责任校对：孙　蕊
责任印制：张也男

图书在版编目（CIP）数据

中国金融监管制度改革报告 2018（Zhongguo Jinrong Jianguan Zhidu Gaige Baogao 2018）/中国经济体制改革研究会金融新常态课题组编．—北京：中国金融出版社，2018.10

ISBN 978 -7 -5049 -9718 -0

Ⅰ．①中…　Ⅱ．①中…　Ⅲ．①金融监管—监管制度—体制改革—研究报告—中国—2018　Ⅳ．①F832.1

中国版本图书馆 CIP 数据核字（2018）第 198519 号

出版发行　中国金融出版社

社址　北京市丰台区益泽路 2 号
市场开发部　（010）63266347，63805472，63439533（传真）
网 上 书 店　http：//www.chinafph.com
（010）63286832，63365686（传真）
读者服务部　（010）66070833，62568380
邮编　100071
经销　新华书店
印刷　保利达印务有限公司
尺寸　169 毫米×239 毫米
印张　26
字数　460 千
版次　2018 年 10 月第 1 版
印次　2018 年 10 月第 1 次印刷
定价　78.00 元
ISBN 978 -7 -5049 -9718 -0

《中国金融监管制度改革报告 2018》编委会

课 题 顾 问：高尚全　彭　森　巴曙松　王志峰

课题组组长：陆　琪

课题组副组长：张　搏

课题组成员：冯　乾　乔　博　夏　强　周　炜
慈庆琪　邓婧宇　高　嵩　李羽翔
马维春　解　辞　薛　瑶　姚舜达
游诗棋　赵丽萍　赵文耀

课题指导单位：中国经济体制改革研究会
亚太资产管理高峰论坛学术委员会

课题支持单位：翼龙贷　金领汇伯乐网

引　言

近年来，中国金融业改革面临着国际和国内双重复杂形势。国际方面，美国经济复苏强劲，自2015年首次加息后，货币政策收紧步伐逐步加快，财政政策通过加大基础设施建设、税改等进一步扩张，挑起中美贸易争端，政策外溢性给我国的政策环境带来了收紧的压力。国内方面，经济面临“L”形拐点，供给侧结构性改革不断推进，在利率处于历史低位、流动性较为宽裕的情况下，以银行业为主要构成部分的金融体系资产规模迅速扩张，部分金融产品多层嵌套，资金空转，杠杆率攀升，金融风险积聚。特别是，在金融增加值占GDP的比重超过发达国家的背景下，实体经济尤其是中小企业严重缺乏金融支持，资金空转、脱实向虚的情况十分严重，金融监管急需加强治理。与此同时，随着金融创新与金融脱媒的加速，以及金融混业经营、跨界发展的加剧，特别是互联网金融的迅速崛起，现行的分业监管格局已日显不足，监管真空、监管重复与监管套利交织而生，改革监管体制的呼声也因之日盛。具体而言，我国金融监管体制主要存在以下几个方面的问题：

一是分业监管体制下的监管部门通常具有较为明显的“地盘意识”，通常奉行“谁家孩子谁抱走”的原则，监管“割据”状态持续强化，导致跨部门协调困难重重；二是监管部门集监管与行业发展职能于一身，客观上形成了监管不足的土壤，导致“刚性兑付”和“小也不能倒”的现象持续存在；三是多头监管容易引发监管套利，导致风险隐匿、转移和放大，互联网金融和金融科技风险处于监管盲区，负责宏观审慎政策和货币政策的货币当局游离于金融监管之外，不利于系统性金融风险的防范。

特别是2015年股票市场爆发的剧烈波动，以及一系列“黑天鹅”事件显现出系统性风险苗头，进一步引发了市场改革监管体制的呼声。2016年底，中央经济工作会议明确指出要警惕并注重防控八个方面的风险。而2017年以来相关市场的风险事件依然时有发生。因此，未来一个时期防控金融风险必然是金融工作的首要而紧迫的任务。

习近平总书记在2017年全国金融工作会议上指出，要强化监管，提高防范化解金融风险能力，使金融回归服务实体经济的本源，进一步推动和深化金融改革，同时要加强金融监管协调、补齐监管短板。2017 年 11 月，国务院金融稳定发展委员会成立，旨在强化人民银行宏观审慎管理和系统性风险防范职责。国务院金融稳定发展委员会的成立本身则是监管体制由分到合的一项重要标志，2018 年初，银监会和保监会合并成为银保监会，成为监管体制由分到合的又一个重大事件。这两项措施都是高层在金融监管体制问题上的重大决策，也彰显出我国金融监管改革的方向。

在此指导思想下，监管机构一方面通过合理安排多种政策工具搭配和操作节奏，为“去杠杆”等工作塑造平稳适度的政策环境；另一方面通过密集出台监管政策及规章制度，规范金融机构的运营行为，防范和化解金融风险。在二者的结合下，金融改革发展取得了新的重大成就，金融改革有序推进，金融监管得到改进，守住不发生系统性金融风险底线的能力增强。

本报告是中国经济体制改革研究会金融新常态课题组和亚太资产管理高峰论坛学术委员会的合作课题，旨在梳理 2017 年对金融监管和金融市场运行产生较大影响的制度变革，从制度层面分析 2017 年（时间区间为 2017 年 1 月初至 2018 年 1 月末，因为银保监会的成立不在这一时期内，其对市场带来的深远影响也有待观察，这一改革内容将在未来的 2019 年报告中体现）金融领域的改革措施，为金融决策层提供参考。

从组织上来看，本报告将金融业分为四个子行业，即银行业、证券业、保险业以及新金融业，每一个子行业中根据制度或政策的性质再进行细分。每一条制度或政策，均按照发文信息、发文背景、主要内容、内容评述、政策影响等方面进行分析和解读。本报告共解读制度 224 篇。在制度筛选方面，涉及监管制度、业务指引、指导意见、产品规则等种类。在行文方面，考虑到解读的制度数量较多，凡涉及“本制度”“本办法”或者“××号文”的简称，均限于当篇制度解读部分。课题组成员对制度的解读力求准确、客观、联系市场实际，但能力所限，撰写过程中难免出现纰漏，敬请专家们指正。

最后，课题组全体成员在课题准备和写作过程中都付出了艰辛的努力，高尚全老师和彭森主任都对课题给予了重大的支持，巴曙松教授专门提出了具体的修改意见，王志峰秘书长从课题筹划开始就全程给予指导。在此一并向他们表示感谢！

陆琪 张搏

目　录

中国金融改革的进展和新的任务

高尚全　陆　琪

中国的金融改革伴随着中国经济体制改革的进程，历经了不同的阶段，针对每个阶段的实体经济状态，提供了相应的金融服务，为中国30多年来的经济高速增长做出了不可磨灭的历史贡献。虽然在改革的过程中，由于历史和认知的局限性，中国的金融改革或多或少走了一些弯路，但从整体上看，中国的金融改革成功地满足了中国经济从计划经济到市场经济、从农业国家到现代化国家的双重转型过程中对金融的需求，并通过自身的不断改革，化解了多次国内外因素带来的危机，保障了经济的平稳、健康发展，实现了货币和整个金融市场的稳定。在当前经济新常态，经济发展面临较大压力的情况下，中国的金融体系承受着更大的压力，国内外潜在风险随时可能因为某些不确定的“黑天鹅”事件而引爆，对我国的金融安全构成威胁。面对这样的局面，经济领域，尤其是金融领域的研究者、管理者、参与者需要冷静应对，科学判断，根据实际情况审时度势，既维护当前的稳定发展的局面，又破解深层次的风险积累。为此，需要对中国金融改革的历史和现状进行梳理和回顾，以便寻找正确的答案。

一、近40年来金融改革的进展

金融是市场经济的核心要素，市场在很大程度上是通过金融资源的调配来配置资源。在中国经济体制改革的进程中，金融业随着市场经济的逐步成熟而逐渐发展壮大，从政府部门的僵化有形之手逐渐转换成为市场配置资源的无形推动力。

改革开放初期，计划经济体制还没有打破，与高度集中的计划经济体制相配套，人民银行一统天下，同时行使中央银行和商业银行的职能。人民银行贷款与财政拨款无异，管理体制高度集中，实行统收统支，存款全部上缴总行，贷款按计划层层下批。在农村改革率先启动的情况下，1979年1月，为了加强对农业的扶持，首先恢复中国农业银行。同年3月，为加快对外开放和对接国际金融业务发展的需要，设立中国银行为专门的外汇专业银行。1979 年底，成立中国国际信托投资公司，恢复国内保险业务。通过这些改革，逐步理顺金融体制。1983 年，国务院做出《关于中国人民银行专门行使中央银行职能的决定》，决定成立中国工商银行，承办原来由人民银行办理的工商信贷和储蓄业务。中国人民银行不再从事具体业务，专注于行使货币发行和信贷管理等方面的职能。由此形成了以中国人民银行履行央行职能，四大银行各司其职的初步的专业银行体系。这个初步的金融体系的形成，为 1984 年农业大丰收之后开启的城市经济体制改革奠定了金融基础。

1984 年以后城市经济体制改革的全面推进反过来又要求金融体系进一步向市场化方向改革发展，一是不同种类的金融市场主体大量出现并填补市场空白，农村信用社、城市信用社及由城市信用社转化而来的城市商业银行开始兴起，中国太平洋保险公司、中国平安保险公司等全国性和区域性保险公司陆续成立。二是各类金融市场大量涌现。上海证券交易所和深圳证券交易所先后成立，初步形成中国股票交易市场体系，其他如同业拆借市场、票据市场、外汇市场等银行间市场等都陆续诞生运营。金融市场体系逐步完善。

此外，在外汇管理方面，从改革开放伊始到 1993 年，中国外汇管理体制的改革与外贸管理体制改革和国家利用外资政策相呼应，同步推进改革，对高度集中、统收统支的外汇管理体制逐步淘汰，实行外汇留成与上缴制度，在此基础上培育出外汇调剂市场，形成官方汇率与市场汇率并存的双重汇率制度。

1993 年 11 月，党的十四届三中全会通过的《中共中央关于建立社会主义市场经济体制的若干问题的决定》，对社会主义市场经济的总体架构进行了设计。金融业随之做了适应市场化方向的系统性改革。以银行业为例，先后出台了《中央银行法》《商业银行法》，明确划分了中央银行、商业银行的职能，从法律上确立了中国人民银行的央行地位，同时通过对商业银行的定位为竞争性金融市场的培育铺平了道路，四大国有银行先后进行商业化改革，一批全国性和地方性商业银行相继成立，金融供给更加充分。1994 年，又先后成立了国家开发银行、中国农业发展银行、中国进出口银行，健全了政策银行体系。

党的十四届三中全会召开后，随着对外开放的进一步推进和对市场化要求的进一步提高，外汇管理体制再次改革，开始实行以市场供求为基础的、单一的、有管理的浮动汇率制度。20 世纪 90 年代，为了应对蓬勃发展的金融行业的监管需求，先后设立了证监会和保监会，监管体系也随着金融产业的发展逐步建立和完善。在金融机构和金融市场改革发展的基础上，建立了新的宏观调控框架，明确了当时国家计委、财政政策、货币政策的各自功能，宏观调控从直接调控加快转向间接调控，符合党的十四届三中全会决定的要求。

1997年，亚洲金融危机爆发，对我国金融市场产生了冲击，一批运营不够规范、先天不足的金融机构破产，银行风险也大面积暴露，对金融机构的规范化、专业化的要求越来越迫切。为此，金融改革必须进一步推进，在商业银行运营方面，首先对会计准则进行了改进，其次修正贷款分类制度，摸清家底。最后为充实资本、引进先进管理经验，主要金融机构都开启了上市步伐并渐次登陆资本市场。农村信用合作社以及一些中小商业银行都进行了规范化法治化改革。在证券市场方面，2005年中央下决心解决了股权分置改革的难题。在金融监管方面，2003年新设了银监会，厘清了与人民银行金融监管和宏观调控的责任关系，形成了"一行三会"的监管格局。

20世纪90年代末到21世纪初金融体制改革持续推进，使我国初步形成了金融市场和监管体系，为我国应对2008年国际金融危机带来的冲击打下了坚实的基础。党的十八大以来，中国经济出现新常态，经济下行压力较大，对金融市场和金融监管都形成了新的挑战，与此同时，互联网尤其是移动互联网的兴起和金融产业的跨界融合也对金融监管形成了新的挑战。金融产业对实体经济的支持有待加强。凡此种种，都表明我国的金融体制还有很大的改革进步空间。

二、当前金融风险的表现及如何缓解

经过改革开放以来近40年的努力，中国金融体制改革取得了很大的成绩。但是，经济扩张周期中形成的金融体制并不一定能够承担起经济回落周期中形成的金融风险压力。在经济新常态的大背景下，我国经济体制中存在的深层次的结构性问题都会以金融风险的形式渐次集中在金融市场暴露。此外，如前文所言，在"互联网+"时代，金融产品的跨界融合以及科技产品与金融产品的跨界融合，也使金融市场产生了新的不确定的风险。

2017年"两会"期间，李克强总理在政府工作报告中指出："当前系统性风险总体可控，但对不良资产、债券违约、影子银行、互联网金融等累积风险要高度警惕。稳妥推进金融监管体制改革，有序化解处置突出风险点，整顿规范金融秩序，筑牢金融风险'防火墙'。"金融风险的防范和化解对保持经济稳中求进的发展至关重要，要筑牢金融风险的"防火墙"就必须对当前金融风险的类别和形成金融风险的原因要有深刻认识。总体而言，当前金融风险主要表现在以下几个方面：

1. 高杠杆风险。"三去一降一补"是我国供给侧改革的重要内容。"三去”中的去杠杆就是专门为了防范长期性和系统性的风险，降低高负债率。据有关媒体估算，2015 年，中国非金融部门，也就是包括企业、居民和政府部门在内的实体经济部门，负债总额大约为人民币 175 万亿元，占 GDP 的比重接近 260%。这个数字没有包括理财产品和其他非标产品形成的债务。而截至 2016 年末，理财规模达到 29.1 万亿元，占表内资产的比重由 2014 年底的 6.5%升至 2016 年底的 16.5%。不计算理财产品形成的杠杆，仅前述 260%的负债率就远远超过一般的新兴市场经济国家，许多发展中国家在低于这一负债率的水平时就发生了债务危机。虽然也有很多发达国家的负债率超过我国，而且我国较高的居民储蓄率大幅度降低了债务危机的风险，但是我国自 2008 年国际金融危机以来杠杆率攀升速度极快，几乎翻倍。与此相反，投资回报率却在显著降低。尤其是近年来，民间投资大幅度下滑，主要靠一向被认为效率较低的政府投资的拉动。在政府投资节节攀升的同时，地方债风险问题日渐突出，政府为主的投资除了与房地产相关的卖地收入外，许多基建投资是没有收益或者收益无法覆盖未来的还本付息的。这样的高杠杆潜伏着较为严重的金融系统风险。

2. 房地产风险。从 20 世纪 90 年代末结束单位福利分房开始，房地产逐渐成为国民经济中的一项支柱产业。房地产行业的发展一方面改善了居民的住房条件，另一方面也使地方政府有了充足的财政收入和融资担保来源来完成基础设施投资及中央地方财政事权和财权并不匹配的条件下民众的各项基本保障。但是房价的快速增长并与居民收入的脱节使房地产逐渐成为一项金融产品。作为金融产品且不断炒高的房地产蕴含着巨大的风险。2008 年的国际金融危机就是肇始于美国“两房”的债券。2016 年初以来，房地产又进入了一轮新的加价周期，其中很大的诱因，是与 2015 年以来利率处于低位，影子银行货币派生能力大幅提高带来的货币供给的加大有关。以房地产为代表的资产价格的新一轮上涨，反过来又刺激金融领域加杠杆，形成恶性循环。围绕房地产不断增加的金融杠杆，如果不加以有效控制，则迟早会形成大规模的风险集聚并爆发，尤其是我国大规模的地方债，其起点是房地产领域，一旦房地产价格暴跌，地方资产负债表必然出现严重的失衡，银行业将受到严重的冲击。对于这样巨大的潜在风险，必须未雨绸缪，尽早拿出长效治理机制。

3. 汇率风险。汇率风险也是当前金融领域最为重要的潜在风险之一。世界经济疲软导致我国加入世界贸易组织以来拉动经济的出口一度疲软，贸易顺差减少，这必然导致外汇储备规模要较过去巨额顺差情况下减少。此外，在经济新常态的背景下，看空中国经济的声音逐渐升高，加上全世界新兴经济体的经济发展速度都不容乐观，在美联储加息的影响下，热钱回流也导致了我国外汇储备规模的波动。与此同时，我国实体经济领域的高税负和法治的不健全，也使一部分企业家乃至中产阶级向境外转移资产。在以上多种因素的共同作用下，我国的外汇储备从 4 万多亿美元一度减少到跌破 3 万亿美元。当前我国外汇储备仍然是充足的，尚无直接造成金融风险的危险。但是外汇储备在短期内大幅度下滑的趋势和速度是令人忧虑的，如果外汇储备继续快速下降，则会带来不可测的风险，需要采取有效措施予以应对。

4. 混业经营和跨界融合风险。我国形成“一行三会”的分业监管格局之后，金融业有了长足进步。现代金融业的发展必然产生金融业混业经营的态势，同时，以规避监管为目的的金融创新也会创造诸多混业的金融产品。这样的混业经营尤其是监管套利的混业金融产品是酿成金融风险的最重要的因素之一。互联网尤其是移动互联网的普及还带来了金融产品与互联网的跨界融合。2014 年以来，互联网金融迅速崛起，各种金融产品通过互联网渠道直接呈现在金融消费者面前，市场上一度出现金融即将完全脱媒的呼声。但是脱离了监管的互联网金融在 2015 年就迅速出现了各种风险，尤其是 P2P 领域，大量没有金融牌照的网上理财平台或倒闭或卷款潜逃，造成市场的波动乃至不稳定。金融创新有助于经济的发展和活力的提升，互联网金融创新也是活跃金融市场的历史大方向，但是如果不注重控制风险，负面作用就会迅速显现。

就具体微观的金融经营主体而言，金融业本身就是经营风险的行业，控制风险是金融业的核心要义。在宏观层次，缓解金融风险、防止系统性金融风险的爆发是金融监管的重要职责，所以才有了宏观审慎监管这个提法。但是，从前述对各类金融风险的梳理来看，缓解金融风险、防止系统性金融风险不仅仅是金融监管部门的责任，因为实体经济部门不协调、不健康的因素都会逐渐转移到金融部门，或者说经济结构中深层次的矛盾最后都将体现到金融部门，部分金融风险的产生不是金融监管部门能够左右的。对照当前的具体情况，缓解金融风险必须从以下几个方面入手：

第一，要固本培元，促进实体经济的健康发展。金融虽然是国民经济的血管和命脉，但是任何一个国家经济发展的基础都是实体经济，金融归根结底是要为实体经济服务的。金融与实体经济的关系，就是毛发和皮肤的关系，皮之不存，毛将焉附？实体经济发展好了，金融即便有所动荡，整个经济体仍然是稳定的。譬如日本虽然曾经因为金融问题爆发“资产负债表”危机，陷入“失去的十年”，但是日本的产品畅销全世界，日本的社会仍然十分稳定和谐。从这个角度讲，我们要进行供给侧改革，提升我国的实体经济尤其是制造业的品牌和质量，是完全正确的。

第二，要做好财税体制改革，化解地方债和房地产风险。地方债规模扩大和房地产价格的飙升与地方财政体制密切相关。在中央财权和事权不匹配的条件下，地方没有充足的收入还要承担人民群众的各类兜底保障，财政压力很大。现有制度下，代议机关对政府的财政约束又相当疲软。如果对此没有重要的变革，那么地方债和房地产风险都比较难以化解，只能头痛医头脚痛医脚。只有理顺财税体制，使地方政府获得更多的正税来源，同时通过房地产税有效调节房价，才能杜绝这方面造成的向金融领域集聚。

第三，要高度重视法治建设。市场经济本身就应当是法治经济，金融市场的平稳发展更加需要法治。从世界范围来看，几乎没有一个国际金融中心不是在法治发达国家。这是因为，金融的本质是信用，信用的基础是信心，如果法治缺失，权力能够为所欲为，能够随意打着各种旗号改变规则，那就必然导致信心的缺失，这不仅仅导致精英乃至中产阶级的转移资产和移民，还导致外汇储备的损失，而且当信心缺失到一定程度，任何风吹草动都会触发严重的系统性风险。

第四，做好金融监管协调工作。金融行业的混业经营和跨界融合给金融监管带来了巨大的挑战，在这种背景下，不同金融监管部门之间如何进行有效的协调就变得至关重要。尽量减少监管的空白区域就能够尽量减少不必要的金融风险的暴露。金融监管是防范金融风险的最后一道防线，有效的金融监管能够为缓解金融风险，调整经济体内部结构失衡争取时间，最大限度地降低金融风险的强度。

三、金融如何为实体经济服务

金融如何有效地为经济服务，这是全世界所有国家在经济发展过程中都面临的重要问题之一。我国也不例外，当前我国经济运行过程中存在的一个较为突出的弊端就是，实体经济发展较为困难，缺乏资金支持，但是大量资金或者流入本来就泡沫过大的房地产行业，或者在金融资产内部循环投机。以人民银行 2016 年 7 月的信贷数据为例，当月人民币贷款增加 4636 亿元，住房部门贷款就占了 4575 亿元，绝大部分贷款都到了房地产行业。实体经济利润微薄，而房地产炒作和金融投机则利润惊人，大量资金只在房地产和金融市场上空转，实体经济则严重缺乏资金。中国经济要持续健康稳定发展，则这种情况亟须得到改变。

金融如何为实体经济服务，必须分析研究我国当前实体经济发展的状况和阻碍发展的因素。改革开放以来，我国的实体经济尤其是制造业发展迅猛。特别是加入世界贸易组织以后，中国制造响彻寰宇。根据德勤发布的《2016 全球制造业竞争力指数》，中国当前的制造业规模非常大，2010 年就超越美国成了全球第一。按照联合国的统计，500 多个产品中，有 220 个产品中国的生产规模均居全球第一。但是近年来，由于需求下降引起工业活动不断下滑，进而导致工厂产能过剩。比如中国汽车行业产能利用率，已从 2009 年的 100% 下降至 70%。制造业占 GDP 的比重已经从 2007 年的 41% 下降到 2014 年的 36%。

中国实体经济的发展来源于多方面的因素，包括低廉的劳动力、低廉的环境成本、广阔的国内外市场以及成熟的国际贸易规则。2008 年国际金融危机以后，国际市场出现了疲软的状态，国内原有的优势，如劳动力成本、环境成本低廉的状态随着经济社会的发展逐步走高。原来被低廉的劳动力成本、低廉的环境成本覆盖的后发劣势则逐渐浮出水面，如税负高、物流成本高、能源成本高、权力寻租等，融资难融资贵也是重要原因。实体经济中的每一个微观市场主体都面临着或这或那的难题，很多市场参与者不愿意再向实业进行投资，而转向海外投资或者金融房地产投机。这也是 2016 年以来民间投资大幅度下滑和 M_1 与 M_2 数据背离的重要原因之一。

要做好金融服务实体经济的工作，首先要扫清实体经济发展的外部障碍，让投资实体经济变得真正有回报。这需要切实转变政府职能，节约“三公”支出，以腾出降低税费的空间。其次要剔除盘踞在交通、能源、通信等实体经济上游的垄断，提高效能，以降低企业各方面的成本，为企业在劳动力成本和环境成本方面的提高预留空间。我们还要严格制约权力，确保权力在法治的范围内行使，尽最大可能减少权力对企业的寻租，为实体经济的法治创造良好的市场环境、法治环境。党的十八大提出要使市场在资源配置中起到决定性作用，正确发挥政府作用。具体到金融服务实体经济的领域，最佳的路径是使金融资源能够通过市场自由的选择通过股权投资、债权投资等方式流入到实体经济里优质的企业中去，为了达到这个目标，就需要政府为实体经济发展创造良好的外部环境，增强实体经济对金融资源的吸引力，这恰恰是政府应当做的事情。

要做好金融服务实体经济的工作，需要做好金融基础服务工作。实体经济融资难融资贵的责任并不完全在于金融机构，金融基础服务缺失也是重要成因。以其中的征信服务为例，实体经济中许多中小企业资信不足、屡次发生逃废债现象也是银行等金融机构不愿意进行资金支持的原因之一。在许多金融机构看来，相比于中小企业乃至一些大企业，政府至少不太会有道德风险、不会破产倒闭，所以各金融机构都紧盯着政府融资平台，地方政府融资平台的融资大量挤占了中小企业的信贷资源。要解决这个问题，必须使金融机构能够准确把握中小企业的资信状况。目前人民银行虽然建立了征信数据中心，但是链接的只是各金融机构之间的数据，与地方税务、电力等部门之间仍处于数据分割的状态，要获得更加可靠的资信数据，需要打破信息孤岛才能建立更加实时可靠的征信体系，继而才能使金融机构愿意为实体经济服务。整体来看，这仍然是政府部门在创造环境方面应当做的事。

要做好金融服务实体经济的工作，还要积极紧跟金融科技发展的脚步。2014 年兴起的互联网金融虽然在当前出现了很大的问题，甚至很多诈骗犯罪分子在其中鱼目混珠，严重侵害了金融消费者的利益。但是我们应当看到，任何一个新生事物的发展从来都不是一帆风顺的。“互联网＋”与金融具体如何进行结合还需要与市场和监管的实际情况进行相当程度的磨合。互联网金融尤其是其中的“互联网＋供应链金融”“互联网＋消费金融”等，构建了诸多资金流向实体经济的渠道。在互联网金融和金融科技或兴或亡的大局中，有关部门在加大整治力度的同时，也要看到其中的积极成分，这些积极成分很可能就是我们金融改革和发展的未来方向。

在经济新常态的大背景下，中国的金融行业正面临着收缩周期的挑战。科学技术的进步和互联网的普及，在为中国经济的发展增添新动能的同时，也给中国金融市场的发展和监管带来了新的命题，如何通过有效改革来应对各种挑战，提升金融为实体经济服务的能力，这是回答起来、落实起来都极其艰巨的命题。暮色苍茫看劲松，乱云飞渡仍从容。我相信，只要广大金融研究者、管理者、参与者能够解放思想，与时俱进，中国金融改革的脚步就能够跟上市场和时代的步伐，中国经济的未来仍然充满希望。

第一篇　中国金融监管形势和改革综述

第一节　银行业发展形势和改革综述

一、银行业发展形势

2017 年，我国银行业保持稳健运行的良好态势。一是资产规模平稳增长。截至 2017 年末，银行业金融机构总资产 252 万亿元，同比增长 8.7%。与 2012 年末的 133.6 万亿元相比，银行业资产规模五年间增长了 88.6%。其中，各项贷款 129 万亿元，同比增长 12.4%。二是银行业资产质量压力有所缓解。一方面，不良率稳定。截至 2017 年末，我国商业银行不良贷款余额 1.71 万亿元，不良贷款率 1.74%，与 2016 年末持平；关注类贷款余额 3.41 万亿元，关注类贷款率 3.49%。另一方面，拨备充足。商业银行贷款损失准备余额为 3.09 万亿元，较上年末增加 4268 亿元；拨备覆盖率为 181.42%，较上年末上升 5.02 个百分点；贷款拨备率为 3.16%，较上年末上升 0.09 个百分点。三是银行业流动性良好。流动性比例为 50.03%，人民币超额备付金率为 2.02%，存贷款比例为 70.55%，流动性覆盖率为 123.26%。四是银行业资本充足。商业银行核心一级资本充足率为 10.75%，与上年末基本持平；一级资本充足率为 11.35%，较上年末上升 0.1 个百分点；资本充足率为 13.65%，较上年末上升 0.37 个百分点。五是普惠金融力度加大。银行业金融机构用于小微企业贷款和涉农贷款余额均达到 31 万亿元，同比分别增长 15.1% 和 9.6%。保障性安居工程贷款同比增长 42.3%，高于各项贷款平均增速 29.9 个百分点。六是银行业金融机构体系日趋完善。截至 2017 年末，我国共有银行业金融机构法人 4549 家。多元化的机构体系为实体经济、广大百姓提供了差异化、多层次的金融服务。

二、银行业存在的问题

我国银行业风险总体可控，但形势依然严峻复杂，面临着若干重大挑战。

一是金融市场规模的迅速增长与金融机构的高杠杆趋势，加大了银行业金融机构的流动性风险，也抬升了系统性风险。一些较激进的银行资产配置期限过长，导致流动性风险进一步积累。二是交叉金融业务迅速扩张，交易链条拉长，加大了风险管控难度。近年来兴起的一些资管类业务，部分已经突破了地域、行业限制，也突破了宏观调控政策和审慎监管规则，部分资金流向了房地产、过剩产能等领域，有些风险还没有完全暴露。三是银行资金过度集中于房地产行业和地方政府债务，加剧了金融的亲周期性特性，在遏制房地产泡沫化，严肃查处各类违规房地产融资行为，主动配合地方政府整顿隐性债务的环境下，面临较大风险。四是法人治理和风险管控滞后，形成了很多显性或隐性的金融风险。有的银行公司治理能力薄弱，个别银行的大股东将银行视为提款机，通过信托、资管、股权反复质押等手段套取银行资金，票据业务、理财“飞单”、“萝卜章”等违法案件屡次发生。

三、银行业改革思路与措施

2017 年，银监会等监管机构致力于推动银行业提高服务实体经济的能力，深入整治银行业市场乱象，着力防范化解银行业风险，依法处理不法金融机构和非法金融活动，大力补齐监管制度短板，进一步深化银行业改革。

措施方面，监管机构对银行业金融机构采取了更强有力的监管措施。一方面，健全完善规章制度。2017 年全年公开印发重要规范性文件共 29 个，公开征求意见的重要规范性文件共 4 个。其中，防范化解金融风险类 9 个，包括《关于银行业风险防控工作的指导意见》《商业银行委托贷款管理办法》等；支持实体经济发展类 9 个，包括《关于提升银行业服务实体经济质效的指导意见》《关于印发大中型商业银行设立普惠金融事业部实施方案的通知》等；深化金融改革类 9 个，包括《关于规范金融机构资产管理业务的指导意见（征求意见稿）》《商业银行股权管理暂行办法》等；其他类 6 个，包括《商业银行押品管理指引》《信托公司监管评级办法》等。另一方面，开展综合整治。以整治银行业市场乱象为主要抓手，从同业、理财、表外业务三个领域入手，开展了包括“三三四十大检查”① 在内的多个专项治理和综合治理，着力推动

① “三三四十”具体是指三违反、三套利、四不当、银行业存在的十个方面问题。“三违反”即违反金融法律、违反监管规则、违反内部规章；“三套利”即监管套利、空转套利、关联套利；“四不当”即不当创新、不当交易、不当激励、不当收费；“十个方面”即股权和对外投资方面、机构及高管方面、规章制度方面、业务方面、产品方面、人员行为方面、行业廉洁风险方面、监管履职方面、内外勾结违法方面、涉及非法金融活动方面。

银行业回归本源、专注主业，守住不发生系统性金融风险的底线。

四、银行业改革成效与展望

在一系列改革措施的推进下，银行业出现了积极变化：一是从高速增长向高质量发展已现端倪。在全年新增贷款12.6%的情况下，银行业总资产只增长了8.7%。贷款增速超过资产增速，银行业回归本源、专注主业趋势明显，尤其是对经济薄弱环节的支持力度增强。二是脱实向虚势头得到初步遏制。商业银行同业资产负债自2010年以来首次收缩，同业理财比年初净减少3.4万亿元。银行理财少增5万多亿元，通过“特定目的载体”投资少增约10万亿元。表外业务总规模增速逐月回落。三是风险合规经营意识得到加强。违法违规和监管套利大幅减少，经营行为趋于理性规范，100多家银行主动“缩表”。四是强监管严监管的态势基本形成。通过整治市场乱象、加大处罚力度、强化监管问责、补齐制度短板，监管的震慑作用明显提升，强监管严监管的氛围已经形成。

党的十九大、中央经济工作会议和全国金融工作会议精神为未来的金融监管工作指明了方向。习近平总书记强调，要把主动防范化解系统性金融风险放在更加重要的位置，坚决打好防范化解重大风险的攻坚战。根据新的金融发展和风险形势，银行业金融机构必须加快回归本源、更加专注主业，把防范风险放在更加重要的位置。坚持稳中求进工作总基调，坚持新发展理念，以服务供给侧结构性改革为主线，打好防控金融风险攻坚战，全面推进银行业改革开放，推动银行业由高速增长向高质量发展转变，坚决防止发生系统性金融风险，为全面建成小康社会提供更加有力的金融支持。

根据银监会2018年工作会议，未来将重点做好以下十个方面的工作：要按照党的十九大和中央经济工作会议部署，打好防范化解金融风险攻坚战，使宏观杠杆率得到有效控制，金融结构适应性提高，金融服务实体经济能力明显增强，硬性约束制度建设全面加强，系统性风险得到有效防控。一是着力降低企业负债率，推动企业结构调整和兼并重组，严格控制对高负债率企业融资，建立联合授信和债权人委员会两项机制，加快不良贷款处置速度。二是努力抑制居民杠杆率，重点是控制居民杠杆率的过快增长，打击挪用消费贷款、违规透支信用卡等行为，严控个人贷款违规流入股市和房市。三是继续压缩同业投资，将特定目的载体投资作为监管检查重点，对委外机构实行名单制管理。四是严格规范交叉金融产品，推动银行及早开始理财业务转型，逐步压缩银信类通道业务，严格执行新近发布的委托贷款管理办法。五是大力整治违法违规业务，进一步深化整治银行业市场乱象。六是严厉打击非法金融活动，做好非法集资案件处置协调，推动尽快出台处置非法集资条例。七是清理规范金融控股集团，推动加快出台金融控股公司监管办法。八是有序处置高风险机构，实行名单制管理，制订并有效实施风险压降规划和应急预案，多管齐下有效化解个案风险。九是继续遏制房地产泡沫化，严肃查处各类违规房地产融资行为。十是主动配合地方政府整顿隐性债务。

第二节 证券业发展形势和改革思路

一、证券业发展形势

2017 年，我国证券业市场总体发展平稳，态势向好。

股票市场整体震荡上升，上证指数收于 3307 点，较上年末上涨 6.56%；深证指数收于 11040 点，较上年末上涨 8.48%。市值方面，2017 年 A 股市值总规模创历史新高，达到 56.62 万亿元，比上年增长 11.85%。与此同时，A 股市场整体估值下行，市盈率从 2016 年的 18.54 倍降至 16.5 倍。股票融资方面，2017 年全年上市公司通过境内市场累计筹资 40836 亿元，比 2016 年减少 12244 亿元。其中，首次公开发行 A 股完成申购 419 只，筹资 2186 亿元；A 股现金再融资（包括公开增发、定向增发、配股、优先股）9209 亿元，减少 4178 亿元。全年股转系统新增挂牌公司 2176 家，筹资 1336 亿元，减少 3.95%。股票交易方面，沪深两市全年成交额 112.8 万亿元，同比下降 11.71%。投资者结构方面，根据深圳证券交易所的抽样调查，相比 2016 年，2017 年投资者结构仍以中小投资者为主，新开户平均年龄下降，创业板投资者平均证券账户资产量较多。

债券市场发行规模继续保持增长，交易量有所减少，债券收益率曲线上移，市场投资者结构进一步多元化；货币市场利率有所上行，交易量小幅下降；互换利率小幅上行。2017 年，债券市场共发行各类债券 40.8 万亿元，较上年增长 12.9%。其中，银行间债券市场发行债券 36.8 万亿元，同比增长 14.2%。截至 2017 年 12 月末，债券市场托管余额为 74.0 万亿元，其中银行间债券市场托管余额为 65.4 万亿元。2017 年，债券市场现券交易量 108.4 万亿元，同比下降 18.0%。其中，银行间市场现券累计成交 102.8 万亿元，日均成交 4097 亿元，同比下降 19.1%。交易所现券累计成交 5.6 万亿元，日均成交 227.9 亿元，同比增长 9.8%。

期货和衍生品市场在服务实体经济的改革方向指引下，期货新品种上市恢复，白糖期权、豆粕期权作为首批商品期权先后问世，棉纱期货、苹果期货年内也相继挂牌交易，期货新品种上市节奏有所加快，在防范风险的主旋律下，作为风险管理工具的期货和衍生品市场有望实现新突破。2017 年全国期货市场累计成交量为 30.76 亿手，累计成交额为 187.9 万亿元，同比分别下降 25.66% 和 3.95%。其中，金融期货交易受益于股指期货逐步松绑，累计成交量为 0.25 亿手，累计成交额为 24.59 万亿元，同比分别增长 34.14% 和 34.98%，分别占全国市场的 0.80% 和 13.09%。

二、证券业存在的问题

一是大资管行业规模快速扩张，资金存在空转现象。2017 年大资管行业规模依然高位运转，其中，银行理财余额为 29.54 万亿元，信托资产余额为 26.25 万亿元，基金管理公司及其子公司、证券公司、期货公司、私募基金管理机构资产管理业务总规模约 53.6 万亿元，分别较 2016 年增长了 0.49 万亿元、1.44 万亿元、1.81 万亿元①。在近年来低利率环境下，金融机构表内外资产快速膨胀，负债率不断攀升，资金流向实体链条不断拉长，以及市场上机构终端投资的杠杆交易持续，金融风险不断加剧；尤其是影子信贷以资管、理财产品为主快速发展，造成某些领域高杠杆、久期和风险严重错配，加剧了系统性金融风险。

二是信用事件减少，但信用风险不容乐观。2017 年债券市场共有 29 只债券发生违约，违约金额 162.82 亿元，涉及发行人 12 家，新增违约发行人 9 家。从绝对数字上看，与 2016 年的 79 只债券发生违约，违约规模 398.94 亿元相比有了一定程度的降低。但是在近年来经济下行的背景下，部分地区存在企业持续通过银行信贷加高杠杆、同地域民营企业之间通过互保措施作为增信手段等现象，企业之间债务链条盘根错节，一旦担保链上的某一环节出现问题，整个担保链上的企业风险均会上升，并向银行转移，银行风险敞口将显著上升。值得注意的是，2017 年商业银行不良贷款余额 1.71 万亿元，关注类贷款余额 3.41 万亿元，分别比 2016 年增加了约 2000 亿元和 600 亿元。

① 数据来源：银行业理财登记托管中心有限公司、中国信托业协会、中国证券投资基金业协会。

三、证券业改革思路与措施

2017 年，证券业坚持稳中求进工作总基调，改革思路和措施体现在 5 个方面。第一，我国证券业新股发行节奏得到提升，存量拟 IPO 项目得到一定化解。第二，新三板分层和交易制度改革取得重要突破，引入集合竞价交易方式，实施差异化的撮合频次和信息披露要求，新三板的市场定价功能得到显著提升。第三，证监会修订了证券发行与承销管理办法，推进修订上市公司治理准则，使股票发行、减持、退市等基础制度得到一定完善。第四，A 股成功纳入明晟新兴市场指数，H 股全流通试点启动，原油期货上市、铁矿石期货引入境外交易者准备工作基本完成，国际化水平进一步提升。第五，证监会依法全面从严监管的态势进一步巩固，市场生态呈现积极变化。金融监管政策频出，2017 年是具有深刻意义的转折年度，金融监管成为 2017 年资本市场波动的核心逻辑。监管机构针对股票、债券、期货、基金等出台了一系列金融监管政策。

四、证券业改革成效与展望

2017 年证券业的改革取得了一些成果，分别体现在上市制度完善、上市速度提升、市场流动性增强、国际化水平提升、监管更加严格、保护投资者合法权益能力进一步提升等方面。

展望未来，证券行业的监管改革会进一步沿着服务供给侧结构性改革的主线，在保护投资者合法权益、防范金融风险以及建设多层次资本市场体系方面将会出现更多的改革措施。一是以服务国家战略、建设现代化经济体系为支持导向，吸收国际资本市场成熟有效有益的制度与方法，加大对新技术新产业新业态新模式的支持力度。二是证券监管将引入智能科技，持续强化稽查执法。三是防范化解重大风险，在市场风险监测和预警方面将会进一步提升。四是逐步放开金融衍生品的限制并进一步提升证券业的国际化水平。

第三节　保险业发展形势和改革思路

一、保险业发展形势

近年来，全球经济复苏和中国经济稳中向好的态势为保险业发展提供了良好的外部条件，经济社会发展激发保险需求进一步释放，保险监管部门纠偏厘清了行业定位和发展方向，我国保险业发展保持着良好的形势。根据保监会相关统计数据，2017 年，全行业共实现原保险保费收入 36581.01 亿元，成为仅次于美国、日本的世界第三大保险市场；赔款和给付支出 11180.79 亿元，同比增长 6.35%。2017 年总资产 167489.37 亿元，较年初增长 10.80%，净资产 18845.05 亿元，较年初增长 9.31%。具体分析来看，我国保险业发展呈现以下特点。

一是保险业务规模稳步增长。2017 年，我国原保险保费收入和保险业资产总量呈稳步增长态势。其中，原保险保费收入从 2016 年的 30959.1 亿元增长至 36581.01 亿元，同比增长 18.16%；保险业资产总量从 2016 年的 151169.2 亿元增长至 167489.37 亿元，同比增长 10.80%。2017 年全年，保险业为全社会提供风险保障 4154 万亿元，同比增长 75%，投资型业务大幅收缩，普通寿险规模保费占人身险业务的 47.2%，较上年提升 11.1 个百分点。

二是保险从业机构数量不断增加。在行业结构方面，2016 年，全国保险机构总计 203 家[①]，较年初增加 9 家，较 2001 年底的 52 家（含 11 家筹建）增长近 4 倍。在市场份额方面，中资保险公司市场份额为 94.90%，外资保险公司市场份额为 5.10%。

三是从业人员队伍持续壮大。在保险机构从业人数方面，2016 年，保险公司职工人数为 109.27 万人，较年初增加 6.81 万人，增长 6.6%；与保险公司签订了委托代理协议的保险销售从业人员 628.13 万人，较年初增加 156.83 万人，增长 33.3%。

二、保险业存在的问题

尽管 2017 年以来，保险行业在严监管的态势下，业绩不断增长，行业不断规范，但仍旧面临以下几个问题：一是防止“灰犀牛”式的风险，加强公司治理，杜绝行业风险。行业的部分公司在发展过程中，忽略了发展的规范性，导致风险累积。这些公司从股东变化、资本增加，到产品设计、开展业务，再到资金运用阶段均存在不适当行为，未来应当严格规范肃清。对于现金流规模较大，短时间内资金大进大出，资金成本高，短钱长用，资产负债严重不匹配的保险公司，应当严肃整治，防范行业风险。

二是加强监管，弥补监管空白、漏洞和短板。要充分发挥稽查委的统筹协

① 截至交稿时，官方尚未公布 2017 年机构数据，下同。

调作用，建立整合现场检查力量的有效机制，配足配强监管资源。加强对保险行业的监管，对股权、资本、资金运用等突出风险和农业保险、中介市场、互联网保险等重点领域，开展专项检查。

三是要杜绝跨行业、跨市场的风险传递。当前，货币、财税、房地产、股票市场等方面的宏观形势和监管政策的变化，会波及并影响保险业，要防止跨领域、跨行业、跨市场的风险传递。

四是有效应用金融科技，促进互联网保险发展。近年来，金融科技迅速发展，互联网保险业随之异军突起，如何解决互联网保险产品同质化、产品和服务信息披露不充分等问题是有效融合保险和互联网技术的重点，此外，信息安全风险加大、线上和线下资源整合能力不足、售后服务不到位等因素也应予以重视。监管部门也需要加强对数字保险的监管，规范保险公司与代理机构的行为，切实保护消费者利益，尤其是现在仍存在“买保险容易理赔难”的现象。

三、保险业改革思路与措施

第五次全国金融工作会议明确提出，金融工作必须紧紧围绕服务实体经济、防控金融风险、深化金融改革三项任务。在此背景下，保险业既面临着服务实体经济、深化金融改革的广阔发展机遇，又要强化金融风险防控能力。

保险行业集中度抬升与监管层强调“监管姓监”紧密联系，指出了“保险姓保”的战略发展方向。一方面，2017 年以来对激进险企的处罚规范了行业部分领域的恶性竞争乱象；另一方面，随着行业不断回归保险保障，强调拉长产品期限，大型险企的比较优势得以凸显（强大的个险渠道、对银保渠道的依赖度小、保障型需求客户的积累、产品设计及定价能力等）。而对于近年来出现的诸如险资举牌、宝万之争等事件，监管文件中也进行了明确，资金须为自有资金，同时将险资股票投资分为一般股票投资、重大股票投资和上市公司收购等并上升到政策法规层面，限制了股东对保险资金的干预。

关于改革的新举措，共有七个方面：一是重新确立金融发展的原则和指导思想。金融要回归本源，要突出以客户需求为导向，以服务创造价值，制度性利差会被逐渐消灭。二是要打造一个顺应实体经济发展的“金融链”，重点发展直接融资，特别是股权融资。三是强化服务意识，实现经济价值和社会价值的统一。要做到这一点，必须要有商业性金融、政策性金融、开发性金融、合作性金融的协调配合，以及金融政策和财政政策的协调配合。四是深化金融机构改革，其根本是经营目标要从一味地追求高回报转向风险可控下的合理回报。五是继续加强金融监管。纠正监管定位偏差，加强金融监管协调。六是关于深化改革的一些重新表述。深化改革是一个积极有为、水到渠成的过程。改革不仅是被动地接受国际标准，还要有效兼顾国情。七是控制金融风险的核心在于去杠杆。

保监会全年公开文件59个，其中“1+4”[①]系列文件5个，保险产品类17个，偿付能力类3个，公司治理类6个，行业规范类11个，消费者保护类5个，资金运用类7个，其他5个。相关政策主要分为以下几类：

一是“1+4”系列文件定调全年政策走势。2017年4月以来，保监会不断加强保险行业监管措施，短期内颁布多条相关政策。“1+4”系列文件是这一时期加强全行业监管的关键文件。“1+4”系列文件的颁布正式为全年严监管定调。“1+4”系列文件中的34号文作为总领文件，明确强调了严监管、治乱象、补短板、防风险的主要任务和要求。

二是加强资金安全监管，保护消费者权益。针对2016年社会反映强烈的热点问题进行监管是2017年的突出监管导向，因而规范险资运用是保险行业监管的重点。《关于进一步加强保险资金股票投资监管有关事项的通知》（保监发〔2017〕9号）明确禁止保险机构与非保险一致行动人共同收购上市公司。与此同时，为响应国家号召，保监会还发文鼓励险资进行债券投资等行为，支持实体经济建设。

三是促进公司偿付能力，加强公司治理，规避行业风险。2017年保险行业的重要举措之一是启动了“偿二代”二期工程建设，计划用3年时间，进一步推动“偿二代”的扎实落地和全面升级，并重点解决险企资本不实、非理性举牌等问题。此外，因认定“公司治理出了问题”是保险业主要乱象的根源所在，强化公司治理监管也成为2017年保险行业的一大监管重点。《保险公司股权管理办法（征求意见稿）》的下发，旨在通过降低大股东持股比例上限至三分之一，防止险企成为大股东的提款机。不仅如此，2017年，保监会还完善了险企公司章程、信息披露、关联交易等方面的监管制度，并出台质询制度，全面强化公司治理监管。

四是积极完善各类保险产品的规范性。人身险方面，134号文无疑是2017年最重要的一项政策，其明确叫停了诸多主流产品类型，包括快速返还的万

① 在“1+4”系列文件中，“1”指《中国保监会关于进一步加强保险监管维护保险业稳定健康发展的通知》，体现了当前监管工作的总体思路；“4”指四个落实文件，分别为《中国保监会关于进一步加强保险业风险防控工作的通知》《中国保监会关于强化保险监管打击违法违规行为整治市场乱象的通知》《中国保监会关于弥补监管短板构建严密有效保险监管体系的通知》《中国保监会关于保险业支持实体经济发展的指导意见》。

能、两全保险，以及以附加险形式存在的万能险、投连险，令险企一度陷入“无产品可卖”的窘境。不过随着监管对“双主险”产品的放行，在很大程度上抵消了该政策对保费收入的影响。在叫停部分产品的同时，监管还计划全面强化对销售乱象的治理，2017 年的最后一个工作日，保监会下发了 283 号文。财产险方面，二次费改于 2017 年 7 月全面推开，同时，保监会发布 174 号文，全面整治市场乱象。同样值得注意的是，监管还低调叫停了非寿险投资型产品试点，虽然没有正式发文，但对个别公司影响巨大，安邦财险、天安财险两家投资型产品大户首当其冲。

四、保险业改革成效与展望

一是市场环境进一步优化。监管短板得到逐步弥补，全年累计出台相关政策文件 59 件，监管制度笼子更加严密。目前，宏观经济稳中向好，保险业预计仍将保持稳健增长；保险监管部门制定下发了“1 + 4”系列文件，集中开展治乱象、防风险、补短板、服务实体经济相关工作，市场环境进一步优化；保险业发展与经济社会更加契合，服务经济社会发展全局作用进一步加强。

二是市场乱象得到有效整肃，机构整改工作扎实推进。保监会系统全年共派出 2754 个检查组，10045 人次，对 2780 家机构实施了现场检查，形成从严监管高压态势。此外，保险业非理性举牌、境外收购等激进投资行为得到有效管控，一些业务领域乱象问题得到初步遏制。保监会系统 2017 年共处罚机构 720 家次，处罚人员 1046 人次，其中罚款 1.5 亿元，同比增长 56.1%，责令停止接受新业务 24 家，撤销任职资格 18 人，行业禁入 4 人。

三是险资运用进一步规范，保险行业资金脱虚向实成效显著。随着 2017 年保险行业资金运用政策的密集推出，近年来险资运用方面存在的问题得到规范，监管更加灵活并处罚趋严，强化了保险资金服务保险业主和实体经济的要求。在保险资金的大类运用范围上，除了存款、有价证券和不动产及其他形式外，股权投资方面的大类配置不断加强，同时在资产证券化产品、创投基金、不动产、基础设施以及养老等产业领域进行了广泛投资。2017 年保险行业投资收益率为 5.77%，而 2016 年为 5.66%，较 2016 年稳步增长。年末保险资金运用余额 149206.21 亿元，较年初增长 11.42%，总收益为 8352.13 亿元，同比增长 18.12%。其中债券收益 2086.98 亿元，增长 11.07%；股票收益 1183.98 亿元，增长 355.46%。从行业资金配置情况来看，稳健中不断优化。截至 2017 年底，固定收益类余额 70886.96 亿元，占比 47.51%，较年初下降 3.19 个百分点，长期股权投资 14769.06 亿元，占比 9.90%，较年初上升 0.73

个百分点，其中大型险企及绝大多数中小险企投资较为稳健，但也有少数中小险企存在一定的激进投资的情况。

四是保险市场发展总体平衡。全年保费收入 3.66 万亿元，保险公司预计利润 2567.2 亿元，分别同比增长 18.2% 和 29.7%，全年新增保险件数 175 亿件，同比增长 84%，保险业发展稳中向好，兼顾了速度与发展、效益的均衡。

五是强化行业风险控制，遏制行业风险。保险业 2017 年综合偿付能力充足率为 252%，风险处置工作平稳有序，守住了不发生保险业系统性金融风险的底线。

预期未来保险资金运用效率将进一步提高，增信机制将进一步完善。下一步，关键是以市场化的风险收益水平寻找保险资金适合的投资项目，同时加强对保险公司的治理管理。保险行业的发展将更加规范，从长期来看，监管力度的加强有利于我国保险市场由量变转向质变。同时，有利于未来加强金融监管的协调一致，促进我国保险行业规范化运作和长远发展。

第四节 新金融业发展形势和改革思路

一、新金融业发展形势

在互联网和信息技术革命的推动下，金融要素市场化，金融主体多元化，金融产品的快速迭代使传统金融业版图日益模糊，促使传统金融业务与互联网技术融合，通过优化资源配置和技术创新，产生了新的金融生态、金融服务模式与金融产品。广义的互联网金融涵盖了传统金融业务的网络化、第三方支付、大数据金融、P2P 网络借贷、众筹、第三方金融平台和虚拟货币等多种新金融业态。

近年来，中国的互联网金融得到了快速发展，在促进普惠金融发展、提升金融服务质量和效率、满足多元化投融资需求等方面发挥了积极作用，展现出巨大的市场空间和发展潜力。公开数据显示，2017 年全年网贷行业成交量达到 2.8 万亿元，同比增长 35.9%，历史累计成交量突破 6 万亿元，截至 2017 年底，P2P 网贷行业正常运营平台数量下降至 1931 家，涉及 1713 万投资人和 2243 万借款人。人民银行公布的数据显示，2016 年第三方支付机构累计发生网络支付业务 1639 亿笔，金额达 58 万亿元，同比分别增长 99.5% 和 87%。2017 年，第三方支付交易规模有望超过 100 万亿元。根据《2017 年上半年国内 ICO 发展报告》，2017 年上半年，面向国内提供 ICO 服务的相关平台共 43 家，ICO 项目累计融资规模折合人民币 26 亿元。

中国互联网金融发展呈现出以下四个方面的特点：一是从快速发展阶段转入规范发展阶段。随着风险专项整治工作深入开展，互联网金融风险整体水平在下降，互联网金融风险案件高发频发势头得到初步遏制，行业监管规则和要求进一步明确，行业发展环境得到进一步净化。二是行业占金融总量的比重较低，但业务涉众面较广。以 P2P 网贷为例，据不完全统计，P2P 网络借贷行业总体贷款余额不到同期金融机构人民币各项贷款余额的 1%。与此同时，P2P 网贷不论是投资端还是借款端，用户都在持续稳步增长。三是业务模式众多，但主要业态发展呈现分化态势。互联网支付发展迅速，商业银行占据主体地位，非银行支付呈现笔数多、单笔交易额较小的特点。P2P 网贷行业整合、退出现象明显，运营平台数量有所下降，成交量与参与人数仍稳步增长。互联网保险业务扩张较快，创新较为活跃，业务渗透率不断提高。互联网基金销售稳步增长，业务集中在互联网货币基金销售。互联网消费金融参与主体多元化，发展快速，以小额、短期的贷款业务为主。互联网股权融资发展相对滞后，股权众筹融资监管规则尚未发布，互联网非公开股权融资实际开展业务的平台较少。四是互联网金融“鲶鱼效应”明显。互联网金融在理念、技术和模式等方面的创新，促使中国传统金融机构不断改变业务模式和服务方式，为传统金融机构的改革发展注入了新动力。

二、新金融业存在的问题

一是监管制度相对滞后。目前中国的金融监管制度属于分业监管，传统的金融业如银行、保险、证券等都由相对应的银监会、保监会和证监会来进行日常的监督管理，而互联网金融是新兴业态，尚未建立专门机构对其进行监管，尽管目前人民银行以及银监会均设有互联网金融风险整治小组，但仍存在监管相对滞后及缺位的现象。

二是互联网金融征信体系尚不完善。我国的互联网金融行业信用风险较大。随着行业快速发展，暴露出一系列问题。如 P2P 公司“跑路”、失联，票据理财平台涉嫌欺诈，众筹方向不明等。由于我国信用体系尚不完善，互联网金融违约成本较低，较容易引发恶意骗贷等风险问题。互联网金融与传统管理、信用建设、信用评估的结合不够紧密。

三是客户信息安全存在风险。互联网金融企业中存在客户信息泄露或者被滥用的风险。如第三方支付机构，不但掌握着大量客户的真实身份信息，如证件号码、手机号码等，而且还掌握了大量银行卡敏感信息，如银行卡号、卡片验证码、个人标识码。然而第三方支付机构客户信息保护的力度明显弱于银行监管体系，致使存在较大的客户信息暴露隐患，互联网金融企业利用大数据可以获得个人与企业的信息，少数企业甚至出售客户信息来牟利。

四是高端复合型人才短缺。互联网金融需要双向才能，一方面要有金融知识，另一方面对新技术要有新的理解。特别是区块链技术、大数据、云计算、AI 等前沿互联网技术快速发展，目前专业人才紧缺的问题越来越成为制约互联网金融进一步发展的因素。

三、新金融业改革思路与措施

2016 年为我国互联网金融监管元年，2017 年则为我国互联网金融的强监管年，强监管的主旋律贯穿于全年，全面强化对 P2P 网贷、第三方支付、ICO 等多业态的监管。据统计，2017 年全年，银监会、人民银行、中国互联网金融协会等发布了 30 余份涉及新金融的政策规范文件。行政处罚超过 2700 件，金额超过 80 亿元。

2016 年为我国互联网金融监管元年。2016 年 3 月，中国互联网金融协会成立。2016 年 4 月，国务院部署开展了互联网金融风险专项整治工作，按照问题导向、分类整治、综合施策等原则，加快行业清理整顿，有效规范经营行为，为互联网金融行业营造了健康有序的发展环境。2016 年 8 月，银监会等四部委出台了《网络借贷信息中介机构业务活动暂行管理办法》。2016 年 10 月，国务院办公厅颁布了《互联网金融风险专项整治工作实施方案》，人民银行、银监会、证监会、保监会等相关机构分别印发了针对不同方向业务整改的公文。此外，互联网金融领域各条业务线也被重新定义，互联网金融子行业的业务范围和实际内涵也已经全面收缩。而在风控和资金管理方面，无论是网络借贷还是第三方支付，政策都开始转而以小额、微量为导向，在严格清理行业不合规公司的大战略下，政府对互联网金融行业的态度也逐渐明确，即提高资质门槛，分散并严控风险，鼓励行业提供创新性辅助。

2017 年为互联网金融强监管年。P2P 网贷监管方面：监管层在一个办法[①]的基础上先后发布了备案管理、资金存管和信息披露 3 个指引，形成了“1 +3”网贷监管制度框架，为网贷行业整改合规提供了制度依据和方向。围绕此框架，各金融监管部门及各地金融办从备案登记、信息披露、行业整顿方面纷纷

① 《网络借贷信息中介机构业务活动暂行管理办法》（银监会令〔2016〕1 号）。

出台相关细则政策规定。2017 年 2 月，全国首份网贷机构备案登记细则在厦门落地，随后广东、上海、深圳、北京、浙江等地相继发布备案登记管理征求意见稿。3 月，北京市金融局出台《网络借贷信息中介机构事实认定及整改要求》，被称为史上最严 148 条整改要求。6 月底，人民银行等 17 部委联合发出《关于进一步做好互联网金融风险专项整治清理整顿工作的通知》，要求互金平台、业务规模双降。7 月，人民银行互联网金融风险专项整治工作领导小组办公室发布《关于对互联网平台与各类交易场所合作从事违法违规业务开展清理整顿的通知》。上海、深圳等地也相继发布有关整改指引及要求。此外，现金贷、校园贷及网络小贷等消费金融领域也有多种监管政策出台。4 月，互联网金融风险专项整治工作领导小组办公室发布《关于开展"现金贷"业务活动清理整顿工作的通知》，指出了现金贷的问题。6 月，银监会、教育部、人社部联合印发《关于进一步加强校园贷规范管理工作的通知》，网贷机构被严禁进入校园贷市场。11 月，互联网金融风险专项整治办公室紧急下发《关于立即暂停批设网络小额贷款公司的通知》。12 月，P2P 网贷风险专项整治工作领导小组办公室发出《关于规范整顿"现金贷"业务的通知》，未依法取得经营放贷业务资质，任何组织和个人不得经营放贷业务。中国互联网金融协会也发布了一系列规范性文件。9 月，发布了两个征求意见稿——《互联网金融 个体网络借贷 资金存管系统规范》和《互联网金融 个体网络借贷 资金存管业务规范》；10 月，又发布了两个团体标准——《互联网金融 信息披露 个体网络借贷》（T/NIFA 1—2017）团体标准和《互联网金融 信息披露 互联网消费金融》（T/NIFA 2—2017）团体标准；12 月，发布了《互联网金融 个体网络借贷 借贷合同要素》（T/NIFA 5—2017）团体标准。

第三方支付监管方面：2017 年第三方支付罚单密集，壁垒凸显，牌照稀缺。217 号文、281 号文、296 号文等相继发布，推出网联平台，严监管成为市场的主旋律。备付金集中存管方面：1 月 13 日，人民银行印发《关于实施支付机构客户备付金集中存管有关事项的通知》。2017 年 12 月 29 日，人民银行又以特急件的形式发布《关于调整支付机构客户备付金集中交存比例的通知》，提高了交存比例。2017 年 3 月，推出网联平台。8 月，人民银行下发了《关于将非银行支付机构网络支付业务由直连模式迁移至网联平台处理的通知》，要求从 2018 年 6 月 30 日起，支付机构受理的涉及银行账户的网络支付业务全部通过网联平台处理。11 月 13 日，人民银行下发《关于进一步加强无证经营支付业务整治工作的通知》（217 号文），加大对无证支付机构的整治和处罚力度。12 月 13 日，人民银行发布《关于规范支付创新业务的通知》（281

号文)，聚焦于整个支付业务流程中所存在的诸多风险点并给出了明确的监管要求。二维码支付结束了六年试点，进入统一规范发展阶段。12 月 27 日，人民银行发布《关于印发〈条码支付业务规范（试行)〉的通知》（296 号文)，以及配套技术安全规范文件（《条码支付安全技术规范（试行)》和《条码支付受理终端技术规范（试行)》)。

ICO 监管方面：2017 年 ICO 监管落地，一律叫停代币发行融资活动。2017 年 9 月 2 日，互联网金融风险专项整治工作领导小组办公室发布了《关于对代币发行融资开展清理整顿工作的通知》、明确要全面摸排、一律叫停 ICO 新发行的项目，对已完成的 ICO 项目要进行逐案研判，针对大众发行的要清退，打击违法违规行为。9 月 4 日，人民银行又联合六部委发布《关于防范代币发行融资风险的公告》，要求各类代币发行融资活动立即停止。10 月底，国内最后两家比特币交易平台关停。2018 年 1 月，人民银行发布《关于开展为非法虚拟货币交易提供支付服务自查整改工作的通知》，要求辖内各法人支付机构开展自查整改工作，严禁为虚拟货币交易提供服务，并采取有效措施防止支付通道用于虚拟货币交易。同时，中国互联网金融协会也发布了《关于防范变相 ICO 活动的风险提示》。

四、新金融业改革成效与展望

2017 年互联网金融行业从最初没有明确部门监管，到监管部门意识到其危害开始着手整顿，再到行业监管思路明晰，网贷行业发展逐步规范，针对 P2P 网贷、第三方支付、ICO 等业态的监管措施取得了显著的成效。

网贷平台降至 2000 家以下。截至 2017 年底，P2P 网贷行业正常运营平台数量下降至 1931 家，相较高峰时期，平台数量已经减少了 45% 左右。网贷平台主动退出增多。在目前 4000 多家停业及问题平台中，停业的比例达到 51%，许多平台通过和平协商主动退出网贷业务或转型经营。从行业趋势来看，过去问题平台以跑路等恶性事件居多，当前已更多地转向主动转型或停业，恶性事件整体占比明显减少，说明行业在向健康方向转型发展。网贷投资人更趋理性。网贷行业早期综合收益高达 21.63%，截至 2017 年 12 月，网贷行业综合参考收益率为 9.54%，处于相对平稳的状态。在借款期限上，行业整体呈上升趋势。98% 的互金理财产品期限在 1 年以下，1 个月期限的最多，占发行量的 32%。在《网络借贷管理暂行办法》出台后，行业借款期限明显提升，此后虽有所回落，但一定程度上表明，随着网贷行业逐步规范，投资者信心有所上升。借款人数首次超过投资人数。2016 年 8 月发布的《网络借贷管理暂行办法》对个人及企业借贷额度设置了上限，引导网贷行业回归小额普惠定位，这成为网贷平台合规的重要条件之一。2017 年 8 月，借款人数首次超过投资人数，目前保持相对稳定，表明小额、分散资产已经成为网贷行业的主流。投资逐步进入“收割期”。2017 年，随着国务院开展互联网金融风险专项整治以及网贷领域监管不断从紧从严，网贷平台合规要求不断提升，备案迟迟难以落地，资本对网贷平台的投资热情相较此前有所降温。2017 年，人民银行显著强化了对第三方支付机构的处罚频率和力度。在人民银行的强势监管下，第三方支付行业正在加速洗牌，趋向规范发展。在 ICO 领域则是全面叫停代币融资和虚拟货币交易所，ICO 交易逐步退出中国市场。

2018 年政策预期。展望 2018 年，可以肯定的是，为贯彻全国金融工作会议精神和 2017 年的政策延续效应，2018 年金融强监管还将升级。监管套利会越来越难，无证机构面临的挑战越来越大。当前，网贷行业的监管顶层设计已经基本完成，但监管体制仍有待完善之处。一是分业分段式监管难以适应互联网金融行业跨界混业经营、贯穿多层次市场体系的业务特征，容易产生监管套利。二是互联网金融业态众多、模式各异、创新速度快，金融风险复杂性、多样性特征明显，给现有监管资源和技术带来了挑战。三是监管部门之间以及中央地方之间在互联网金融监管方面的责任分工有待进一步细化和明确。

2018 年，网贷平台将进一步减少至 1200 家以内，网贷平台备案有望落地。互联网金融风险专项整治工作在 2017 年延期一年，有望在 2018 年收官。此前，尽管银监会出台了网贷备案登记管理指引，但由于缺少实施细则，各地备案标准不一，仍没有实质性落地。在行业风险得到有效控制后，各地网贷平台备案有望实质性落地。行业基础设施将更加完善。在加大对失信的惩戒力度的同时，以中国互联网金融协会为代表建设的互联网金融信用信息共享平台、牵头建设的“信联”等，作为行业的基础设施，有望得到进一步完善。

只有以服务实体经济为导向，以合规审慎经营为前提，以开放共赢合作为基础，以提升风控能力为关键，以发展普惠金融为重点，以先进网信技术为驱动，才能确保互联网金融健康可持续发展。

第二篇　银行业制度变革

第一节　加强专项整治

一、《关于开展银行业“违法、违规、违章”行为专项治理工作的通知》（银监办发〔2017〕45号）

（一）发文信息

银监会于2017年3月28日印发《关于开展银行业“违法、违规、违章”行为专项治理工作的通知》（以下简称《通知》），面向各银监局，机关各部门，各政策性银行，大型银行，股份制银行，邮储银行，外资银行，金融资产管理公司。

（二）出台背景

当前，金融风险高发多发态势依然复杂严峻，银行业股东管理、公司治理和风险防控机制比较薄弱，市场乱象生成的深层次原因还没有发生根本转变，打赢银行业风险防范化解攻坚战的任务仍很艰巨。为全面贯彻落实党的十九大、中央经济工作会议和全国金融工作会议精神，坚定不移强监管、治乱象、防风险，守住不发生系统性金融风险的底线，银监会决定进一步深化整治银行业市场乱象。在全面系统梳理现有监管规定的基础上，针对银行业存在的突出问题和不足，银监会办公厅印发了《关于开展银行业“违法、违规、违章”行为专项治理工作的通知》，通过严肃惩处违法违规行为，着力引导银行业回归本源、专注主业、做精专业、合规经营、稳健发展，促进金融与经济的良性循环，坚决打赢银行业风险防范化解攻坚战。

（三）主要内容

《通知》要求在银行业金融机构中全面开展“违反金融法律、违反监管规则、违反内部规章”（“三违反”）行为专项治理工作。具体包括：

一是明确目标任务，坚持问题导向。各银行应认真落实治理工作的主体责任和监管责任，深刻认识违规可能带来的惨痛代价，紧盯关键制度、关键岗位、关键人员，重点关注二级及以下分支机构及其负责人，将监管规则内植于经营管理，嵌入整个运行体系，继续弘扬“铁账本、铁算盘、铁规章”的“三铁”传统。

二是加强组织领导，扎实有序推进。其中，总体安排是银行业金融机构负责组织实施本系统各级机构自查；银监会各机构监管部门负责组织推动所监管机构的自查、“上对下”抽查，并进行督导；银监会现场检查局负责组织推动对银行业金融机构的监管检查工作；各银监局负责组织推动辖内机构的自查工作，并组织实施对辖内机构的监管检查。机构自查是各银行业金融机构要开展全系统自查及“上对下”抽查，全面覆盖体制、机制、系统、流程、人员及业务，结合自身特点细化自查方案，自主确定自查和“上查下”的机构数量和业务比例。银监会各机构监管部门根据日常监管掌握情况，结合以往非现场监管和现场检查发现的问题和风险隐患开展督导工作。各银监局要切实履行属地监管职责，可根据辖内风险状况自行确定检查机构的数量和业务比例，结合被查机构经营特点细化检查方案。

三是落实报告要求，确保治理实效。要求各银行业金融机构应在汇总分支机构自查情况的基础上，于 2017 年 6 月 12 日前将自查报告（文字及附表）报送监管部门。自查报告的内容应包括：自查工作组织实施情况；内部规章与合规机制基本情况及总体评价；自查发现的主要问题；问题存在的原因；整改和问责工作的具体情况，包括整改和问责进度安排、已（拟）采取的整改和问责措施、责任部门及责任人、对未整改的问责问题的说明等，并附整改问责台账；对监管工作的建议；下一步工作措施等。同时，各银监局的监管检查应形成“1 + N”份检查报告，即 1 份汇总辖内检查工作情况的总报告，N 份按行别或机构类别汇总的分报告。

四是严肃整改问责，依法廉洁监管。对“三违反”专项治理工作中发现的问题，银行业金融机构要落实风险管控的主体责任，切实整改，严肃问责。

（四）内容述评

《通知》内容显示，银监会一共安排了从制度建设、风险管理到具体业务十大项自查内容，涵盖近百种具体检查要求，甚至具体到了一笔业务的操作。

第一，银监会要求重点评估乱设机构、乱办业务、不当利益输送、信贷、票据、理财、信用卡等重点业务领域的风险突出环节，以及信息披露不合规、重大经营管理信息隐瞒不报等问题，以检查业务的方式倒查内部制度和合规存在的问题。比如，在不当利益输送行为方面，要检查银行是否违规向关系人发放信用贷款，是否接受关系人以本行股权做质押并提供授信，银行的工作人员利用职务上的便利贪污、挪用、侵占本行或客户资金，包括内外勾结骗取银行信贷资金等。

第二，在信贷业务方面，要检查信贷资金是否违规流入股市、期市，是否违规为地方政府提供债务融资。其中，银监会突出强调关于信贷资金入楼市的情况，要求检查信贷资金是否直接参与房地产炒作，是否在房地产开发贷和按揭贷中虚假、违规操作，包括：一是违规为房地产开发企业发放贷款用于支付土地出让金；二是违规为四证不全、资本金比例不到位的项目发放开发贷；三是未严格实行开发贷封闭式管理导致资金挪用；四是违规绕道、借道通过发放流动贷款、经营性物业贷款等为开发商提供融资；五是违规发放“首付贷”，违规融资给第三方用于首付款、尾款，违规发放个人贷款用于购买住房；六是违规向未封顶楼盘发放个人按揭贷，违规发放虚假按揭贷，违规向“零首付”购房人发放按揭贷。

第三，银监会要求检查是否存在违规办理信用卡透支，用于购房等投资性领域或生产经营领域，是否违规批量办卡归集资金流入股市、房市等。

第四，在不良贷款方面，要检查是否违规通过人为调整分类等手段，调节不良贷款；是否违规通过“搭桥”等手段藏匿不良贷款，违规通过相互代持、安排回购条款转移到表外等方式转移不良贷款等。

第五，在票据方面，银监会要求检查是否违规与票据中介、资金掮客合作开展票据业务或交易，违规异地办理票据业务，违规将公章、印鉴、同业账户等出借、出租；是否按规定对票据进行查账、查库；是否假买断真出表、以投资代替贴现等。

第六，在同业和理财业务方面，银监会要求检查投资非标是否比照自营贷款管理，对底层资产是否尽职调查，是否违规签订“抽屉协议”，是否通过发放自营贷款承接存在偿还风险的同业和理财投资业务，是否违规开展债券、票据、资管计划代持业务等。

（五）政策影响

首先，同业存单监管趋紧与同业存单发行趋缓将利好实体经济。一方面，通过加强对同业存单的监管，能够堵住银行同业业务漏洞，进一步实现去同业杠杆，引导资金脱虚向实。另一方面，考虑到同业存单发行利率的参考作用，同业存单供给量的减少常常伴随发行利率的降低，对非金融企业而言，能够大大降低其中短期票据以及企业债的发行成本，促进实体经济融资渠道的多元化。

其次，对商业银行来说，一是要认真落实治理工作的主体责任和监管责任，正视问题和风险隐患，敢于揭盖子，要举一反三，严厉整改问责；二是要深刻认识违规可能带来的惨痛代价，使金融法律、监管规则、内部规章都成为“带电的高压线”；三是紧盯关键制度、关键岗位、关键人员，重点关注二级及以下分支机构及其负责人，加强薄弱环节、案件多方领域风险排查；四是将监管规则内植于经营管理，对存在问题的机构和员工，要发现一起查处一起；五是继续弘扬“铁账本、铁算盘、铁规章”的“三铁”传统，“管好自己的员工，做好自己的业务，看好自己的资金”。

二、《关于开展银行业“监管套利、空转套利、关联套利”专项治理工作的通知》（银监办发〔2017〕46 号）

（一）发文信息

银监会于 2017 年 3 月 28 日印发《关于开展银行业“监管套利、空转套利、关联套利”专项治理工作的通知》（以下简称《通知》），面向各银监局，机关各部门，各政策性银行，大型银行，股份制银行，邮储银行，外资银行，金融资产管理公司。

（二）出台背景

此次专项治理针对的是当前银行业金融机构同业业务、投资业务、理财业务等跨市场、跨行业交叉性金融业务中存在的杠杆高、嵌套多、链条长、套利多等问题。此前银监会对银行的资本充足率、信贷规模、投资范围等有限制，但银行出于逐利的天性，通过各种花样翻新的方式进行监管套利、空转套利、关联套利，信贷、票据、理财、同业等“空转”饱受诟病。此次专项治理意在整顿银行的投行等业务，缩短企业融资链条、降低企业债务杠杆、切实纠查偏离服务实体经济的业务和行为，使资金真正投向实体经济，提高金融服务实体经济的能力和水平，促进银行业和经济的长期健康发展。

（三）主要内容

《通知》明确了专项治理工作要点：

一是指导原则。要求银行业金融机构董事会切实负责同业、理财（资管）等通道类业务的发展规划和风险管控工作。对于资金来源于自身的资产管理计划，银行业金融机构要切实承担起风险管控的主体责任，不能将自身风险管理职责转交给“通道机构”。

二是监管套利。监管套利是银行业金融机构通过违反监管制度或监管指标要求来获取收益的套利行为。主要内容有：规避监管指标套利，即规避信用风险指标、规避资本充足指标、规避流动性风险指标、规避其他类指标；规避监管政策违规套利，即违反宏观调控政策套利、违反风险管理政策套利、利用不正当竞争套利、增加企业融资成本套利。

三是空转套利。空转套利是银行业金融机构通过多种业务使资金在金融体系内流转而未流向实体经济或通过拉长融资链条后再流向实体经济来获取收益的套利行为。分为信贷“空转”、票据“空转”、理财“空转”、同业“空转”。

四是关联套利。关联套利是银行业金融机构通过利用所掌握的关联方或附属机构资源，通过设计交易结构、模糊关联关系和交易背景等形式，规避监管获取利益的套利行为。主要内容有：违规向关联方授信、转移资产或提供其他服务，即违反或规避关联授信集中度控制，违反或规避股权管理规定，违反或规避并表管理规定等。

同时，《通知》明确对专项治理流程做出了详细安排。首先由机构自查，于2017年6月12日前将自查报告报送监管部门，随后进行监管检查。2017年11月30日前，各银行业金融机构要全面完成自查、“上查下”以及监管检查发现问题的整改和问责工作，并形成报告报送监管部门。对于此次专项治理中发现的问题，银行业金融机构要落实风险管控的主体责任，切实整改，严肃问责。对于一时难以整改和问责到位的问题，要建立台账，明确时限，责任到人。

（四）内容述评

此次专项治理体现了监管层防范潜在金融风险、打击资金空转套利的政策意图，与此前金融去杠杆的文件一脉相承。《通知》的许多内容是银监会日常监管、检查的工作，在前期的监管文件中已有所体现，该文件更多的是对以往模棱两可的内容进行细化和明确。

从指导原则看，《通知》要求银行业金融机构要适度扩张，要使规模与风控能力成正比，同时，银监会也认识到交叉性金融工具存在着跨金融行业的问题，是银行机构扩规模逃监管的重要手段之一，因此，着重强调了交叉性金融工具风险防范问题。《通知》添加了相应监管机构也要负监管责任的表述，以惩戒机制强化监管机构的履职尽责，体现了此次打击套利的决心。

从监管套利看，检查重点集中在以下四个方面：一是对于逃避信用风险监管指标的套利，监管主要集中在不良资产的腾挪、理财与同业负债三大领域。二是对于规避资本充足率监管指标的套利，重点关注通过转换资产形式，将信贷或类信贷以回购形式转为风险权重较低的同业资产，以及理财投资于各类资管产品，按照 SPV 提供的底层资产清单计提资本的行为。三是对于规避流动性监管指标的套利，再次强调理财产品资金池可能造成流动性风险的问题。四是检查信贷资金是否违背国家供给侧改革所提的去产能、去杠杆的政策，避免资金流向调控中的房地产、过剩产能行业等。

从空转套利看，检查重点集中在以下三个方面：一是企业将信贷资金用于购买银行理财，或挪作他用用于金融投资，从而造成资金空转。二是银行理财不能借助信托、券商等通道，投资票据资产。此条为本次新设的监管要求。三是禁止理财资金购买理财产品，限制非银机构利用委外资金加杠杆加久期加风险的行为。

从关联套利看，检查重点集中在以下两个方面：一是股权管理检查，重点检查通过掩盖关联关系、股权代持、股权转让等方式违规超比例持股，以股权定价偏低、“低买高卖”等方式违规向关联方、高管层等输送利益等。这与 2018 年初印发的《商业银行股权管理暂行办法》中的要求相一致。二是并表管理检查，重点检查借道相关附属机构，利用内部交易转移资产，调节业务规模以及不良、拨备、资本等监管指标；利用境内外附属机构变相投资非上市企业股权、投资性房地产等。

（五）政策影响

经过一系列专项整治，银行业合规性得到加强。一是“脱实向虚”的势头得到了初步遏制，对实体经济的资金供应较为充足。2017 年，贷款增速自 2015 年以来首次超过同期资产增速，占同期新增资产的比例比上年同期大幅提高近 30 个百分点。二是创新业务逐渐回归理性，乱搞同业、乱加杠杆、乱做表外业务等严重干扰金融市场秩序的不规范行为得到初步遏制。银监会统计数据显示，银行间相互购买、代持理财产品的现象得到缓解，理财产品特别是同业理财累计净减 3 万亿元，理财中的委外投资较 2017 年初减少 5888 亿元。三是表外业务逐渐回归表内，“影子银行”行为有所遏制，委托贷款中的“金融机构委托贷款”同比少增 889 亿元，表外业务增速由过去的 50% 以上降到了 19%。

三、《关于开展银行业“不当创新、不当交易、不当激励、不当收费”专项治理工作的通知》（银监办发〔2017〕53 号）

（一）发文信息

银监会于 2017 年 4 月 6 日印发《关于开展银行业“不当创新、不当交易、不当激励、不当收费”专项治理工作的通知》（以下简称《通知》），面向各银监局，各政策性银行、大型银行、股份制银行，邮储银行，外资银行，金融资产管理公司，其他会管金融机构，各协会。

（二）出台背景

近年来，银行业金融机构的不当创新、不当交易、不当激励、不当收费等不良行为不断蔓延和发展，出现了违法违规、监管套利、金融“脱实向虚”等金融市场问题，使金融风险加速聚集，金融交易成本显著上升，背离了金融服务实体经济发展的方向。因此，需要推动金融机构切实承担起风险管理责任，完善金融市场秩序，从源头上筑牢防范不当行为的藩篱。此次发文旨在进一步提升银行业服务实体经济质效，规范经营行为，维护金融秩序，防控金融风险。

（三）主要内容

一是“不当创新”。董事会和高级管理层是否知悉本机构的金融创新业务、运行情况以及市场状况；是否准确认识金融创新活动的风险，是否定期评估、审批金融创新政策和各类新产品的风险限额，使金融创新活动限制在可控的风险范围之内。

二是“不当交易”。着重检查的业务包括同业业务、理财业务、信托业务。同业业务方面，银行要自查是否对特定目的载体投资实施了穿透管理至基础资产，是否存在多层嵌套难以穿透到基础资产的情况。同业融资中买入返售（卖出回购）业务项下金融资产是否符合规定；卖出回购方是否存在将业务项下的金融资产转出资产负债表等行为。银行理财业务检查要点的不当交易方面包括，是否存在理财产品投资本行或他行发行的理财产品的行为，是否存在本行自有资金购买本行发行的理财产品的行为等。资金投向方面包括，是否存在理财产品直接投资信贷资产，直接或间接投资于本行信贷资产及其受（收）益权的行为；是否存在面向非机构客户发行的理财产品直接或间接投资于不良资产、不良资产支持证券或不良资产受（收）益权的行为等。

三是“不当激励”。银行自查包括考评指标设置、考评机制管理、薪酬支付管理等。其中，在考评指标设置方面，绩效考评指标设置是否涵盖监管规定的合规经营类、风险管理类、经营效益类、发展转型类、社会责任类五类指标；在考评机制管理方面，是否依据董事会或相关经营决策层批准的年度经营计划，制定绩效考评制度和指标体系；在薪酬支付管理方面，薪酬支付期限是否与相应业务的风险持续时期保持一致，是否根据不同业务活动的业绩实现和风险变化情况合理确定薪酬的支付时间。

四是“不当收费”。要检查银行向客户收取服务费用时，是否有对应明确的服务内容，是否存在无实质性服务、未提升实质性效率的收费项目，以及多收费、少服务，超出价格目录范围收费的行为；是否存在以贷转存、存贷挂钩、以贷收费、浮利分费、借贷搭售收费、一浮到顶、转嫁成本七类附加不合理贷款条件的违法违规行为等。

（四）内容述评

“四不当”中最重要的是对“不当创新”“不当交易”的自查，虽然与前面的“三套利”（银监办发〔2017〕45 号）有所重叠，但侧重点有所差异。其中“不当创新”强调银行的创业业务方面是否有完备的制度建设；而“不当交易”方面的内容比“三套利”更为细化，“不当创新”“不当激励”和“不当收费”属于差异化内容，其中“不当交易”部分将银行和信托的自查要求分别进行列举，而“三套利”的文件则全部纳入“银行业金融机构”统一进行规范。“不当激励”方面侧重于银行业金融机构自查和自我整改，“不当收费”方面侧重于要求银行业金融机构牢固树立以客户为中心的理念，努力提升金融服务质量和层次。

就银行业金融机构“四不当”的动因而言，根本上是由于银行重业绩、轻风控的短视化经营导向以及我国银行市场竞争秩序的不完善。重业绩、轻风控，重银行机构个体利益、轻市场整体风险，激励约束不平衡，过度激励，已经成为个别银行机构的经营特征。这部分银行机构违背了稳健经营、合规经营的内在要求，也在一定程度上扰乱了我国银行业市场竞争秩序。该文件的专项治理工作旨在遏制银行机构“四不当”的动因和防范金融市场风险。

（五）政策影响

一是促进各大银行开展自查和树立良好行为意识。银监会要求各大银行开展自查，上级机构对下级机构的自查情况进行检查，资产覆盖体制、机制、系统、人员及业务，业务范围为上一年度有余额的各类业务，有助于银行树立良好行为意识。

二是有助于银行业金融机构按照“有利于提升服务实体经济的效率、有利于降低金融风险、有利于保护投资者合法权益”原则开展金融创新。

三是促使银行机构不断强化风险管理和内部控制，确保金融创新与自身风险管理和风险承受能力相匹配，有效管控新业务、新产品面临的各类风险，牢牢守住不发生系统性风险的底线。

四是推动银行业金融机构按照回归本源、专注主业的要求强化合规意识，规范经营行为，自觉维护良好金融秩序。

总体而言，“四不当”专项整治工作是后续治理银行业市场不良行为的重要政策措施，预计银监会还会继续了解银行业相关问题，持续深入推进监督检查工作。对银行业金融机构而言，务必落实到位，做好银行内部的员工思想教育工作，防止上面热、下面冷，中台热、前台冷，自查工作不能层层衰减，需把责任压实在基层，同时要积极主动向监管部门报告整改落实情况。

四、《关于集中开展银行业市场乱象整治工作的通知》（银监发〔2017〕5号）

（一）发文信息

银监会于2017年4月7日印发《关于集中开展银行业市场乱象整治工作的通知》（以下简称5号文），面向各银监局，机关各部门，各政策性银行、大型银行、股份制银行，邮储银行，外资银行，金融资产管理公司，其他会管金融机构。

（二）出台背景

近年来中国经济处于快速发展阶段，市场融资活动非常活跃。银行业处于金融供给的“卖方市场”，其经营理念以规模扩张为主，以利润为导向，逐渐脱离实体经济需要，对风险防控和合规有所忽视，出现了违法违规展业、利益输送、侵害金融消费者权益等市场乱象，导致潜在风险积累。为认真贯彻党中央、国务院决策部署，规范业务行为，防范金融风险，银监会决定组织全国银行业集中进行金融市场乱象整治工作。

（三）主要内容

第一，明确了整治重点。这次市场乱象整治的重点是：以回归本源、服务实体、防范风险为目标，以法律法规为准绳，排查整治本机构、本单位、本地区存在的突出问题。整治工作中，要密切结合自身实际，对照附件所列十个方面的表现形式，有什么排查什么、查实什么整治什么，有什么问题解决什么问题。在全面排查的基础上，逐一列出问题清单，周知全体员工对照整改。

第二，梳理了银行业市场乱象的表现形式。一是股权和对外投资方面。二是机构和高管方面。三是规章制度方面，包括公司治理、绩效考评、风险管控、员工行为准则等方面存在的问题。四是业务方面，包括超业务范围经营、账户管理不严格、不同性质业务界限不清和虚假业务。五是产品方面，包括拉长或叠加、不当销售、乱拉存款。六是人员行为方面，包括关系人员、辞退员工和非正常流动。七是行业廉政风险方面。八是监管履职方面，包括持续监管不力、监管行为不规范和滥用职权。九是内外勾结违法行为方面，包括监管部门与被监管机构和金融机构与其客户等方面存在的问题。十是非法金融活动方面，包括非法、集资、地下钱庄、无照乱办金融。

（四）内容述评

一是明确了市场乱象整治的重点，即以回归本源、服务实体、防范风险为目标，以法律法规为准绳，排查整治本机构、本单位、本地区存在的突出问题。

二是侧重于人的管理、公司治理和股权管理，着重于强化银监会对现有规则的执行力度。从银行业市场乱象的表现形式来看，这份文件从组织架构和人员管理角度切入，以寻求从业务乱象的根源切除制度和人员病灶。虽然从外部看，对业务模式影响没有那么直接，但对其他业务模式和产品相关的监管文件的执行落地非常重要，尤其涉及部分监管人员自身的行为准则。

（五）政策影响

总体来看，5 号文指出了我国银行业存在的各种乱象，并要求进行整改。该文对银行管理和业务发展产生了一定影响。

一是银行业监管处罚事件增多，处罚金额上升。根据银监会 2018 年 1 月的最新披露，2017 年银监系统大力整治市场乱象，全年共做出行政处罚 3452 件，处罚机构 1877 家，罚没金额 29. 32 亿元，对 270 人取消了一定期限直至终身银行业从业和高管任职资格。可见，银行业案件高发态势得到有效遏制，防范化解风险取得阶段性成效。

二是各大银行的合规经营和稳健发展意识得到了增强。在严监管趋势下，各大银行认识到市场乱象整治工作的严肃性、重要性，高质高效完成抽查、自查、配合监管检查、整改、问责等各阶段的治理任务，把乱象整治工作和银行内部的文化建设、合规管理以及公司治理等活动紧密联系起来，既促进提高银行员工的合规意识，也提高了银行机构的自觉规范经营。

回首 2017 年，整治银行业市场乱象可以说是银监会贯穿于全年的工作重点，经过 2017 年持续的整治，银行业各种乱象得到了初步遏制，理财、同业、资管业务出现一定程度的下降，资金空转现象减少，银行业开始向服务实体经济回归，2018 年银监会将进一步深化对银行业市场乱象的整治。

五、《关于进一步深化整治银行业市场乱象的通知》（银监发〔2018〕4号）

（一）发文信息

银监会于2018年1月13日印发《关于进一步深化整治银行业市场乱象的通知》（以下简称4号文），面向各银监局，机关各部门，各政策性银行、大型银行、股份制银行，邮储银行，外资银行，金融资产管理公司。

（二）出台背景

2017年，银监会开展了“三三四十”、信用风险专项排查、“两会一层”① 风控责任落实等专项治理工作，整治银行业市场乱象，防止资金空转，促进资金脱虚向实，杜绝违法违规套利行为，加强风险管理。通过银行的评估和自查，已遏制了金融业杠杆无序扩张的势头，不少违规、打擦边球的同业业务、通道业务、委外业务已经停止，制度短板得到加强。此次发文是对前期检查、治理阶段性工作的加强，给出政策指引和落实要求，细化到多个具体的业务领域，旨在进一步深化整治、巩固成果。

（三）主要内容

第一，发布了进一步深化整治银行业市场乱象的通知。一是全面开展评估工作；二是统筹推进各项工作；三是切实规范各类报告，包括评估报告和工作报告；四是依法严肃处罚问责。

第二，提出了进一步深化整治银行业市场乱象的意见。包括提高思想认识、明确工作目标、深化问题导向、突出整治重点、严查案件风险、落实主体责任、把握力度节奏、履行监管责任、形成监管合力、建立长效机制十个方面。明确了银行业金融机构承担主体责任，监管部门承担监管责任，要求把发现问题和解决问题作为出发点和落脚点，重点整治问题多的机构、乱象多的区域、风险集中的业务领域，严查案件风险。突出了“监管姓监”，将监管重心定位于防范和处置各类金融风险，而不是做大做强银行业，强调对监管履职行为进行问责，严肃监管氛围。

第三，明确了2018年整治银行业市场乱象的工作要点，共计八大类、22个方面。一是公司治理不健全，包括股东与股权、履职与考评、从业资质三个方面；二是违反宏观调控政策，包括违反信贷政策和违反房地产行业政策；三

① “两会一层”是指董事会、监事会和高管层。

是影子银行和交叉金融产品风险，包括违规开展同业业务、理财业务、表外业务、合作业务四个要点；四是侵害金融消费者权益，主要是与金融消费者权益直接相关的不当销售和不当收费；五是利益输送，包括向股东输送利益、向关系人员输送利益；六是违法违规展业，包括未经审批设立机构并展业、违规开展存贷业务、违规开展票据业务、违规掩盖或处置不良资产四个要点；七是案件与操作风险，主要列举了一些案件高发多发的薄弱环节和存在的突出问题，包括员工管理不到位、内控管理不到位、案件查处不到位；八是行业廉洁风险，包括业务经营和信息管理两个方面。

（四）内容述评

与 2017 年的系列专项检查文件相比，4 号文的不同之处在于：4 号文是"三三四十"监管的配套，重在银行业监管的细化和落实。4 号文相当于政策的总纲，从 8 个方面 22 条细则给出了政策指引和落实要求，细化多个具体的业务领域。从 2017 年出台系列专项检查政策文件后，银行业金融机构的表外业务、同业业务、理财业务等都在调整，但并未完全实现监管政策目标，从而促使了该文件的出台。因此，政策再次强调和重申，重在监管的细化和落实，金融严监管始终处在高压态势，以化解银行业体系内部的各种监管套利。

4 号文是 2018 年银行业监督检查的纲领性文件：一是明确了监管目标，减少违法违规问题，促进巩固资金脱虚向实、回归服务实体经济本源，加强延续银行业专注主业、实现差异化发展，培育深植依法合规展业、稳健经营发展的文化。二是突出整治重点，围绕"服务实体经济""完善公司治理""影子银行及交叉金融产品风险""依法合规经营""金融消费者权益"等方面进行查处。三是严查案件风险，严肃查处银行业案件和重大风险事件，综合使用审慎监管措施，提高机构和个人的违法违规成本，维护银行业良好秩序。

（五）政策影响

4 号文的政策出台为 2018 年监管划出了重点，从而奠定了 2018 年是"严监管年"的基调。

一是强化了"严监管"的市场预期。市场机构预期监管政策在年内将持续趋严格化，叠加货币政策稳健基调，流动性预计将维持"紧平衡"状况。强监管仍未放松，银监会已明确表态做大银行业不是最终目的，不出风险、支持实体才是关键。当前处罚"偏松偏软"，后续彻查、严查或成监管主基调。

二是促使银行业金融机构全面开展评估检查工作。银行的经营管理不能放松，公司治理要重视，员工绩效也不容小觑。对业务监管的同时，也需要对银行经营管理等各个方面制定相应的监管措施。比如公司治理层面，重视股东资格、股东尽职；重视董事、高管层从业资格、尽职；同时对员工绩效考核指标提出对应要求，要求重视风控和合规指标，避免过于严格的考核带来的逆向激励，增加银行业的风险程度；再比如行业廉洁风险上，在业务经营、信息管理方面都有对应的细化要求。

三是降低银行业市场风险，中长期对行业发展有利。2018 年预计银行同业、理财、表外等业务活动都将继续下降，银行风险防控能力、公司治理、合规经营等方面将得到整体提升，将呈现积极的转变，最终实现回归存贷款主业，因而将降低银行业市场风险。此外，委外业务的收缩等还会影响证券、信托公司的业务。

四是推动市场利率上行。4 号文出台后，货币市场利率和债券市场利率有所上行，隔夜拆借利率和 10 年期国债利率在一周内分别上行 5 个基点和 4 个基点，国债期货连续 5 天下跌，创下历史新低。

2017 年金融乱象治理取得显著成效，但一些潜在的深层次问题仍未得到根治，前期整治成果也需要进一步夯实，因此银监会出台 4 号文，继续弥补监管短板，形成强监管长效机制，为行业长期稳健发展创造良好的制度基础。一方面，预计银监会将根据各银行自查情况和检查结果进行评估，并对违规违法机构进行处罚。监管将继续保持高压态势，严肃监管氛围，依法从严问责违法违规行为，特别是对那些问题查得不彻底、整改不到位、问责流于形式的加大处罚力度。另一方面，部分银行将进行业务结构和资产结构的调整，逐步适应监管环境，树立起与实体经济发展水平相匹配的高质量、可持续的发展理念，不断提升风险防控能力，度过强监管阵痛期，进入可持续发展的道路。

第二节　服务实体经济

一、《关于提升银行业服务实体经济质效的指导意见》（银监发〔2017〕4 号）

（一）发文信息

银监会于 2017 年 4 月 7 日印发《关于提升银行业服务实体经济质效的指导意见》（以下简称《指导意见》），面向各银监局，机关各部门，各政策性银行、大型银行、股份制银行，邮储银行，外资银行，金融资产管理公司。

（二）出台背景

从2015年中央财经领导小组第十一次会议首提“供给侧结构性改革”，到2016年中央经济工作会议强调抓好“三去一降一补”五大任务（即去产能、去库存、去杠杆、降成本、补短板），“供给侧结构性改革”业已成为经济领域的高频词汇。

银监会历来高度重视银行业服务实体经济工作，2015年与2016年相继发布了《中国银监会关于银行业进一步做好服务实体经济发展工作的指导意见》（银监发〔2015〕25号）及《中国银监会办公厅关于2016年进一步提升银行业服务实体经济质效工作的意见》（银监办发〔2016〕35号）两份文件，引导银行业服务实体经济。然而我国实体经济和银行业改革发展面临的环境依然比较严峻复杂，全球经济仍处于深度调整中，且国内经济稳定运行的基础还不牢固，宏观经济结构性问题仍然较为突出。为落实党中央、国务院关于深入推进供给侧结构性改革和金融服务实体经济的最新要求，银监会研究出台了《指导意见》，以进一步指导银行业回归服务实体经济的本源，尤其是在深入推进供给侧结构性改革的过程中，提供更具针对性和有效性的金融支持和服务，不断提高服务实体经济的质效。

（三）主要内容

一是围绕“三去一降一补”，提升银行业服务实体经济水平。包括：深入实施差异化信贷政策和债权人委员会制度；多种渠道盘活信贷资源，加快处置不良资产；因地因城施策，促进房地产市场长期稳健发展；加快发展绿色金融助力生态环境保护和建设。

二是推进体制机制改革创新，提高银行业服务实体经济内生动力。包括：继续完善和加强公司治理；持续深化普惠金融机制改革；积极稳妥创新服务模式和技术流程；进一步发挥开发性政策性金融作用；有序推动民间资本进入银行业。

三是强化重点领域监管约束，督促银行业回归服务实体经济本源。包括：确保业务规范性和透明度；加强创新业务制度建设和风险管理；杜绝违法违规行为和市场乱象。

四是推动优化外部环境，完善银行业服务实体经济的基础设施。包括：加强信用信息归集共享与守信联合激励；完善多方合作的增信和风险分担机制；加大逃废债打击力度。

五是加强组织领导和评估交流，确保政策落地实施。包括：加强组织领导；强化考核评估；促进沟通交流。

（四）内容述评

《指导意见》从正向引导、改革创新、监管约束、外部环境、工作机制五个维度提出了24项主要政策措施，既从正面积极引导银行业推进供给侧结构性改革重点工作，也通过加强监管约束督促银行业回归服务实体经济本源，着力引导银行资金“脱虚向实”。

第一，引导银行资金“脱虚”方面。《指导意见》在对银行业金融机构提出实行差别化信贷政策、加快处置不良资产与严禁资金违规流入房地产市场的同时，更提出了按照实质重于形式的原则，加强风险管理，防止监管套利，对于参与方过多、结构复杂、链条过长、导致资金脱实向虚的交易业务，要切实自查自纠，防止银行资金以支持实体经济的名义流向非实体领域。

第二，促进银行资金“向实”方面。《指导意见》既提出了原则性要求，即回归本源、专注主业、下沉重心的原则，纠正过于追求短期股东回报和收益、忽视客户服务和长期稳健发展的绩效考评体系；同时也提出了银行业机构今后一段时间的重点服务领域，即“三农”和小微企业金融服务、《中国制造2025》重点任务金融服务、消费金融业务、社会领域（医疗、养老、教育、文化、体育）企业金融产品、绿色金融。

对于“脱虚向实”的制度建设，《指导意见》主要从内外两个方面指明了方向，内部方面针对当前部分银行业金融机构存在的服务实体经济主业不突出的问题，提出了确保业务规范性和透明度、将各类创新业务纳入全面风险管理体系、杜绝违法违规行为和市场乱象三个途径；外部方面则要求银行业金融机构与其他部门建立信用信息归集共享、风险分担、废逃债打击三种联合机制，确保银行在服务实体经济过程中的权利得以实现。

（五）政策影响

第一，《指导意见》的发布将有利于扭转目前部分金融机构过于追求利润及规避风险以致放松了服务实体经济的方向，将银行资金由房地产等泡沫严重的领域转入小微企业、绿色金融等长期融资困难的领域。

第二，《指导意见》的贯彻落实对实体经济的更新换代将产生引导作用。对于长期亏损、失去清偿能力和市场竞争力的“僵尸企业”，以及包括落后产能在内的所有不符合国家产业政策的产能，要求坚决压缩退出贷款，与最高人民法院于2017年1月发布的《关于执行案件移送破产审查若干问题的指导意见》保持一致，均体现出了国家经济发展中对落后产业壮士断腕的决心；对暂遇困难的优质骨干企业、进行技术改造的实体企业、融资困难的小微企业给予信贷支持将有利于我国的产业升级。

第三,《指导意见》也有利于推动多层次融资体系的构建,其中既要求银行内部通过事业部、专营机构、子公司等形式实现多元金融服务,又同时鼓励民间资本通过设立民营银行、消费金融公司、金融租赁公司、企业集团财务公司、汽车金融公司分流传统银行业的金融服务。

二、《大中型商业银行设立普惠金融事业部实施方案》(银监发〔2017〕25 号)

(一)发文信息

银监会于 2017 年 5 月 25 日印发《大中型商业银行设立普惠金融事业部实施方案》(以下简称《实施方案》),银监会、发展改革委、工业和信息化部、财政部、农业部、人民银行、审计署、税务总局、工商总局、证监会、保监会联合印发。该文件面向各银监局,各省、自治区、直辖市及计划单列市发展改革委、中小企业主管部门、财政厅(局)、农业(农牧、农村经济)厅(局、委、办),中国人民银行上海总部、各分行、营业管理部、省会(首府)城市中心支行、副省级城市中心支行,各省、自治区、直辖市及计划单列市审计厅(局)、国家税务局、地方税务局、工商行政管理局、市场监督管理部门,各证监局,各保监局,各大型银行、股份制银行、财产保险公司。

(二)出台背景

党中央、国务院高度重视普惠金融工作,党的十八届三中全会明确提出发展普惠金融,2015 年国务院印发了《推进普惠金融发展规划(2016—2020年)》,2017 年《政府工作报告》指出,鼓励大中型商业银行设立普惠金融事业部,国有大型银行要率先做到,实行差别化考核评价办法和支持政策,有效缓解中小微企业融资难融资贵问题。按照党中央、国务院工作部署,银监会印发《实施方案》,鼓励并规范大中型商业银行设立普惠金融事业部。

(三)主要内容

《实施方案》涵盖了总体要求、组织架构、经营机制、监督管理、配套政策、组织实施六个方面的内容。

一是总体要求。明确了设立普惠金融事业部的基本原则,即商业化运作、条线化管理、专业化经营、差异化发展、分步骤实施、配套政策支持。

二是组织架构。大中型商业银行应明确事业部业务边界,建立普惠金融条线型垂直管理体系。大中型商业银行可在董事会和管理层设置专门的委员会负责普惠金融发展和管理；总行应当设立普惠金融事业部，承担全行普惠金融业务的政策研究、规则制定、产品研发、风险管理等职责。

三是经营机制。大中型商业银行要按照商业可持续原则，建立专门的综合服务、统计核算、风险管理、资源配置和考核评价等机制。通过逐步建立完善事业部体制机制，进一步提高大中型商业银行普惠金融服务水平和能力。

四是监督管理。银监会依法对大中型商业银行普惠金融事业部经营情况进行监测与考核，财政部、审计署等有关部门根据自身职责对大中型商业银行普惠金融事业部运行情况进行协同监管、指导和评估，并实施差异化支持政策。

五是配套政策。银监会和相关部委将在差异化监管、货币信贷政策、财税支持政策等方面强化支持保障。包括：支持银行完善服务网络，合理把握小微企业、“三农”、扶贫等业务不良贷款容忍度，发挥财政担保体系对发展普惠金融的支持作用，完善税收优惠、风险补偿等措施，对普惠金融业务及符合条件的金融机构在准备金、再贷款、宏观审慎评估等方面予以支持等。

六是组织实施。各相关部门按照职责分工，密切协作配合，建立工作协调机制。大型商业银行将于2017年内完成普惠金融事业部设立。

（四）内容述评

设立普惠金融事业部，是通过建立适应普惠金融服务需要的事业部管理体制，构建科学的治理机制和组织架构，提升普惠金融服务能力。从文件内容看，《实施方案》既强调深化体制机制改革，激发普惠金融服务内生动力，也强调外部配套政策支持；既对普惠金融事业部经营体制做出了统一要求，又允许银行根据自身客户基础、业务特点、服务优势，突出服务重点，形成各具特色的普惠金融服务模式。同时，还提出了成本可算、风险可控和商业化运作的要求，以实现普惠金融事业部长期可持续发展。

《实施方案》的亮点主要体现在对普惠金融事业部提出了“条线化”管理体制和“五专”经营机制的要求。

通过构建“条线化”管理体制，提高普惠金融服务效率和能力。《实施方案》要求相关银行从总行到分支机构、自上而下搭建普惠金融垂直管理体系，总行设立普惠金融事业部，分支机构科学合理设置普惠金融事业部的前台业务部门和专业化的经营机构，下沉业务重心，下放审批权限，以便更好地服务普惠金融客户。

通过建立“五专”经营机制，筑牢普惠金融业务发展基础。《实施方案》

要求相关银行按照商业可持续原则，建立专门经营机制，实施专项信贷评审、下放审批权限，实行专业化经营管理。一是建立专门的综合服务机制，拓展普惠金融服务的广度和深度，开发多元化、全方位金融服务。制定专门的信贷管理政策，建立专项信贷评审机制。二是建立专门的统计核算机制，真实反映普惠金融事业部的成本、收益和风险状况。三是建立专门的风险管理机制，足额计提减值准备金，覆盖资产减值风险。对普惠金融业务确定合理的风险容忍度，落实授信尽职免责制度。四是建立专门的资源配置机制，专门下达信贷、经济资本、费用、固定资产、用工等资源计划，为普惠金融服务提供强有力的资源保障。五是建立专门的考核评价机制，逐步建立符合普惠金融业务特点的专项绩效考核制度，完善差异化考核指标体系，构建有效的绩效薪酬管理和激励约束机制。

（五）政策影响

截至 2017 年末，国有银行、股份制银行相继都设立了普惠金融事业部，让更多金融活水流向“三农”和小微企业，切实支持实体经济发展。工商银行、农业银行、中国银行、建设银行、交通银行五大国有商业银行设立普惠金融事业部的具体方案已全部出台，总行普惠金融事业部均已正式挂牌。工商银行将普惠金融事业部延伸至所有一级（直属）分行，计划年底在二级分行或重点支行建成 230 家小微金融业务专营机构。农业银行则将服务“三农”的成熟事业部体制复制到普惠金融领域，形成“三农金融事业部 + 普惠金融事业部”的服务体系。中国银行依托中银集团的资源，先期以中银富登村镇银行为基础，成立普惠金融事业部。建设银行在 2017 年一级分行 KPI 考核体系中新设了普惠金融指标，初步将普惠金融涉及的小微企业、涉农、个人创业等主要群体的融资服务纳入考核范围。交通银行以敞口 2000 万元（含）以下的授信业务为突破口，建立“专营团队 + 传统网点”机制，逐步推进事业部制派驻等模式。股份制银行中的兴业银行、光大银行、民生银行、浙商银行等也相继发布了设立普惠金融事业部的实施方案。

普惠金融事业部的建立助力银行业普惠金融服务的发展。截至 2017 年末，银行业金融机构用于小微企业贷款和涉农贷款的余额均达到 31 万亿元，同比分别增长 15. 1% 和 9. 6% 。保障性安居工程贷款同比增长 42. 3% ，高于各项贷款平均增速 29. 9 个百分点。

三、《商业银行新设债转股实施机构管理办法（试行）》（征求意见稿）（银监会）

（一）发文信息

银监会于2017年8月8日发布《商业银行新设债转股实施机构管理办法（试行）》（征求意见稿）（以下简称《办法》），面向银监会监管的商业银行及其经银监会批准，在境内设立的，主要从事银行债权转股权（即债转股）和配套支持业务的非银行金融机构。

（二）出台背景

《办法》所规范的商业银行债转股业务是在国内经济周期下行、企业经营困难、银行不良率攀升的大背景下，按照《国务院关于积极稳妥降低企业杠杆率的意见》的要求，服务国家战略，稳步降低企业融资杠杆率，有效纾缓经济下行期间金融与实体企业风险，通过制度文件赋予实施机构债转股金融许可权。

（三）主要内容

《办法》共6章65条，系统规范了商业银行新设债转股实施机构的设立、变更、终止、业务范围、业务规则、风险管理与监督检查等行为。

1. 明确商业银行新设债转股实施机构设立时字号、出资人资质、禁止性条款的要求和申请金融许可证步骤，指导商业银行有序申请设立债转股实施机构；同时规范债转股实施机构发生企业变更、终止时的前置审批要件。

2. 规范债转股实施机构可开展的经营活动范围，包括：

（1）债转股为目的收购银行对企业的债权；

（2）将债权转为股权并对股权进行管理，对未能转股的债权进行重组、转让、处置等必要管理，依法依规面向合格社会投资者募集资金用于实施债转股等；

（3）依法依规面向合格社会投资者募集资金用于实施债转股；

（4）发行金融债券，专项用于债转股；

（5）通过债券回购、同业拆借、同业借款等方式融入资金；

（6）对自有资金和募集资金进行必要的投资管理。自有资金可以开展存放同业、拆放同业、购买国债或其他固定收益类证券等业务；募集资金使用应符合资金募集用途；

（7）与债转股业务相关的财务顾问和咨询业务；

（8）经银监会批准的其他业务。

同时，《办法》针对债转股实施机构开展上述业务进行了细节约束和禁止性行为规范。

3.《办法》明确要求建立“三会一层”和业务、风控、内审彼此独立的现代商业金融机构内部治理结构及工作流程；同时债转股实施机构和主出资人商业银行之间建立防火墙，在资金、人员、业务方面进行有效隔离，防范风险传染。

4.《办法》规范了债转股实施机构及其分支机构接受监管部门监督管理的主要形式和要素要件，并订立对违反监管规定行为的处罚细则。

（四）内容述评

《办法》出台的主要意图是规范国内商业银行设立债转股实施机构开展的债转股业务活动，将债转股业务纳入监管范围，防范金融风险，其中最值得关注的是允许向合格社会投资者募集资金和自有资金可以开展存放同业、拆放同业、购买国债或其他固定收益类证券等业务，这给予了债转股实施机构极大的业务空间。一旦文件正式生效，债转股实施机构将成为国内金融市场重要非银行金融机构之一。

（五）政策影响

截至 2018 年 2 月，《办法》征求意见结束后并未出台，市场对其仍处于期待阶段，所以并未形成实质性影响。但在近期不断加强金融监管的大背景下，银行类金融机构通道业务、同业业务被大幅压缩，虽然征求意见稿给出了较为宽泛的经营业务许可，但正式稿可能随着监管大趋势对同业业务范围进行压缩和限制。

与此同时，2018 年 1 月国家发展改革委等部门发布了《关于市场化银行债权转股权实施中有关具体政策问题的通知》，可以预见，《办法》正式出台以后，各相关部门关于商业银行债转股业务将逐步形成完善的监督管理体系。

四、《关于市场化银行债权转股权实施中有关具体政策问题的通知》（发改财金〔2018〕152 号）

（一）发文信息

《关于市场化银行债权转股权实施中有关具体政策问题的通知》（以下简称《通知》）于 2018 年 1 月 19 日印发并生效，面向对象是国内政策性银行、商业性银行和市场化债转股实施机构。

（二）出台背景

国家发展改革委等部门为贯彻落实国务院提出的推动市场化银行债权转股权指示精神，明确开展该工作过程中的行政许可范围问题。

（三）主要内容

1. 允许采用股债结合的综合性方案降低企业杠杆率。
2. 允许实施机构发起设立私募股权投资基金开展市场化债转股。
3. 规范实施机构以发股还债模式开展市场化债转股。
4. 支持各类所有制企业开展市场化债转股。
5. 允许将除银行债权外的其他类型债权纳入转股债权范围。
6. 允许实施机构受让各种质量分级类型债权。
7. 允许上市公司、非上市公众公司发行权益类融资工具实施市场化债转股。
8. 允许以试点方式开展非上市非公众股份公司银行债权转为优先股。
9. 鼓励规范市场化债转股模式创新。
10. 规范市场化债转股项目信息报送管理。

（四）内容述评

本通知是宏观上对《国务院关于积极稳妥降低企业杠杆率的意见》（国发〔2016〕54 号）、《关于做好市场化银行债权转股权相关工作的通知》（发改财金〔2016〕2792 号）的细化，起到了在推进债转股工作中明确争议性问题处理方式的作用。

（五）政策影响

《通知》将帮助债转股实施单位排解实施过程中遇到的问题和困难，为各债转股实施单位顺利开展相关工作打下基础。

五、《国家开发银行监督管理办法》（银监会令〔2017〕2 号）

（一）发文信息

银监会于 2017 年 11 月 10 日印发《国家开发银行监督管理办法》（以下简称《办法》），面向国家开发银行，自 2018 年 1 月 1 日起施行。

（二）出台背景

2013 年，党的十八届三中全会通过的《中共中央关于全面深化改革若干重大问题的决定》明确提出“推进政策性金融机构改革”。2014 年，国家开发银行深化改革工作正式启动。2015 年，国务院批复同意国家开发银行深化改革方案，出台审慎性监管规定成为深化国家开发银行改革的一项重要工作。为此，银监会研究制定了《国家开发银行监督管理办法》。《办法》的制定主要基于以下三个方面的考虑：

一是全面深化国家开发银行改革的需要。深化国家开发银行改革是党中央、国务院全面深化金融改革的重要内容，研究制定对国家开发银行的审慎性监管规定并依此实施监管是银监会落实深化改革方案的重要举措。

二是弥补国家开发银行监管制度短板的需要。1994 年，国务院批准成立国家开发银行。对国家开发银行的监管一直参照商业银行监管制度和相关规范性文件，缺少对开发性金融监管的针对性，非常有必要制定专门的国家开发银行监管规定。2017 年，银监会将《办法》列为年度立法工作计划和弥补银行业监管制度短板工作项目。

三是加强国家开发银行监管的需要。截至 2017 年上半年，国家开发银行资产规模突破 15 万亿元。为引导开发银行更好地服务国家战略，发挥中长期投融资作用，有效支持经济社会重点领域和薄弱环节，有必要出台专门的监管规制，以督促其完善体制机制建设，加强风险管控，实现安全稳健可持续运行，支持国民经济持续健康发展。

（三）主要内容

《办法》主要内容包括总则、市场定位、公司治理、风险管理、内部控制、资本管理、激励约束、监督管理、附则 9 个章节，共 66 条。重点强调以下五个方面。

一是要求国家开发银行坚守开发性金融定位，以开发性业务为主，辅以商业性业务，发挥中长期投融资作用，加大对经济社会重点领域和薄弱环节的支持力度。二是要求国家开发银行完善现代金融企业制度，构建决策科学、执行有力、监督有效的公司治理机制。三是要求国家开发银行加强风险管理和内部控制，建立符合银行运行一般规律的、与开发性金融相适应的风险管理和内部控制体系。四是要求国家开发银行建立健全以资本充足率为核心的资本约束机制。五是要求国家开发银行强化责任追究和问责，建立符合开发性金融特点的激励约束机制。

（四）内容述评

第一，《办法》从监管规制角度强调了其开发性金融的职能定位。一是要求国家开发银行发挥服务国家战略、依托信用支持、市场运作、保本微利的开发性金融作用。二是要求国家开发银行坚守开发性金融定位，以开发性业务为主，辅以商业性业务。三是要求国家开发银行发挥中长期投融资作用，加大对经济社会重点领域和薄弱环节的支持力度。

第二，《办法》在问责机制上重点强调以下三个方面的内容：一是要求国家开发银行建立科学有效的责任追究制度和问责机制，明确问责牵头部门、问责职责划分和问责流程。二是明确对违法违规行为的直接责任人和相应的管理人员进行严肃问责。三是明确国家开发银行若违反《办法》有关规定，银监会及其派出机构可以依照《中华人民共和国银行业监督管理法》等法律法规采取审慎监管措施，实施行政处罚，涉嫌犯罪的移送司法机关处理。

（五）政策影响

《办法》的发布是深化开发银行改革的需要，是弥补国家开发银行监管制度短板的需要，是加强国家开发银行监管的需要。出台专门的监管规制对促进国家开发银行安全稳健可持续运行，更好地服务国家战略，支持经济社会健康发展具有重要作用。《办法》既重点突出开发性金融定位，体现国家开发银行服务国家战略的特点，又强调市场化运作，要求国家开发银行遵循银行运行的一般规律，同时突出全面性，覆盖了国家开发银行经营管理和审慎监管的各个方面。

《办法》的出台将有利于完善国家开发银行监管规制体系，推动国家开发银行监管法治化进程；有利于加强国家开发银行风险管控，提升国家开发银行规范化经营管理水平，促进其健康持续发展。

六、《中国进出口银行监督管理办法》（银监会令〔2017〕3号）

（一）发文信息

银监会于2017年11月8日印发《中国进出口银行监督管理办法》（以下简称《办法》），面向中国进出口银行，自2018年1月1日起施行。

（二）出台背景

一是全面深化改革的需要。政策性银行改革是党中央、国务院全面深化金融改革的重要内容。2015年初，国务院批复《中国进出口银行改革实施总体方案》，由银监会牵头研究制定审慎性监管规定并实施监管是改革方案的重要内容。二是弥补监管制度短板的需要。多年来，银监会对中国进出口银行的监管一直是参照商业银行监管制度和相关规范性文件，监管制度的针对性较弱，非常有必要制定中国进出口银行监管规定。2017年，银监会将《办法》的制定列为立法工作计划和弥补银行业监管制度短板工作项目。三是加强中国进出口银行监管的需要。近年来，中国进出口银行服务国家政治外交大局和重大战略，积极支持“一带一路”、京津冀协同发展、长江经济带、企业“走出去”、国际产能和装备制造合作等领域。为引导中国进出口银行更好地发挥政策性金融作用，服务国家战略，有效防控金融风险，有必要出台专门的监管法规，督促中国进出口银行完善公司治理、风险管理、内部控制等机制，一方面为实体经济提供金融服务，另一方面实现自身的可持续发展。

（三）主要内容

《办法》包括总则、市场定位、公司治理、风险管理、内部控制、资本管理、激励约束、监督管理、附则 9 个章节，共 71 条，覆盖中国进出口银行经营管理和审慎性监管的主要方面。

一是要求其坚守政策性金融定位，坚持以政策性业务为主体开展经营活动，重点支持外经贸发展、对外开放、国际合作、“走出去”等领域。二是要求其构建决策科学、执行有力、监督有效的公司治理机制，并对董事会、高管层、监事会提出履职要求。三是要求其结合自身业务特点构建全面风险管理和内部控制体系，有效防控信用风险、国别风险等各类风险。四是要求其建立健全资本约束机制，制订有效的资本规划和资本补充计划，完善内部资本充足评估程序和动态资本补充机制。五是要求其健全激励约束机制，强化内部问责。同时银监会也将加强外部监管，对违反《办法》的行为，将依据《中华人民共和国银行业监督管理法》等法律法规采取审慎监管措施，实施行政处罚。

（四）内容述评

第一，构建资本约束机制是政策性银行改革的核心内容之一。加强资本监管，有利于引导中国进出口银行提升自身风险抵御能力，平衡资本约束和可持续发展的关系，有效支持服务国民经济重点领域和薄弱环节。

《办法》着重强调以下四个方面的监管要求：一是建立健全以资本充足率为核心的资本约束机制，完善资本管理政策、制度及流程，确保资本能够充分抵御所面临的风险。二是根据业务发展战略、风险状况、资本监管要求，制订有效的资本规划和资本补充计划，合理确定业务发展规模和速度，确保资本水平持续满足监管要求。资本预算与分配应当优先保障政策性业务。三是建立稳健的内部资本充足评估程序，至少每年实施一次内部资本充足评估，并将评估结果用于经营管理决策和战略规划。四是建立内源性资本积累与外源性资本补充相结合的动态、可持续资本补充机制。

第二，《办法》着力体现强监管、强问责。一方面，督促中国进出口银行强化内部问责。《办法》明确要求中国进出口银行建立与政策性业务、自营性业务决策机制和管理流程相适应的责任追究和问责机制，完善问责制度，明确问责牵头部门、问责职责划分和问责流程，对违法违规行为的直接责任人和相应的管理人员进行严肃问责。另一方面，强化监管处罚力度。中国进出口银行违反《办法》相关规定，银监会及其派出机构可以依照《中华人民共和国银行业监督管理法》等法律法规对中国进出口银行采取审慎监管措施，实施行政处罚，涉嫌犯罪的移送司法机关处理。

（五）政策影响

《办法》的出台是深化中国进出口银行改革的需要，是弥补监管制度短板、提升监管有效性的需要，也是加强金融监管、防控金融风险的需要。《办法》突出中国进出口银行服务国家战略的政策性金融定位，要求其围绕国民经济发展重点领域和薄弱环节做好金融服务。同时强调市场化运作，要求其遵循银行运行的一般规律。

《办法》的出台有利于推动中国进出口银行深化改革，将其建设成为定位明确、业务清晰、功能突出、资本充足、治理规范、内控严密、运营安全、服务良好、具备可持续发展能力的政策性银行；有利于完善银行业监管规制体系，补齐监管制度短板，充分体现依法治国、依法行政、依法监管；在防控金融风险的同时，引导中国进出口银行充分发挥在稳增长、调结构、支持外贸发展、实施“走出去”战略中的功能和作用。

七、《中国农业发展银行监督管理办法》（银监会令〔2017〕4号）

（一）发文信息

银监会于2017年11月9日印发《中国农业发展银行监督管理办法》（以下简称《办法》），面向中国农业发展银行（以下简称农发行），自2018年1月1日起施行。

（二）出台背景

一是全面深化改革的需要。政策性银行改革是党中央、国务院全面深化金融改革的重要内容。2014年底，国务院批复《中国农业发展银行改革实施总体方案》，由银监会牵头研究制定审慎性监管规定并实施监管是落实改革方案的重要任务之一。二是弥补监管制度短板的需要。1994年，国务院批准成立农发行。对农发行的监管一直参照商业银行监管制度和相关规范性文件，监管缺乏针对性，非常有必要制定农发行监管规定。2017年，银监会将《办法》

的制定列为立法工作计划和弥补银行业监管制度短板工作项目。三是加强农发行监管的需要。近年来，农发行在稳增长、稳投资、服务“三农”、维护国家粮食安全等方面发挥了重要作用。为了推动农发行提升管理能力，有效防控风险，更好地发挥政策性金融作用，需要出台专门的监管法规，督促农发行完善公司治理、风险管理、内部控制、资本约束、激励约束等良好机制，实现可持续发展。

（三）主要内容

《办法》包括总则、市场定位、公司治理、风险管理、内部控制、资本管理、激励约束、监督管理、附则 9 个章节，共 70 条，覆盖农发行经营管理和审慎性监管的主要方面。

一是要求其坚守政策性金融定位，坚持以政策性业务为主体开展经营活动，主要服务维护国家粮食安全、脱贫攻坚、实施乡村振兴战略、促进农业农村现代化、改善农村基础设施建设等领域。二是要求其构建决策科学、执行有力、监督有效的公司治理机制，并对董事会、高管层、监事会提出履职要求。三是要求其结合自身业务特点构建全面风险管理和内部控制体系，有效防控信用风险、操作风险等各类风险。四是要求其建立健全资本约束机制，制订有效的资本规划和资本补充计划，完善内部资本充足评估程序和动态资本补充机制。五是要求其健全激励约束机制，强化内部问责。同时，银监会也将进一步加强外部监管，对违反《办法》的行为，将依据《中华人民共和国银行业监督管理法》等法律法规采取审慎监管措施，实施行政处罚。

（四）内容述评

第一，构建资本约束机制是政策性银行改革的核心内容之一。加强资本监管，有利于引导农发行提升自身风险抵御能力，平衡资本约束和可持续发展的关系，有效支持服务国民经济重点领域和薄弱环节。

《办法》着重强调以下四个方面的监管要求：一是建立健全以资本充足率为核心的资本约束机制，完善资本管理政策、制度及流程，确保资本能够充分抵御所面临的风险。二是根据业务发展战略、风险状况、资本监管要求，制订有效的资本规划和资本补充计划，合理确定业务发展规模和速度，确保资本水平持续满足监管要求。资本预算与分配应当优先保障政策性业务。三是建立稳健的内部资本充足评估程序，至少每年实施一次内部资本充足评估，并将评估结果用于经营管理决策和战略规划。四是建立内源性资本积累与外源性资本补充相结合的动态、可持续资本补充机制。

第二，《办法》着力体现强监管、强问责。一方面，督促农发行强化内部问责。《办法》明确要求农发行建立与政策性业务、自营性业务决策机制和管理流程相适应的责任追究和问责机制，完善问责制度，明确问责牵头部门、问责职责划分和问责流程，对违法违规行为的直接责任人和相应的管理人员进行严肃问责。另一方面，强化监管处罚力度。农发行违反《办法》相关规定，银监会及其派出机构可以依照《中华人民共和国银行业监督管理法》等法律法规对农发行采取审慎监管措施，实施行政处罚，涉嫌犯罪的移送司法机关处理。

（五）政策影响

《办法》的出台是深化农发行改革的需要，是弥补监管制度短板、提升监管有效性的需要，同时也是加强金融监管、有效防控风险的需要。

《办法》的出台有利于推动农发行改革方案落地，将其建设成为定位明确、功能突出、业务清晰、资本充足、治理规范、内控严密、运营安全、服务良好、具备可持续发展能力的农业政策性银行；有利于完善银行业监管规制体系，补齐监管制度短板，体现依法治国、依法行政、依法监管；在防控风险的同时，引导农发行在农村金融体系中发挥主体和骨干作用。

八、《关于政策性金融支持农村创业创新的通知》（农办加〔2017〕29号）

（一）发文信息

农业部和中国农业发展银行于2017年11月30日联合印发，面向农村创业创新项目群体。

（二）出台背景

为深入贯彻党的十九大提出的“实施乡村振兴战略，支持和鼓励农民就业创业，拓宽增收渠道”和党中央、国务院关于推进农村创业创新的决策部署，根据《国务院办公厅关于支持返乡下乡人员创业创新促进农村一二三产业融合发展的意见》（国办发〔2016〕84号）精神，在总结近年来农村创业创新工作经验基础上，农业部和中国农业发展银行按照《支持农业现代化全面战略合作协议》《关于合力推进农业供给侧结构性改革的通知》的要求，继续深化合作推进机制，充分发挥各自优势，切实加大政策性金融支持农村创业创新特别是项目建设力度。

（三）主要内容

一是完善信用评价机制，强化农村创业创新金融服务，探索扩大农村贷款抵押物范围，开发符合返乡下乡本乡人员创业需求特点的金融产品和金融服务，加大信贷支持和服务力度，促进农村创业创新园区和返乡下乡本乡人员培训基地建设。

二是聚焦重点领域支持农村创业创新，着力支持建设各类现代农业产业园、农业科技园、农民创业园，支持创业创新示范基地、创业孵化基地、创客服务平台等体系建设；支持返乡创业培训实习基地、农民职业技能培训基地、培训创业扶贫一体化等基地建设；支持以农牧（农林、农渔）结合、循环可持续为导向，发展优质高效绿色农业的工程及项目，支持产业链条健全、功能拓展充分、业态新颖的新产业和新业态，鼓励和扶持创业基础好、能力强的返乡下乡本乡人员大力开发乡土乡韵乡情潜在价值，发展休闲农业、乡村旅游、农村电商等新兴产业，提升农业价值链，拓宽农村创业创新领域。

三是要求各级农业部门要采取多种方式，培育农村创业创新主体，健全创新体系，加强项目指导，提高行业服务水平。农发行各分行通过多元化信贷产品、融资模式和差别化信贷政策优先给予支持，按照择优扶持、风险可控的原则，开辟绿色办贷渠道，优先保障信贷规模。

（四）内容述评

推进政策性金融支持农村创业创新，既是农业部门履行行业管理职能的重要体现，也是发挥政策性银行支农作用的重要方面，有利于发挥政策性金融的支农作用，进一步加速现代科技、生产方式和经营理念等融入农业，提高农业质量效益和竞争力；进一步推动新产业新业态新模式发展，促进农村一二三产业融合；进一步激活各类城乡生产资源要素，促进农民就业增收。

（五）政策影响

政策性金融支持农村创业创新需要按照农业部和农发行的相关决策部署，完善返乡下乡创业信用评价机制，强化农村创业创新金融服务，探索扩大农村贷款抵押物范围，开发符合返乡下乡本乡人员创业需求特点的金融产品和金融服务，加大对农村创业创新的信贷支持和服务力度。充分发挥现有信贷产品的支持合力，打造支持农村创业创新服务品牌，促进农村创业创新园区和返乡下乡本乡人员培训基地建设，推动新产业与新业态开拓，支持新型经营主体创业和返乡下乡企业创业创新，从而更好地满足农村创业创新需求，构建完整生态的农业产业链，拓展农业经济、生态、社会和文化等多种功能，促进新产业新业态新模式发展，形成利益联结稳定、农村一二三产业深度融合的新格局，有效提高农业竞争力，明显改善农村生产生活生态环境，持续提升农民收入。

对于下一步工作，各省级农业管理部门将认真组织并遴选出 5 ~ 10 个典型项目，将项目可行性研究报告以及《全国农村创业创新项目推荐表》于 2018 年 3 月 30 日前以书面材料和电子版形式报送农业部农产品加工局，各部门提交书面材料中的推荐表需要盖章确认。以后，各省级农业部门需要新增申报项目的，于每季度第 3 个月 30 日前将有关项目推荐表通过电子邮件形式报送农业部农产品加工局，以获取政策性金融支持。

九、《关于进一步规范银行业金融机构吸收公款存款行为的通知》(银监发〔2017〕30 号)

(一) 发文信息

银监会于 2017 年 6 月 21 日印发《关于进一步规范银行业金融机构吸收公款存款行为的通知》(以下简称《通知》)，面向各银监局、各大型银行、股份制银行、邮储银行、外资银行、中国银行业协会。

(二) 出台背景

公款存款具有金额大、成本低、稳定性高等特点，是银行业金融机构重要的存款资金来源。当前，个别银行业金融机构为获取公款存款，采用利益输送等不正当竞争手段，破坏廉洁从业风气和公平、有序的金融市场环境。对此，银监会发布《通知》，对银行业金融机构吸收公款存款行为进行整顿规范，督促银行依法合规经营，提高服务质效。

(三) 主要内容

《通知》共 5 条 13 款，在强化廉洁从业、严禁利益输送、防范道德风险、提升服务水平方面提出具体要求。

一是加强业务管理。银行业金融机构应明确规定吸收公款存款的具体形式、费用标准和管理流程，加强相关费用支出的财务管理。完善薪酬管理制度，改进绩效考评体系，不得设立时点性存款规模、市场份额或排名等指标。强化吸收公款存款行为的审计监督，对违规问题严格问责和整改，涉嫌违纪违法的，应移交有关部门处理。

二是严禁利益输送。银行业金融机构应督促员工遵守行业行为规范，恪守职业道德操守，廉洁从业。不得向公款存放主体相关负责人员赠送现金、有价证券与实物等；不得通过安排公款存放主体相关负责人员的配偶、子女及其配偶和其他直接利益相关人员就业、升职，或向上述人员发放奖酬等方式进行利益输送。若公款存放主体相关负责人员的配偶、子女及其配偶和其他直接利益相关人员为银行业金融机构员工，该员工应实行回避。

三是提升服务水平。银行业金融机构应充分尊重公款存放主体的意愿和服务需求，按照公开、公平、公正原则与公款存放主体开展业务合作。持续优化业务流程，丰富产品种类，不断提升存款综合服务水平。

四是强化行业自律。中国银行业协会应督促会员单位强化自律意识，培育合规文化，倡导公平竞争，抵制不当交易，共同遵守《中国银行业反商业贿赂承诺》《中国银行业反不正当竞争公约》等行业规约。

（四）内容述评

《通知》对银行业金融机构、中国银行业协会、监管部门均提出了要求。一是要求银行业金融机构规范业务。《通知》要求银行业金融机构加强吸收公款存款业务管理，改进绩效考评体系，强化内部审计监督。同时，严禁银行业金融机构通过赠送财物、安排亲属就业等方式，向公款存放相关负责人员进行利益输送，并提出回避要求和廉政承诺要求。《通知》还要求银行业金融机构不断提升存款综合服务水平，增加资金存放综合效益。二是强化行业自律和加强监督检查。《通知》要求中国银行业协会督促会员单位强化自律意识，培育合规文化，遵守行业规约。同时，《通知》要求各级银行业监管部门加强对银行业金融机构吸收公款存款业务的监督检查，发现利益输送的，还应通报同级财政部门和相关纪检监察机关。

与原有相关规制相比，《通知》主要有以下两个方面的新要求：一是提出回避要求。若公款存放主体相关负责人员的配偶、子女及其配偶和其他直接利益相关人员为银行业金融机构员工，该员工应实行回避，对不按规定回避的，所在机构要做出严肃处理。二是进行廉政承诺。银行业金融机构应根据《关于进一步加强财政部门和预算单位资金存放管理的指导意见》（财库〔2017〕76 号）的有关规定，按照公款存放主体的要求出具廉政承诺书。

（五）政策影响

随着《通知》的印发，银监会开始整顿规范银行业金融机构吸收公款存款行为，各级银行业监管部门将加强对银行业金融机构吸收公款存款业务的监督检查。对于吸收公款存款业务中的违法违规行为，依法予以提示和纠正，并采取相应的监管措施和行政处罚；发现进行利益输送的，通报同级财政部门和相关纪检监察机关；重大风险隐患或重大风险事件应及时向银监会报告。《通知》强化廉洁从业，严禁利益输送，有利于银行业金融机构营造廉洁从业风气，培育合规文化，并有利于防范道德风险，提升服务水平，维护公平、有序的金融市场环境。

十、《关于外资银行开展部分业务有关事项的通知》（银监办发〔2017〕12号）

（一）发文信息

银监会于2017年3月10日印发《关于外资银行开展部分业务有关事项的通知》（以下简称《通知》），面向各银监局和外资银行，即时生效。

（二）出台背景

我国银行业全面开放十年来，国内经济金融环境发生了巨大变化，经济金融改革深化、人民币国际化进程推进、企业“走出去”步伐加快。在此背景下，外资银行在华发展也进入了新的阶段，服务重点从满足跨国公司在华投资企业的金融需求，逐渐转向发挥外资银行国际网络优势，为“走出去”的中资企业提供综合金融服务；同时，鼓励外资银行更加全面、深入地参与我国金融市场活动，为境内金融机构引入境外投资者提供金融服务给予政策支持。《通知》的出台，有助于外资银行更好地利用自身全球化综合服务优势，在参与“一带一路”倡议实施、支持中资企业“走出去”以及我国经济结构转型调整中发挥积极作用。

（三）主要内容

《通知》明确了在华外资银行开展以下业务的监管要求：

1. 在华外资银行可依法开展国债承销业务、托管业务以及财务顾问等咨询业务，除银监会行政许可规章另有规定外，外资银行开展上述业务不需获得银监会的行政许可，采取事后报告制；

2. 在华外资银行可以与母行集团开展内部业务协作，为“走出去”的境内企业在境外发债、上市、并购、融资等活动中提供一揽子的综合金融服务，发挥外资银行的全球化综合服务优势；

3. 在华外资法人银行在风险可控的前提下，可依法投资境内银行业金融机构。此外，《通知》还要求在华外资银行开展上述业务活动时应加强合规及风险管理。

（四）内容述评

随着我国经济与全球经济日益融合，特别是“一带一路”倡议的实施和国际产能合作的不断推进，中资企业加快了境外发展步伐，在境外上市、发债、投资并购和境内外资源整合等方面，对全面和专业的金融服务需求日益增加。外资银行在全球网络、服务品种、对世界各地金融市场的了解和经验积累等方面具有一定的比较优势，可以在这一领域为“走出去”的企业提供一揽子综合金融服务，并提升在华外资银行在连接国际、国内两个市场，境内、境外两种资源中的积极作用。

同时，在华外资法人银行经过近十年的发展，已具备并表管理能力，因此允许外资法人银行依法投资境内银行业金融机构，既可以选择以境外母行为主体投资境内银行业金融机构，也可选择以在华法人银行为主体进行投资。

（五）政策影响

1. 中资银行服务境外中资企业的海外业务受到外资银行更加激烈的竞争，而在华外资法人银行通过投资境内银行业金融机构，能够增强国内银行业竞争压力，提升行业国际化、标准化、专业化水平；

2. 为服务我国“一带一路”倡议，将会按需给予外资银行更多业务许可，帮助“一带一路”倡议实施企业在参与国外经济活动中充分享受专业、高效的国际金融服务，对我国“一带一路”倡议下的中资企业开展外向型经济活动带来利好。

十一、《关于取消和暂停商业银行部分基础金融服务收费的通知》(发改价格规〔2017〕1250 号)

（一）发文信息

国家发展改革委和银监会于 2017 年 6 月 30 日印发《关于取消和暂停商业银行部分基础金融服务收费的通知》（以下简称《通知》)，面向各省、自治区、直辖市及计划单列市发展改革委、物价局，各银监局，各政策性银行、国有商业银行、股份制商业银行，中国邮政储蓄银行，外资银行等。《通知》自 2017 年 8 月 1 日起执行，以前规定与本通知不符的，以本通知为准。

（二）出台背景

为贯彻落实党中央、国务院决策部署，进一步清理规范涉企经营服务性收费，从减轻企业负担、减轻用户负担、降低实体经济运行成本的大局出发，优化实体经济发展环境，国家发展改革委和银监会印发《通知》，对取消、暂停商业银行部分基础金融服务收费做出安排。

（三）主要内容

1. 取消个人异地本行柜台取现手续费。各商业银行通过异地本行柜台

（含 ATM）为本行个人客户办理取现业务实行免费（不含信用卡取现）。

2. 暂停收取本票和银行汇票的手续费、挂失费、工本费等 6 项收费。

3. 各商业银行应继续按照现行政策规定，根据客户申请，对其指定的一个本行账户（不含信用卡、贵宾账户）免收年费和账户管理费（含小额账户管理费）。各商业银行应通过其网站、手机 APP、营业网点公示栏等渠道，以及在为客户办理业务时，主动告知提示客户申请指定免费账户。客户未申请的，商业银行应主动对其在本行开立的唯一账户（不含信用卡、贵宾账户）免收年费和账户管理费。

（四）内容述评

事实上，银行早已不再收取同行异地存取现等费用。2016 年 9 月底，人民银行发布《关于加强支付结算管理防范电信网络新型违法犯罪有关事项的通知》。明确要求银行对本行行内异地存取现、转账等业务，收取异地手续费的，应当自通知印发之日起三个月内实现免费，以降低个人支付成本。因此，从 2017 年初开始，各家银行都应该取消了相关收费。

《通知》第三条规定：各商业银行应继续按照现行政策规定，根据客户申请，对其指定的一个本行账户（不含信用卡、贵宾账户）免收年费和账户管理费（含小额账户管理费）。根据银监发〔2011〕22 号文的规定，对已签约开立的代发工资账户、退休金账户、低保账户、医保账户、失业保险账户、住房公积金账户免收账户管理费的，可以不再另外提供免收管理费的账户。如果客户前期已指定一个免收管理费的账户，又开立新的属于银监发〔2011〕22 号文规定需免管理费账户的，经客户确认后，商业银行可以将相关账户管理费免费措施从原指定账户转移至新开立的必须免收管理费的账户，并妥善留存客户确认记录。

（五）政策影响

《通知》进一步扩大了商业银行免收手续费的范围，对银行、企业客户、个人客户的影响如下：

对银行而言，由于银行客户基数庞大，每年的手续费收入叠加起来是一个不小的数字，对银行来说，减免手续费范围扩大是一项损失。

对企业客户而言，随着电子化支付的流行，银行成本也随之降低，银行取消、暂停基础金融服务费，是降低用户成本以及中小企业成本的举措，是一项便民、惠民政策。此次通知调整较大的主要是对公业务，即本票、汇票的费用减免，中小企业或将从此规定中获得实惠。

对个人客户而言，早在 2014 年 8 月 1 日，为保护商业银行服务对象的合法权益，《商业银行服务价格管理办法》就规定，在每家商业银行，每人可申请获得一张免管理费和年费的借记卡。此前银行一般不会主动告知这些减免政策，如今这一情况将改变，将从客户申请变为主动告知。《通知》要求，各商业银行应通过其网站、手机 APP、营业网点公示栏等渠道，以及在为客户办理业务时，主动告知提示客户申请指定免费账户。客户未申请的，商业银行应主动对其在本行开立的唯一账户（不含信用卡、贵宾账户）免收年费和账户管理费。

第三节　防控金融风险

一、《关于规范银行业服务企业走出去加强风险防控的指导意见》（银监发〔2017〕1 号）

（一）发文信息

银监会于 2017 年 1 月 25 日印发《关于规范银行业服务企业走出去加强风险防控的指导意见》（以下简称《指导意见》），面向各银监局、各政策性银行、大型银行、股份制银行、邮储银行、外资银行、中国银行业协会。

（二）出台背景

随着我国企业与银行业金融机构"走出去"的深度和广度逐渐提升，银行业金融机构根据境内外法律法规和监管要求，提高风险管控能力的必要性不断凸显。中资银行的一系列海外风险事件促使了《指导意见》的出台。海外设立机构或设立子公司已经成为大型银行未来重点的海外业务方向，近年来陆续曝光的几起中资银行海外风险事件，给中资银行布局海外业务敲响了合规风险的警钟。2016 年 2 月 17 日，工商银行马德里分行涉嫌洗钱被调查；同年 9 月 28 日，农业银行纽约分行被发现在风险管理及遵守反洗钱相关法律法规方面存在重大缺陷，被美联储要求限期 60 天整改。

银监会响应"一带一路"倡议，积极支持中资银行提高跨境金融服务能力，推动银行业不断提高"走出去"机构和业务的经营水平和风险防控能力，更好地为企业提供跨境金融服务，完善海外机构尤其是"一带一路"沿线国家机构布局。

（三）主要内容

《指导意见》分为7个部分，共40条，侧重于督导银行业金融机构加强信用风险、国别风险、合规风险、环境和社会风险管理。《指导意见》主要针对银行业金融机构服务企业“走出去”面临的关键问题、薄弱环节和突出风险，提出一系列具体监管要求，旨在加强对银行业金融机构战略定位、风险防范、机构布局的监管指导。

《指导意见》对银行业金融机构提出了总体要求。一是明确战略定位，制订并实施统一的境内外发展战略规划；二是加强重点领域服务，积极贯彻落实“一带一路”倡议，为企业“走出去”和国际产能合作提供优质金融服务；三是丰富金融服务方式，加强有利于提高服务质量和效率、与自身风险管控能力相匹配的金融创新；四是加强公司治理，建立健全涵盖境外机构与业务的公司治理框架；五是持续提升全面风险管理能力，加强与境外机构和业务有关的战略风险、信用风险、市场风险、合规风险、国别风险、环境与社会风险、流动性风险以及操作风险的管理；六是严格遵守相关法律法规和境外项目管理规定，对违反相关法律法规的境外项目，不得提供融资；七是强化责任追究，严格落实问责要求；八是加强保障能力建设，完善境外信息系统，加快培养既精通金融业务，又熟悉境外法律、税务及监管制度的复合型国际化管理人才队伍。

《指导意见》主要侧重于四种类型的风险。一是信用风险管理，要求银行业金融机构完善授权授信、强化尽职调查、坚持自主审贷、加强贷后管理、加强担保管理和风险分担、防范重点领域风险、重视跨境担保业务的第一还款来源。二是国别风险管理，结合《银行业金融机构国别风险管理指引》印发以来银行业金融机构在国别风险管理中面临的新情况、新问题和暴露出来的薄弱环节，针对性地强调了健全国别风险管理体系、完善国别风险评估评级程序、提升国别风险限额管理能力、健全应急处置机制、严格计提国别风险准备金等要求。三是合规风险管理，要求银行业金融机构高度重视合规体系建设，加强日常合规管理，强化合规资源配置，做好客户准入把关，强化反洗钱、反恐怖融资合规管理，并提升监管沟通效率。四是环境和社会风险管理，针对我国银行业金融机构对于境外业务的环境和社会风险管理薄弱问题，要求银行业金融机构实施环境和社会风险全流程管理，维护当地民众权益，增进与利益相关者的交流互动，加强相关信息披露。

（四）内容述评

第一，指出了银行业金融机构海外布局的重点风险领域，主要存在信用风险、国别风险、合规风险、环境和社会风险等。对于银行业境外机构布局，《指导意见》要求银行业金融机构做好境外机构布设的中长期规划，综合考虑相关战略和风险因素，加强前期评估工作；审慎评估境外经营实力和风险管控能力，合理选择代表处、分行、子行或子公司等形式；自身开展跨境并购时，应客观评估自身跨境管理能力和资源调配能力，全面、深入了解目标市场环境，审慎分析并购可行性和交易可操作性。

第二，强调了补缺境外业务风险的薄弱问题。我国银行业金融机构在境外业务经营中，环境和社会风险管控是其日常风险管理活动中的薄弱领域。《指导意见》针对我国银行业金融机构薄弱问题，要求银行实施环境和社会风险全流程管理，维护当地民众权益，增进与利益相关者的交流互动，加强相关信息披露。尤其是要求银行对能源资源、农林牧渔、重大基础设施及工程承包领域的环境和社会风险，在提供项目融资及贸易融资时给予特别关注。

（五）政策影响

一是有助于银行业做好行业自律管理，促使银行在境外经营中的沟通和协作。《指导意见》要求中国银行业协会做好行业自律管理，建立信息平台和合作机制；加强开展对“一带一路”沿线和国际产能合作重要国家的研究和相关培训工作；提出了明确战略定位、加强重点领域服务、丰富金融服务方式、加强公司治理、强化风险管理、鼓励良性竞争、健全责任追究制度、加强保障能力建设的总体要求，这些要求都有助于促进中资银行业金融机构在境外国经营过程中的治理、沟通、交流、协调和合作。

二是有助于中资银行加强合规体系建设，提升合规管理水平。《指导意见》强调了中资银行合规风险管理的重要地位，要求银行业金融机构加强合规体系建设，加强日常合规管理，强化合规资源配置，做好客户准入把关，强化反洗钱、反恐怖融资合规管理，并提升监管沟通效率。尤其是要求银行业金融机构对能源资源、农林牧渔、重大基础设施及工程承包领域的环境和社会风险，在提供项目融资及贸易融资时给予特别关注。上述合规要求和重点风险关注领域，有助于中资银行强化合规管理及合规体系建设。

三是促使中资银行更加重视境外机构管理，遵守东道国法律法规。有助于中资银行在服务企业“走出去”过程中合理机构布局、精准战略定位、丰富金融服务、完善公司治理、提升风险管理水平、健全责任追究机制、加强保障机制建设。同时，也能引起中资银行更加重视坚持集团和总部统一领导与管理，做好境外机构布设的中长期规划，加强前期评估工作，遵守东道国法律法规，在经营许可和总部认可的业务范围内开展经营活动。

二、《关于银行业风险防控工作的指导意见》(银监发〔2017〕6号)

(一) 发文信息

银监会于2017年4月10日印发《关于银行业风险防控工作的指导意见》(以下简称《指导意见》)，面向各银监局、机关各部门、各政策性银行、大型银行、股份制银行、邮储银行、外资银行、金融资产管理公司、其他会管金融机构。

(二) 出台背景

近年来，随着我国金融开放程度的提升，部分企业负债率高企，金融领域风险聚集有所抬升。2016年召开的中央经济工作会议明确提出“要把防控金融风险放到更加重要的位置，下决心处置一批风险点，着力防控资产泡沫，提高和改进监管能力，确保不发生系统性金融风险。”为贯彻落实中央经济工作会议“把防控金融风险放到更加重要的位置”总体要求，促使银行业坚持底线思维、分类施策、稳妥推进、标本兼治，切实防范化解突出风险。为此，银监会印发了《指导意见》，决定进一步加强银行业风险防控工作，目的是督促银行业金融机构切实处置一批重点风险点，消除一批风险隐患，在严守不发生系统性金融风险底线的同时，进一步提升风险管理水平。

(三) 主要内容

一是加强信用风险管控。要求银行业金融机构摸清风险底数，落实信贷及类信贷资产的分类标准和操作流程，真实、准确和动态地反映资产风险状况；加强统一授信、统一管理，加强新增授信客户风险评估，严格不同层级的审批权限。

二是完善流动性风险治理体系。要求银行业金融机构完善风险监测覆盖，加强重点机构管控，创新风险防控手段，定期开展压力测试，完善流动性风险应对预案，提前做好应对准备。

三是加强债券投资业务管理。要求银行业金融机构健全债券交易内控制度，强化债券业务集中管理机制，加强债券风险监测防控，严格控制投资杠杆。

四是强化同业业务整治。从控制业务增量、做实穿透管理、消化存量风险、严查违规行为等方面明确监管要求。

五是规范银行理财和代销业务。要求银行业金融机构加强理财业务风险管控，规范银行理财产品设计，加强金融消费者保护，审慎开展代销业务。

六是防范房地产领域风险。要求分类实施房地产信贷调控，强化房地产风险管控，加强房地产押品管理。

七是加强地方政府债务风险管控。要求银行业金融机构严格落实相关法律法规，强化融资平台风险管控，规范开展新型业务模式，加强对高风险区域的风险防控。

八是稳妥推进互联网金融风险治理。要求持续推进网络借贷平台（P2P）风险专项整治，做好校园网贷、“现金贷”业务的清理整顿工作。

九是加强外部冲击风险监测。要求重点防范跨境业务风险和社会金融风险，严厉打击非法集资，防止民间金融风险向银行业传递。

十是其他风险防控。要求银行业金融机构加强案件风险防范，强化信息科技风险防控，加强预期管理，维护银行业经营稳定。

（四）内容述评

第一，明确了银行业风险防控工作的目标原则。银行业金融机构要落实中央经济工作会议要求，按照坚持底线思维、分类施策、稳妥推进、标本兼治的基本原则，把防控金融风险放到更加重要的位置，切实有效化解当前面临的突出风险，严守不发生系统性金融风险底线。

第二，明确了银行业风险防控的重点领域。银行业风险防控的重点领域，既包括信用风险、流动性风险、房地产领域风险、地方政府债务违约风险等传统领域风险，又包括债券波动风险、交叉金融产品风险、互联网金融风险、外部冲击风险等非传统领域风险，基本涵盖了银行业风险的主要类别。

第三，强化了问责制度，确保责任主体切实履行风险防控责任。从银行业金融机构、各级监管机构与银监会三个层级要求建立与强化问责制度。银行业金融机构自身方面，对于自查整改与风险防控实行“一把手负责制”并层层压实责任，从而杜绝此前部分金融机构对授权卡、业务印章、空白凭证等物品管理不严及其他原因导致的风险防控不到位情形；各级监管机构方面，要求其落实问责，即切实做到发现一起、处理一起，做到“一案三问”“上追两级”；银监会方面，则根据风险防控工作进展情况进行督查，推动风险防控工作有序开展。

（五）政策影响

一是对房地产领域的融资活动产生收缩作用。为防范房地产领域风险，《指导意见》明确将“首付贷”作为严厉打击对象，同时，将房地产融资占比过高的银行业金融机构与信托公司纳入重点关注领域。房地产领域由于抵押担保的标的物为价值不易贬损的不动产，因而成为银行的优质贷款领域，但《指导意见》将房地产领域纳入重点防控对象，以及银监会“三套利”政策要求将信贷资金是否借道建筑业或其他行业投向房地产纳入专项治理工作，都体现出监管机构对收缩房地产领域融资的政策导向。

二是对企业负债率将产生一定程度的遏制作用。《指导意见》要求坚持“穿透管理”和“实质重于形式”的原则从而将债券投资纳入统一授信，并明确指出通过特殊目的载体（SPV）、表外理财等方式开展的债券投资将与直接债券投资纳入统一监测范围。2010 年修订的《商业银行集团客户授信业务风险管理指引》第四条第三款规定：“商业银行持有的集团客户成员企业发行的公司债券、企业债券、短期融资券、中期票据等债券资产以及通过衍生产品等交易行为所产生的信用风险暴露应纳入集团客户授信业务进行风险管理。”此前仅将直接债券投资纳入授信管理范围，《指导意见》将间接债券投资纳入企业授信管理的范围将有效控制企业通过非直接债券融资的方式规避银行授信监管的问题，对于企业的负债率也将产生遏制作用。

三是促进我国地方政府投融资模式的转型，强化融资平台风险管控。切实防范地方政府债务风险方面，在禁止新增地方政府融资平台贷款与接受地方政府担保兜底的同时，将专项建设基金、政府和社会资本合作、政府购买服务等形式作为新型业务模式加以开展，从而促进我国地方政府投融资方式的转型。《指导意见》要求银行业金融机构紧盯列入预警范围的潜在高风险地区，推动制订中长期债务风险化解规划，有效应对局部风险。

四是银行业提高风险防控能力将影响到其他融资机构与融资方式。企业可能无法通过此前不合规的方式获得银行资金，由于银行业金融机构在整个国民经济融资领域的重要地位，企业在其他融资方式方面也会受到一定限制，因此，这有利于督促我国企业提高自身的经营能力与盈利能力，改变部分企业单纯依靠外部融资延续业务经营的状况。

三、《关于切实弥补监管短板　提升监管效能的通知》（银监发〔2017〕7号）

（一）发文信息

银监会于2017年4月12日印发《关于切实弥补监管短板　提升监管效能的通知》（以下简称《通知》），面向各银监局，机关各部门，各政策性银行、大型银行、股份制银行，邮储银行，外资银行，金融资产管理公司，其他会管金融机构。

（二）出台背景

近年来，随着金融市场发展深化，业务产品创新加快，银行业的业务结构和风险特征出现了新情况、新变化，对银行业金融机构和机构监管有效识别和控制风险提出了新挑战。银监会按照中央经济工作会议精神，对监管制度和实践中存在的缺陷和不足进行了系统梳理，针对监管制度和实践中暴露出的缺陷与不足，制定了《通知》，以进一步提升监管有效性，防范化解金融风险，促进银行业安全稳健运行。

（三）主要内容

《通知》依照监管制度、市场准入、非现场监管、现场检查、信息披露、监管处罚和责任追究等监管工作流程，针对存在的薄弱环节，并提出了“六个强化”的要求。

一是强化监管制度建设。强调发挥制度建设的引领作用，按照“问题导向”“急用先行”和“协调配套”的原则，研究制定26项重点规制。同步推进监管制度的配套实施细则，以及银行内部管理制度的修订和完善工作，确保各项监管制度落地实施。

二是强化风险源头遏制。强调加强股东的准入审核和行为监管，穿透识别并审查银行实际控制人、最终受益所有权人的资格，从严管控其行为。坚决打击各类规避股东资格审查，利用控制权不正当干预经营决策，通过关联交易获取不正当利益的行为。

三是强化非现场和现场监管。强调提升非现场监管能力，增强现场检查针对性，促进各监管部门的监管协同，重点加大对同业、投资、理财等业务的监管力度，切实防止监管套利。

四是强化信息披露监管。强调以市场约束和消费者权益保护为导向，提高风险信息披露标准和金融产品信息披露水平。做好银行公司治理、风险状况和重大风险事项的信息披露，区分产品性质，明确金融产品的信息披露标准和规范。

五是强化监管处罚。强调通过有力的处罚增强监管威慑力，要求充分运用监管权力，实行纠罚并重、罚没并举、机构人员“双罚”，加大处罚力度，公示公开处罚结果。

六是强化责任追究。强调加大有关银行业金融机构责任人的追责力度，加强对监管行为的再监督。既要对银行业金融机构的直接责任人和管理人员进行问责，也要对因故意或过失，不履行或不正确履行职责的监管人员进行责任追究。

同时，《通知》附上了“弥补银行业监管制度短板工作项目”，明确26项需要弥补的监管制度短板项目。

（四）内容述评

一是强化股东管理，严防银行沦为股东提款机。近年来，多家银行股东和股权出现变动，引发监管关注。2014年底以来，安邦频频举牌民生银行并成为大股东；2016年末，恒丰银行被曝出其高管通过各种手法，将逾430亿元的银行受托资金体外循环，借道多个外部机构，以实现对恒丰银行持股。对此，《通知》强调对股东的准入审核和行为监管，并提出了明确要求。

二是严格规范同业业务。《通知》要求重点加大对同业、投资、理财等业务的监管力度，切实防止监管套利。近年来同业业务的迅猛发展和不断“创新”，使金融体系高度复杂化、投行化，衍生出了诸多潜在风险点。从2017年诸多文件同时提及同业业务可以看出，同业和嵌套已经成为本轮金融监管的重中之重。

三是加大监管处罚。对违规机构纠罚并重、罚没并举、机构和人员“双罚”，对监管人员履职不到位的也要严格进行责任追究。《通知》中对银行业金融机构和监管机构的责任追究，意味着未来银监会将对一切违规行为重拳出击，以增加违规成本。

四是弥补银行业监管制度短板工作项目。公布的26项规制中，“制定类”16项，涉及表外业务、理财业务、股东管理以及流动性风险管理办法等市场关注的热点问题；“推进类”6项，包含商业银行破产风险处置条例、处置非法集资条例、全球系统重要性银行监管指引等；“研究类”包括商业银行资产证券化资本计量规则等4项。此次公布规制计划，是提前向市场释放信号，便于银行业金融机构形成稳定的监管预期，预先做好合规性准备工作。

（五）政策影响

《通知》中的监管要求已得到落实，监管机构陆续印发规制弥补监管制度短板，提升非现场监管和现场检查能力，强化行政处罚力度，各银行业金融机构也已按照要求对标自查整改。一是“弥补银行业监管制度短板工作项目”中的多项规制已经出台或公开征求意见。二是关于《通知》重点关注的银行股权管理问题，银监会已于 2018 年 1 月印发了《商业银行股权管理暂行办法》，对股东的准入审核和行为监管提出了更为细化严格的要求，有效弥补了股东管理的监管短板。三是关于 2017 年银监会加大行政处罚力度，全年全系统共做出行政处罚决定 3452 件，其中处罚机构 1877 家，罚没 29. 32 亿元；处罚责任人员 1547 名，其中罚款合计 3759. 4 万元，对 270 名相关责任人取消一定期限直至终身银行业从业和高管任职资格。已公开的大案包括广发银行因侨兴债被罚 7. 22 亿元，浦发银行成都分行违规发放贷款案、邮储银行甘肃武威文昌路支行违规票据案合计开出 7. 95 亿元罚单，陕西、河南 19 家银行涉骗贷案被罚 5250 万元等，严肃行政处罚已成为常态。

预计 2018 年，银监会将按照弥补监管制度短板的工作安排，持续推进“弥补银行业监管制度短板工作项目”所列示的规制建设项目，并针对银行业的新变化，补充更多针对特定机构和具体业务的规章制度，提升监管有效性和针对性。同时，继续强化《通知》对监管机构和银行业金融机构的要求，持续严监管态势。

四、《关于规范银信类业务的通知》（银监发〔2017〕55 号）

（一）发文信息

《关于规范银信类业务的通知》（以下简称《通知》）印发时间为 2017 年 12 月 22 日，自印发之日起生效，主要面向各银监局、政策性银行、商业银行和中国信托登记有限责任公司。

（二）出台背景

近年来，国内金融体系脱实向虚愈演愈烈，商业银行资金通过信托通道实现银行表内资产虚假出表，不同性质金融机构之间产生资金连带关系，在事实上进行混业经营，系统性金融风险未得到有效隔离，因此中国银监会印发《通知》对银信类业务，特别是银信通道业务予以规范。

（三）主要内容

《通知》共 10 条，主要内容是：

一是明确银信类业务及银信通道业务的定义。《通知》明确将银行表内外资金和收益权同时纳入银信类业务，并在此基础上明确了银信通道业务的定义。

二是规范银信类业务中商业银行的行为。《通知》要求在银信类业务中，银行应按照实质重于形式原则，将穿透原则落实在监管要求中，并在银信通道业务中还原业务实质。

三是规范银信类业务中信托公司的行为。《通知》分别从转变发展方式和履行受托责任两个方面对信托公司开展银信类业务提出了要求。

四是加强银信类业务的监管。《通知》明确，银监会及其派出机构应加强银信类业务的监管，应依法对银信类业务违规行为采取按业务实质补提资本和拨备、实施行政处罚等监管措施。

（四）内容述评

《通知》禁止商业银行通过信托通道将表内资产虚假出表，对比过往银信业务规定，《通知》主要有四个方面的新要求。

一是商业银行在银信类业务中的新要求，主要包括：对信托公司实施名单制管理，综合考虑信托公司的风险管理水平和专业投资能力，审慎选择交易对手等。

二是信托公司在银信类业务中的新要求，主要包括：不得接受委托方银行直接或间接提供的担保，不得与委托方银行签订抽屉协议，不得为委托方银行规避监管要求或第三方机构违法违规提供通道服务，不得将信托资金违规投向房地产、地方政府融资平台、股市、产能过剩等限制或禁止领域等。

三是提高银信类业务的监管要求。《通知》提出，银监会将进一步研究明确提高信托公司通道业务监管要求的措施办法。

四是违规处罚措辞十分严厉，《通知》要求对银信类业务中存在的各类问题及时核查并严肃问责处理，情节严重的要从重处罚，确保银行业金融机构整改落实到位。

（五）政策影响

《通知》对我国以商业银行为主的金融体系产生了非常大的影响。《通知》的印发，有利于将商业银行资金逼回投向实体企业，倒逼商业银行不断提高自身风险管理水平；同时商业银行流向房地产市场、二级资本市场的资金渠道大为减少，房地产行业违规获取超额流动资金的方式也大为减少，后续将持续影响同业拆借市场、股票市场及远期、期货交易，且预计未来围绕银信业务、银信通道业务会出台更多系列规范性文件，构成维护国内金融稳定、防范系统性金融风险的组合拳。

五、《商业银行押品管理指引》（银监发〔2017〕16号）

（一）发文信息

银监会于2017年5月8日印发《商业银行押品管理指引》（以下简称《指引》），面向各银监局，机关各部门，各政策性银行、大型银行、股份制银行，邮储银行，外资银行，金融资产管理公司。

（二）出台背景

抵质押品是商业银行缓释信用风险的重要手段，银监会高度重视押品在缓释信用风险中的功能。当前，部分商业银行押品存在管理体系不完善、管理流程不规范、风险管理不到位等现象，其风险缓释能力没有得到充分发挥。银监会制定《指引》，明确将押品管理纳入全面风险管理体系，通过相关制度安排，指导商业银行规范和加强押品管理，提高信用风险管理水平。

（三）主要内容

《指引》共7章48条，强调商业银行应遵循合法性、有效性、审慎性、从属性原则，完善押品管理的组织架构，加强押品分类、押品估值、抵质押率设定等重点环节的风险管理，规范押品调查评估、抵质押设立、存续期管理、押品返还处置等业务流程。

一是明确押品法律概念并进行科学分类。《指引》所称押品是指债务人或第三方为担保商业银行相关债权实现，抵押或质押给商业银行，用于缓释信用风险的财产或权利。商业银行应至少将押品分为金融质押品、房地产、应收账款和其他押品等类别，并在此基础上进一步细分。

二是将押品纳入风险管理体系。商业银行应将押品管理纳入全面风险管理体系，完善与押品管理相关的治理架构、管理制度、业务流程、信息系统等。

三是提出建立动态监测机制。为了及时有效地对押品价值和相关风险进行监测，《指引》提出建立动态监测机制，跟踪押品相关政策、行业、地区环境变化，分析其对押品价值的影响，及时发布预警信息，必要时采取相应措施。商业银行应根据不同押品价值波动特性，合理确定各类押品价值重估频率，每年应至少重估一次。价格波动较大的押品应适当提高重估频率，对于有活跃交易市场的金融质押品应进行盯市估值。

四是细化了押品的调查与评估程序。《指引》第二十四条规定，商业银行各类表内外业务采用抵质押担保的，应对押品情况进行调查评估，主要包括受理、调查、估值、审批等环节。

（四）内容述评

《指引》主要从三个方面督促和引导商业银行加强押品管理。一是完善押品管理体系，包括健全押品管理治理架构、明确岗位责任、加强制度建设、完善信息系统等。二是规范押品管理流程，明确了押品管理中的调查评估、抵质押设立、存续期管理、返还处置等业务流程。三是强化押品风险管理，对押品分类、估值方法和频率、抵质押率设定、集中度管理、压力测试等重点环节提出了具体要求。

《指引》的实施，有助于提升押品的风险缓释效应，控制抵押交易的剩余风险，引导商业银行平衡好抵押贷款和信用贷款的关系，改进对实体经济的金融服务。

（五）政策影响

一是有助于强化商业银行的押品风险管理水平。《指引》针对商业银行在押品管理中存在的诸多问题进行了全面规范，通过强化商业银行对押品的分类和流程管理，不仅有利于押品管理体系的完善，同时大大降低了押品抵质押过程中可能存在的潜在风险，也在客观上有助于商业银行押品风险缓释能力的提高。

二是满足实体经济的融资需求。《指引》体现了监管部门旨在通过提高商业银行抵质押品的风险缓释作用来防范信用风险的监管思路。在宏观经济下行不良趋高的背景下，《指引》可以有效引导商业银行平衡好担保贷款和信用贷款的关系，鼓励商业银行在加强抵押贷款管理的同时发放信用贷款，将在有效控制风险的基础上为实体经济特别是小微企业的发展带来一定的利好。《指引》针对商业银行在押品管理中存在的诸多问题进行了全面规范，体现了监管部门意图通过提升商业银行押品的风险缓释作用来防范信用风险的监管思路。

六、《同业存单管理暂行办法》（修订）（中国人民银行公告〔2017〕第12号）

（一）发文信息

中国人民银行于2017年8月31日决定对《同业存单管理暂行办法》（中国人民银行公告〔2013〕第20号）第八条进行修改。

（二）出台背景

尽管我国同业存单业务落地的时间并不是很长，但其整体发展迅速。据Choice 数据显示，截至 2017 年上半年，同业存单余额高达 9.5 万亿元，占到了整个债券市场存量规模的 53%，并成为规模增长最快的债券品种。而截至2017 年 8 月 31 日，同业存单余额继续上升至 9.8 万亿元。近年来，随着金融同业业务的迅猛发展，部分业务发展不规范、信息披露不充分、规避金融监管和宏观调控等问题逐渐显现。因此，中国人民银行对《同业存单管理暂行办法》进行修订，以规范同业存单市场。

（三）主要内容

为引导同业存单市场规范有序发展，中国人民银行决定将《同业存单管理暂行办法》（中国人民银行公告〔2013〕第 20 号）第八条"固定利率存单期限原则上不超过 1 年，为 1 个月、3 个月、6 个月、9 个月和 1 年，参考同期限上海银行间同业拆借利率（Shibor）定价。浮动利率存单以上海银行间同业拆借利率为浮动利率基准计息，期限原则上在 1 年以上，包括 1 年、2 年和 3年"的内容修改为"同业存单期限不超过 1 年，为 1 个月、3 个月、6 个月、9个月和 1 年，可按固定利率或浮动利率计息，并参考同期限上海银行间同业拆借利率定价"。本公告自 2017 年 9 月 1 日起施行。

自 2017 年 9 月 1 日起，金融机构不得新发行期限超过 1 年（不含）的同业存单，此前已发行的 1 年期（不含）以上同业存单可继续存续至到期。

（四）内容述评

早在 2014 年 4 月，人民银行、银监会、证监会、保监会、国家外汇管理局就联合印发了《关于规范金融机构同业业务的通知》（银发〔2014〕127号）（以下简称 127 号文），进一步规范金融机构同业业务经营行为。127 号文第十三条明确规定，"金融机构办理同业业务，应当合理审慎确定融资期限。其中，同业借款业务最长期限不得超过三年，其他同业融资业务最长期限不得超过一年，业务到期后不得展期。"

此外，人民银行还在 2017 年 8 月 11 日公布的《2017 年第二季度中国货币政策执行报告》中表示，"拟于 2018 年第一季度评估时起，将资产规模 5000亿元以上的银行发行的一年以内同业存单纳入 MPA 同业负债占比指标进行考核。"这就意味着，同业存单业务从当年"应付债券"口径下，划入到"同业负债"口径之后，理应符合 127 号文的规定，最长期限不得超过一年。因此，人民银行此次把同业存单业务期限收缩到 1 年以内，也是为了与 127 号文的规定保持一致。

（五）政策影响

一是让存单回归银行流动性管理的本源。同业存单从诞生之日起，其主要目的就在于便于银行进行流动性管理、进行短期资金的调剂。如果把期限拉长到一年、两年，甚至三年，同业存单的作用就可能异化为金融机构增加负债的重要渠道。一些金融机构可能会通过同业存单来加杠杆，进行资产扩张，这就会导致金融同业业务快速扩张，以致引起资金空转等问题，不利于当前“脱虚向实、整治金融乱象”的政策实施。

二是堵住监管缺口。人民银行提出将一年期以内同业存单纳入MPA同业负债考核项后，若不堵住一年期以上的同业存单，容易出现部分银行发行一年期以上同业存单替换一年以内存单，规避监管的现象。

三是通过鼓励金融机构发行1年期（含）以内的浮动利率同业存单，并参考上海银行间同业拆借利率定价，也有利于进一步培育货币市场基准利率。

长期来看，同业去杠杆或致银行体系信用创造能力下降：一方面，同业负债不需要缴纳法定存款准备金，理论上来说货币乘数高于一般存款；另一方面，中小银行通过同业存单扩张负债端，资产端则通过非标、债券等配置了很多融资受限领域（房地产、融资平台、过剩产能等）的资产，同业负债收缩叠加对非标的监管（银信合作新规、委托贷款新规、资管新规等），表外融资趋降。而居民和政府部门融资需求也趋于下降，2018年的社会融资增速有望逐渐回落，这将在基本面上对债市形成强劲支撑。

七、《应收账款质押登记办法》（修订）（中国人民银行令〔2017〕第3号）

（一）发文信息

中国人民银行对《应收账款质押登记办法》（中国人民银行令〔2007〕第4号）进行了修订，于2017年10月25日发布，自2017年12月1日起施行。

（二）出台背景

人民银行于2007年9月30日颁布《应收账款质押登记办法》（以下简称《办法》），规范应收账款质押登记活动。《办法》自2007年10月1日实施以来，有效地指导和规范了我国应收账款质押登记业务，保障了《物权法》第二百二十八条要求提供的登记服务。但随着我国应收账款融资业务的快速发展，《办法》在实施过程中面临一些新问题，亟须补充和完善。例如，应收账款的现有定义不能涵盖实践中已开展业务的应收账款种类，应收账款转让登记有实践无指引，登记期限的设定与实践中业务开展期限不吻合等。结合业务实际，为更好地引导用户开展应收账款质押登记与查询，保障交易安全，维护金融市场稳定，促进我国金融体系健康发展，人民银行在深入研究并听取有关方面意见的基础上，对《办法》进行修订。

（三）主要内容

一是首次规定了“应收账款转让”的登记规则。《办法》将原第二条中的“应收账款质押登记公示系统”修改为新《办法》第四条中的“基于互联网的登记公示系统”；同时新增加第三十三条，明确规定“权利人在登记公示系统办理以融资为目的的应收账款转让登记，参照本办法的规定”。

二是进一步强化了“登记协议”的作用。《办法》保留了“质权人办理质押登记前，应与出质人签订登记协议”的内容，并在第十六条申明了质权人办理展期、变更登记时，应当就展期、变更事项提交登记协议。

三是进一步扩大了应收账款的范围。《办法》将应收账款的范围扩展到了“依法享有的付款请求权”，并且明确了除票据或其他有价证券之外，只有法律、行政法规禁止转让的付款请求权不属于《办法》中的应收账款。这一概念有利于扩展应收账款的外延，明确纠正了“只有法律明确规定的付款请求权才可以作为权利质押标的”的观点。

四是调整了登记期限，并明确了质权人迟延注销的法律后果。《办法》明确质押登记期限应根据主债权履行期限合理确定，改变了原有的“质权人自行确定”的表述，提高了质押登记的严肃性。在登记期限上，将最长登记期限延长至 30 年，而且期满前可以多次展期，每次展期仍可最长再延长 30 年。该规定意味着初始登记加一次展期最长可登记 60 年，这考虑到了基础设施项目的运营周期，但质押担保的债权在实践中是否有如此长的还款期限有待观察。

五是删除了质押登记失效的表述。《办法》删除了“登记期限届满，质押登记失效”以及“未办理变更登记，质押登记失效”的规定。根据《最高人民法院关于适用〈中华人民共和国担保法〉若干问题的解释》第十二条的规定，当事人约定的或者登记部门要求登记的担保期间，对担保物权的存续不具有法律约束力。《物权法》也确立了物权法定原则，根据该法第一百七十七条的规定，担保物权消灭的法定事由包括：（1）主债权消灭；（2）担保物权实现；（3）债权人放弃担保物权；（4）法律规定担保物权消灭的其他情形。

六是明确了异议登记规则。《办法》仍然延续了异议登记制度，出质人或其他利害关系人认为登记内容错误，且质权人不同意变更或注销的，出质人仅可以通过诉讼或仲裁的方式解决，这增加了出质人或其他利害关系人提出异议的成本。

（四）内容述评

此次《办法》变化内容主要有以下三点：

一是增加转让登记规定。转让和质押是应收账款融资的两种形式，但我国应收账款转让登记立法缺失，使实际业务中交易一方（质权人或受让人）面临一笔应收账款同时被质押和转让，或被重复转让的风险。修订后的《办法》在附则中增加了应收账款转让登记参照质押登记办理的条款。根据该附则对应条款，权利人在登记公示系统办理以融资为目的的应收账款转让登记，参照本办法的规定。转让登记虽非强制性规定，但有助于引导更多市场主体开展登记与查询，保障交易安全，为进一步在法律层面明确转让登记的法律效力积累实践经验。

二是完善应收账款定义。《办法》完善了应收账款定义：增加兜底条款，定义部分增加"依法享有的其他付款请求权"，列举部分增加"其他以合同为基础的具有金钱给付内容的债权"，满足金融机构目前已开展的应收账款质押融资业务创新需要；将"提供服务产生的债权"细化为"提供医疗、教育、旅游等服务或劳务产生的债权"，以契合目前市场发展的实际情况。此外，还对其他文字表述予以调整。对定义的修订，是为了切合业务实际。据了解，随着应收账款融资业务的发展，实践中用来融资的应收账款类型丰富多样，银行、保理公司等机构对完善和调整《办法》列举应收账款的范围需求强烈。

三是扩展应收账款登记期限。修订后的《办法》将应收账款的登记期限从"1～5年"扩展为"0.5～30年"。这是为了更好地满足账期较短的普通贸易类应收账款融资，以及账期较长的以基础设施和公用事业特许经营管理权为质押的融资需要。

（五）政策影响

转让和质押是应收账款融资的两种形式，但我国应收账款转让登记立法缺失，使实际业务中交易一方（质权人或受让人）面临一笔应收账款同时被质押和转让，或被重复转让的风险。新《办法》在不突破现有法律框架的情况下，在附则中增加应收账款转让登记参照质押登记办理的规定，有助于引导更多市场主体开展登记与查询，保障交易安全。

新《办法》体现了对金融机构从事应收账款融资业务的支持，作为融资业务的资金提供方和应收账款质权人，金融机构有权就应收账款及其收益优先受偿；另外，应收账款定义部分的新增兜底条款，在制度层面为金融机构开展应收账款融资业务创新预留了空间。

八、《中国人民银行自动质押融资业务管理办法》（中国人民银行公告〔2017〕第18号）

（一）发文信息

中国人民银行2017年12月13日印发《中国人民银行自动质押融资业务管理办法》（以下简称《办法》），定于2018年1月29日生效。面向国内依法设立并办理自动质押融资业务的存款类金融机构法人，以及人民银行认可的其他金融机构法人。

（二）出台背景

《办法》是《中国人民银行自动质押融资业务管理暂行办法》（中国人民银行公告〔2005〕第25号）（以下简称《暂行办法》）的修订版，修订原因是随着国内商业银行经营形势的变化，《暂行办法》中关于融资余额上限、融资利率等方面的规定已相对滞后，关于合格质押品、成员机构资质等方面的规定也有进一步完善的空间，为进一步优化自动质押融资业务，提高支付清算效率，人民银行决定将《暂行办法》修订为《办法》。

（三）主要内容

《办法》是短期业务规则性文件，共计25条，主要内容是：

一是明确当存款类金融机构清算账户资金不足时，通过系统自动向人民银行质押债券融入资金完成清算的支付系统支持机制，有助于减少清算排队现象，保障支付清算安全。

二是扩大成员机构融资空间。开发性和政策性银行、国有商业银行、邮储银行的融资余额上限由实收资本的2%提高至4%，全国性股份制银行由实收资本的2%提高至10%，城市商业银行等其他金融机构由实收资本的5%提高至15%。

三是统一自动质押融资利率。日间和隔夜自动质押融资利率均按业务发生时的隔夜常备借贷便利（SLF）利率确定，其中日间融资利息按小时计算，隔夜融资利息按实际占款天数计算，鼓励机构缩短资金使用时间。

四是扩大质押债券范围。合格质押债券范围由国债、中央银行债券、政策性金融债券等扩大到人民银行认可的地方政府债券及其他有价证券。

（四）内容述评

由于自动质押融资业务的触发条件是金融机构临时耗尽全部准备金仍不够清算所需，启用门槛较高，因此《办法》本质上属于清算便利安排而非流动性工具；且绝大多数融资为日间透支、日终偿还，对基础货币总体没有影响，也不会影响人民银行对银行体系流动性的管理。

（五）政策影响

《办法》修订后，将缓解中小型存款类金融机构由于实收资本少、准备金规模小，为避免遇大额清算指令而出现的排队现象，其融资空间上调幅度相对较大，未来人民银行也会随着自动质押融资业务情况对《办法》进行随时调整。

九、《商业银行银行账簿利率风险管理指引（修订征求意见稿）》（银监会）

（一）发文信息

银监会于2017年11月24日向社会公开征求意见。银监会将根据各界的反馈意见，进一步修改完善并适时发布。

（二）出台背景

银行账簿利率风险是银行面临的重要风险。近年来，国内商业银行不断完善银行账簿利率风险管理体系，在风险管理、利率敏感性计量和压力测试等方面积累了一定经验。但国际监管和国内利率市场化都需要银行不断提升银行账簿利率风险管理精细化水平。

一是巴塞尔委员会2016年4月发布了《银行账户利率风险监管标准》（IRRBB标准），要求成员国于2018年1月正式实施。IRRBB标准建立了银行账户利率风险计量的标准化框架，用多种利率冲击情景来替代原单一利率冲击情景，细化和提升了多项银行账户利率风险管理监管标准。而银监会早先于2009年颁布的《银行账户利率风险指引》在监管精细度上和巴塞尔新规有着明显差距，所以需要修订以体现新的国际监管标准。

二是随着国内利率市场化的不断深入，利率风险呈现的态势日趋复杂。比如利率风险与其他风险产生复杂交织，其影响在加强；表外业务不断扩张增加了利率风险管理复杂性；外币资产负债业务扩大，增加了跨币种利率风险；互联网金融又使银行负债结构发生了深刻调整。这些都要求利率风险计量和管理的能力相应提升。

在此背景下，银监会对《商业银行银行账户利率风险管理指引》（银监发〔2009〕106号）进行修订和完善。

（三）主要内容

修订稿内容包括总则、风险治理、风险计量和压力测试、计量系统与模型管理、计量结果应用和信息披露、监督检查、附则7个章节，以及名词解释、利率冲击情景设计要求、客户行为性期权风险考虑因素、模型管理要求、标准化计量框架、监管评估6个附件。

一是总则。该指引所称银行账簿利率风险是利率水平、期限结构等不利变动导致银行账簿经济价值和整体收益遭受损失的风险，主要包括缺口风险、基准风险和期权性风险。银行账簿记录的是商业银行未划入交易账簿的相关表内外业务。要求商业银行应将银行账簿利率风险纳入全面风险管理框架。

二是风险治理。要求商业银行建立完善的银行账簿利率风险治理架构。由董事会承担银行账簿利率风险管理的最终责任，由高级管理层承担银行账簿风险管理的实施责任。制定合理的银行账簿利率风险管理策略、风险偏好，以及与之相一致的风险限额。

三是风险计量和压力测试。要求商业银行对银行账簿资产或负债中余额占比5%以上的币种单独计量银行账簿利率风险。对实际承担风险的非标准化债权投资，应按照穿透原则，针对底层资产计量银行账簿利率风险。定期开展压力测试，并将压力测试结果纳入董事会和高管层的决策流程。

四是计量系统和模型管理。要求银行账簿利率风险计量系统应采用静态模拟、动态模型等多种方法，识别并计量银行账簿利率风险。按照附件要求制定模型管理政策。

五是计量结果应用和信息披露。要求商业银行定期向董事会（或其授权的专业委员会）和高管层报告银行账簿利率风险状况，并按照《商业银行资本管理办法（试行）》的相关要求，纳入内部资本充足评估程序。

六是监督检查。银行业监督管理机构将商业银行的银行账簿利率风险水平和风险管理状况纳入持续监管框架，作为现场检查和非现场监管的重要内容，并定期对商业银行银行账簿利率风险管理能力进行评估。

七是附则。为给商业银行在制度和系统等方面留有准备时间，预计正式实施时间为2019年1月1日。

（四）内容述评

修订稿结合我国银行业实际情况，并合理借鉴国际标准，主要修订内容体现在四个方面。

一是重新整合了银行账簿利率风险的类型。原指引对风险类型的四种表述为重定价风险、收益率曲线风险、基差风险和期权性风险。修订稿中，重定价风险和收益率曲线风险被统一定义为缺口风险。

二是对期权性风险的计量。修订稿将期权分成自动期权和客户行为期权。自动期权来源于独立期权衍生工具，或者嵌入期权衍生条款，如果执行符合执行人经济利益，就会自动执行，如浮动利率贷款中的利率底和利率顶。这种期权有标准的定价模型，比较容易估值。例外的一类是客户行为期权，它是合同中客户的选择权，利率变动时，客户可能会选择执行，包括提前还款的固定贷款，提前支取权的存款等。这些客户行为无法通过标准的期权定价公式进行估值，而是需要根据银行自身客户结构，通过历史数据进行回归分析找到利率变化与客户行为的相关关系，从而再确定影响程度。这对银行的数据处理能力提出了更高的要求。

三是增加了情景分析和压力测试的影响分析。同之前仅强调 200BP 冲击的情况不同，修订稿在设定情景分析的时候，强调要应用三类情景，第一类是第二支柱下的利率冲击情景，反映了资本充足率的影响，第二类是银行自行设定的历史和假设压力情景，要求不轻于第一类情景，第三类是监管要求的 6 种利率情景（平行上移、平行下移、陡峭、平缓、短期上移、短期下移），通过多个不同维度情景综合分析，找到利率风险敞口在不同情况下的可能损失边界，从而得到更加全面的风险轮廓。在压力测试方面，修订稿专门强调了反向压力测试。和一般压力测试由情景变化到损失、收益影响的路径不同，反向压力测试先确定损益限额，再反推能承受的最大市场收益率变动水平，更加侧重风险的前瞻性预判。

四是对银行账户利率风险限额进行了专门要求。其中主要变化包括：限额要基于利率风险计量方法，也就是必须按照计量规则得到的结果开展，提高了限额与计量的一致性。修订稿还专门强调对用于对冲银行账户利率风险的衍生品需要专门设置风险限额。这是为了避免由于过多采用衍生品计量而不满足套期会计时导致对交易账户估值和损益的干扰。此外，修订稿还要求对于有重大期权性风险、缺口风险、基差风险的情况，需要专门设置限额，增加限额的应用维度。

五是修订稿明确了商业银行在适用相关监管要求时应遵循匹配性原则，并根据银行系统重要性或业务复杂程度不同，进行差异化的风险计量。在风险计量及相关监管报告方面，针对系统重要性较高的全国性商业银行（大型商业银行、股份制商业银行和邮储银行)，借鉴国际标准并结合国内实际，研究设计了更具风险敏感性的标准化计量框架，包括引入六种利率冲击情景、细化重定价时间区间、考虑客户行为假设等。对于其他中小商业银行，仍主要沿用现行监管计量框架。在风险计量、系统和模型管理、计量结果应用等监管要求方面，体现匹配性原则，要求商业银行在适用相关监管要求时应与本行系统重要性、风险状况和业务复杂程度相适应。

(五) 政策影响

该修订稿将于 12 月 23 日结束意见征求阶段，正式文件预计将于 2018 年上半年印发，正式执行将于 2019 年 1 月 1 日开始。虽然尚未正式印发，该修订稿为银行下一步提升利率风险管理水平提供了指导。银行可对标文件在计量、管理和披露等方面提出的更高的要求，提前做好合规安排，调整利率风险管理体系，改善银行账户利率风险计量方法单一、风险敏感性弱、利率决策机制不成熟等短板，更加充分地应对利率市场化的深入影响。

十、《商业银行流动性风险管理办法（修订征求意见稿)》(银监会)

(一) 发文信息

银监会于 2017 年 12 月 6 日向社会公开征求意见。银监会将根据各界的反馈意见，进一步修改完善并适时发布。

(二) 出台背景

2014 年，银监会发布了《商业银行流动性风险管理办法（试行)》(以下简称《流动性办法》)。《流动性办法》自 2014 年 3 月实施以来，对加强商业银行流动性风险管理，维护银行体系安全稳健运行起到了积极作用。2015 年 9 月，根据《商业银行法》修订进展，银监会对《流动性办法》进行了相应修订，将存贷比由监管指标调整为监测指标。

近年来，随着国内、国际经济金融形势变化，银行业务经营呈现新特点。现行的《流动性办法》只包括流动性比例和流动性覆盖率两项监管指标。其中，流动性覆盖率仅适用于资产规模在 2000 亿元（含）以上的银行，资产规模在 2000 亿元以下的中小银行缺乏有效的监管指标。此外，作为巴塞尔Ⅲ监管标准的重要组成部分，巴塞尔委员会于 2014 年推出了新版的净稳定资金比例（NSFR）国际标准。在此背景下，结合我国商业银行业务特点，借鉴国际监管改革成果，对流动性风险监管制度进行修订。

（三）主要内容

修订后的《流动性办法》共4章73条，7个附件。

第一章“总则”主要明确了《流动性办法》的适用范围、流动性风险的定义以及对流动性风险管理和监管的总体要求。第二章“流动性风险管理”提出了银行流动性风险管理体系的整体框架和定性要求。第三章“流动性风险监管”规定了各项流动性风险监管指标，提出了多维度的流动性风险监测工具，规定了流动性风险监管方法和措施。第四章“附则”明确了《流动性办法》参照执行的机构范围，流动性覆盖率、流动性匹配率和优质流动性资产充足率的过渡期安排等。修订后的《流动性办法》预计自2018年3月1日起生效。

（四）内容述评

此次修订的主要内容包括：一是增加三项流动性监管指标。其中，净稳定资金比例适用于资产规模在2000亿元（含）以上的商业银行，优质流动性资产充足率适用于资产规模在2000亿元以下的商业银行，流动性匹配率适用于全部商业银行。二是同业存单纳入同业负债。三是强化同业限额管理，进一步细化同业批发集中度期限。四是细化了流动性风险管理相关要求，如日间流动性风险管理、融资管理等。

其中，修订后的三个新量化指标为市场重点关注内容。一是净稳定资金比例，它等于可用的稳定资金除以所需的稳定资金，监管要求不低于100%。该指标值越高，说明银行稳定资金来源越充足，应对中长期结构性问题的能力越强。净稳定资金比例风险敏感度较高，但计算较为复杂，且与流动性覆盖率共用部分概念。因此，采用与流动性覆盖率相同的适用范围，即适用于资产规模在2000亿元（含）以上的商业银行。二是优质流动性资产充足率，它等于优质流动性资产除以短期现金净流出，监管要求不低于100%。该指标值越高，说明银行优质流动性资产储备越充足，抵御流动性风险的能力越强。该指标与流动性覆盖率相比而言更加简单、清晰，便于计算，较适合中小银行的业务特征和监管需求，因此适用于资产规模在2000亿元以下的商业银行。三是流动性匹配率，它等于加权资金来源除以加权资金运用，监管要求不低于100%。该指标值越低，说明银行以短期资金支持长期资产的问题越大，期限匹配程度越差。流动性匹配率计算较简单、敏感度较高、容易监测，可对潜在错配风险较大的银行进行有效识别，适用于全部商业银行。

修订稿根据新监管指标的不同特点，设置了过渡期。一是对优质流动性资产充足率和流动性匹配率设置较长过渡期。考虑到优质流动性资产充足率和流动性匹配率为新增指标，为避免短期内对不达标银行业务经营造成较大影响，将优质流动性充足率和流动性匹配率的达标期限分别设置为 2018 年底和 2019 年底。二是对净稳定资金比例不设置过渡期。考虑到该指标已具有较长的监测历史，银行较为熟悉，且人民银行已将其纳入宏观审慎评估体系，巴塞尔委员会也要求各成员国自 2018 年起实施，因而不对其设置过渡期。三是赋予资产规模新增到 2000 亿元的银行一定的缓冲期。考虑到银行资产规模总体持续增长、但个别时期有所波动的情况，对于资产规模初次突破 2000 亿元的银行，在突破次月可仍适用原监管指标，之后再适用新监管指标。对于资产规模下降至 2000 亿元以下后再次向上突破 2000 亿元的银行，直接按照资产规模适用相应的监管指标，不再设置缓冲期。

（五）政策影响

从整体影响来看，修订后的《流动性办法》将引导银行体系加强流动性管理、降低期限错配、提升资产流动性。

一是商业银行会逐步回归传统存贷款业务。流动性匹配率是加权资金来源与加权资金运用的比值，根据修订稿中的“流动性匹配率项目表”，对传统存贷款业务以及同业业务分别赋予了不同的折算率，资金来源项下折算率越高，对流动性覆盖率的要求越高；资金运用项下折算率越低，对流动性资金覆盖的要求就越低。在资金来源项下，不同期限下存款的折算率明显高于同业融入资金来源；在资金运用项下，不同期限贷款的折算率也明显低于同业资产或投资。银行为了达标，会相应调整资产负债结构，提高传统存贷业务的占比，对一般性存款等稳定性负债的需求加大，从而缩小表外理财融资负债需求，各家银行对存款的争夺将会更加激烈。

二是同业业务的期限结构会面临调整，加大同业负债和同业存单的久期。流动性匹配率是所有商业银行都需要达标的监管指标，中小银行中同业业务占比较高的银行，其资产负债结构调整压力相对会更大。资产管理业务流动性管理中将提高同业存单配置比例，明显延长同业融资期限，预计将扩大金融机构三个月以上期限同业存单发行需求。

修订后的《流动性办法》将自 2018 年 3 月 1 日起施行，考虑到银监会对指标充分的过渡期安排（要求在 2018 年底达 90%，在 2019 年底达 100%），因此短期内并不会造成银行体系流动性紧张。《流动性办法》的正式施行，将有助于进一步明确商业银行流动性风险管理体系的定性要求，进一步推动商业银行夯实流动性风险管理基础，提高抵御风险的能力，更好地回归本源，维护银行体系安全稳健运行。

十一、《关于进一步规范银行理财产品穿透登记工作的通知》(理财中心发〔2017〕14号)

(一) 发文信息

银行业理财登记托管中心于2017年5月15日发布《关于进一步规范银行理财产品穿透登记工作的通知》(以下简称《通知》)，面向政策性银行、大型银行、股份制银行、邮储银行、外资银行。

(二) 出台背景

近年来，在服务实体经济、满足居民理财需求的同时，部分银行理财产品借助资产管理通道，存在投资链条长且层层嵌套、跨行业跨市场和底层基础资产不清晰等问题，监管很难检测和管控到资金流向。这些产品或交易模式往往结构复杂、透明度较低。一方面容易引发交叉性金融风险，增加金融体系的风险隐患；另一方面，可能导致资金在金融体系内空转，资金“脱实向虚”。因此，银行业理财登记托管中心发布《通知》，要求银行在登记时遵循分层登记原则，先登记理财产品首次投资的各类资产管理计划和协议委外信息，再登记持有的所有底层基础资产和负债信息，不得省略资产管理计划和协议委外而直接登记底层信息。

(三) 主要内容

《通知》要求各银行业金融机构按照银监会各项规定尽快完善本行理财投资业务和登记工作制度，并登记底层基础资产和负债信息。主要内容包括：

一是对于银行理财资金购买各类资产管理计划和通过与其他金融机构签订委托投资协议的方式进行投资（以下简称协议委外）的情况，必须通过理财登记系统对底层基础资产或负债进行登记。底层基础资产和负债信息的分类见《全国银行业理财信息登记系统数据元规范》中的分类标准。

二是遵循分层登记原则，先登记理财产品首次投资的各类资产管理计划和协议委外信息，再登记其持有的所有底层基础资产和负债信息，不得省略资产管理计划和协议委外而直接登记底层信息。各银行业金融机构应于每周五前登记资管计划和协议委外截至上周日的底层资产情况，并于每月前五个工作日内登记上月最后一个自然日的底层资产情况，确保登记的及时性。对于多层嵌套情况，也须按照逐层穿透原则登记至最底层基础资产和负债信息。

三是登记底层基础资产及负债时必须以整个资产管理计划或协议委外在登记日期的实际规模为单位，不得少登或按理财资金投资比例拆分登记；不得漏登或主观不登底层负债；不得为逃避穿透登记的监管要求故意将资产管理计划和协议委外登记为其他债券、其他货币市场工具等资产类别。

四是各银行业金融机构原则上应从资产管理机构处获取底层基础资产和负债信息，也可利用托管机构为其提供底层信息。

五是各银行业金融机构应要求资产管理机构或托管机构在提供底层信息时加盖单位公章或部门章，做到有据可依、便于查证。

六是各银行业金融机构应切实履行自身投资管理职责，建立健全理财信息登记质量责任制，加强对合作机构提供的底层基础资产和负债信息的自主核查，避免在登记信息中出现持仓资产实际已到期、总量规模与底层加总规模偏差过大等各类错误，确保登记信息的真实、准确、完整、及时。

七是银行业理财登记托管中心将进一步规范理财登记信息修改流程及要求，制定相关细则并尽快发布。同时，信息修改原因、频率、数量以及对统计数据的影响等因素将纳入理财登记工作评价。

八是银行业理财登记托管中心将持续加强理财登记质量尤其是穿透登记质量的抽查、监测工作，不断丰富、完善抽查内容、手段，帮助和督促各银行业金融机构提升登记质量。对登记质量较差、问题较多的机构将报告监管部门采取监管措施。

（四）内容述评

一是报送频率加快。包括各银行业金融机构应于每周五前登记资管计划和协议委外截至上周日的底层资产情况，相比 G06 表要求的“月度报送”更为频繁，可见监管力度趋严。此外，银行还需于每月前五个工作日内登记上月最后一个自然日的底层资产情况。上述条例在中央结算公司 2016 年发布的《关于进一步明确理财投资信息登记要求的通知》中也有提及，如“必须先登记资管管理计划，再按周、按月登记其持有的所有底层资产或负债情况，不得省略资产管理计划而直接登记底层信息”。与此前政策不同的是，《通知》要求，登记底层基础资产及负债时必须以整个资产管理计划或协议委外在登记日期的实际规模为单位，不得少登或按理财资金投资比例拆分登记。这也意味着，即便一家银行理财资金投资资管计划的规模少于整个资管计划的总规模，其所登记的资产和负债信息也必须是针对整个资管计划。

二是《通知》通过对银行理财产品单独管理、单独建账和单独核算，可杜绝理财产品的资金池操作，降低理财产品的期限错配，有助于引导理财产品向开放式净值型产品转型。但真要将“三单”要求落到实处，既需要监管引导，也需要做好金融消费者的相关教育和健康理财观念的培育，降低理财产品刚性兑付的社会压力。

三是强调“分层登记”原则。《通知》强调了“分层登记”的原则，即“登记底层基础资产及负债时必须以整个资产管理计划或协议委外在登记日期的实际规模为单位，不得少登或按理财资金投资比例拆分登记”。这意味着，银行在进行理财资产登记时，应先登记理财产品首次投资的各类资产管理计划和协议委外信息，再登记其持有的所有底层基础资产和负债信息，不得省略资产管理计划和协议委外而直接登记底层信息。特别是对于多层嵌套情况，应按照逐层穿透原则登记至最底层基础资产和负债信息。

（五）政策影响

一是银行理财业务增长放缓。根据《2017中国银行业理财市场报告》，截至2017年底，全国共有562家银行业金融机构有存续理财产品，产品数9.35万只，存续余额29.54万亿元，全年增速同比下降21.94%，月度同比增速曾连续8个月下降。

二是集合类资产受冲击。此次政策对集合类资管产品和违规加杠杆的行为形成冲击。过去集合产品一般采取资金池的运作模式，对底层资产披露要求也不严格，成为很多银行理财资金偏好的投资品种。在新的登记规则下，集合资产产品若难以做到每周、完整披露资产清单，就会面临银行赎回压力。此外，穿透登记有助于监管直接将理财的负债和资产进行匹配，过去通过多层嵌套违规加杠杆和其他监管套利的行为都将受到冲击。而且一旦穿透管理，底层资产可能很难满足本行投资范围的要求，进而整体降低理财资金对中低评级信用债的需求。

与此同时，为保证银行提供的理财底层资产信息的真实性，《通知》表示，各银行业金融机构应要求资产管理机构或托管机构在提供底层信息时加盖单位公章或部门章，做到有据可依、便于查证。银行业理财登记托管中心则将持续加强理财登记质量，尤其是穿透登记质量的抽查、监测工作，对登记质量较差、问题较多的机构将报告监管部门采取监管措施。

三是银行理财监管套利空间将收窄。在“穿透式”监管政策的要求下，银行理财产品将更多地转向开放式净值型产品，逐步回归资产管理本源。根据《2017 中国银行业理财市场报告》，2017 年银行业理财产品总体增速下降明显，较上年同期下降 21.94%。其中，同业理财规模与占比较年初“双降”，存续余额大幅减少 3.4 万亿元，降幅为 51.13%。未来银行理财的监管套利空间将逐步收窄。

十二、《银行业金融机构销售专区录音录像管理暂行规定》（银监办发〔2017〕110 号）

（一）发文信息

银监会于 2017 年 8 月 23 日印发《银行业金融机构销售专区录音录像管理暂行规定》（以下简称《暂行规定》），规范对象是国内各银行业金融机构，文件印发后设置两个月过渡期。

（二）出台背景

近年来，银行业金融机构自营理财及代理销售业务发展较快，产品种类逐步增多，复杂性日益提升，规模不断扩大，部分机构在开展业务过程中出现了误导销售、私自销售产品等问题，致使银行业消费者相关合法权益遭到侵害。为规范银行业金融机构销售行为，切实维护银行业消费者合法权益，银监会于 2016 年 2 月印发《中国银监会办公厅关于加强银行业消费者权益保护解决当前群众关切问题的指导意见》（银监办发〔2016〕25 号），对银行业金融机构实行销售专区录音录像首次提出了原则性的指导意见及工作要求。

截至 2016 年底，绝大部分银行业金融机构已基本完成了销售专区“双录”的建设工作，并取得了良好的实际运行效果，有效保障了银行业消费者合法权益。与此同时，销售专区“双录”工作在实践中也遇到了一些新问题，监管要求有待进一步细致及深化，以推动相关工作的规范化、标准化发展。银监会通过开展专项评估检查全面掌握目前工作中存在的实际问题，并在内部充分研讨论证、广泛征求意见的基础上，制定了《暂行规定》。

（三）主要内容

《暂行规定》共 6 章 30 条，主要包括以下内容：

1. 明确文件的制定目的和依据，阐述了销售专区录音录像的定义、适用对象及适用范围。

2. 规范销售专区的设立，并就公示销售人员资格、建立产品信息查询平台、规范产品宣传资料、公布咨询举报电话等事项做出具体规定。

3. 规范产品销售过程同步录音录像行为，并就自助终端设备、录音录像质量、资料的保存及销毁等事项做出具体规定。

4. 明确提出银行业金融机构内部管理制度的要求，并就日常管理、操作流程、监督检查、责任追究、应急预案等事项做出具体规定。

5. 明确银监会及其派出机构在开展对银行业金融机构销售专区录音录像监管工作中的职责和权力。

（四）内容述评

《暂行规定》首次对专区“双录”管理做出比较系统性的规范，主要有以下几个方面的新要求：一是进一步明确了适用的产品范围。《暂行规定》第二条规定，银行业金融机构代销国债及实物贵金属，可根据实际情况自行决定是否纳入专区“双录”管理。除此之外的理财及代销产品，均应实施专区“双录”管理。二是对自助购买做出规范。《暂行规定》第十一条对自助购买过程中的销售人员代客操作、介入营销等事项做出限制。三是要求机构设计统一的服务话术标准。《暂行规定》第二十条规定，话术中至少应包括产品类型、发行机构、风险等级、收益类型、产品匹配度等内容。

（五）政策影响

理财及代销产品销售是金融服务的关键环节，容易产生误导及欺诈销售行为，侵害消费者知情权、财产安全权、自主选择权等合法权益。《暂行规定》的实施，强化了自有理财产品及代销产品销售过程的监控，规范了销售市场秩序和销售行为，有利于从源头上治理误导销售、私售“飞单”等问题，有利于有效化解纠纷投诉，保障银行业消费者合法权益，也为监管部门开展行为监管提供了新的监管工具及重要抓手，是整治金融乱象的举措之一。

下一步，银监会及其派出机构将加强督促指导，要求银行业金融机构按照《暂行办法》对标整改，切实履行消费者保护主体责任。预计会通过评估检查等方式，发现问题并督促严肃整改。同时，会强化问责，对违反相关要求，导致消费者合法权益受到严重损害或产生恶劣影响的银行业金融机构，采取监管措施或实施行政处罚，并追究相关人员责任。

第四节　深化金融改革

一、《关于规范金融机构资产管理业务的指导意见（征求意见稿）》（中国人民银行等监管部门）

（一）发文信息

中国人民银行会同银监会、证监会、保监会、国家外汇管理局等部门起草了《关于规范金融机构资产管理业务的指导意见（征求意见稿）》（以下简称《指导意见》），于 2017 年 11 月 17 日面向社会公开征求意见。

（二）出台背景

资管业务在满足居民财富管理需求、优化社会融资结构、支持实体经济等方面发挥了积极作用。但由于同类资管业务的监管规则和标准不一致，也存在部分业务发展不规范、监管套利、产品多层嵌套、刚性兑付、规避金融监管和宏观调控等问题。在党中央、国务院的领导下，人民银行会同银监会、证监会、保监会、国家外汇管理局等部门，坚持问题导向，从弥补监管短板、提高监管有效性入手，在充分立足各行业金融机构资管业务开展情况和监管实践的基础上，制定《指导意见》，通过统一同类资管产品的监管标准，促进资管业务健康发展，有效防控金融风险，更好地服务实体经济。

（三）主要内容

《指导意见》共 29 条，按照产品类型制定统一的监管标准，实行公平的市场准入和监管，主要内容包括：

一是确立资管产品的分类标准。资管产品根据募集方式不同分为公募产品和私募产品两大类，根据投资性质不同分为固定收益类产品、权益类产品、商品及金融衍生品类产品、混合类产品四大类，分别适用不同的投资范围、杠杆约束、信息披露等监管要求，强化“合适的产品卖给合适的投资者”理念。

二是降低影子银行风险。引导资管业务回归本源，资管产品投资非标准化债权类资产应当遵守金融监督管理部门有关限额管理、风险准备金要求、流动性管理等监管标准，避免沦为变相的信贷业务。

三是减少流动性风险。金融机构应加强流动性管理，遵循单独管理、单独建账、单独核算的管理要求，加强资管产品和投资资产的期限匹配。

四是打破刚性兑付。资管业务是“受人之托、代人理财”的金融服务，金融机构开展资管业务时不得承诺保本保收益，金融管理部门对刚性兑付行为采取相应的处罚措施。

五是控制资管产品的杠杆水平。结合当前的行业监管标准，从负债和分级两方面统一资管产品的杠杆要求，投资风险越高，杠杆要求越严。对公募和私募产品的负债比例（总资产/净资产）做出不同规定，明确可以分级的产品类型，分别统一分级比例（优先级份额/劣后级份额）。

六是抑制多层嵌套和通道业务。金融监督管理部门对各类金融机构开展资管业务公平准入，金融机构切实履行主动管理职责，不得为其他金融机构的资管产品提供规避投资范围、杠杆约束等监管要求的通道服务。

七是切实加强监管协调。强化资管业务的宏观审慎管理，对同类资管产品按照统一的标准实施功能监管，加强对金融机构的行为监管，建立覆盖全部资管产品的综合统计制度。

八是合理设置过渡期。充分考虑存量资管业务的存续期、市场规模，同时兼顾增量资管业务的合理发行设置过渡期，实施“新老划断”，不搞“一刀切”，过渡期自《指导意见》发布实施后至2019年6月30日。

（四）内容述评

对比以往文件，《指导意见》的可执行性更强。

一是明确问责机制。《指导意见》明确金融机构开展资管业务需要有问责机制，对违规行为给出了罚则，并提出了资管从业人员资质要求。要求金融机构开展资管业务时制定相应的问责机制。

二是纠正刚兑行为。对刚兑等违规行为都提出了明确的、相应的罚则。对违反相关法律法规以及《指导意见》规定的金融机构资产管理业务从业人员，依法采取处罚措施直至取消从业资格。刚性兑付此前被视为银行理财等资管机构发展的“法宝”。而且刚性兑付与资金池操作在某种程度上密不可分。一旦刚性兑付破除，理财投资者面临的不确定性增大，吸引力会有所减弱，理财发展速度将受到明显制约。不过，公募基金等面临的“不公平竞争”问题将得到改善。打破刚兑也有助于对信用风险等进行重定价，纠正之前的定价扭曲。

三是明确了资管的同类业务及制定统一的监管标准，以实现公平的市场准入和监管，意在最大限度地消除监管套利空间，遵循严控风险和服务实体经济的原则，坚持宏观审慎和微观审慎监管相结合，重点针对资管业务的多层嵌套、杠杆不清、监管套利以及刚性兑付等问题设立统一标准规范。

（五）政策影响

《指导意见》将会对资管产生深远影响。资管行业业态有可能因此发生巨变，金融生态重塑推进。首先，野蛮生长的大资管膨胀年代将落幕，进入规范发展的新时代；其次，行业竞争格局方面，银行理财发展速度放缓，通道机构面临萎缩，公募基金等赢得更公平甚至更具优势的发展环境，私募基金前途未卜；再次，规范资金池、打破刚兑和预期收益、净值化管理等措施的实施，都将颠覆现有资管业态；最后，对于结构性私募产品，由于不满足《指导意见》关于杠杆的要求，未来难有发展空间。

在《指导意见》限制银行理财不能投资非标、不能刚性兑付、不能成本法估值的情况下，未来银行理财发展可能出现三个趋势。

趋势一：银行继续大力发行新型净值型理财产品，在银行理财产品不能投资非标的情况下，银行有可能进一步加大银行理财对债券市场的配置规模，在债券牛市的情况下，这种配置需求将会更为旺盛，但如果遭遇债券熊市，那么大幅亏损的银行理财将面临巨大的赎回压力。因此，如果新规之下，银行继续发行新型理财产品，将大幅推高债市的波动性。

趋势二：银行继续大力发行新型净值型理财产品，但投资标的可能转向ABS产品，在银行理财转型新路径下，ABS或成为赢家。按照“标准化债权类资产是指在银行间市场、证券交易所市场等国务院和金融监督管理部门批准的交易市场交易的具有合理公允价值和较高流动性的债权性资产”，由于交易所挂牌的ABS资产明显属于标准化债权资产，与此同时，ABS资产的成交并不活跃，使大部分ABS资产缺乏明确的市场公允价值。因此，未来ABS资产究竟属于标准化资产还是非标准化资产，以及ABS资产的核算是用成本法还是净值法，有待进一步确认。不排除未来ABS资产既属于标准化资产，又能够采用成本化计价的情况，从而成为新型净值型理财产品的“新宠”。

趋势三：银行选择逐渐放弃传统的理财业务，现有理财的负债将转向银行存款、固定收益类资管产品（包括银行新型资管产品）、货币基金中，同时在存款利率相对刚性的情况下，银行整体负债成本将明显下降，这意味着如果能够有平稳的方法实现银行理财的模式切换，同时有效避免因处置风险引发更大的风险，则对债券而言将是长期利好。

监管套利等空间被大幅压缩。嵌套和通道业务的限制，有利于降低金融同业杠杆。金融监管政策的有效性、约束力加强，货币政策传导机制有望更为有效。监管政策越严格，货币政策传导越顺畅，人民银行调整货币政策的制约减少。

二、《商业银行股权管理暂行办法》（银监会令〔2018〕1号）

（一）发文信息

银监会于2018年1月5日印发《商业银行股权管理暂行办法》（以下简称《办法》），适用于中华人民共和国境内依法设立的商业银行。法律法规对外资银行变更股东或调整股东持股比例另有规定的，从其规定。《办法》自公布之日起施行。

（二）出台背景

《办法》的出台是为了贯彻落实党中央、国务院关于防控金融风险、弥补监管短板的决策部署，推进监管制度漏洞排查，治理市场乱象，打击违法行为。当前，银行业金融机构快速发展，社会资本发起设立、参股或收购银行业金融机构的积极性不断提高。但一些乱象也随之发生，如违规使用非自有资金入股、代持股份、滥用股东权利损害银行利益等。为治理上述市场乱象，切实弥补监管短板，银监会组织起草了《办法》。

（三）主要内容

《办法》包括总则、股东责任、商业银行职责、信息披露、监督管理、法律责任、附则7个章节，共59条。《办法》突出问题导向，强调以下内容：

一是建立健全了从股东、商业银行到监管部门“三位一体”的穿透监管框架，重点解决隐形股东、股份代持等问题。股东信息的全面、真实、准确，是商业银行股权管理的基础。针对隐形股东、股份代持等违规行为，《办法》明确了主要股东信息报送责任、商业银行信息核实责任以及监管部门的最终认定责任，建立健全了“三位一体”的穿透监管框架。

二是明确主要股东范围，加强对主要股东行为的规范，重点解决大股东滥用股东权利、干预银行经营等问题。将主要股东界定为“持有或控制商业银行百分之五以上股份或表决权，或持有股份总额不足百分之五但对商业银行经营管理有重大影响的股东”。在信息披露、入股数量、持股期限、资本补充以及公司治理等方面，对主要股东提出明确要求，切实防范大股东违规干预商业银行经营管理现象。

三是强化商业银行与股东及相关人员的关联交易管理，重点解决利益输送、掏空银行等问题。《办法》将主要股东及其控股股东、实际控制人、关联方、一致行动人、最终受益人纳入商业银行的关联方管理，覆盖商业银行实质承担信用风险的各类关联交易类型，防止股东通过同业投资、资管计划等渠道转移、侵占商业银行资金行为。

四是明确金融产品入股商业银行规则，重点解决利用金融产品入股问题。考虑到当前信托产品、公募基金、私募基金、证券公司资管计划、基金及其子公司资管计划和保险资管计划等金融产品已成为证券市场的重要投资者，《办法》规定了金融产品入股商业银行规则。即金融产品可以持有上市商业银行股份，但单一投资人、发行人或管理人及其实际控制人、关联方、一致行动人控制的金融产品持有同一商业银行股份合计不得超过该商业银行股份总额的百分之五。此外，商业银行主要股东不得以发行、管理或通过其他手段控制的金融产品持有同一商业银行股份。

五是强化监管部门职责，明确监管手段。《办法》贯彻分类监管原则，将对商业银行经营管理有重大影响的主要股东作为监管重点。设立专章规定监管部门在股权管理方面的监管职责和手段，重点加强穿透监管，对违规不改正的股东采取限制股东权利、责令商业银行控股股东转让股权等监管措施。同时，通过信息披露、联合惩戒等方式，借助市场力量做好股权监管工作。

（四）内容述评

《办法》于 2017 年 11 月 16 日至 12 月 15 日向社会公开征求了意见。意见主要集中在主要股东管理、董事长和董事会秘书职责、限制股东权利等相关方面，《办法》均已吸收采纳。

第一，《办法》设立专章规定监管部门在股权管理方面的监管重点。一是明确穿透监管的要求以及监管手段，规定监管部门对主要股东及其控股股东、实际控制人、关联方、一致行动人和最终受益人的范围具有最终认定权。二是要求银行章程和股东承诺事项体现监管要求。三是评估主要股东及相关主体对商业银行安全稳健运行的影响。四是有权限制或禁止关联交易。五是有权对入股数量、持股比例等进行限制。六是建立股东定期评估机制。七是强化监管协作。八是明确对违规商业银行的监管措施。九是明确限制股东权利的具体内涵。十是将商业银行股权管理情况与监管评级挂钩。十一是建立股东行为不良记录数据库和联合惩戒机制。

第二，《办法》对主要股东提出要求，防止其滥用权力。一是要求主要股东书面承诺遵守法规规定并说明入股商业银行的目的。二是要求主要股东披露股权结构直至实际控制人、最终受益人。三是限制主要股东入股商业银行数量。四是建立主要股东行为负面清单。五是要求主要股东自取得股份之日起五年内不得转让所持有的股权。六是要求主要股东不得违规干预商业银行经营管理。七是要求主要股东承担资本补充责任。八是要求主要股东建立风险隔离机制。九是要求主要股东防范因人员交叉任职而引起利益冲突。

（五）政策影响

第一，为保障商业银行的稳健运行和健康发展，《办法》规范了商业银行主要股东的行为，加强了对股东资质的审查，并加大了对违法违规行为的查处力度。

一是穿透监管方面，《办法》要求主要股东应向商业银行和监管部门逐层说明股权结构直至实际控制人、最终受益人，以及其与其他股东的关联关系或一致行动人关系；存在虚假陈述、隐瞒的股东将可能被限制股东权利。

二是商业银行方面，《办法》要求其加强对股东资质的审查，应对主要股东及其控股股东、实际控制人、关联方、一致行动人、最终受益人信息进行核实并掌握其变动情况；未履行穿透审查职责的，要承担相应的法律责任。

三是监管部门方面，《办法》要求将股东及其关联方、一致行动人的持股比例合并计算；监管部门有权对股东的关联方、一致行动人、实际控制人及最终受益人进行认定；对隐瞒不报或提供虚假材料的股东，有权采取监管措施，限制相关股东权利。

第二，《办法》从信息披露主体和信息披露的时间要求两个方面对信息披露制度进行了比较原则性的规定。一是《办法》规定承担信息披露义务的主体分别是商业银行主要股东和商业银行。二是信息披露分为定期披露和临时披露。

第三，作为金融监管体系建设的重要补充，《办法》的出台只是金融监管制度化的一部分，可以预见的是未来关于金融行业的监管政策、管理体制以及处罚力度将有所加强，金融行业中的乱象、不法行为以及制度漏洞下的套利行为将会被进一步挤压，穿透式的监管模式、明确的责任人制度以及合理的监管分工与合作将进一步落实，现代化的金融企业制度、完善的金融市场体系和科学的金融监管框架将逐步建构并实现。

三、《商业银行委托贷款管理办法》（银监办发〔2017〕12号）

（一）发文信息

《商业银行委托贷款管理办法》（以下简称《办法》）于2018年1月5日公布、生效，发文对象是各银监局、各大型银行、股份制银行、邮储银行、外资银行。

（二）出台背景

近年来，商业银行委托贷款业务发展较快，对服务实体经济发展发挥了积极作用，但由于缺乏统一的制度规范，也存在一定的风险隐患。因此，银监会结合 2017 年国家提出的金融去杠杆、防风险的总体要求，按照回归本源、规范发展的总体思路，制定了《办法》。

（三）主要内容

《办法》共 33 条，主要包括六个方面的内容。

一是明确委托贷款的业务定位和各方当事人职责。《办法》明确委托贷款业务是商业银行的委托代理业务，商业银行作为受托人，按照权责利匹配原则提供服务，委托人承担委托贷款的信用风险。

二是规范委托贷款的资金来源。《办法》要求商业银行对委托资金来源合法性进行必要的审查，且明确了不得用于发放委托贷款的资金类型。

三是规范委托贷款的资金用途。《办法》体现了金融服务实体经济的要求，明确委托资金用途应符合有关规定，并对资金用途进行了限定。

四是要求商业银行加强委托贷款风险管理。《办法》要求商业银行将委托贷款业务与自营业务严格区分，加强风险隔离和业务管理。

五是加强委托贷款业务的监管。《办法》明确，银监会或其派出机构将对违规办理委托贷款业务的商业银行依法采取相应监管措施或实施处罚。

六是处罚力度上，援引《中华人民共和国银行业监督管理法》第二十九条、第三十七条、第四十六条、第四十七条等相关规定给予行政处罚。

（四）内容述评

一是弥补监管短板。目前尚没有专门制度对委托贷款业务进行全面、系统的规范，《办法》的出台填补了委托贷款监管制度空白，为商业银行办理委托贷款业务提供了制度依据。

二是加强风险管理。《办法》要求商业银行完善委托贷款业务内部管理制度和流程，严格风险控制措施，不得超越受托人职责开展业务，同时强化了相关监管要求。

三是服务实体经济。《办法》要求委托贷款资金用途应符合国家宏观调控和产业政策，有利于促进业务健康发展，防止资金脱实向虚，从而更好地发挥服务实体经济的作用。

（五）政策影响

1.《办法》将有效填补监管制度空白，防止监管套利，促进金融有效服务实体，缩短实体经济融资链条。

2. 明确银行作为受托人回归中介职责，禁止涉及匹配资金资产、承担信用风险等主动行为，从而引导借款人资金用途回归一般性生产经营，杜绝套利、违规流入限制行业等行为。

3. 进一步封堵非标投资渠道，严格限制委托贷款资金用途成为其中最为明确的要求，约束了金融业资金通过委托贷款“假股真债加杠杆”的行为，这会对房地产企业及地方融资平台产生一定影响。

4. 结合《中国人民银行关于规范金融机构资产管理业务的指导意见（征求意见稿）》，非标投资在公募产品下受到限制，在私募产品中受到较为严格的期限管理，而《办法》进一步封堵了非标投资通道，在委托贷款资金及资产方均禁止资管产品涉入的情况下，在现存监管政策体系下，预计未来非标融资需求有向信托回流的可能性。

5. 结合近期金融监管部门不断加强对通道业务、同业业务及其他涉及不同类型金融机构主体链条业务的管控和压缩，预计“非标融资需求转标”将是未来一大发展方向，委托贷款存量业务将会大大压缩，如效果不够明显，银监会可能还会出台更多压缩管控委托贷款、非标融资的规定。

四、《信托登记管理办法》（银监发〔2017〕47号）

（一）发文信息

银监会于2017年8月25日面向各银监局、中国信托登记有限责任公司印发《信托登记管理办法》（以下简称《办法》）。《办法》自2017年9月1日起施行。为确保信托登记工作稳妥起步，《办法》设立3个月过渡期。

（二）出台背景

随着我国经济持续快速发展和人民收入水平稳步提高，社会对信托公司资产管理和财富管理的需求不断上升。截至2017年6月底，全国68家信托公司受托管理信托资产规模已突破23万亿元。为构建全国统一的信托登记制度，促进信托业持续健康发展，保护信托当事人合法权益，银监会发布了《办法》。

（三）主要内容

第一，按照“集中登记、依法操作、规范管理、有效监督”的总体原则，主要规定了信托登记的定义及流程、信托受益权账户管理及信托登记信息管理、监管要求等，构建了我国信托业统一的信托登记制度。

第二，信托登记包括预登记、初始登记、变更登记、终止登记和更正登记，中国信托登记有限责任公司接受信托登记申请，依法办理信托登记业务。中国信托登记有限责任公司以提供信托业基础服务为主要职能，不以营利为主要目的，免收信托登记费。

第三，《办法》强调信托登记信息受法律保护，对信托登记信息的管理和使用提出了严格的保密要求。

第四，关于过渡期，一是设立 3 个月过渡期，过渡期为 2017 年 9 月 1 日至 11 月 30 日。在过渡期内，各信托公司应当在按照《办法》规定进行信托登记的同时，按照《中国银监会办公厅关于信托公司风险监管的指导意见》（银监办发〔2014〕99 号）等规定向银行业监督管理机构进行产品报告。过渡期结束后，前述产品报告按照《办法》执行。二是对于《办法》施行前已成立或生效的存续信托产品，2018 年 6 月 30 日（含）前到期的，可不补办信托登记；2018 年 6 月 30 日后仍存续的，应当于 2018 年 7 月 1 日前按照《办法》补办信托登记。

（四）内容述评

第一，对集合资金信托计划的基本信息进行公示的规定。其主要目的是主动接受社会监督，提高信托业务的透明度和规范性，提升信托业的社会认知度。这与资产管理市场上的私募基金、银行理财等理念一致。同时，考虑到集合资金信托计划定位于服务合格投资者，以及竞争环境下保护商业秘密的需要，《办法》对公示信息规定了必要的内容。

第二，对信托登记信息保护的规定。明确了信托机构和中国信托登记有限责任公司及其工作人员出现违反《办法》规定情形时的法律责任，以加强约束，保护信托当事人的合法权益。信托登记信息受法律保护，除法律、行政法规或国务院银行业监督管理机构规定情形外，任何单位和个人不得查询或获取信托登记信息。有权查询的机关和个人应当根据法定授权和程序，分级查询有关信托登记信息。

第三，对报送信托文件和材料的规定。信托机构需要就信托计划自推介（信托预登记）、设立（信托初始登记）、变更（信托变更登记）直至终止（信托终止登记）全程向信托登记公司报送文件和材料，即对中国信托登记有限责任公司而言，信托计划“从始到终”的各个要素都将一览无余，对信托公司履职提出了更高的要求。就风险项目监管而言，除目前执行的信托公司每月报送风险项目要素表之外，监管机构将来也可通过中国信托登记有限责任公司的登记信息进行排查。无论是每月报送还是中国信托登记有限责任公司登记，信托公司自觉披露风险才是最重要的前提，诚信问题并不是建立登记制度就能彻底解决的。

（五）政策影响

《办法》对完善信托业基础建设，提高信托市场规范性和成熟度，进一步推动信托业长期稳健发展和加强监管具有积极意义。

一是填补我国信托登记领域的制度空白。《办法》构建的信托登记制度，是服务行业发展和监管的基础性建设（不涉及信托财产登记），有利于确认信托各项要素、厘清各方权责关系，有利于进一步发挥信托制度优势，保护信托当事人的合法权益。

二是进一步规范信托业务，切实加强监管。经登记的信托产品，取得唯一合法产品编码，从成立、信息公示到过程管理、清算等构成完整的业务链，进一步规范信托业务运营流程，提高市场透明度，加强市场约束和市场纪律，也有利于提升监管的前瞻性和有效性，切实防范信托业风险。

三是有助于未来完善信托发行和交易流转制度，推动信托市场深化发展，提升信托服务实体经济的能力。

四是有助于降低信托产品被“冒用”风险，有助于减少金融乱象，规范金融秩序。

五是有助于提高信托业公信力，保护信托当事人的合法权益，推动信托市场深化发展。

五、《慈善信托管理办法》（银监发〔2017〕37号）

（一）发文信息

银监会、民政部联合于2017年7月26日印发《慈善信托管理办法》（以下简称《办法》），自印发之日起施行。目的是贯彻落实党中央决策部署，规范慈善信托，保护慈善信托当事人的合法权益，促进慈善事业发展。慈善信托的委托人、受托人、受益人以及监察人在中华人民共和国境内开展慈善信托，适用本办法。

（二）出台背景

慈善是社会建设的重要内容，对鼓励社会各界乐善好施，扶贫济困、守望相助，支持公益事业发展，促进社会和谐稳定，具有重要作用。习近平总书记指出："慈善事业是惠及社会大众的事业，是社会文明的重要标志，是一种具有广泛群众性的道德实践，慈善事业在促进社会和谐中的作用日益显现。"第十二届全国人大第四次会议通过的《慈善法》专设"慈善信托"一章，充分体现了信托制度将在我国慈善事业发展中发挥重要作用。

制定《办法》的基本思路，一是坚持鼓励发展，逐步将慈善信托打造成我国慈善事业的重要渠道；二是坚持比较优势，充分发挥信托公司和慈善组织在慈善信托中的积极作用；三是坚持风险为本，确保慈善信托规范化、阳光化运行；四是坚持问题导向，切实解决慈善信托实践中的瓶颈和障碍。

（三）主要内容

《办法》共 9 章 65 条，涵盖了总则、慈善信托的设立、慈善信托的备案、慈善信托财产的管理和处分、慈善信托的变更和终止、促进措施、监督管理和信息公开、法律责任、附则九个方面的内容。

（四）内容述评

第一，明确了银监部门和民政部门的职责分工。《办法》第六条明确了银监部门和民政部门根据各自法定职责对慈善信托实施监督管理的原则，银监会负责"信托公司慈善信托业务和商业银行慈善信托账户资金保管业务的监督管理工作"，民政部门负责"慈善信托备案和相关监督管理工作"。第三章的备案环节和第五章关于慈善信托的变更和终止，都明确规定由民政部门来负责。

银监部门的具体监管事项包括：对担任慈善信托受托人的信托公司应当履行的受托职责、管理慈善信托财产及其收益的情况、履行信息公开和告知义务以及其他与慈善信托相关的活动进行监督检查；联合民政部门或委托第三方机构对慈善信托的规范管理、慈善目的的实现和慈善信托财产的运用效益等进行评估；可以与受托人的主要负责人和相关人员进行监督管理谈话，要求就受托人的慈善信托活动和风险管理的重大事项做出说明；接受并及时处理对于受托人的投诉和举报；应当及时向社会公开下列慈善信托信息：慈善信托备案事项；慈善信托终止事项；对慈善信托检查、评估的结果；对慈善信托受托人的行政处罚和监管措施的结果；以及法律法规规定应当公开的其他信息。

第二，明确了多受托人模式，并且对多受托人的慈善信托明确了备案责任主体。实践中尽管已经有多只由信托公司和慈善组织共同担任受托人的慈善信托，但是不少地方民政部门仍不敢尝试这一模式，如今《办法》无疑宣布了这一模式的正当性，并且为了使其能够具有可操作性，第十七条规定“同一慈善信托有两个或两个以上的受托人时，委托人应当确定其中一个承担主要受托管理责任的受托人按照本章规定进行备案。备案的民政部门应当将备案信息与其他受托人所在地的县级以上人民政府民政部门共享”。

第三，对信托变更做出了细致规定。《办法》除第三十七条规定了在“慈善信托的受托人违反信托文件义务或者出现依法解散、法定资格丧失、被依法撤销、被宣告破产或者其他难以履行职责的情形时，委托人可以变更受托人”之外，还规定若“根据信托文件约定或者经原委托人同意，可以变更以下事项：增加新的委托人；增加信托财产；变更信托受益人范围及选定的程序和方法；国务院民政部门和国务院银行业监督管理机构规定的其他情形”。

这在一定程度上避免了受托人频繁进行慈善信托备案的麻烦，但是也存在值得商榷之处：对于慈善信托设立之后是否可以增加新委托人的问题，学界一向存在争论。一般认为，慈善信托设立之后再将资金投入到慈善信托之中的主体，一般不被认为是委托人，而应该视为慈善信托的捐赠人，其对于慈善信托的信托文件所确定的事项完全认同，只能行使捐赠人的权利，而无法行使《信托法》中赋予的委托人的权利。

第四，明确了慈善信托终止的具体程序。关于终止事由，《办法》第四十条基本上是《信托法》第五十三条的复制，但是第四十一条和第四十二条则将慈善信托终止的具体程序进行了细致规定。

（五）政策影响

据银监会统计，《慈善法》实施以来，共成立慈善信托 32 只，实收信托规模约为 1.24 亿元，涉及扶贫、教育、留守儿童等多个慈善公益领域。《办法》的印发，给予了市场正向激励，促进了慈善信托业务的健康持续发展。

一是慈善信托业务的流程及相关政策予以明确、细化，大大提高了慈善信托业务的可操作性。例如，《办法》第十九条规定，如当月发生两起或两起以上变更事项的，可以在下月 10 日前一并申请备案。这一条的目的在于方便开放式慈善信托的备案，开放式慈善信托不再需要反复申请备案。

二是赋予税收优惠。税收优惠是促进慈善事业发展的重要手段，但税收优惠问题是目前阻碍慈善信托发展的核心问题。《办法》第四十四条规定“慈善信托的委托人、受托人和受益人按照国家有关规定享受税收优惠”，对慈善信托税收优惠做出原则性规定，有进一步明确和推动慈善信托税收优惠之意，但具体方案仍有待于国家相关部门出台具体政策。

三是免计风险资本。《办法》第四十五条规定，“信托公司开展慈善信托业务免计风险资本，免予认购信托业保障基金。”对于信托公司开展慈善信托业务，免计风险资本是《办法》首次提出，免予认购信托业保障基金，是2017年银监会以窗口指导的形式进行的规定，《办法》中予以正式明确。此外，2017年12月制定的新版信托公司监管评级办法还规定，一年内开展三笔以上慈善信托业务，或一笔规模较大的慈善信托业务，给予一定加分。免计风险资本加免予认购信托保证基金加监管评级加分，这一系列措施对慈善信托而言既减负又加油。

六、《信托公司监管评级办法》（银监会）

（一）发文信息

中国银监会办公厅将《信托公司监管评级办法》（以下简称《办法》）以传真形式传达，未公开正式文号，面向全国68家信托公司，于2017年1月7日印发信托公司后生效。

（二）出台背景

2017年以来，监管部门把金融风险防范放在更加重要的位置，相继出台了《中国银监会关于规范银信类业务通知》（银监发〔2017〕55号）、《2017年信托公司现场检查要点》（银监会334检查）等系列信托行业规范性文件，显示出金融监管部门不断加强监管力度的工作方向，《办法》是在2014年征求意见稿公布后，时隔两年再次启动信托分级监管。

（三）主要内容

《办法》共计5章24条，明确了信托公司监管评级的定义、评级关注要素和方法、实施步骤、评级结果及对应级别监管口径，此外还印发评级评分操作表供各信托公司学习了解。

一是明确信托公司监管评级的定义。即监管机构结合日常监管掌握的情况以及其他相关信息，按照《办法》对信托公司的整体状况做出评价判断的监管过程，是实施分类监管的基础。监管机构根据信托公司监管评级结果，对不同类别的信托公司在市场准入、监管措施以及监管资源配置等方面实施区别对待的监管政策。

二是明确监管评级关注要素和评级方法。信托公司监管评级要素由定量和定性两部分组成，包括资本要求、资产质量、风险治理、盈利能力、跨业纪律、从属关系、投资者关系和外部评价八个方面的内容；评级方法是以100分为满分，定量评价、定性评价各占 50%，再结合监管人员日常监管掌握的情况进行调整，最终形成监管评级结果。

三是明确监管评级周期和监管评级步骤。信托公司监管评级周期为一年，评价期间为上一年 1 月 1 日至 12 月 31 日，由信托公司自行填报数据，属地监管机构收到后进行初评，经银监会统一复核后，结合评级结果对信托公司进行反馈并提出整改要求。

四是明确监管评级对信托公司经营活动的影响。信托公司将被分为创新类、发展类和成长类三类，创新类信托公司将获得监管在市场准入、创新业务试点等方面的支持；发展类信托公司的新业务和高风险业务将面临更强的监管指导；而成长类信托公司则将面临严格的检查，必要时还将被监管部门采取限制业务、要求股东履行增资、调整公司高管等措施。

（四）内容述评

《办法》标志着停摆多年针对信托公司的监管评级重新启动，在评级内容方面引入了行业评级、信托业协会、保障基金公司等外部意见，同时，在研发、公益事业等部分领域设置加分项。通过上述评级设计将监管评级与行业评级良好衔接，有利于行业整体发展。

（五）政策影响

1. 监管评级与业务范围相挂钩，从理论上看，评级越低越不利于业务发展，从实践中看，当前各级别的业务范围差别不是特别大，而且差异性业务也是一些小众或者创新业务，短期内信托公司均以传统业务为主，不会影响各信托公司的盈利性，长期看将会影响信托公司创新与转型路径。

2. 监管评级将会成为同业合作的主要参考，影响信托公司在同业合作中的授信、声誉等方面，评级越低的信托公司，越难以进入金融机构的白名单，有利于强者恒强。

3. 监管评级体系为信托公司经营发展提供了一种对标参照，引导信托公司向着监管导向的方向发展，比如房地产信托业务在当前时期风险资本调整系数高，而风险资本调整系数与评级挂钩，最终形成监管评级办法倒逼信托公司加强对房地产信托业务的转型升级，更好地服务国家整体战略需要。

七、《关于修改〈中国银监会中资商业银行行政许可事项实施办法〉的决定》（银监发〔2017〕1 号）

（一）发文信息

《关于修改〈中国银监会中资商业银行行政许可事项实施办法〉的决定》

（以下简称《决定》）经中国银监会 2017 年第 1 次主席会议通过，于 2017 年 7 月 20 日予以公布，自公布之日起施行。面向中资商业银行，包括国有控股大型商业银行、中国邮政储蓄银行、股份制商业银行、城市商业银行等。

（二）出台背景

《中国银监会中资商业银行行政许可事项实施办法》主要是贯彻党中央、国务院关于简政放权、放管结合、优化服务的决策部署，加快推进银行业领域简政放权，强化事中事后监管。在简政放权的同时，着力做好相关规章的立改废释，推动党中央、国务院重大政策措施及时落地，保障相关改革于法有据，提高依法监管水平。

（三）主要内容

《决定》对《中国银监会中资商业银行行政许可事项实施办法》（中国银行业监督管理委员会令 2015 年第 2 号）进行了八项修改，具体如下：

一是在第十条第三款后增加一款规定："外商独资银行、中外合资银行作为发起人或战略投资者入股中资商业银行，参照本条关于境外金融机构作为发起人或战略投资者入股中资商业银行的相关规定"。

二是将第二十七条修改为"拟设立支行的中资商业银行分行、视同分行管理的机构或城市商业银行总行应在支行筹建 3 日前向开业决定机关提交筹建报告，开始筹建工作"。

三是将第二十八条修改为"拟设立支行的中资商业银行分行、视同分行管理的机构或城市商业银行总行应在提交筹建报告之日起 9 个月内完成筹建工作，并向开业决定机关提交开业申请。申请人逾期未提交开业申请的，应及时向拟设地银监分局或所在城市银监局报告"。

四是将第二十九条中的"支行的开业申请由分行、视同分行管理的机构或城市商业银行总行向筹建受理机关提交，筹建受理机关受理、审查并决定。筹建受理机关自受理之日起 2 个月内做出核准或不予核准的书面决定"修改为"支行的开业申请由拟设地银监分局或所在城市银监局受理、审查并决定。受理机关自受理之日起 2 个月内做出核准或不予核准的书面决定"。

五是将第三十三条第（七）项"最近 2 年无严重违法违规行为和因内部管理问题导致的重大案件；"修改为"最近 2 年无严重违法违规行为和因内部管理问题导致的重大案件，但为落实普惠金融政策等，投资设立、参股、收购境内法人金融机构的情形除外；"。

六是在第三十四条第二款后增加一款规定："前款所指设立、参股、收购境内法人金融机构事项，如需另经银监会或银监局批准设立，或者需银监会或银监局进行股东资格审核，则相关许可事项由银监会或银监局在批准设立或进行股东资格审核时对中资商业银行设立、参股和收购行为进行合并审查并做出决定”。

七是将第六十四条第（五）项中的“最近3年无严重违法违规行为和因内部管理问题导致的重大案件”删除。

八是将第九十六条修改为“具有高管任职资格且未连续中断任职1年以上的拟任人在同质同类银行间平级调动职务（平级兼任）或改任（兼任）较低职务的，不需重新申请核准任职资格。拟任人应当在任职后5日内向银监会或任职机构所在地银监会派出机构备案”。

（四）内容述评

此次修订既体现了银监会简政放权、优化审批流程工作的持续深化，又体现了银监会支持银行补充资本、增强抵御风险能力、保障银行业稳健发展、提高普惠金融服务水平的决心。

《决定》进一步简化了中资商业银行部分行政许可事项程序，方便行政相对人，主要内容包括：一是合并了支行“筹建”和“开业”审批程序，仅保留支行“开业”审批，申请人在支行“筹建”3日前向开业决定机关提交筹建报告，即可开始筹建工作；二是整合“中资商业银行投资设立、参股、收购境内法人金融机构”的“准出”“准入”程序；三是进一步简化高管资格核准程序，对于同质同类银行业金融机构间的平级调动或改任较低职务的，取消事前核准改为备案制。

《决定》规定“外商独资银行、中外合资银行作为发起人或战略投资者入股中资商业银行，参照本条关于境外金融机构作为发起人或战略投资者入股中资商业银行的相关规定”。主要考虑是：《国务院关于扩大对外开放积极利用外资若干措施的通知》（国发〔2017〕5号）提出，服务业重点放宽银行类金融机构外资准入限制。2017年初，银监会发布了《关于外资银行开展部分业务有关事项的通知》，其中规定在华外资法人银行在风险可控的前提下，可依法投资境内银行业金融机构。为保证上述政策措施落地，在《决定》中增加了外商独资银行、中外合资银行入股中资商业银行的条件。

（五）政策影响

《决定》规定为落实普惠金融政策等，投资设立、参股、收购境内法人金融机构不受“最近两年无严重违法违规行为和因内部管理问题导致的重大案件”限制。其意义在于充分发挥银行在提供普惠金融服务方面的作用，保障银行普惠金融服务能力。党中央、国务院高度重视普惠金融服务，要求银行业金融机构建立健全普惠金融服务机制，不断提高普惠金融服务水平。《推进普惠金融发展规划（2016—2020 年）》提出要大力发展普惠金融，提高金融服务的覆盖率、可得性和满意度，特别是要让小微企业、农民、城镇低收入人群等及时获取价格合理、便捷安全的金融服务。《决定》的发布将推动商业银行更好地为县域和农村提供优质高效的普惠金融服务。

《决定》优化了中资商业银行募集发行债务、资本补充工具的条件，对银行的影响主要涉及以下三个方面：一是有助于银行通过募集发行次级债和其他资本补充工具，及时补充资本，提高资本充足率，增强抵御风险能力；二是有助于银行通过发行金融债，发挥主动负债能力，优化负债结构，降低资产负债期限错配，提升流动性风险管理水平；三是有助于银行通过发行专项金融债等方式支持“三农”、小微企业以及绿色产业等金融薄弱环节的发展。

八、《信用评级机构在银行间债券市场开展信用评级业务有关事宜的公告》（中国人民银行公告〔2017〕第 7 号）

（一）发文信息

2017 年 7 月 3 日，为推动银行间债券市场对外开放，促进信用评级行业健康发展，人民银行根据《中华人民共和国中国人民银行法》制定并发布《信用评级机构在银行间债券市场开展信用评级业务有关事宜的公告》（以下简称《公告》），对信用评级机构在银行间债券市场开展信用评级业务有关事宜给予规范。

（二）出台背景

党的十九大报告指出建设现代化经济体系要“推动形成全面开放新格局”，有序稳步扩大金融业对外开放是我国对外开放的重要方面。2017 年 7 月召开的全国金融工作会议重点围绕金融服务实体经济、防控金融风险、深化金融改革、扩大金融对外开放等进行讨论并做出重大部署，会议明确了要积极稳妥推动金融业对外开放，合理安排开放顺序，加快建立完善有利于保护金融消费者权益、有利于增强金融有序竞争、有利于防范金融风险的机制。着眼于债券市场，近年来我国债市在快速扩容的同时，对外开放进程也明显加快，尤其 2017 年 7 月 3 日债券通“北向通”正式上线试运行，同一天，中国人民银行正式发布了《公告》，标志着我国评级行业对外开放进入新阶段。

（三）主要内容

《公告》主要对信用评级机构在银行间债券市场开展与债券发行相关的信用评级业务做了相关规定，主要内容包括：

一是境内依法设立的信用评级机构法人在银行间债券市场开展与债券发行相关的信用评级业务，应当具备以下条件：已在所在地的中国人民银行省会（首府）城市中心支行以上分支机构备案；拥有一定数量的具有债券评级经验且与拟从事的信用评级业务相匹配的信用评级分析师；公司治理机制健全，且其主要股东及实际控制人在股权比例或投票权等方面不存在足以影响信用评级独立性的潜在利益冲突情形；已按照银行间债券市场法律法规建立完善的信用评级内部管理制度以及评级程序与方法、评级质量控制、尽职调查、信用评级评审等信用评级制度；具有债券评级的相关经验，市场声誉良好，评级结果获得合格机构投资者的普遍认可；最近三年未发生重大违法违规行为，且不存在因涉嫌违法经营、犯罪正在被调查的情形。

二是境外依法设立的信用评级机构法人（以下简称境外评级机构）开展银行间债券市场信用评级业务，还应当同时符合以下条件：经所在国家或地区信用评级监管机构注册或认证，且受到所在国家或地区信用评级监管机构的有效监管；所在国家或地区的信用评级监管体系符合国际公认的信用评级监管原则；承诺就所开展的银行间债券市场信用评级业务接受中国人民银行监管，或所在国家或地区信用评级监管机构已与中国人民银行签署信用评级监管合作协议；具有在境内设立的分支机构，且该分支机构已在所在地的中国人民银行省会（首府）城市中心支行以上分支机构备案。

三是信用评级机构应当在每年 4 月 30 日前向中国人民银行及其省会（首府）城市中心支行以上分支机构报告上一年银行间债券市场信用评级业务开展及合规情况，并抄送交易商协会。信用评级机构不得有以下行为：未按规定进行备案或注册，或隐瞒相关情况，提交虚假材料；未按法定程序或评级业务规则开展评级业务；违反独立性要求，出现与相关当事人协商信用评级，以价定级或以级定价、输送或接受不正当利益等情形；未按规定披露信息或披露虚假信息；拒绝、阻碍信用评级监管部门以及自律组织检查监管，不如实提供文件资料；由于故意或重大过失，对投资人、评级委托人、评级对象利益造成重大损害；其他违反银行间债券市场相关规定的行为。

（四）内容述评

一是推进信用评级行业对外开放有序推进。回首我国信用评级行业开放历程，2017 年之前我国评级行业对外开放进程一直较为缓慢，境外评级机构在境内无论是独立执业还是参与债券发行和交易，都面临不少限制。境外评级机构在尝试和探索独资执业未果之后选择了以合资形式参与国内债券市场业务，商务部、国家发展改革委制定的《外商投资产业指导目录》也一直将“资信评估与调查”作为限制类产业，由此外资机构在合资机构中的持股比例始终未突破 50%。在此过程中，评级行业对外开放虽被屡次提及，但一直未有实质性突破。尽管评级行业未正式对外开放，但境外评级机构在此之前已部分参与到国内债券相关业务中。

二是《公告》明确了境内外评级机构进入银行间债券市场执业的基本要求，进一步完善了评级机构的管理机制，以依托市场机制为主线对评级机构实行分层分类管理和市场化评价管理。具体来说，《公告》要求评级机构进入银行间债券市场应在人民银行分支机构备案的基础上向交易商协会申请注册；发挥市场化评价机制在机构申请注册和执业过程中的作用，根据市场化评价结果实行分层分类管理，市场化评价结果不符合业务开展要求或评级质量未得到投资者认可的，可限制或暂停其相关评级业务。上述一系列举措标志着国内评级行业迎来了对外开放的新阶段。

（五）政策影响

一是有利于进一步推动债券市场的开放与发展。随着债券市场对外开放进程的加快，境外发行人和投资人越来越多地参与国内债券市场。从国外发展经验来看，信用评级的产生和发展依托于债券市场，反过来可以通过减少信息不对称、为债券提供定价参考等作用促进债券市场的发展。通过适当引入境内外评级机构进入市场，有助于强化优胜劣汰，进一步推动债券市场的发展。目前，境外投资人在我国债券市场持有比例不足 2%，远低于发达经济体超过 20% 的平均水平，也低于主要新兴市场经济体超过 10% 的平均水平。在全球资产低收益的背景下，国内债券收益率相对较高，主权评级又高于其他新兴经济体，国际资本吸引力较大。可以借助于评级行业一系列对外开放安排，激活境外投资人的配置需求，为国内债券市场发展增加新动能。

二是推动评级行业的包容式发展。评级行业的有序开放有利于促进境内外评级方法和技术的碰撞，推动评级标准体系趋于一致，提高评级结果的可比性和参考性。从日本评级行业的对外开放经验可以看出，通过适当引入境外评级机构直接进入市场，有助于提高声誉约束，促进评级技术交融，推动本土评级机构执业水平的提升。在“引进来”的同时，本土评级机构“走出去”也是对外开放的重要方面。由于更加熟悉投资者的投资偏好，本土评级机构可以跟随金融机构和发行主体“走出去”，帮助投资者有效管理信用风险，树立国际影响力。

三是随着国际评级机构的进入，本土评级行业将面临更加激烈的竞争，市场份额可能受到冲击。对此，本土机构应以开放心态接纳新的对手，发挥熟悉国内企业情况的优势，找差距，补短板，错位竞争，为境外投资人提供专业信息服务。在此基础上，应积极布局国际评级业务“走出去”，通过积累国际经验和影响力提高自身的综合竞争力。国际评级业务进入门槛较高，但市场空间大，有利于更大范围地扩大影响力、提高声誉水平和国际话语权。

九、《国家外汇管理局关于规范银行卡境外大额提取现金交易的通知》(汇发〔2017〕29号)

（一）发文信息

《国家外汇管理局关于规范银行卡境外大额提取现金交易的通知》（以下简称《通知》）于2017年12月29日印发，面向对象是国家外汇管理局各省、自治区、直辖市分局、外汇管理部，深圳、大连、青岛、厦门、宁波市分局；各全国性中资银行；中国银联股份有限公司，2018年1月1日生效。

（二）出台背景

随着科技进步，当前非现金支付已日益普及和便利。国际监管经验也显示，大额现金交易往往与诈骗、赌博、洗钱、恐怖融资等违法犯罪活动有关。为此，全球普遍加强大额现金管理。国家外汇管理局监测发现，一些个人持大量银行卡在境外大额提取现金，远超正常消费支付需要，涉嫌开展违法犯罪活动。规范银行卡境外大额提取现金交易，是反洗钱、反恐怖融资、反逃税的必要举措，可进一步防范银行卡提取现金领域的违法犯罪活动。

（三）主要内容

全文共7条，主要内容是：

1. 个人持境内银行卡在境外提取现金，本人名下银行卡（含附属卡）合计每个自然年度不得超过等值10万元人民币。

2. 将人民币卡、外币卡境外提取现金每卡每日额度统一为等值1万元人民币。

3. 个人持境内银行卡境外提取现金超过年度额度的，本年及次年将被暂停持境内银行卡在境外提取现金。

4. 个人不得通过借用他人银行卡或出借本人银行卡等方式规避或协助规避境外提取现金管理。

（四）内容述评

《通知》一方面是中国遏制资本外流的最新努力，另一方面也是为了遏制反洗钱和反恐怖融资等各类跨国违法犯罪活动，但同时遵循经常项目可兑换要求，不改变个人便利化年度 5 万美元购汇额度，不影响个人正常提取现金和消费，不影响个人用汇便利性，个人出境旅游、商务、留学所涉食、宿、行、购等经常项下交易，均可以使用银行卡支付，且不占用个人便利化年度 5 万美元购汇额度，保障普通居民正常境外消费需求。

（五）政策影响

《通知》的发布，意味着个人携带现金出境有限制、海外银行卡提现有限制，第三方支付也有限制，逐步构建起系统的反洗钱网络，同时国家外汇管理局正在与境外监管机构建立大额提取现金监管信息交流机制，加强监管协作，防范跨境洗钱等风险。

但是，随着互联网金融不断普及，新的科技比如虚拟货币和数据区块链等，为罪犯提供了新的可以规避银行各项审查的机会，不法分子越来越多地进入虚拟金融的领域进行非法洗钱活动，比特币等电子货币成为其可选择的载体，需要进一步完善反洗钱监管体制。

第三篇　证券业制度变革

第一节　股票市场

一、《关于修改〈上市公司非公开发行股票实施细则〉的决定》(证监会公告〔2017〕5号)

(一) 发文信息

2017年2月17日，证监会修订了再融资的相关规定，其中再融资发行间隔定为18个月，定价基准日只能选取发行期首日，20%的再融资股本限制等颇受投资者关注。

(二) 出台背景

自2006年实行现行上市公司再融资制度以来，再融资在上市公司整体融资方式中所占的比重不断提高，2006—2016年共计募资达65115.68亿元。为了引导募集资金流向实体经济，证监会出台了《上市公司非公开发行股票实施细则》。

(三) 主要内容

分为《上市公司非公开发行股票实施细则》(以下简称《实施细则》)和《发行监管问答——关于引导规范上市公司融资行为的监管要求》(以下简称《监管问答》)两部分。《实施细则》取消了原有的董事会决议日、股东大会决议日作为定价基准日，明确只有发行期首日可作为定价基准日。《监管问答》主要有三点：一是上市公司申请非公开发行股票的，拟发行的股份数量不得超过本次发行前总股本的20%。二是上市公司申请增发、配股、非公开发行股票的，本次发行董事会决议日距离前次募集资金到位日原则上不得少于18个月。前次募集资金包括首发、增发、配股、非公开发行股票。但对于发行可转债、优先股和创业板小额快速融资的，不受此期限限制。三是上市公司申请再融资时，除金融类企业外，原则上最近一期末不得存在持有金额较大、期限较长的交易性金融资产和可供出售的金融资产、借予他人款项、委托理财等财务性投资的情形。

（四）内容述评

《实施细则》的修订着眼于三个方面：一是坚持服务实体经济导向，助力产业转型和经济结构调整，充分发挥市场的资源配置功能，避免资金“脱实向虚”；二是坚持疏堵结合的原则，立足保护投资者尤其是中小投资者的合法权益，防止“炒概念”和套利性融资等行为形成资产泡沫；同时，满足上市公司正当合理的融资需求，优化资本市场融资结构；三是坚持稳中求进原则，规则调整实行新老划断，已经受理的再融资申请不受影响，给市场预留一定时间消化吸收。

（五）政策影响

1. 定价方式改变

以前上市公司再融资可以选择董事会预案日（这是绝大多数上市公司的选择），股东大会召开日和发行期首日（市价发行）作为定价基准日，底价即为定价基准日前 20 个交易日均价的 90%。而在修订后，只能选择发行期首日。

2. 影响短期多次融资和新股、次新股 IPO 后融资等行为

上市公司融资后 18 个月内不能启动再融资，次新股再融资将受限。部分公司存在前次募集结束后即快速启动下轮融资的连续融资行为。同时部分新股上市之后由于 IPO 融资规模有限，在较短时间内即启动了再融资计划。《实施细则》修订后此类连续融资将不再可行，预计定增整体融资规模也将受到较大影响，而不受限的可转债、优先股、创业板小额快速融资有望受到青睐。

3. 可转债将受青睐

修订后的《实施细则》着重强调了再融资品种结构失衡，可转债、优先股等股债结合产品和公发品种发展缓慢。因此后期政策导向将有利于这些品种的发展，预计相关品种的监管政策的修订将在短期内进行，发行可转债等股债结合品种的对上市盈利能力和财务数据的要求将会降低。由于优先股主要是银行的资本工具，预测可转债品种将得到较快发展。可转债作为一种将定增推迟的融资方式，期限更长，稳定性更高，预计将得到大量机构的追捧。

二、《区域性股权市场监督管理试行办法》（证监会令〔2017〕132 号）

（一）发文信息

2017 年 5 月 5 日，证监会召开新闻发布会，发布《区域性股权市场监督

管理试行办法》(以下简称《管理办法》),《管理办法》自2017年7月1日起施行。

(二) 出台背景

出台《管理办法》是落实《国务院办公厅关于规范发展区域性股权市场的通知》(国办发〔2017〕11号),统一区域性股权市场业务及监管规则的需要,对完善多层次资本市场体系、推进供给侧结构性改革、促进大众创业万众创新、服务创新驱动发展战略、降低企业杠杆率等具有积极意义。

(三) 主要内容

《管理办法》共6章,53条,主要做了以下制度安排:

1. 总则。明确了《管理办法》的立法目的和适用范围。

2. 证券发行与转让。明确了区域性股权市场证券发行、证券转让的条件和程序,建立了合格投资者标准及穿透核查制度,对信息披露提出了基本要求。

3. 账户管理与登记结算。明确了开立证券账户的机构及其审查义务,建立了投资者资金管理制度,对证券的登记、存管、结算的办理机构和相关制度做了规定。

4. 中介服务。明确了运营机构可开展的中介业务范围及其应承担的义务,对区域性股权市场不得跨区域经营,可以与证券交易所、股转系统等建立合作机制等做了规定。

5. 市场自律。明确了区域性股权市场的信息系统建设、信息报送的要求,运营机构制定的业务操作细则和自律管理规则应当符合规定并备案,依法履行自律管理职责、处理好投资者投诉、防范化解市场风险。

6. 监督管理。明确了现场检查可采取的措施,对行政处罚、监管措施、市场禁入、诚信监管等做出了规定,为监管执法提供依据。

(四) 内容述评

《管理办法》构建了依据多维度指标对投资者进行分类的体系,明确了产品分级的底线要求,提出了适当性匹配规则,引导各经营机构提高投资者保护的主动性,突出了对普通投资人的特别保护,顺应了国际资本市场的普遍规则,标志着我国投资者适当性管理制度体系的基本成形。

(五) 政策影响

目前《证券法》修订草案显示:我国将证券交易场所划分为证券交易所、

国务院批准的其他全国性证券交易场所（新三板）和按照国务院规定设立的区域性股权市场三个层次。作为我国多层次资本市场的组成部分，区域股权市场近年来出现了一定程度的发展，其与目前新三板市场的 11143 家挂牌公司相加，实际上两个市场已有接近 70000 家的挂牌规模。可以说，区域性股权市场的法律定位在上升，这对于未来区域股权市场和多层次资本市场的发展将形成积极推动。此外《管理办法》明确界定了中央和地方监管职责，有利于完善监管协同机制，防止监管空白和监管套利，保护投资者合法权益，防范和化解金融风险。

三、《上市公司股东、董监高减持股份的若干规定》（证监会公告〔2017〕9 号）

（一）发文信息

2017 年 5 月 26 日，证监会发布了《上市公司股东、董监高减持股份的若干规定》（以下简称《减持新规》）。

（二）出台背景

自 2016 年以来，证监会、两大交易所相继发布了规范上市公司大股东、董监高减持股份的规定，初步确立了以锁定期安排和后续减持比例限制、信息披露要求为基础的减持制度。但随着市场的不断变化，旧的减持制度暴露出一些问题。因此《减持新规》出台。

（三）主要内容

《减持新规》中的限售股减持新规可概括为“减持十条”，具体包括：

1. 鼓励和倡导投资者形成长期投资、价值投资的理念，进一步强调上市公司股东应当严格遵守相关股份锁定期的要求，并切实履行其就限制股份减持所做出的相关承诺。

2. 完善大宗交易制度，防范“过桥减持”。即明确有关股东通过大宗交易减持股份时，出让方、受让方的减持数量和持股期限要求。

3. 引导持有上市公司非公开发行股份的股东在股份锁定期届满后规范、理性、有序减持。

4. 进一步规范持有首次公开发行前发行的股份和上市公司非公开发行的股份的股东的减持行为。

5. 健全减持计划的信息披露制度。明确减持的信息披露要求，进一步健全和完善上市公司大股东、董监高转让股份的事前、事中和事后报告、备案、披露制度，防范和避免故意利用信息披露进行“精准式”减持。

6. 强化上市公司董监高的诚信义务，防范其通过辞职规避减持规则。

7. 落实《国务院关于促进创业投资持续健康发展的若干意见》的要求，对专注于长期投资和价值投资的创业投资基金在市场化退出方面给予必要的政策支持。

8. 明确大股东与其一致行动人减持股份的，其持股应当合并计算，防止大股东通过他人持有的方式变相减持。

9. 切实加强证券交易所一线监管职责，对于违反证券交易所规则的减持行为，证券交易所采取相应的纪律处分和监管措施。

10. 严厉打击违法违规减持行为，对于利用减持进行操纵市场、内幕交易等违法行为的，加强稽查执法，加大行政处罚力度，严格追究违法违规主体的法律责任。

（四）内容述评

《减持新规》在保持现行持股锁定期、减持数量比例规范等相关制度规则不变的基础上，专门重点针对突出问题，对现行减持制度做了进一步完善。具体而言，有以下两点：

1. 扩大受限制主体范围

原减持规定限制的主体范围为上市公司控股股东、持股5%以上股东（并称“大股东”）及董监高。《减持新规》在原来的基础上增加了两类特定股东，即持有上市公司首次公开发行前发行的股份的股东以及持有上市公司非公开发行的股份的股东（并称“特定股东”）。

2. 细化减持限制

首先《减持新规》明确了受减持限制的股票来源，一方面，《减持新规》增加了对特定股东持有的特定股份的减持限制；另一方面，《减持新规》明确了大股东减持其通过证券交易所集中竞价交易买入的上市公司股份不适用减持限制。

其次在交易方式方面，《减持新规》在原有基础上，增加特定股东作为限制对象；增加对采取大宗交易方式减持的限制，即在任意连续90日内，大股东或特定股东通过大宗交易方式减持股份的总数不得超过公司股份总数的2%，其中通过集中竞价交易方式减持的总数总计不超过3%。此外大股东与其一致行动人的持股需合并计算，堵住变相减持风险。

（五）相关影响

第一，目前《减持新规》尚未对持股5%以下的小股东的减持进行限制，因为大量股民持股都在 5% 以下，但不排除有进一步增持股份或者可能进行股份转让的小股东。第二，《减持新规》对“股权质押执行、强制司法执行、赠与、可交债、股票权益互换”并未做详细规定。

四、《公开发行证券的公司信息披露内容与格式准则第 26 号——上市公司重大资产重组（2017 年修订）》（证监会公告〔2017〕14 号）

（一）发文信息

2017 年 9 月 21 日，证监会发布了《公开发行证券的公司信息披露内容与格式准则第 26 号——上市公司重大资产重组（2017 年修订）》。

（二）出台背景

为提高并购重组效率，打击限制“忽悠式”重组，规范重组上市，进一步明确相关规则的具体执行标准，并特别规定对合伙、资管、SPV 等主体需披露至最终出资人。

（三）主要内容

本次修订的主要内容共 8 章 76 条，包括：

1. 简化重组预案披露内容，缩短停牌时间。明确上市公司在重组预案中无须披露交易标的的历史沿革及是否存在出资瑕疵或影响其合法存续的情况等信息，具体信息可在重组报告书中予以披露；在重组预案及重组报告书中披露是否已经取得交易需要的全部许可证书或批复文件，如未取得应当进行风险提示。

2. 限制、打击“忽悠式”“跟风式”重组。本次修订要求重组预案和重组报告书中应披露：上市公司的控股股东及其一致行动人对本次重组的原则性意见，以及控股股东及其一致行动人、董事、监事、高级管理人员自本次重组复牌之日起至实施完毕期间的股份减持计划；在重组实施情况报告书中应披露减持情况是否与已披露的计划一致。

3. 明确“穿透”披露标准，提高交易透明度。本次修订对合伙企业等作为交易对方时的信息披露要求做了进一步细化：交易对方为合伙企业的，应当穿透披露至最终出资人，同时还应披露合伙人、最终出资人与参与本次交易的其他有关主体的关联关系；交易完成后合伙企业成为上市公司第一大股东或持股 5% 以上股东的，还应当披露最终出资人的资金来源，合伙企业利润分配、亏损负担及合伙事务执行的有关协议安排，本次交易停牌前六个月内及停牌期间合伙人入伙、退伙等变动情况；交易对方为契约型私募基金、券商资产管理计划、基金专户及基金子公司产品、信托计划、理财产品、保险资管计划、专为本次交易设立的公司等，比照对合伙企业的上述要求进行披露。

4. 配合《上市公司重大资产重组管理办法》的修订，规范重组上市信息披露。其他修订还包括："借壳上市"改为"重组上市"；交易对方为多个主体的，应当披露交易对方之间是否存在关联关系及其情况说明；申请文件增加媒体说明会召开情况、对证券交易所问询函的回复；不再要求提供中介机构及其签字人员的资格证书的复印件。

（四）内容述评

1. 关于重组中特定主体的减持新规。新规下，从最早开始的重组预案中就应当披露控股股东及其一致行动人、董事、监事、高级管理人员"重组复牌之日起至实施完毕期间的股份减持计划"，重组实施报告还要求披露"特定主体自本次重组复牌之日起至实施完毕期间的股份减持情况是否与计划一致"，对特定主体的减持计划的披露要求可谓是"全程监督"，贯穿了整个重组过程，进一步强化特殊主体的信息披露义务，这在此前的重组规则中是前所未有的。

2. 关于重大资产重组中穿透核查原则的确立。本次修订确立了穿透核查原则，未来通过私募通道、信托通道等各类"通道"参与上市公司重大资产重组提出了更高的信息披露要求。穿透核查和充分的信息披露，使交易的相关利益主体的信息能够完整呈现，有利于投资者理智判断。另一方面，充分的信息披露可避免利益输送问题，防范高杠杆带来的金融风险和经营风险。

（五）政策影响

本次26号准则的修改体现了证监会加强对交易对方穿透披露、重组交易真实性等方面的监管理念，但也延续了以往重组项目中反馈问题所确立的一些具体的监管要求和标准，这些都将对后续的上市公司重大资产重组项目产生重大影响。在一些特定方面，修订后的26号准则仍没有完全覆盖以往反馈问题中所通常要求的核查范围，这是否体现了证监会监管理念的转变，还是证监会希望将未规定在26号准则中的核查事项继续保持其灵活性，以便未来根据个案情况通过反馈问题提出更有针对性的核查要求，这些事项都是有待在后续的项目中进一步予以关注的内容。

五、《上海证券交易所上市公司股东及董事、监事、高级管理人员减持股份实施细则》(上证发〔2017〕24号)

(一) 发文信息

2017年5月27日，证监会颁布了《上市公司股东、董监高减持股份的若干规定》(证监会公告〔2017〕9号)，上海证券交易所为与其保持一致，发布了《上海证券交易所上市公司股东及董事、监事、高级管理人员减持股份实施细则》(以下简称《细则》)。

(二) 出台背景

证监会发布了《上市公司股东、董监高减持股份的若干规定》(证监会公告〔2017〕9号)。根据该规定，上海证券交易所制定了《细则》。

(三) 主要内容

《细则》主要做了以下4个方面的制度完善：

一是扩大了适用范围。在规范大股东（即控股股东或持股5%以上股东）减持行为的基础上，将其他股东减持公司首次公开发行前股份、上市公司非公开发行股份的行为纳入监管。

二是细化了减持限制。新增规定包括：减持上市公司非公开发行股份的，在解禁后12个月内不得超过其持股量的50%；通过大宗交易方式减持股份的，在连续90日内不得超过公司股份总数的2%，且受让方在受让后6个月内不得转让；通过协议转让方式减持股份导致丧失大股东身份的，出让方、受让方应当在6个月内继续遵守减持比例和信息披露的要求；董监高辞职的，仍须按原定任期遵守股份转让的限制性规定；等等。

三是强化了减持披露。即大股东、董监高应当通过向交易所报告并公告的方式，事前披露减持计划，事中披露减持进展，事后披露减持完成情况。

四是严格了减持罚则。即对违反《细则》、规避减持限制或者构成异常交易的减持行为，上海证券交易所可以采取书面警示、通报批评、公开谴责、限制交易等监管措施或者纪律处分。

(四) 内容述评

《细则》是证券市场基础性制度建设的重要内容，也是“依法、全面、从严”监管的重要举措，有利于引导理性投资、保护投资者权益和维护市场秩序。《细则》实施以来，股东及董监高减持有序、透明，市场减持总体平稳。

（五）政策影响

《细则》主要规范了三类市场主体的减持行为：一是上市公司大股东，即控股股东和持股5%以上股东的减持行为，但大股东减持通过集中竞价交易买入的股份除外；二是上市公司特定股东，即持有特定股份（首次公开发行前股份及上市公司非公开发行股份）的股东的减持行为；三是上市公司董监高的减持行为。

《细则》除对上述股东的减持行为进行规范外，不涉及对其他投资者股票交易的限制，中小投资者的正常交易不受任何影响。

六、《上海证券交易所证券发行上市业务指引（2017年修订）》（上证发〔2017〕55号）

（一）发文信息

2017年9月8日，上海证券交易所发布《上海证券交易所证券发行上市业务指引（2017年修订）》（以下简称《指引》），自发布之日起施行。

（二）出台背景

为规范通过上海证券交易所系统首次公开发行股票与再融资并申请在本所上市业务，上海证券交易所对《上海证券交易所证券发行上市业务指引》进行了修订。

（三）主要内容

一是明确《指引》所称证券是指股票和可转换公司债券，删除了公司债券。

二是明确对接部门，首次公开发行股票相关业务与发行上市中心联系，上市公司再融资相关业务与上市公司监管一部联系。

三是发行日期由上海证券交易所根据发行人提交的发行预计时间统筹安排，而非之前的先申请先发。

四是规定了需要披露的询价公告、发行公告、招股意向书、招股说明书等文件；并规定在证券发行期间，发行人及其主承销商应于当日16:30前，将次日披露的各项公告在指定披露媒体、上海证券交易所网站披露并对内容负责。

（四）内容述评

上海证券交易所发布的《指引》对首次公开发行股票与再融资并申请在

上海证券交易所上市业务的相关规定进行了修改，首次公开发行股票与再融资的担保行为约束更为详细。《指引》明确，在证券承销工作中，主承销商应向投资者充分提示申购时间与申购程序。并规定，发行人、保荐机构及主承销商应确保提交上市申请材料中的证券上市数据准确完整。

（五）政策影响

首先，明确规定了需要联合一家无关联保荐机构共同保荐的情形。其次，规定同次发行的证券，其发行保荐和上市保荐应当由同一保荐机构承担。最后，发行人可以聘任两个或两个以上主承销商，发行的保荐机构一定是主承销商（可能是主承销商，也可能是联席主承销商之一，但是必须担任主承销商），但主承销商不一定是保荐机构。

七、《股票质押式回购交易及登记结算业务办法（2017 年征求意见稿）》（上证公告〔2017〕20 号）

（一）发文信息

2017 年 9 月 8 日，上海证券交易所、深圳证券交易所联合中国证券登记结算有限责任公司共同发布《股票质押式回购交易及登记结算业务办法（2017 年征求意见稿）》，向社会公开征求意见。

（二）出台背景

本次修订是为了进一步聚焦股票质押式回购交易服务实体经济定位，防控业务风险，规范业务运作，抓好资本市场服务实体经济、防控风险、深化改革三大任务的具体工作。本次征求意见的截止时间为 2017 年 9 月 22 日，待证监会批准规则后发布实施。

（三）主要内容

1. 停止小额类股票质押业务。股票质押回购业务的起点提升至 500 万元，后续每次不得低于 50 万元。

2. 明确规定债券和基金不得作为回购交易标的；初始交易折算率不得超过 60%，进一步降低质押的杠杆。

3. 单一证券公司接受单只 A 股股票质押数量不得超过该股票 A 股股本的 30%，单一资产管理产品接受单只 A 股股票质押的数量不得超过该股票 A 股股本的 15%。此条影响一般，当前质押比例超过 30% 的公司已接近 600 家。

4. 单只 A 股股票市场整体质押比例不超过 50%。此条影响巨大，当前质押比例超过 50% 的公司有 130 家，特别是那些质押比例超过 70% 的，未来质押到期后大股东可能面临流动性风险。

5. 明确资金融入方不得为金融机构或者从事贷款、私募等业务的其他机构，或者前述机构发行的产品。原来的规定仅要求证券公司应当明确融入方准入条件并进行尽职调查，并没有对融资人的主体类型做出明确限制。这一规定禁止了资管计划通过质押方式的加杠杆行为。

6. 资金用途被限制，不得用于股票二级市场、不得用于新股申购、淘汰类产业。

7. 证券公司开展质押业务和分类评价挂钩。A 类证券公司自有资金融资余额不得超过公司净资本的 150%；B 类不得超过公司净资本的 100%；C 类及以下的不得超过公司净资本的 50%。同时要求证券公司对坏账减值进行计提。

（四）内容述评

此次修订聚焦于股票质押式回购服务实体经济定位，防控业务风险，规范业务运作。《股票质押式回购交易及登记结算业务办法（试行）》对股票质押集中度、质押率、融资资金用途等进行了限制，新的变化主要体现在以下几个方面：聚焦服务实体经济定位，规范融入方资质、资金用途、最低交易金额和初始质押标的范围；强化风险管理，明确股票质押集中度和质押率上限要求，允许补充其他担保物，规范接受业绩承诺股票质押相关要求，增加交易申报要素；规范业务运作，进一步明确证券公司开展业务的资质条件、融入方跟踪管理等要求。

（五）政策影响

一是融入方主体受限。不得为金融机构或者从事贷款、私募基金、个人借贷等业务的其他机构，或者前述机构发行的产品，禁止了资管计划通过质押方式的加杠杆行为。

二是资金用途受限，仅用于实体经济生产经营。

三是质押标的范围缩小，债券、基金不再作为初始交易标的。

四是停止小额类股票质押业务，提高融资门槛。

五是降低质押杠杆，新规规定股票质押率上限不得超过 60%。

六是降低质押比例。新规规定，单一证券公司、单一资管产品作为融出方接受单只 A 股股票质押比例分别不得超过 30%、15%，单只 A 股股票市场整体质押比例不超过 50%。

从新规的发布可以看出，监管层对“金融去杠杆”的坚定，此次修订主要针对与实体经济生产经营无关的加杠杆行为，旨在直接降低 A 股上市公司和金融机构的整体杠杆。由于新规实施“新老划断”，给予市场足够的缓冲，对存量业务影响较小，兼顾了“防风险”的目标。

八、《关于做好落实减持新规相关信息填报工作的通知》（上证函〔2017〕1217 号）

（一）发文信息

2017 年 11 月 10 日，上海证券交易所发布《关于做好落实减持新规相关信息填报工作的通知》（以下简称《通知》），规范信息披露义务人相关信息填报工作，落实《上市公司股东、董监高减持股份的若干规定》的要求。

（二）出台背景

上市公司大股东信息、一致行动人信息、董监高信息、境外上市股本信息等是《上市公司股东、董监高减持股份的若干规定》具体落实的重要基础信息，影响到相关股东、董监高能否减持，以及减持比例与具体数量的精确计算等。为此，上海证券交易所发布了《通知》，重点规范减持相关基础信息的填报。

（三）主要内容

《通知》要求，沪市上市公司的大股东、董监高等相关信息披露义务人应当积极配合上市公司做好信息填报及更新维护工作，及时告知公司已发生或者拟发生的信息变更情况。

对于大股东及其一致行动人信息的填报，要求控股股东、持股 5% 以上的大股东均应如实填报其一致行动人情况。单一股东持股量未达到上市公司总股本的 5%，但因一致行动关系合计持股达到 5% 以上的，也应当填报上述信息。此外，《通知》还特别要求，多地上市公司务必准确核实并填报境外股本信息。

（四）内容述评

上市公司大股东信息、一致行动人信息、董监高信息、境外上市股本信息等是《上市公司股东、董监高减持股份的若干规定》具体落实的重要基础信息，影响到相关股东、董监高能否减持，以及减持比例与具体数量的精确计算等。

（五）政策影响

《通知》明确了信息填报的主体责任，上市公司及相关信息披露义务人应保证填报信息的真实、准确、完整。对于上市公司及相关信息披露义务人未按要求及时填报、更新，或者所填报的信息存在差错、遗漏的，上海证券交易所将会视情况对公司及相关责任人采取相应的监管措施或予以纪律处分。

九、《股票质押式回购交易及登记结算业务办法（2018 年修订)》(上证发〔2018〕4 号)

（一）发文信息

为进一步聚焦股票质押式回购交易业务服务实体经济的定位，防控业务风险，规范业务运作，上海证券交易所、深圳证券交易所与中国证券登记结算有限责任公司对《股票质押式回购交易及登记结算业务办法（试行)》（以下简称《办法》）进行了修订，形成了《股票质押式回购交易及登记结算业务办法(2018 年修订)》。

（二）出台背景

2017 年以来监管全面趋严：股票质押纳入非标、减持新规、征求意见稿及最新的《办法》，体现了监管防范风险，引导市场平稳发展的诉求，上海证券交易所因此颁布了《股票质押式回购交易及登记结算业务办法（2018 年修订)》。

（三）主要内容

一是进一步聚焦服务实体经济定位。明确融入方不得为金融机构或其发行的产品，融入资金应当用于实体经济生产经营并专户管理，融入方首次最低交易金额不得低于 500 万元，后续每次不得低于 50 万元，不再认可基金、债券作为初始质押标的。

二是进一步强化风险管理。明确股票质押率上限不得超过 60%，单一证券公司、单一资管产品作为融出方接受单只 A 股股票质押比例分别不得超过 30%、15%，单只 A 股股票市场整体质押比例不超过 50%。

三是进一步规范业务运作。明确证券公司开展业务的资质条件，要求证券公司建立融入方信用风险持续管理及资金用途跟踪管理机制。

（四）内容述评

监管持续收紧预示着规模快速扩张的非理性繁荣见顶，长周期引导市场发展趋于理性化。新规相对征求意见稿改动不大，从 2015 年的《证券公司股票质押式回购交易业务风险管理指引（试行)》与 2017 年 9 月《办法》内容来看，股票质押业务对证券公司的约束加强，业务规范程度显著提升。从融资人的角度看，资质门槛提高，资金流向要求更加规范可控；从资产的角度看，继续强化风险管理，明确划定集中度和质押率上限要求，降低平仓风险；从证券公司的角度看，要求对融资人进行充分尽调，细化风控要求，规范业务流程。

（五）政策影响

第一，从资产的角度看，设定四条警戒线对高风险资产进行约束的同时，也导致部分优质资产受到影响。

第二，从机构的角度看，受影响程度：小券商最大，大券商次之，中小银行受影响程度小于大券商，大银行受影响程度很小。本次修订对全市场金融机构形成压制，而对券商开展业务资质条件的限定直接限制了券商整体规模。

第三，从融资方的角度看，《办法》出台导致融资人的融资渠道进一步减少，资金成本可能上升，对高集中度质押的大股东影响相对更大。

十、《上海证券交易所上市公司股份协议转让业务办理指引》（上证发〔2018〕6号）

（一）发文信息

上海证券交易所于2018年1月26日发布实施了《上海证券交易所上市公司股份协议转让业务办理指引》（以下简称《指引》），并自发布之日起实施，《指引》面向所有上市公司。

（二）出台背景

2017年5月实施的《上市公司股东、董监高减持股份的若干规定》对通过协议转让方式减持股份提出了新的要求，上海证券交易所在近年来的协议转让业务办理实践中，针对不同的转让情形，逐渐形成了更为明确的业务办理标准和流程，为进一步规范上市公司股份协议转让业务，上海证券交易所在此前相关业务指南的基础上颁布了《指引》。

（三）主要内容

第一，《指引》对协议转让业务受理的要求、不予受理的情形、申请文件、具体办理流程等事项，做了明确规定。

第二，《指引》还增加了相关监管处罚规定，对于协议转让业务办理和后续减持中出现的违法违规或者违反承诺等行为，将采取相应监管措施或者纪律处分。

(四) 内容述评

《指引》对协议转让业务受理的要求、不予受理的情形、申请文件、具体办理流程等事项，做了明确规定，并增加了相关监管处罚规定。上海证券交易所逐渐形成了更为明确的业务办理标准和流程，进一步规范上市公司股份协议转让业务。

(五) 政策影响

根据《指引》，协议转让虽然是双方合意行为，但由于上市公司股份在公开市场集中交易，大股东协议转让具有较强的外部性，对其他中小投资者的投资决策可能产生较大影响，因此，转让双方应当严格遵守相关法律、法规、规章、规范性文件和业务规则的规定，信守所做的承诺，充分履行信息披露等义务。

十一、《深圳证券交易所上市公司信息披露工作考核办法（2017年修订)》(深证上〔2017〕291号)

(一) 发文信息

深圳证券交易所于2017年5月5日发布了《深圳证券交易所上市公司信息披露工作考核办法（2017年修订)》以下简称《考核办法》，自发布之日起实施。

(二) 出台背景

进一步完善以上市公司为核心，覆盖上市公司控股股东、实际控制人、董事、监事、高管和信息披露主要工作人员的全方位考核机制，进一步促进上市公司和相关信息披露主体做好信息披露工作，也为了更好地适应资本市场发展以及监管形势的变化，完善上市公司信息披露考核机制，深圳证券交易所特别制定了《考核办法》。

(三) 主要内容

一是将证监局采取的行政监管措施等纳入考核因素。增加“上市公司被证监局行政处罚或采取行政监管措施”情形。

二是将负面清单指标中关于公告补充、更正次数由绝对数调整为同时考虑绝对数和相对数。

三是纳入公司对股东等信息披露义务人的配合程度、对投资者权益保护程度以及公司或其相关人员对交易所监管工作的配合程度等指标。

（四）内容述评

本次调整可以归结为以下两个方面：一是优化了公告考核方法；二是修订了相关考核内容和负面清单指标。《考核方法》的新修订版本纳入了公司信息披露补充更正比例、对股东等信息披露义务人的配合程度、对投资者权益保护程度以及公司或其相关人员对交易所监管工作的配合程度等指标，同时将证监局采取的行政监管措施等纳入考核因素。

（五）政策影响

信息披露制度是证券市场的基石，上市公司及相关信息披露义务人应当进一步提高认识，严格按照证券法律法规和交易所规则等相关要求，切实履行信息披露义务，扎实做好上市公司信息披露工作，不断提高信息披露质量水平。

十二、《深圳证券交易所独立董事备案办法（2017 年修订）》（深证上〔2017〕307 号）

（一）发文信息

2017 年 5 月 12 日，深圳证券交易所对《深圳证券交易所独立董事备案办法》（以下简称《备案办法》）进行了修订，修订后的《备案办法》自发布之日起开始实施。

（二）出台背景

针对独立董事候选人过往任职期间未亲自出席董事会会议、未按规定发表独立董事意见或发表的独立意见经证实明显与事实不符、在任期届满前被上市公司提前免职等情形，修订后的《备案办法》在细化任职资格要求、更加关注过往履职情况的背景下，适当放宽了独立董事候选人获得资格证书的时间要求，并适度扩大以会计专业人士身份担任独立董事的认定范围。

（三）主要内容

一是进一步严格了独立董事任职资格的相关要求。

二是增加对独立董事候选人过往履职情况的关注和披露要求。

三是放宽获得资格证书的时间要求，扩大会计专业人士独立董事的认定范围。

（四）内容述评

独立董事制度是公司治理的重要组成部分，《备案办法》的修订进一步细化了独立董事任职资格和独立性的相关要求，特别重视独立董事候选人过往任职期间履职情况，严把入口关，进一步夯实了独立董事忠实勤勉履职的制度基础。

（五）政策影响

修订后的《备案办法》在细化任职资格要求、更加关注过往履职情况的背景下，适当放宽了独立董事候选人获得资格证书的时间要求，并适度扩大以会计专业人士身份担任独立董事的认定范围。深圳证券交易所将继续做好独立董事备案相关工作，引导独立董事在提高上市公司规范运作水平、促进公司良性健康发展等方面发挥更加积极的作用。

十三、《深圳证券交易所上市公司股东及董事、监事、高级管理人员减持股份实施细则》（暂无文号）

（一）发文信息

2017年5月27日，深圳证券交易所修订发布了《深圳证券交易所上市公司股东及董事、监事、高级管理人员减持股份实施细则》（以下简称《实施细则》）。

（二）出台背景

2017年二级市场上也出现了：大股东通过大宗交易减持后，受让方立即通过二级市场大量卖出；部分股东进行“清仓式”减持，一些董监高人员通过辞职来实施减持等情况。为此，深圳证券交易所在上年减持通知的基础上，制定出台了《实施细则》。

（三）主要内容

一是扩大了适用范围。将其他股东减持公司首次公开发行前股份、上市公司非公开发行股份的行为纳入监管。

二是细化了减持限制。新增了多项减持上市公司非公开发行股份、大宗交易方式减持股份、协议转让方式减持股份和董监高辞职的限制性规定等。

三是强化了减持披露。大股东、董监高应当通过向交易所报告并公告的方式，事前披露减持计划，事中披露减持进展，事后披露减持完成情况。

四是严格了减持罚则。对违反《实施细则》的行为，可以采取不同程度的监管措施或者纪律处分。

（四）内容述评

《实施细则》可以督促相关主体严格遵守股份减持相关规定、及时履行信息披露义务，对违反规则的股份减持行为采取相应的监管措施，对涉嫌违反法律法规及证监会规定的减持行为及时报证监会处理。

（五）政策影响

《实施细则》主要规范了三类市场主体的减持行为：一是上市公司大股东，即控股股东和持股5%以上股东的减持行为，但大股东减持通过集中竞价交易买入的股份除外；二是上市公司特定股东，即持有特定股份的股东的减持行为；三是上市公司董监高的减持行为。

《实施细则》除对上述股东的减持行为进行规范外，不涉及对其他投资者股票交易的限制，中小投资者的正常交易不受任何影响。《实施细则》制定的出发点正是引导有序减持，以维护正常的交易秩序，促进市场稳健运行，保护投资者特别是中小投资者的利益。

十四、《关于修改〈深圳证券交易所退市整理期业务特别规定〉涉及个人投资者准入门槛条款的通知》(深证上〔2017〕420号)

（一）发文信息

2017年6月28日，深圳证券交易所发布《深圳证券交易所退市整理期业务特别规定（2017年修订)》（以下简称《规定》)，自2017年7月1日起施行。

（二）出台背景

为规范上市公司退市整理期投资者适当性管理，维护投资者合法权益，根据证监会《证券期货投资者适当性管理办法》相关规定，深圳证券交易所对《深圳证券交易所退市整理业务特别规定（2015年修订)》进行了对应的修改。

（三）主要内容

一是明确参与退市整理期股票买入交易的个人投资者，必须具备两年以上股票交易经验，申请开通权限前二十个交易日日均证券类资产不得低于人民币五十万元。

二是对于《规定》施行前开通退市整理期股票买入交易权限的投资者，适用“新老划断”原则，可继续参与交易。

（四）内容述评

《规定》做了细节的修改，对参与退市整理期买入交易的个人投资者做了限制，对券商的适当性管理提出了新的要求。增加个人投资者相关资产需符合在申请开通权限“前二十个交易日日均”不低于一定数量的要求。

（五）政策影响

《规定》提高了个人投资者的准入门槛，要求个人投资者“必须具备两年以上股票交易经验，申请开通权限前二十个交易日日均证券类资产不得低于人民币五十万元”。

十五、《关于修改〈深圳证券交易所港股通投资者适当性管理指引〉涉及个人投资者准入条款的通知》（深证会〔2017〕189号）

（一）发文信息

2017年6月28日，深圳证券交易所发布《深圳证券交易所港股通投资者适当性管理指引（2017年修订）》（以下简称《指引》），并自2017年7月1日起施行。

（二）出台背景

为规范深港通下的港股通投资者适当性管理，强化会员投资者适当性管理义务，维护投资者合法权益，根据证监会《证券期货投资者适当性管理办法》相关规定，深圳证券交易所对《深圳证券交易所港股通投资者适当性管理指引》中涉及个人投资者准入的条款进行了修改。

（三）主要内容

一是会员对个人投资者资产状况进行评估时，应当确认以该投资者名义开立的证券账户及资金账户内的资产在申请开通权限前二十个交易日日均不低于人民币五十万元，其中不包括该投资者通过融资融券交易融入的资金和证券。

二是对于《指引》施行前开通港股通交易权限的投资者，适用“新老划断”原则，可继续参与交易。

（四）政策影响

《指引》仅对细节进行了修改，新修改内容要求开通港股通需前二十个交易日日均资产不低于五十万元。

十六、《关于修订〈全国中小企业股份转让系统股票挂牌条件适用基本标准指引〉的公告》（股转系统公告〔2017〕366号）

（一）发文信息

2017年9月6日，全国中小企业股份转让系统有限责任公司发布《关于修订〈全国中小企业股份转让系统股票挂牌条件适用基本标准指引〉的公告》。公告表示新修订的《全国中小企业股份转让系统股票挂牌条件适用基本标准指引》（以下简称《指引》）将于 2017 年 11 月 1 日生效实施。自 2017 年 11 月 1 日起申请挂牌的公司需满足新修订的《指引》的要求。自新修订的《指引》生效实施之日起，《全国中小企业股份转让系统挂牌业务问答——关于挂牌条件适用若干问题的解答（一）》《全国中小企业股份转让系统挂牌业务问答——关于挂牌条件适用若干问题的解答（二）》（以下统称《问答》）均废止。

（二）出台背景

《指引》于 2013 年 6 月发布，具体解释了公司股票挂牌的六个基本条件。本次修订主要基于以下考虑：一是将《问答》中涉及挂牌条件适用标准且执行较为成熟的内容梳理并纳入《指引》中；二是将原《指引》和《问答》中较为原则、操作性不强的部分标准做进一步明确、细化；三是将原《指引》和《问答》在执行中面临新问题的部分标准予以规范、调整；四是原《指引》部分标准所依据的法律法规发生变化，需依据现行法律法规予以调整。

（三）主要内容

1. 明确国有股权设置批复的替代措施

符合特定条件的可用国有产权登记表（证）、基金的有效投资决策文件、相关监管机构或国有资产授权经营单位出具的批复文件或经其盖章的产权登记表（证）替代。

2. 修改公司申报财务报表最近一期截止日

将“申报财务报表最近一期截止日不得早于改制基准日”调整为“公司申报财务报表最近一期截止日不得早于股份有限公司成立日”。

3. 明确申请挂牌公司下属子公司的范围和相关条件适用的标准

下属子公司是指公司的全资、控股子公司或通过其他方式纳入合并报表的公司或其他法人。公司及下属子公司的重大违法违规行为是指公司及下属子公司最近 24 个月内因违反国家法律、行政法规、规章的行为，受到刑事处罚或适用重大违法违规情形的行政处罚。

4. 细化了“营运记录”与“持续经营能力”的具体标准

公司业务在报告期内应有持续的营运记录。营运记录包括现金流量、营业收入、交易客户、研发费用支出等。公司应在每一个会计期间内形成与同期业务相关的持续营运记录，不能仅存在偶发性交易或事项。最近两个完整会计年度的营业收入累计不低于1000万元；因研发周期较长导致营业收入少于1000万元，但最近一期末净资产不少于3000万元的除外。报告期末股本不少于500万元。报告期末每股净资产不低于1元/股。

5. 完善“公司治理机制健全”的适用标准

公司按规定建立股东大会、董事会、监事会和高级管理层组成的公司治理架构，制定相应的公司治理制度，并能证明有效运行，保护股东权益。

6. 细化了公司财务规范性的具体要求等

公司财务机构设置及运行应独立且合法合规，会计核算规范。

（四）内容述评

本次修订修改了公司申报财务报表最近一期截止日。调整后，不会再出现申报材料中主体的法律形式不一致问题（如审计报告主体为有限公司，申报主体为股份公司），财务信息披露也可以保持统一口径；相关调整有利于申请挂牌公司在申报前规范公司治理。

从公司与市场发展的双重实际出发，在营业收入、股本、每股净资产等方面提出一定要求，细化了“营运记录”与“持续经营能力”的具体标准。这既有利于引导公司根据自身实际合理规划发展、参与资本市场，也有利于市场控制风险，为大多数中小企业提供稳定高效的资本市场服务。挂牌准入负面清单相关要求发布后，对主办券商完善推荐标准、提高挂牌公司质量、更好地服务于科技创新类企业起到了良好的推动作用。

（五）政策影响

本次修订并未提高挂牌准入门槛：首先，本次修订没有突破上位规则中关于挂牌基本条件的规定，坚持在《全国中小企业股份转让系统业务规则》框架内对六个挂牌基本条件进一步细化、明确；其次，本次修订的主要内容是将《问答》中的相关要求梳理并纳入《指引》中，实现业务规则体系的规范化，《指引》中新增的国有股权设置批复、环保合规、持续经营能力界定、财务规范性、资金占用具体情形、失信惩戒等内容早已在《问答》中发布，并未发生变化；最后，本次修订对“公司治理机制健全”“营运记录”要求的进一步细化、量化，是为了贯彻国务院和证监会的监管政策、满足市场发展需要、防控市场风险、便于公司和中介机构理解与操作，总体上未提高挂牌准入门槛。

十七、《关于全国股转系统业务支持平台股票发行电子化报送与审查系统上线试运行的通知》(暂无文号)

(一) 发文信息

2017 年 9 月 20 日，全国中小企业股份转让系统有限责任公司（以下简称股传系统）发布《关于全国股转系统业务支持平台股票发行电子化报送与审查系统上线试运行的通知》（以下简称《通知》)，《通知》指出目前系统已完成开发和测试工作，将于 2017 年 9 月 21 日上线试运行。

(二) 出台背景

为更好地服务于挂牌公司股票发行融资，提升各市场主体参与发行业务的便捷性，进一步提高股票发行备案审查效率，股转系统开发了股票发行电子化报送与审查系统（以下简称发行电子化系统)。

(三) 主要内容

股转系统开发了发行电子化系统。目前系统已完成开发和测试工作，将于 2017 年 9 月 21 日上线试运行。为确保系统上线后相关工作平稳过渡和正常开展，现将试运行期间有关事项通知如下：

股票发行申请材料报送要求

1. 挂牌公司完成与股票发行相关的信息披露工作后，主办券商应于 T + 1 日 9 时前在发行电子化系统完成项目创建、信息填写、公告关联、审查要点勾选等工作（T 日为信息披露日)。

2. 为保证股票发行申请的报送无误，试运行期间，除在发行电子化系统报送外，还应报送纸质版备案文件一套。挂牌公司向股转系统窗口提交纸质版备案文件后，主办券商应于 T + 1 日 9 时前在发行电子化系统完成文件上传、信息填写、审查要点勾选、提交备案等工作（T 日为备案材料申报日)。

3. 发行电子化系统报送文件应按《全国中小企业股份转让系统股票发行业务指南》中规定的申请文件目录进行制作，挂牌公司及主办券商等中介机构应保证信息披露文件、纸质版文件与电子版文件的一致性。

本次《通知》表明新三板股票发行报送进入电子新时代。股转系统官网“信息披露”页面中“审查公开信息”部分，在原有的基础上增加了“股票发行审查”一栏。

(四) 政策影响

发行电子化系统的构建，将更好地服务于挂牌公司股票发行融资，提升各市场主体参与发行业务的便捷性，进一步提高股票发行备案审查效率，新三板股票发行报送进入电子新时代。

十八、《挂牌公司重大资产重组审查要点》（股转系统办发〔2017〕32号）

（一）发文信息

股转系统于2017年10月17日发布了《挂牌公司重大资产重组审查要点》和《挂牌公司重大资产重组在审项目审查进度表》。

（二）出台背景

为进一步提高挂牌公司重大资产重组审查效率和审查透明度，明确市场预期，在总结挂牌公司重大资产重组审查经验的基础上，股转系统制定了《挂牌公司重大资产重组审查要点》（以下简称《审查要点》）和《挂牌公司重大资产重组在审项目审查进度表》。

（三）主要内容

《审查要点》对挂牌公司重大资产重组中的内幕信息知情人报备、首次信息披露（包括重组预案披露和重组报告书披露）和发行股份购买资产备案三个环节的审查要求进行了规定。

1. 内幕信息知情人报备

审查重点包括内幕信息知情人的登记，包括挂牌公司、本次重大资产重组交易对方及其关联方的所有董事、监事、高级管理人员及其直系亲属。要求提交交易进程备忘录，详细记载公司筹划重大资产重组过程中的每一具体环节的进展情况与参与人员，并将参与人员列为内幕信息知情人，最大限度地控制内幕交易的发生。

2. 首次信息披露

首次信息披露的主要文件包括重组预案和重组报告书，重组预案为简单介绍文件，重组报告书为详细分析文件。

重组预案的审核重点为交易双方的基本情况、构成重大资产重组的依据、投资者权益保障安排、各中介机构的结论性意见等，并披露独立财务顾问报告。

重组报告书为详细的重组方案实施报告，重大资产报告书中的重点内容包括交易概述及挂牌公司、交易对手方基本情况、交易标的概况、拟购买资产的主要业务概况等。

3. 发行股份购买资产备案

发行股份购买资产备案较为关注重大资产重组的实施情况，如重组实施过程，相关资产过户或交付、相关债权债务处理、证券发行登记等事宜的办理状况，相关实际情况与此前披露的信息是否一致等。另外就是律师及独立财务顾问的意见，保证资产重组合法合规地进行。

（四）政策影响

《审查要点》提升了重大资产重组的审核透明度，为券商新三板业务人员提供了业务范式，将提高业务效率，券商后续可以通过进度表查询项目审查进度。

十九、《关于挂牌私募机构自查整改相关问题的通知》（股转系统发〔2017〕1394 号）

（一）发文信息

股转系统于 2017 年 10 月 27 日发布了《关于挂牌私募机构自查整改相关问题的通知》（以下简称《通知》）。

（二）出台背景

《关于金融类企业挂牌融资有关事项的通知》（股转系统公告〔2016〕36 号），要求“已挂牌的私募机构，应当对是否符合本通知新增挂牌条件（第二项、第三项和第七项除外）进行自查”，因此股转系统就挂牌私募机构自查整改条件的计算口径等相关问题发布通知。

（三）主要内容

1. 明确了“管理费收入和业绩报酬之和”，还有“收入来源”的具体范围

“管理费收入与业绩报酬之和”应包括“管理费收入、业绩报酬、投资顾问费收入（与基金管理业务相关）、跟投收益”；

“收入来源”应包括“管理费收入、业绩报酬、投资顾问费收入、投资收益、公允价值变动损益”；

“跟投收益”的计算口径应以私募机构作为基金管理人在其管理基金中的出资额不超过 20% 部分带来的收益为计算依据。

2. 明确了“资产管理规模”

挂牌私募实缴资产管理规模和类型的认定，以在基金业协会备案的信息为准。

《通知》对自查整改的范围、财务报告依据以及相关指标的计算口径都做

出了规范。

（四）政策影响

《通知》对整改的多项要求均做出详细的说明，私募机构整改由于缺乏明细规则停滞的脚步将重启。此外，股转系统表示将进一步研究明确挂牌私募机构自查整改报告的具体内容与格式、自查整改条件的计算口径等问题。

届时，挂牌私募机构和主办券商应按照统一要求，分别对自查整改报告和核查报告进行调整完善后重新披露。股转系统也将根据重新披露的自查整改报告，按照《通知》的规定，开展后续工作。

二十、《全国中小企业股份转让系统股票转让细则》（股转系统公告〔2017〕663号）

（一）发文信息

股转系统2017年12月22日发布《全国中小企业股份转让系统股票转让方式确定及变更指引（试行）》（以下简称《指引》）以及《全国中小企业股份转让系统股票转让细则》（以下简称《细则》），并确定自2018年1月15日起施行。2014年7月3日发布的《全国中小企业股份转让系统股票转让方式确定及变更指引（试行）》、2013年12月30日发布的《全国中小企业股份转让系统股票转让细则（试行）》同时废止。

（二）出台背景

此前，市场定价不够完善，存在一系列问题：协议转让定价功能不够完善，影响新三板市场功能的正常发挥，并引发了一系列问题；规避税费、利益输送等问题频发，损害市场公信力和正常交易秩序；转让方式复杂，投资者误报时有发生，易引发纠纷。为了解决市场定价不够完善的问题，出台了《细则》。为配合《细则》的施行，股转系统制定了《指引》，现予以发布。

（三）主要内容

1. 基本股票转让制度

挂牌股票盘中转让：集合竞价转让或做市转让。基础层股票每个转让日集中撮合1次，创新层股票撮合5次。

挂牌股票盘后转让：15:00～15:30盘后交易时间段内，无论是集合竞价还是做市转让的股票，单笔转让数量不低于10万股或转让金额不低于100万元人民币的，均可以进行协议转让。

收购、股份权益变动或引进战略投资者等特定情形：线下办理特定事项协议转让，具体办法近期发布。

2. 引入集合竞价转让制度改善市场流动性

（1）集合竞价转让是指对一段时间内接受的买卖申报一次性集合撮合的竞价转让方式。

（2）原采取协议转让方式的股票统一调整为实施盘中集合竞价配套盘后协议转让的转让安排；盘中时段的交易方式为集合竞价与做市转让两种，供挂牌企业自主选择，选择做市转让的需有两家（含）以上做市商。

（3）集合竞价转让方式的对申报有效价格范围，具体为前收盘价的 50%至 200%；无前收盘价的，成交首日不设申报有效价格范围，自次一转让日起设置申报有效价格范围。盘后协议转让设置单笔申报数量不低于 10 万股或转让金额不低于 100 万元的下限，并要求成交价格应当不高于前收盘价的 200%或当日已成交的最高价格中的较高者，且不低于前收盘价的 50%或当日已成交的最低价格中的较低者。

（4）差异化的撮合频次，基础层挂牌股票采取每日收盘撮合 1 次的集合竞价，撮合时间为 15：00；创新层挂牌股票采取每日撮合 5 次的集合竞价，时间为 9：30、10：30、11：30、14：00、15：00。

（5）集合竞价成交价格的确定原则：最大成交量原则，即高于成交价格的买入申报与低于成交价格的卖出申报全部成交，与成交价格相同的买方或卖方至少有一方全部成交。两个以上价格符合以上条件的，取在该价格以上的买入申报累计数量与在该价格以下的卖出申报累计数量之差最小的价格为成交价。若买卖申报累计数量之差仍存在相等情况的，取最接近最近成交价的价格为成交价；当日无成交的，取最接近前收盘价的价格为成交价；无前收盘价的，取其平均价为成交价。

（6）集合竞价的优势：①相较于协议转让，集合竞价能够通过相对较长时间的订单积累汇集较多的买卖订单，以保障充分的价格竞争从而改善市场定价的有效性。②相对于连续竞价而言，集合竞价更适合股权相对集中的市场，而且以最大成交量为成交原则，抗操纵性较强，是目前境内外交易所市场通行的一种交易方式。③集合竞价符合境内证券投资人的交易习惯，易于理解和掌握。④集合竞价的撮合频次可以灵活设置，便于同新三板市场分层后的差异化制度供给相配套。

3. 完善做市转让方式

（1）协议转让方式一并适用于做市转让的挂牌股票，允许单笔申报数量不低于 10 万股或转让金额不低于 100 万元的做市转让股票进行协议转让，投资者之间、做市商之间以及投资者与做市商之间可以通过协议转让方式直接成交；

（2）完善做市转让收盘价形成机制，将收盘价按现行最后 1 笔成交价确定，修改为按最后 1 笔成交前（含最后 1 笔交易）15 分钟的成交量加权平均价确定，提升了收盘价的稳定性和抗操纵性。

4. 新老规则适用的衔接安排要点

（1）2018 年 1 月 15 日施行之日起，原采取协议转让方式的股票改为采取集合竞价转让方式进行转让；原采取做市转让方式的股票仍采取做市转让方式进行转让；采取集合竞价和做市转让方式的股票符合《细则》规定条件的，均可以进行协议转让。

（2）由原协议转让方式改为集合竞价转让方式的股票，在产生集合竞价成交价前不设申报有效价格范围，自产生集合竞价成交价次一转让日起设置申报有效价格范围。

（3）现阶段股转系统接受协议转让成交确认申报的时间为每个转让日的 15:00 至 15:30。

（四）内容述评

本次调整内容包括：

1. 引入集合竞价。原采取协议转让方式的股票盘中交易方式统一调整为集合竞价，盘中时段的交易方式为集合竞价与做市转让两种，供挂牌企业自主选择。与市场分层配套，对采取集合竞价转让方式的股票实施差异化的撮合频次，基础层采取每日收盘时段 1 次集合竞价，创新层采取每小时撮合 1 次的集合竞价，每天共 5 次。集合竞价将延续此前协议转让的报价限制。

2. 优化协议转让。为满足市场参与人合理的协议转让需求，此次交易制度改革正式取消盘中协议转让，提供了盘后协议转让与特定事项协议转让两种交易方式。符合一定数量、金额及相应价格限制的协议转让，可以通过交易系统在盘中申报、盘后成交；对于收购、对赌履约、同一实际控制人下的转让等合理的特殊转让需求，可以在线下通过申请办理特定事项协议转让予以满足。盘后协议转让的门槛为 10 万股或成交金额 100 万元，特定事项协议转让指用于收购等情况。

3. 巩固做市转让，并予以适当调整完善。继续坚持并鼓励做市转让，在完善做市转让收盘价形成机制的同时，协议转让方式一并适用于做市转让的挂牌股票。

（五）政策影响

《指引》体现了鲜明的问题导向，旨在解决现行协议转让方式定价不公允、市场不认可、监管难度大等问题，完善新三板市场的价格发现机制，为持续改善市场流动性奠定基础。

二十一、《全国中小企业股份转让系统挂牌公司分层管理办法》（股转系统公告〔2017〕662 号）

（一）发文信息

2017 年 12 月 22 日，股转中心发布《全国中小企业股份转让系统挂牌公司分层管理办法》（以下简称《分层管理办法》），自发布日起实施。股转系统于 2016 年 5 月 27 日发布的《全国中小企业股份转让系统挂牌公司分层管理办法（试行）》同时废止。

按照《分层管理办法》的规定，股转系统将于 2018 年 4 月 30 日启动 2018 年的市场分层调整工作，具体安排另行通知。

2017 年已进入创新层的挂牌公司，在 2018 年市场分层调整时，适用《分层管理办法》规定的创新层维持条件，判断其是否继续留在创新层。对于基础层挂牌公司，在 2018 年市场分层调整时，适用《分层管理办法》规定的创新层准入条件，判断其是否进入创新层。

（二）出台背景

通过新三板市场分层制度的改革，为股票转让、信息披露等其他改革措施的推出奠定基础，股转系统按照证监会关于新三板市场改革发展的工作部署，制定了《分层管理办法》。

（三）主要内容

1. 明确了创新层的准入标准

《分层管理办法》设置了三套并行标准。标准一侧重于挂牌公司的盈利要求，以满足盈利能力较强、相对成熟的挂牌公司的分层需求；标准二侧重于挂牌公司的成长性要求，以满足处于初创期、高速成长的中小企业的分层需求；标准三侧重于挂牌公司的做市市值要求，以满足商业模式新颖、创新创业型企业的分层需求。除了上述三套差异化准入标准，进入创新层的挂牌公司还需满足公司治理、合法合规性以及交易或者融资要求。

2. 就申请挂牌公司进入创新层设置了准入标准

申请挂牌公司进入创新层的标准与已挂牌公司进入创新层的三套标准基本

一致。但考虑到申请挂牌公司尚未经过挂牌后的规范化运作和持续监管，尚未公开交易和分散股权，也没有做市交易市值，因此，《分层管理办法》就申请挂牌公司进入创新层的标准做了适当调整。

3. 就创新层设置了维持标准

为保证市场分层的动态管理，《分层管理办法》就创新层挂牌公司设置了维持标准。层级调整时，创新层挂牌公司如果不能满足三套维持标准之一的，将被调整到基础层。

4. 明确了挂牌公司的层级划分和调整机制

《分层管理办法》规定挂牌公司每年进行一次层级调整，未来可视市场需要逐步提高或降低层级调整的频率。层级调整时，挂牌公司可以就分层结果提出异议或者自愿放弃进入创新层。此外，为防止部分挂牌公司通过虚假信息披露、市场操纵等不合规手段进入创新层，《分层管理办法》还规定了强制调整的情形。

（四）内容述评

首先，新的创新层准入标准，降低了净利润要求，增加了营业收入的要求。

其次，新三板开启集合竞价交易模式。原采取协议转让方式的股票改为采取集合竞价转让方式进行转让，协议转让变为股票大宗交易的转让方式。

最后，创新层与基础层进行差异化信息披露。创新层公司公众化程度更高，对其信息披露做了从严要求。基础层公司继续执行现有信息披露规则，但对其中要求过严、明显不合理的个别规定做出了修改。

（五）政策影响

《分层管理办法》调整了创新层的部分准入和维持标准，促进更多优质企业向创新层聚集，提高创新层公司的公众化水平，有利于后续差异化制度配套，有利于提升新三板市场运行质量，也有利于更好地服务于创新型、创业型、成长型中小微企业。

二十二、《全国中小企业股份转让系统挂牌公司信息披露细则》（股转系统公告〔2017〕664号）

（一）发文信息

股转系统按照证监会关于新三板市场改革发展的工作部署，制定了《全国中小企业股份转让系统挂牌公司信息披露细则》（以下简称《信息披露细则》)，经证监会备案，于 2017 年 12 月 22 日起发布并施行。股转系统 2013 年 2 月 8 日发布的《全国中小企业股份转让系统挂牌公司信息披露细则（试行)》同时废止。

(二) 出台背景

信息披露规则是新三板市场的基础性制度，《全国中小企业股份转让系统挂牌公司信息披露细则（试行)》自 2013 年 2 月颁布实施以来，对规范挂牌公司的信息披露起到了积极作用，初步建立了投资者与企业之间沟通的桥梁。随着市场发展，挂牌公司数量已过万家，公司的规模大小、公众化程度千差万别，日益复杂多元的市场环境对信息披露等制度安排提出更高要求。自 2016 年以来，新三板通过实施市场分层，在创新层聚集了一批优质企业，投资者目光向创新层聚焦，对信息披露质量的需求逐渐提高，不少创新层公司也有意愿更充分地披露信息，与投资者进一步增加互信以提升融资效率。因此，有必要对现有制度进行调整，与市场分层相匹配，以满足不同市场主体的差异化需求。

(三) 主要内容

本次《信息披露细则》的修订亮点主要体现在以下几个方面：

1. 制定差异化的信息披露要求

(1) 明确要求创新层公司的董秘负责信息披露事务。

(2) 要求创新层公司披露季度报告。

(3) 在创新层中实施分行业信息披露。

(4) 对创新层公司的财务报告审计从严要求。

(5) 强化创新层公司信息披露的及时性。

(6) 为市场不同层次挂牌公司信息披露内容、格式和标准的差异化要求预留制度空间。

2. 明确责任，丰富自律监管方式

修订前的《信息披露细则》针对信息披露自律监管和违规处理仅有一条原则性规定，存在自律监管工作依据不充分及操作性不强的问题，修订后的《信息披露细则》明确了责任主体、违规行为、中介机构责任等项内容，充实完善了信息披露自律监管的规则依据，使自律监管工作有规可依，也实现了与《全国中小企业股份转让系统自律监管措施和纪律处分实施办法（试行)》等制度的衔接。具体体现如下：

(1) 明确了信息披露的责任人。《信息披露细则》明确规定，挂牌公司信息披露事务的主管人员、董事会秘书或信息披露负责人对公司的信息披露事务负直接责任，挂牌公司财务负责人对公司的财务报告负直接责任。

(2) 对信息披露违规行为的类型进行了明确规定。《信息披露细则》采用列举加概括的方式对违规行为进行了规定。

(3) 进一步明确中介机构的职责。主办券商对挂牌公司规范履行信息披露义务负有督导职责。会计师事务所、律师事务所、其他证券服务机构及其从业人员对出具文件的真实性、准确性、完整性负责。

3. 其他修订亮点

(1) 完善关联交易的审议程序。《信息披露细则》对关联交易审议程序的修改主要有以下几个方面：①要求挂牌公司应披露关联交易的表决情况以及回避制度的执行情况；②要求挂牌公司在年报和半年报告中说明日常性关联交易的公允性；③偶发性关联交易的审议程序授权挂牌公司的公司章程规定，不再要求所有的关联交易都要经过股东大会审议，增加了审议程序的灵活性。

(2) 新增监事会对定期报告的审核要求。要求挂牌公司监事会从定期报告的内容编制和审核程序的合法性两个方面进行审核，并出具审核意见。实践中一般以监事会决议的方式做出。

(四) 内容述评

调整前的《信息披露细则》对自律监管和违规处理仅有一条原则性规定，存在自律监管工作依据不充分的问题，通过本次修改完善，在认真总结信息披露自律监管工作实践经验的基础上，增加了责任主体、责任划分、违规行为等项内容，充实完善了信息披露自律监管的规则依据，使自律监管工作基础有规可依。

另外，在规则中增加公开问询、要求相关责任人员参加业务培训等制度，将此类已被实践证明有效的尝试予以明确规定。本次信息披露制度改革主要是为了实现市场不同层次信息披露的差异化。创新层公司股东人数较多，股票交易的撮合频次较高，因此公众化程度更高，须适度提升信息披露强度。而基础层公司信息披露强度基本保持不变。

(五) 政策影响

本次规则调整，对创新层公司提出了更高的披露要求，增加了季度报告、业绩快报、关键事项审计等相关安排，调整后，创新层公司信息披露强度高于基础层公司，但与上市公司相比仍存在一定的差异。此外，股转系统表示下一步将会配套制定创新层、基础层挂牌公司定期报告、临时报告内容指引与格式模板，明确具体的信息披露差异化要求。

二十三、《全国中小企业股份转让系统投资者适当性管理细则》(股转系统公告〔2017〕196 号)

(一) 发文信息

股转系统于 2013 年 2 月 8 日发布了《全国中小企业股份转让系统投资者适当性管理细则（试行)》，2013 年 12 月 30 日第一次修订并施行，2017 年 7 月 1 日第二次修订并施行《全国中小企业股份转让系统投资者适当性管理细则》(以下简称《细则》)。

(二) 出台背景

2016 年 12 月 12 日，证监会发布了《证券期货投资者适当性管理办法》，并自 2017 年 7 月 1 日起施行。为贯彻落实相关要求，做好与《证券期货投资者适当性管理办法》的衔接，股转系统对《全国中小企业股份转让系统投资者适当性管理细则（试行)》予以相应的修订或补充。

(三) 主要内容

2017 年 6 月 28 日，股转系统根据《证券期货投资者适当性管理办法》发布了《细则》修订稿。本修订稿比上一稿有以下变化：

一是将自然人投资者参与转让的准入资产规模的计算要求由“前一交易日日终”的时点指标修改为“最近 10 个转让日日均”的区间指标。

二是在维持“500 万元”资产门槛要求不变的基础上，将自然人投资者参与转让的准入资产指标由“证券类资产”标准修改为“金融资产”标准。金融资产范围比证券资产稍微大一点，金融资产是指银行存款、股票、债券、基金份额、资产管理计划、银行理财产品、信托计划、保险产品、期货及其他衍生产品等。

三是将自然人投资者参与转让的“证券投资经验”修改为“证券、基金、期货投资经历”，这里的基金应该包括私募股权和创投基金；将“专业背景或培训经历”修改为“金融从业经历”。

四是明确主办券商自为参与转让的自然人投资者开通权限之日起每 12 个月内至少对其进行一次持续评估，并在自然人投资者前 5 个转让日日均资产低于申请开通权限时准入资产规模要求的 60% 时，履行特别的注意义务。

五是将法人机构投资者的准入资产规模认定标准由“注册资本”变更为“实收资本或实收股本”。

六是明确社会保障基金、企业年金等养老金，慈善基金等社会公益基金，合格境外机构投资者（QFII）、人民币合格境外机构投资者（RQFII）等机构投资者，可以申请参与挂牌公司股票公开转让。

七是明确参与定向发行的条件与参与转让的投资者范围不同。明确：除符合参与挂牌公司股票公开转让条件的投资者之外，挂牌公司股东、董事、监事、高级管理人员、核心员工，以及符合投资者适当性管理规定的自然人投资者、法人投资者及其他经济组织也可参与挂牌公司股票定向发行。

（四）内容述评

从自然人投资者的角度来讲，此次修订对自然人投资者资产规模的计算标准提高、资产口径放宽、投资经历和工作经历要求放宽，综合来看自然人投资者准入门槛略有宽松；从机构投资者的角度来讲，可参与的机构投资者，范围扩大到社会保障基金、企业年金等资金规模大、投资期限长的机构，长期有利于引入增量资金，增加资金供给。

新三板此次对于投资者适当性的修改之处，简单来说可以概括为三个方面：自然人投资者准入门槛放宽；机构投资者数量放宽，质量提高；合格投资者审查加严。

（五）政策影响

根据《证券期货投资者适当性管理办法》等规则的实施要求，2017 年 7 月 1 日前已开通新三板交易权限的投资者，可继续参与挂牌公司股票交易。本次修订稿的内容对新三板市场的影响短期比较中性。从证券资产改为金融资产，并不当然增加自然人投资者。定向发行的自然人投资者门槛可能与公开转让的自然人投资者门槛会有所不同。新三板市场被界定为机构投资者市场，监管部门可能会加快出台社保、年金、公募、QFII、RQFII 等机构投资者的准入细则。

二十四、《关于对协议转让股票设置申报有效价格范围的通知》

（一）发文信息

2017 年 3 月 25 日，股转系统发布《关于对协议转让股票设置申报有效价格范围的通知》，该通知自 2017 年 3 月 27 日起实施。

（二）出台背景

为防范异常价格申报和投资者误操作，保护投资者合法权益，根据《全国中小企业股份转让系统股票转让细则（试行）》的有关规定，股转系统将对采取协议转让方式的股票设置申报有效价格范围。

（三）主要内容

股转系统将对采取协议转让方式的股票设置申报有效价格范围。

一是采取协议转让方式的股票，申报价格应当不高于前收盘价的 200% 且不低于前收盘价的 50%。超出该有效价格范围的申报无效。

二是采取协议转让方式的股票，无前收盘价的，成交首日不设申报有效价格范围，自次一转让日起设置申报有效价格范围。

（四）内容述评

推出协议转让交易申报价格限制："采取协议转让方式的股票，申报价格应当不高于前收盘价的 200% 且不低于前收盘价的 50%。超出该有效价格范围的申报无效"，相当于协议转让下有了"涨跌幅"。

（五）政策影响

第一，有利于消除"乌龙指"和一分钱交易等协议转让价格乱象，防范异常价格申报和投资者误操作，保护投资者合法权益，维护新三板市场的良好形象。

第二，有利于协议转让价格的相对公允。新规有利于协议转让股票形成相对公允的价格，有利于大宗交易价格的确定，推动新三板大宗交易制度进一步落地；吸引公募机构等机构投资者关注协议转让的股票；有利于防止新三板产品的净值暴涨暴跌，以致给不明真相的新三板基金的持有人造成困惑和误导。

二十五、《关于修改〈首次公开发行股票网下投资者管理细则〉的通知》（中证协发〔2017〕296 号）

（一）发文信息

证券业协会于 2017 年 11 月 24 日发布了《关于修改〈首次公开发行股票网下投资者管理细则〉的通知》，对规则修改的主要内容和新旧规则的衔接做出了介绍。

（二）出台背景

为进一步加强网下投资者的自律管理工作，证券业协会对《首次公开发行股票网下投资者管理细则》（以下简称《细则》）进行了修改，修改后的《细则》自 2017 年 12 月 1 日起实施。

（三）主要内容

1. 加强证券公司的推荐责任

结合证监会发布的《证券期货投资者适当性管理办法》的相关内容，进一步加强证券公司的推荐责任，增加了证券公司应建立网下投资者适当性管理制度、定期开展网下投资者适当性自查等内容。

2. 明确主承销商的报送责任

明确主承销商应在项目发行上市后十个工作日内在证券业协会网下投资者管理系统报送网下投资者的违规信息及相关材料（包括网下投资者的违规情况说明、整改报告等），发现主承销商存在瞒报、欺报或未及时报送等情形的，证券业协会将对其采取自律惩戒措施。

3. 完善自律处罚体系

对网下投资者所属的配售对象在一个自然年度内首次出现未申购或未缴款行为，未造成明显不良后果，且及时整改并主动提交整改报告的，免予处罚。除整改后被免予处罚的违规情形外，网下投资者或配售对象在一个自然年度内出现《首次公开发行股票承销业务规范》第四十五条和第四十六条所规定的一种情形的，证券业协会将其列入黑名单六个月；一个自然年度内出现上述情形两次（含）以上的，证券业协会将其列入黑名单十二个月。对于配售对象同一交易日的未申购行为或同一交易日的未缴款行为，视为一次违规行为。

（四）政策影响

《细则》中明确，在申购成功后不按时足额交付认购资金将被列入黑名单，2017 年 12 月 1 日起正式实施。本次《细则》的修订有助于加强证券公司的推荐责任，明确主承销商的报送责任，完善自律处罚体系。

二十六、《证券公司参与股票质押式回购交易风险管理指引》（中证协发〔2018〕13 号）

（一）发文信息

证券业协会于 2018 年 1 月 12 日发布《证券公司参与股票质押式回购交易风险管理指引》（以下简称《指引》），自 2018 年 3 月 12 日起正式实施。

（二）出台背景

为规范证券公司参与股票质押式回购交易行为，提高证券公司服务实体经济的能力和水平，防控交易风险，保护投资者合法权益，证券业协会对 2015 年 3 月 15 日发布的《证券公司股票质押式回购交易业务风险管理指引》进行了修订，形成了《指引》，并公开征求意见，现已根据征求意见情况进行了进一步修订。

（三）主要内容

一是强化证券公司尽职调查要求。细化尽职调查流程、人员、报告等内容，加强业务风险的事前控制。

二是加强对融出资金的监控。要求融入方使用专用账户存放融入资金，证券公司发现资金用途违反协议约定的，应当督促融入方采取改正措施。

三是细化风控指标要求。按照分类监管原则对证券公司自有资金参与股票质押回购交易业务融资规模进行控制，即分类评价结果为 A 类的证券公司，自有资金融资余额不得超过公司净资本的 150%；分类评价结果为 B 类的证券公司，自有资金融资余额不得超过公司净资本的 100%；分类评价结果为 C 类及以下的证券公司，自有资金融资余额不得超过公司净资本的 50%。同时要求证券公司对坏账减值进行计提。

四是建立黑名单制度。《指引》规定证券公司应当将部分融入方严重违规或违约的行为列入黑名单，并通过证券业协会向行业披露黑名单信息，同时要求对列入黑名单的融入方，证券公司在披露的日期起 1 年内，不得向其提供融资。

五是明确证券公司展业的底线要求。《指引》明确规定了证券公司不得有虚假宣传、为客户不正当交易行为提供便利、占用其他客户交易结算资金等九项禁止性行为。

六是强化投资者的权益保护。要求证券公司充分揭示业务风险，严格防范利益冲突，强化管理人责任。

七是严格限制关联方交易。《指引》明确规定证券公司不得通过交易为本公司股东或股东的关联方提供服务。

此外，为保证市场平稳过渡，《指引》给予两个月的过渡期，于 2018 年 3 月 12 日正式实施，并仅适用于实施后新增合约，此前已存续的合约可以按照原有规定执行和办理延期，不需要提前了结。

（四）政策影响

本次规则修订是为了提高证券公司服务实体经济的能力和水平，防控交易风险，保护投资者合法权益。融入方不得为金融机构或其发行的产品，资金用途纳入监管。从股票质押式回购业务的客户端以及资金流出端双管齐下，将促使股票质押式回购业务回归服务实体经济的本源。

第二节　银行间债券市场

一、《内地与香港债券市场发展互联互通合作管理暂行办法》(中国人民银行令〔2017〕第1号)

(一) 发文信息

人民银行于2017年6月21日发布《内地与香港债券市场发展互联互通合作管理暂行办法》(以下简称《暂行办法》),《暂行办法》的发布打破了国内债券市场长期施行的“一级登记，中央托管”制度，登记需要穿透到底层，允许境外金融机构托管国债、政策性金融债等类型债券。

(二) 出台背景

根据2016年人民银行3号文，银行间市场已经对外资放开额度限制、取消审批制、交易品种扩大至利率借贷、互换、远期等，银行间债券市场全面开放。

(三) 主要内容

《暂行办法》共计18条。

(1) 准入资格

境外依法注册成立的各类金融机构、上述金融机构依法合规面向客户发行的投资产品，以及养老基金、慈善基金、捐赠基金等人民银行认可的其他中长期机构投资者。

(2) 可投资标的

境外投资者的投资标的债券为可在银行间债券市场交易流通的所有券种，包括国债、地方债、政府支持机构债、政策性银行债、商业银行债、非银行金融机构债、非金融企业债务融资工具、企业债、资产支持证券等。境外投资者既可以通过参与银行间债券市场发行认购方式，也可以通过二级市场买卖方式，投资于标的债券。

(3) 托管方式

内地与香港债券市场互联互通合作(即债券通)采用多级托管模式，境内中央证券托管机构将不再掌握债券通项下境外投资者持有债券情况。境外投资者是指名义持有制度下的债券实际权益拥有人，也即不再以自己名义代他人持有债券的最终投资者。债券持有人包括为自己持有债券的债券持有人，和以自己名义代他人持有债券的债券持有人（即名义持有人）。

（4）境外投资人权利施行

对于名义持有制度下实际权益拥有人提起法律诉讼的权利问题，内地法律没有明确规定。

（四）内容述评

在债券通开通前，我国已开始对境外投资者逐步放开债券市场。具体来看，我国债券市场对境外资金的开放始于 2005 年，以人民银行批准泛亚基金和亚债中国基金进入境内银行间债券市场为标志；2010 年向境外中央银行或货币当局、香港澳门地区人民币业务清算行、跨境贸易人民币结算境外参加银行三类机构开放；2013 年人民币合格境外机构投资者（RQFII）、合格境外机构投资者（QFII）获准进入境内债券市场；2016 年则进一步扩大到在境外依法注册成立的商业银行、保险公司、证券公司、基金管理公司及其他资产管理机构等各类金融机构，以及上述金融机构依法合规面向客户发行的投资产品，以及养老基金、慈善基金、捐赠基金等人民银行认可的其他中长期机构投资者。在债券通开放之前，这些机构均可以依靠境内结算代理机构进入境内债券市场。债券通并未进一步扩大外资准入，也没有开放债券回购、债券借贷、债券远期，以及利率互换、远期利率协议等交易方式；债券通与此前的“代理人模式”并行。

（五）政策影响

目前债券通境外电子交易平台包括 Tradeweb、Bloomberg（彭博），加上多级托管制度将使境内债券可以被境外债券持有者匿名购买。人民银行实际控股的外汇交易中心与香港交易及结算所有限公司在香港成立了债券通有限公司，提供债券通相关交易服务。

多级托管造成的债券持有人无法穿透随着债券通规模扩大造成的潜在风险，同时违背了国际清算银行所推荐的一级登记托管的金融基础市场原则。可以考虑简化对原有结算代理模式的制度审批约束，更多境外投资人希望以直接进入中国债券市场的方式来进行投资。

二、《绿色债券评估认证行为指引（暂行）》（人民银行　中国证监会公告〔2017〕第 20 号）

（一）发文信息

2017 年 12 月 27 日，人民银行、证监会联合公布了《绿色债券评估认证行为指引（暂行）》（以下简称《指引》），这是我国第一份针对绿色债券评估认证工作的规范性文件，对机构资质、业务承接、业务实施、报告出具、监督管理等方面做了相应规定。

（二）出台背景

《指引》将2016年七部委联合发布的《关于构建绿色金融体系的指导意见》中所提出的“研究完善各类绿色债券发行的相关业务指引、自律性规则”目标工作予以落实；此外，《指引》也对上述文件中的“逐步建立和完善上市公司和发债企业强制性环境信息披露制度”进行了一定程度的细化和推进，即绿色债券存续期原则上需进行评估认证。

（三）主要内容

成立绿色债券标准委员会，统筹各机构的自律管理，开展包括行业监督、机构市场化评议、机构业务审查等工作，并牵头研究制定契合市场需求的操作细则。绿色债券标准委员会将根据市场实际和产品特点，研究制定相应的操作细则。未来评估认证市场将可能在行业评估标准等领域，实现更深层次的规范统一。

强化行业监督，确认评估认证机构需要承担的责任，并明确发行人和评估认证机构的惩罚机制。绿色债券若在存续期被出具了“不符合”的结论，将面临绿色标识被撤销的可能；发行人需要在规定时间内向绿色债券标准委员会提交情况说明和整改计划，并在规定时间内完成整改。若仍未取得“符合”或“未发现不符”结论的，将被撤销绿色债券标识；而绿色债券标识一经撤销，在存续期内不再恢复。此外，绿色债券标准委员会将根据实际情况，要求绿色债券发行人、评估认证机构，补充提供或重新提供评估认证报告。

在评估认证主要内容、评估认证方式等方面做出明确要求，提高绿色债券评估认证技术标准。目前，国际通用的绿色债券标准包括绿色债券准则（GBP）和气候债券标准（CBS），国内标准包括《绿色债券支持项目目录》、国家发展改革委发布的《绿色债券发行指引》等。《指引》提出，“原则上应当依据绿色债券标准委员会认可的国际或国内通行的鉴证、认证、评估等业务标准，按照相应的业务流程实施”。目前我国正在推进绿色债券认证标准的统一，预计统一标准将结合我国国情和国际通行的评估认证业务标准，发布之后将为发行人、投资人、评估认证机构提供明确的项目类型和界定标准。

（四）内容述评

《指引》的推出，旨在规范绿色债券评估认证行为，提高绿色债券评估认证质量。《指引》在各方面的规定，将提高绿色债券评估认证业务行业的专业程度，实现行业内的有序竞争，保证业务的独立性与公信力，进而促进绿色债券市场健康发展，更好地服务于实体经济的绿色发展。

（五）政策影响

绿色债券市场发展两年来，评估认证机构逐渐涌现，其中包括学术机构、环境咨询机构、评级机构、会计师事务所、社会责任咨询机构等，技术水平不一，专业性层次不齐，在一定程度上制约了绿色债券评估认证业务的发展。《指引》对评估认证机构的准入要求进行了明确，确定了绿色债券认证所需的专业技术基本要求，将对评估认证机构的资质进行规范。但是，整体的资质类别仍较为宽泛，因此也对认证机构后期的监管提出了更高要求。

《指引》对认证工作的操作细则和认证行为的更高要求留出了未来探究的空间，可能从以下几个方面开展：统一全国市场的《绿色债券支持项目目录》；建立适合中国绿色债券市场的评估认证业务标准；细化认证内容，建议增加绿色项目的产排污、环保措施、环境影响、环境风险分析等；明确评判依据，比如如何评判何种情况下绿色债券应被出具“不符合”与“无法发表结论”的认证结论。

三、《中国人民银行自动质押融资业务管理办法》（中国人民银行公告〔2017〕第18号）

（一）发文信息

人民银行发布的《中国人民银行自动质押融资业务管理办法》（以下简称《办法》）于2018年1月29日开始实施。

（二）出台背景

随着形势变化，之前相关法规中关于融资余额上限、融资利率等方面的规定已相对滞后，关于合格质押品、成员机构资质等方面的规定也有进一步完善的空间。

（三）主要内容

《办法》共有25条，规定了申请成为成员机构的金融机构法人应具备的条件。《办法》强调，国家开发银行、政策性银行、国有商业银行、中国邮政储蓄银行自动质押融资余额不超过其上年末实收资本的4%；全国性股份制商业银行自动质押融资余额不超过其上年末实收资本的10%；其他金融机构自动质押融资余额不超过其上年末实收资本的15%。人民银行可根据宏观审慎管理需要调整上述比例，并根据成员机构信用状况和流动性管理情况调整其自动质押融资余额上限。

（四）内容述评

一是扩大成员机构融资空间。开发性和政策性银行、国有商业银行、邮政储蓄银行的融资余额上限由实收资本的2%提高至4%，全国性股份制银行由实收资本的2%提高至10%，城市商业银行等其他金融机构由实收资本的5%提高至15%。由于中小型存款类金融机构实收资本少、准备金规模小，为避免遇大额清算指令时出现排队现象，其融资空间上调幅度相对较大。此外，人民银行可根据宏观审慎管理需要和成员机构个体情况调整有关参数。

二是统一自动质押融资利率。日间和隔夜自动质押融资利率均按业务发生时的隔夜常备借贷便利（SLF）利率确定，其中日间融资利息按小时计算，隔夜融资利息按实际占款天数计算，鼓励机构缩短资金使用时间。

三是扩大质押债券范围。合格质押债券范围由国债、中央银行债券、政策性金融债券等扩大到人民银行认可的地方政府债券及其他有价证券。

（五）政策影响

新规提升了银行从人民银行获得资金的规模和便利性，在一定程度上降低了资金成本，对中小银行流动性具有一定积极作用。不过自动质押融资业务本质上来说是清算的便利安排，并不是人民银行的流动性管理工具，对市场中流动的货币总量和实际执行的市场利率并无实质性影响，因此对市场的作用有限。

四、《关于规范债券市场参与者债券交易业务的通知》（银发〔2017〕302号）

（一）发文信息

人民银行、银监会、证监会、保监会于2018年1月5日联合下发《关于规范债券市场参与者债券交易业务的通知》（以下简称《通知》），对机构参与债券市场的规范性、债券代持业务、债券杠杆率水平、监管分工、过渡期安排等内容进行了明确。

（二）出台背景

随着我国债券市场不断发展，投资者参与债券投资的意愿与需求也随之上升。但是受到市场逐利动机的影响，部分市场参与者在场内、场外以各种形式直接或变相加杠杆博取高收益。债券市场的参与者采用“代持”等违规交易安排、规避内部风控机制和资金占用等监管要求、放大交易杠杆、引发交易纠纷的行为依然存在，使债券市场脆弱性上升，潜藏着较大的风险隐患。

（三）主要内容

一是明确了监管主体的范围，《通知》规定：本通知所称债券市场参与者，包括符合债券市场有关准入规定的各类金融机构及各类非法人产品等境内合格机构投资者，以及非法人产品的资产管理人与托管人；本通知所指债券交易包括现券买卖、债券回购、债券远期、债券借贷等符合规定的债券交易业务。

二是对市场参与者的内控机制和风险管理提出了新要求。（1）参与者应根据所从事的债券交易业务性质、规模和复杂程度，建立贯穿全环节、覆盖全业务的内控体系，并通过信息技术手段，审慎设置规模、授信、杠杆率、价格偏离等指标，实现债券交易业务全程留痕。（2）参与者应将自营、资产管理、投资顾问等各类前台业务相互隔离，在资产、人员、系统、制度等方面建立有效防火墙，且不得以人员挂靠、业务包干等承包方式开展业务，或以其他形式放松管理、实施过度激励。（3）参与者的合规管理、风险控制、清算交收、财务核算等中后台业务部门应全面掌握前台部门债券交易情况，加强对债券交易的合规性审查与风险控制。（4）前中后台等业务岗位设置应相互分离，并由具备相应执业能力的人员专门担任，不得岗位兼任或混合操作。（5）金融监管部门另有规定的，按照从严标准执行。

（四）内容述评

第一，《通知》扩大了参与债券市场交易的适用对象和业务范围，除了交易所场内债券市场在监管范围内，银行间债券市场、柜台类市场同样受到监管，私募债也纳入统一的监管中。此外，债券远期和债券借贷等其他符合规定的债券交易业务类型也要纳入监管。

第二，债券市场参与者的内控体系要保证贯穿全环节、覆盖全业务，特别是其中的融资规模、对交易对手的授信、杠杆率（总正回购余额/净资产）、价格偏离（即成交价格和公允价格偏离）之后都要审慎设置。参与者的中后台将要加大合规审查和风险控制，全面掌握前台业务情况加强审查，同时前中后台岗位分离，前台人员兼职中后台岗位的现象将被禁止。

第三，在当前债市不活跃的背景下，债券市场交易中的利益输送可能性加高，《通知》又专门强调了交易中的禁止行为，如利益输送、内幕交易、操纵市场、规避内控或监管等。非法人产品也要履行交易结算等义务，再出现偏离大的交易结算可能存在风险。

（五）政策影响

货币经纪公司会被着重监管，债券市场中交易时容易出现问题的合同签署环节，此次也专门规定了实质重于形式的原则，意味着以后任何形式的“抽屉协议”等违规签署的协议都将可能是无效的。

《通知》要求实务中债券回购交易的买卖行为都将要纳入机构资产负债表内及非法人产品表内进行核算，甚至明确了会计科目，从而禁止了以往交易的出表行为；《通知》也首次明确了正回购方的卖断债券归属，参与者不能再以此逃避各种监管，风险指标、监管资本都要计入其中，对市场参与者的记账及风控模式影响很大，相关系统要进行改动。

《通知》也强调了将要加强交易监测和数据信息共享机制，要求中介机构对数据超标情形报备监管部门，同时及时披露。

五、《新增地方政府债务限额分配管理暂行办法》（财预〔2017〕35号）

（一）发文信息

财政部于2017年4月1日印发《新增地方政府债务限额分配管理暂行办法》。

（二）出台背景

该办法是新预算法、国发〔2014〕43号文、财预〔2015〕225号文的延伸及细化。

（三）主要内容

新增限额分配体现了正向激励原则，兼顾了地方政府债务风险管控和重点项目支出需求。考虑举债空间，同时避免债务过快增长和异常波动。新增限额分配公式中的债务风险系数反映了地方政府举债空间和偿债风险，它是根据各地区上年度政府债务限额和标准限额等比较测算的。合理分配一般债和专项债新增额度，优化债务结构。

（四）内容述评

新增限额分配原则以防范债务风险为重点，并明确了新增限额的测算和安排均需立足当地财力水平，同时也体现了管理绩效为导向的原则，对债务管理能力强、管理绩效好的地区适当给予调增限额的奖励。新增限额由财政部在全国人大或其常委会批准的地方政府债务规模内测算。各地方政府对本地区地方政府债务风险防控负总责，新增限额分配管理的权限和程序是对财预〔2015〕225 号文中逐级下达分地区地方政府债务限额规定的细化。

（五）政策影响

各级地方政府新增债务额度的测算变得更加清晰，管理更加客观公平，也使 2017 年新增限额的具体分配有了依据。财政部不断细化地方政府债务管理各项制度，新增限额分配管理规则的落地使地方政府债务管理日趋有序，也使基层政府对举债规模、结构和资金投向的预期更加明朗和理性，对防范地方政府债务风险具有积极意义。

六、《关于进一步规范地方政府举债融资行为的通知》（财预〔2017〕50 号）

（一）发文信息

2017 年 4 月 26 日，《关于进一步规范地方政府举债融资行为的通知》（以下简称《通知》）发布实施。

（二）出台背景

发布《通知》的目的在于防范风险，约束地方政府及平台杠杆融资。《通知》的要求，与之前的防风险论调相符，所不同的是，规范地方政府举债融资防范的是地方财政风险，而前期出台的监管文件更多的是防范金融风险。同时，加强融资平台公司融资管理，地方融资平台作为典型的国有企业，这与“强化企业特别是国有企业财务杠杆约束，逐步将企业负债降到合理水平”的目标相一致，旨在约束平台的杠杆融资。

（三）主要内容

一是全面组织开展地方政府融资担保清理整改工作。全面改正地方政府不规范的融资担保行为。规范主体为地方政府，规范对象为地方政府融资担保行为。

二是切实加强融资平台公司融资管理。地方政府对融资平台公司支持的限制为：第一，不得向其注入公益性资产、储备土地；第二，不得承诺储备土地预期收入作为其偿债资金来源。如果融资平台公司的资金来源为现金注入或者其他非公益性资产的注入等财政资金，则不违反监管要求。

三是规范政府与社会资本方的合作行为。除国务院另有规定外，地方政府及其所属部门参与 PPP 项目、设立政府出资的各类投资基金时，不得违法违规变相举债，具体限制如下：第一，不得以任何方式承诺回购社会资本方的投资本金；第二，不得以任何方式承担社会资本方的投资本金损失；第三，不得以任何方式向社会资本方承诺最低收益；第四，不得对有限合伙制基金等任何股权投资方式额外附加条款变相举债。

四是进一步健全规范的地方政府举债融资机制。地方政府只能采取在国务院批准的限额内发行地方政府债券方式举债。

五是建立跨部门联合监测和防控机制。对地方政府及其所属部门、融资平台公司、金融机构、中介机构、法律服务机构等的违法违规行为加强跨部门联合惩戒，形成监管合力。

六是大力推进信息公开。地方各级政府及其所属部门要全面推进举债融资行为的决策、执行、管理、结果等公开，严格公开责任追究，回应社会关切，主动接受社会监督。

（四）内容述评

对地方政府举债融资的监管，从各自监管进入“协同监管”模式。43 号文（2014 年国务院下发的《国务院关于加强地方政府性债务管理的意见》）下发之前的地方政府融资监管政策，多是财政部、银监会、审计署等机构单独发文，多在某单个领域对地方政府及平台融资进行约束。直到财务部下发 43 号文，对地方政府及平台的融资出现顶层设计。

进一步推动地方政府、平台融资向市场化方向发展。同时将地方政府的隐性担保，转化为市场化操作的显性担保。《通知》要求地方政府不能出现承诺函，但允许地方政府结合财力可能设立或参股担保公司，构建市场化运作的融资担保体系。这也是将担保行为推向市场化操作，明确市场化担保人和被担保人的法律责任。地方隐性担保显性化、市场化，并非对融资平台寻求市场化的外部担保增信行为“一刀切”，也旨在厘清政府与平台的债务关系。

规范 PPP 融资，避免地方政府变相举债。《通知》强调，地方政府不得以借贷资金出资设立各类投资基金，严禁地方政府利用 PPP、政府出资的各类投资基金等方式违法违规变相举债。

（五）政策影响

对地方政府融资的影响：有助于理顺地方政府与平台的债务关系，化解风险。清理地方政府融资担保、在限额内允许地方政府举债，这有助于化解地方政府债务风险，对地方政府融资而言，可以起到约束性、清晰化的作用。规范 PPP 融资，阶段性降低 PPP 对基建的拉动作用。

收拢地方政府融资渠道，债股方式转变。《通知》在规范地方政府债，健全管理机制的同时，并非斩断地方政府的一切融资渠道，而是将正规融资途径以外的不规范的渠道予以清理。因此，从文件实施的附带效应来看，倒是会对以 PPP 模式展开的基建投资产生利好，而正是由于 PPP 模式是一种政府与社会资本共同出资设立项目公司进行的投资行为，政府并不由此背负债务，可以说是一种举债转为股权投资的变化。

《通知》对政府及融资平台公司和金融机构提出了若干具体规范意见，但也留有空间。因此，只要是依法合规的市场化融资业务，金融机构仍可与融资平台公司继续开展和推进。《通知》规范力度很大，发文单位包括司法厅局，并且对各种中介机构等的行为提出强约束。

七、《地方政府土地储备专项债券管理办法（试行）》（财预〔2017〕62 号）

（一）发文信息

2017 年 6 月 1 日，财政部、国土资源部印发了《地方政府土地储备专项债券管理办法（试行）》。

（二）出台背景

2017 年 5 月，财政部、国家发展改革委、司法部、人民银行、银监会、证监会六部委发布《关于进一步规范地方政府举债融资行为的通知》（财预〔2017〕50 号），明确指出“地方政府不得将公益性资产、储备土地注入融资平台公司，不得承诺将储备土地预期出让收入作为融资平台公司偿债资金来源”。之后，财政部发布《关于坚决制止地方以政府购买服务名义违法违规融资的通知》（财预〔2017〕87 号），在所列政府购买服务负面清单中提到“严禁将储备土地前期开发等建设工程作为政府购买服务项目”。

（三）主要内容

土地储备专项债券也是地方债，归属于专项地方债，占用地方政府专项债额度，是专项地方债的创新品种。对地方政府土地储备专项债券的发行主体及方式、资金使用、偿债资金来源、额度管理和监督管理等做了具体规定。62 号文第五条指出，“地方政府为土地储备举借债务采取发行土地储备专项债券方式”，第三十二条规定“地方各级政府不得以土地储备名义为非土地储备机构举借政府债务，不得通过地方政府债券以外的任何方式举借土地储备债务，不得以储备土地为任何单位和个人的债务以任何方式提供担保”，旨在明确土地储备融资方式，禁止地方政府利用储备土地变相地违法违规融资。

（四）内容述评

第一，具有专门的募集资金用途。明确规定土地储备专项债券募集的资金必须“由纳入国土资源部名录管理的土地储备机构专项用于土地储备”，并且需要具体到单一或者多个土地储备项目。也就是说，土地储备专项债券需要对应到政府下属各级土地储备中心收储的指定地块。

第二，偿债资金来源固定。土地储备专项债券的偿债资金来源必须来自“土地储备项目对应并纳入政府性基金预算管理的国有土地使用权出让收入或国有土地收益基金收入（统称土地出让收入）”，且不同使用其他土地储备项目的土地出让金进行偿还，在对应项目的土地出让收入难以按时实现时，“可在专项债务限额内发行土地储备专项债券周转偿还，项目收入实现后予以归还”。

第三，每年限额有调整机会。对于土地储备专项债券，每年8月底之前，地方政府可以根据当年的土地收储情况以及土地储备专项债券额度的使用情况，申请调减或调增当年的土地储备专项债券额度。

第四，期限最长不超过5年。土地储备专项债券的期限应当与对应土地储备项目的期限相适应，“原则上不超过5年”。对于一般债和其他专项债，目前并没有明确的期限限制，一般1年、3年、5年、7年、10年均可，而在实际发行中，地方政府倾向于选择3年、5年、7年、10年期限。

第五，可以约定提前偿还条款。土地储备专项债券的另外一个独特之处在于，可以约定提前偿还债券本金条款。这一条款的主要目的是匹配不同土地储备项目未来土地出让收入预期回款的时间差异，避免土地出让收入回款之后资金的闲置。

（五）政策影响

第一，土地储备专项债券区别于城投债或者其他国家发展改革委专项债券的关键点在于，前者的发行主体为省、自治区、直辖市政府或计划单列市政府，且偿债资金来源是政府性基金预算中的土地出让收入，所有的利息、本金和费用支出均纳入地方政府政府性基金预算管理。另外，土地储备专项债券与其他地方债的区别在于，前者的偿债资金来源仅限于债券发行对应土地储备项目的未来土地出让收入或者其他滚动发行的土地储备专项债券资金。

第二，虽然土地储备专项债券存在品种不同、地区不同、储备地块不同等多方面的差异，但是考虑到地块组合优势、短期内额度有限且可续发等条件，土地储备专项债券的估值差异将比较有限。

第三，地方政府与平台的核心关系（相互依赖）没有发生变化，土地储备专项债券本身不会成为影响城投平台未来估值的因素。

八、《关于试点发展项目收益与融资自求平衡的地方政府专项债券品种的通知》（财预〔2017〕89 号）

（一）发文信息

2017 年 6 月 2 日，财务部印发《关于试点发展项目收益与融资自求平衡的地方政府专项债券品种的通知》（以下简称 89 号文），对地方政府专项债券做出了纲领性的指导。

（二）出台背景

根据《国务院关于加强地方政府性债务管理的意见》（国发〔2014〕43 号）的政策指引下，对没有收益的公益性项目发行一般债券融资，对有一定收益的公益性项目发行专项债券融资，财政部印发 89 号文，鼓励有条件的地方政府在具有经营性并可以产生收益的公益性事业领域探索分类发行专项债务。

（三）主要内容

第一，发行主体。目前 89 号文规定，市县级政府确需举借相关专项债务的，依法由省级政府代为分类发行专项债券、转贷市县使用。专项债券可以对应单一项目发行，也可以对应同一地区多个项目集合发行，具体由市县级财政部门会同有关部门提出建议，报省级财政部门确定。

第二，发行范围。89 号文指出“2017 年仍优先选择土地储备、政府收费公路 2 个领域在全国范围内开展试点。鼓励有条件的地方立足本地区实际，围绕（自治区、直辖市）党委、政府确定的重大策略，积极探索在有一定收益的公益性事业领域分类发行专项债券，以对应的政府性基金或专项收入偿还，项目成熟一个、推进一个。”

第三，发行额度。各地在国务院批准的专项债务限额内发行土地储备、政府收费公路专项债券的，按照财政部下达的额度及制定的统一办法执行。除土地储备、收费公路额度外，各地利用新增专项债务限额，以及利用上年末专项债务限额大于余额的部分自行选择重点项目试点分类发行专项债券。

第四，偿还方式。分类发行专项债券建设的项目，应当能够产生持续稳定的反映为政府性基金收入或专项收入的现金流收入，且现金流收入应当能够完全覆盖专项债券还本付息的规模。专项债券对应的项目取得的政府性基金或专项收入，应当按照该项目对应的专项债券余额统筹安排资金，专门用于偿还到期债券本金，不得通过其他项目对应的项目收益偿还到期债券本金。因项目取得的政府性基金或专项收入暂时难以实现，不能偿还到期债券本金时，可在专项债务限额内发行相关专项债券周转偿还，项目收入实现后予以归还。

（四）内容述评

此次 89 号文的出台，是对目前已经开始试点发行的地方政府专项债券发行范围的进一步拓展，从试点的土地储备和收费公路拓展到其他可以产生收益的公益性事业领域，发行方式与偿还方式均未发生改变。地方政府专项债券有利于规范地方政府的发债行为，在专项债务限额内依法开展，保障重点领域合理融资需求、支持地方经济社会可持续发展，也有利于遏制违法违规融资担保行为，控制“隐性”债务，剥离风险。地方政府专项债券也可以起到引入社会资本的作用，更多的投资者进入，可以促进政府及时进行信息披露，增加透明度。

从发行额度来看，根据 89 号文，目前土地储备和政府收费公司专项债券仍然是政府优先鼓励试点的领域，在此领域以外的新增限额与上年的剩余限额可以用于重点项目的试点发行，限额仍然由国务院审批把控，在限额内统筹安排。从发行主体看，由于仍为省级政府代发，市县级政府需要向省级政府申请发债额度，市县级政府可以获得的额度较少，对区域经济状况较差，资质较弱的地方政府来说，可能获得的配额将更低。

（五）政策影响

地方政府专项债券的实施，对目前 PPP 项目以及其他标的项目影响较小，以 PPP 项目为例，由于财政部《政府和社会资本合作项目财政承受能力论证指引》明确了每一年度全部 PPP 项目占一般公共预算支出比例应当不超过 10%，PPP 项目的建设本身即受到一定限制，地方政府专项债券的实施为地方政府项目建设提供了新的融资途径。

未来，在我国地方政府债务框架中，将形成“地方政府债 + 各类专项债 + PPP 融资”的融资结构，将会有更多的专项债券审核发行，列入地方政府专项预算，发行额度将进一步放开，我国地方政府专项债券结构将更加完善。

整体来看，89 号文的出台使我国政府债券逐步与国际接轨，完善地方政府债券发行机制，提升地方政府债券市场化程度，并可以吸引更多社会资本投资地方政府债券；也有利于遏制违法违规融资担保行为，防范地方政府债务风险。但由于我国地方债市场尚处于起步阶段，相关法律法规不够成熟，地方在发行程序、信息披露等方面可能存在不足，需要政府进行有力的约束，封堵违法违规融资。

九、《关于印发〈地方政府收费公路专项债券管理办法（试行）〉的通知》（财预〔2017〕97号）

（一）发文信息

财政部和交通运输部联合下发了《关于印发〈地方政府收费公路专项债券管理办法（试行）〉的通知》（以下简称97号文），提出可通过发行地方政府收费公路专项债券（以下简称收费公路专项债）来进行政府收费公路建设融资，并对发债项目界定、额度管理、发行机制、监督管理等方面进行了具体规定。

（二）出台背景

随着《预算法》（2014年修订）的实施和《国务院关于加强地方政府性债务管理的意见》（国发〔2014〕43号）的印发，地方原有各类交通融资平台的政府融资功能被取消，发行地方政府债券成为地方政府实施债务融资新建公路的唯一渠道。政府收费公路“贷款修路、收费还贷”模式相应调整，改为政府发行专项债券方式筹措建设资金。

（三）主要内容

（1）发行主体方面，收费公路专项债发行主体应为省级政府，县级政府如需发行，由省级政府统一发行并进行转贷，经省级政府批准，计划单列市政府可以自办发行。

（2）募投项目方面，收费公路专项债只能用于政府收费公路的建设，不得用于其经常性支出、公路养护支出以及特许经营公路建设，也不得用于偿还存量债务。收费公路专项债可以对应单一项目发行，也可以对应一个地区的多个项目集合发行。

（3）期限结构方面，地方政府专项债券期限为1年、2年、3年、5年、7年和10年，由于政府收费公路收费期限较长，目前一般为15年或20年，基于收费公路专项债期限与政府收费公路收费期限相适应的原则，收费公路专项债单次发行不超过15年，鼓励地方政府通过结构化创新合理设计债券期限结构，可以约定提前或延迟偿还债券本金的条款，但97号文对延迟偿还本金条款并未做明确规定。

(4) 发行额度方面，收费公路专项债纳入地方政府专项债务限额管理，占用地方政府专项债额度，但土储专项债与收费公路专项债每年有各自的限额，互不占用。

(5) 项目资产抵质押方面，为发行收费公路专项债而建设的政府收费公路项目，其资产和收费权均不得用于抵质押，防止资产重复融资。

(四) 内容述评

收费公路专项债偿债资金来源为与发债项目对应的、纳入政府性基金预算管理的车辆通行费收入、专项收入，其中，专项收入包括政府收费公路项目对应的广告收入、服务设施收入、收费公路权益转让收入等，强调了项目资产与收益相对应的原则。

对收费公路专项债而言，投资者对其信用风险的评估除对发行人自身实力的评价外，更要加强对募投项目自身的收益实现、条款设置等方面的评估和考量。

(五) 政策影响

土储专项债的偿债资金来源为国有土地收益基金收入，相比之下，收费公路的车辆通行费收入、专项收入在政府性基金收入中占比较小，且通行费收入易受相邻路段分流、改扩建等因素影响而具有波动性，建设期和运营初期，路产尚处于培育阶段，通行费收入、专项收入存在无法覆盖债券本息的可能，考虑到政府可能给予部分车辆购置税等一般公共预算收入安排的补助资金，其保障能力有所增强。此外，应关注收费公路专项债期限与通行费收入实现的匹配性，若发行期限较短，累计的通行费收入、专项收入不足以偿付债券本息，届时可能采用债券延迟偿还本金条款。

完善专项债券制度。依据预算法（2014 年修订）、国发〔2014〕43 号文件确定的地方政府债券管理理念，借鉴国外市政债券管理经验，收费公路专项债券强化了项目收益和融资自求平衡的管理理念，发挥项目对应政府性基金收入、专项收入和资产偿债保障作用，防范化解潜在风险隐患。

十、《农村产业融合发展专项债券发行指引》(发改办财金规〔2017〕1340 号)

(一) 发文信息

国家发展改革委办公厅于 2017 年 8 月印发《农村产业融合发展专项债券发行指引》(以下简称《指引》)。

（二）出台背景

“专项债券”是国家发展改革委在企业债券制度框架内“量身定制”的债券品种，主要是针对相关行业和产业发展特点，统筹各项债券支持措施，引导社会资金投入相关领域并发挥示范效应。国家发展改革委陆续印发了城市停车场建设、城市地下综合管廊建设、战略性新兴产业、养老产业、双创孵化、配电网建设改造、绿色债券、债转股专项债券、PPP 项目专项债券 9 个专项债券发行指引。在目前融资难融资贵的情况下，给予了企业融资新的方式。

（三）主要内容

《指引》提出，专项债券重点支持产城融合型、农业内部融合型、产业链延伸型、农业多功能拓展型、新技术渗透型、多业态复合型 6 类农村产业融合发展项目。

《指引》明确农业产业化龙头企业申请发行农村产业融合发展专项债券，需满足两个条件：企业资产规模不低于 3 亿元或者年度涉农业务收入不低于 2 亿元；拟投资农村产业融合发展项目总投资不低于 1 亿元。鼓励通过“保底收购价 + 二次分配”、农民参股持股等方式与农民建立紧密利益联结机制的项目申请发行农村产业融合发展专项债券（见《指引》第二条第一款）。

考虑到农业项目投资较大、回收期长的特点，《指引》支持发债企业发行 10 年期及以上的长期限企业债券或可续期债券。同时，可根据资金回流的具体情况科学设计债券发行方案，支持合理灵活设置债券期限、选择权及还本付息方式。

（四）内容述评

农村产业融合发展专项债券，重点包括以下六类项目：

（1）产城融合型农村产业融合发展项目，主要包括推动农村产业融合发展与新型城镇化建设有机结合，培育农产品加工、休闲旅游等“农字号”特色小城镇，建设农村产业融合发展园区等。

（2）农业内部融合型农村产业融合发展项目，主要包括以农牧结合、农林结合、循环发展为导向，发展农林牧渔结合、绿色生态循环农业项目等。

（3）产业链延伸型农村产业融合发展项目，主要包括以农业向后延伸或者农产品加工业、农业生产生活服务业向农业延伸为重点，建设农业生产性服务设施、农产品加工和仓储物流、营销网点等。

（4）农业多功能拓展型农村产业融合发展项目，主要包括通过推进农业与旅游、教育、文化、健康、养老等产业深度融合，拓展农业新的功能，建设休闲农业、乡村旅游、农事教育体验、文化创意农业、农村生态康养和能源农业等新业态项目。

（5）新技术渗透型农村产业融合发展项目，主要包括以信息技术、物联网技术等新技术在农业中的应用为重点，发展“互联网＋现代农业”，建设涉农电子商务、智慧农业等项目。

（6）多业态复合型农村产业融合发展项目，主要包括同时兼有上述几种类型或者融合其中两个以上类型的项目。

（五）政策影响

我国农村固定资产投资完成额持续下降，农村产业融合发展专项债券的发行将推动农村产业融合发展与新型城镇化建设有机结合；推动农牧结合、农林结合、循环产业发展；推动农业向后延伸或者农产品加工业、农业生产生活服务业向农业延伸；推动农业与旅游、教育、文化、健康、养老等产业深度融合；推动信息技术、物联网等新技术在农业中的应用，从而有助于培育更加丰富的农村新业态，打造更加高效的产业组织方式和更加紧密的利益联结机制，促进农村经济发展。

十一、《社会领域产业专项债券发行指引》（发改办财金规〔2017〕1341号）

（一）发文信息

国家发展改革委于2017年8月1日发布了《社会领域产业专项债券发行指引》（以下简称《指引》）。

（二）出台背景

《指引》为国家发展改革委继发布《养老产业专项债券发行指引》（发改办财金〔2015〕817号）后，对社会领域产业专项债的一般性指引，是对国务院办公厅《关于进一步激发社会领域投资活力的意见》（国办发〔2017〕21号）的落实。

（三）主要内容

《指引》提出，社会领域产业专项债券包括但不限于以下专项债券类型：健康产业专项债券，主要用于为群众提供医疗、健康管理等健康服务项目。养老产业专项债券，主要用于为老年人提供生活照料、康复护理等服务设施设备，以及开发康复辅助器具产品用品项目。教育培训产业专项债券，主要用于建设教育培训服务设施设备、提供教育培训服务、生产直接服务教育发展的教学教具产品的项目。文化产业专项债券，主要用于新闻出版发行、广播电视电影、文化艺术服务、文化创意和设计服务等文化产品生产项目，以及直接为文化产品生产服务的文化产业园区等项目。体育产业专项债券，主要用于体育产业基地、体育综合体、体育场馆、健身休闲、开发体育产品用品等项目，以及支持冰雪、足球、水上、航空、户外、体育公园等设施建设。旅游产业专项债券，主要用于旅游基础设施建设、旅游产品和服务开发等项目。支持企业发行专项债券，同时用于多个社会领域产业项目或社会领域产业融合项目。发债企业可使用债券资金收购、改造其他社会机构的相关设施，或扩大社会领域产业投资基金资本规模。

（四）内容述评

第一，《指引》明确指出社会领域产业专项债券投资领域包括健康、养老、教育、文化、体育和旅游。

第二，《指引》明确规定社会领域产业专项债券（以下简称社会领域专项债）的发行主体是市场化运营的公司法人（不包括公立医疗卫生机构和公立学校等公益性质主体），因而社会领域专项债是平台公司剥离政府融资功能后形成的企业债务而非政府债务，政府并不承担偿付和救助义务，这是和财政部之前推出的地方政府项目收益专项债的根本区别。

第三，《指引》指出社会领域专项债的募集资金主要用于社会领域产业经营性项目建设，或者其他经营性领域配套社会领域产业相关设施的建设，并明确提出以项目未来经营收入作为主要偿债资金来源，项目收费标准应由政府部门及时制定和完善。

第四，《指引》鼓励发行人以第三方担保方式，或法律法规允许的出让、租赁建设用地抵质押担保方式为债券提供增信；鼓励采取“债贷组合”增信方式或以小微企业增信集合债券形式发行专项债；允许以项目未来收益权为债券发行提供抵质押担保；项目建成后形成商标权、专利权等无形资产的，经中介机构评估后，可将无形资产为债券发行提供抵质押担保。上述条款为自身经营实力偏弱的中小企业参与社会领域的投资提供了较大的政策支持。

第五，《指引》还提出了探索保险机构等机构投资者设立特殊目的实体参与社会领域投资和经营，这有利于发挥保险资金的社会民生保障的功能。

第六，《指引》指出社会领域产业专项债券全部参照国家发展改革委“加快和简化审核类”债券审核程序，这意味着社会领域专项债券的发行将大幅提速。

(五)政策影响

国家发展改革委陆续对专项债品种进行扩围，旨在引导社会资本向相关重点产业流入，以扶持符合我国当下经济环境的重点产业发展，因此对于募集资金最终是否能够以及是否全部能够按照募集资金用途使用，信用评级机构需加强对相关专项债券发行后募集资金使用情况的核查，通过定期或不定期跟踪评级的手段，时刻监测并向市场反馈企业募集资金流向，起到市场监督的作用，确保这部分资本真正能够起到扶持相关产业发展的最终目的。

财政部发布的地方政府项目收益专项债也重点投往具有稳定现金流的基础设施和公共服务项目，与社会领域专项债券覆盖的领域有较大的重叠。项目收益专项债和社会领域债分别从政府端和企业端增加了公共服务领域投入，有望双管齐下，有效改善城市民生服务水平。

十二、《关于在企业债券领域进一步防范风险加强监管和服务实体经济有关工作的通知》(发改办财金〔2017〕1358号)

(一)发文信息

2017年8月15日，国家发展改革委办公厅发布《关于在企业债券领域进一步防范风险加强监管和服务实体经济有关工作的通知》(以下简称《通知》)。《通知》明确，积极防范企业债券领域地方政府债务风险，做好存量企业债券涉及的地方政府债务风险的排查化解，在企业债券申报中严格防范地方政府债务风险。

(二)出台背景

发布《通知》指引企业债发行工作，除了加大对国家鼓励的重点项目的支持外，更重要的是防范城投企业与地方政府之间由于权责不清导致地方政府隐性债务增加的问题。未来国家发展改革委在地方政府隐性担保提供不规范的PPP、政府购买服务、财政补贴等方面支持企业发债的审核会更加严格。此举配合了财政部规范地方政府债务管理的系列工作。以工程建设项目购买形式为主要业务模式的城投企业将遭遇发行的瓶颈。

(三)主要内容

防范地方政府债务风险方面，《通知》要求做好存量企业债券涉及的地方政府债务风险的排查化解，如企业已发行的企业债券涉及政府性债务，省级发展改革部门应主动配合相关部门，指导发债企业和中介机构依法依规做好地方政府债务风险的排查化解。

同时，在企业债券申报中严格防范地方政府债务风险。企业新申报发行企业债券时，应明确发债企业和政府之间的权利责任关系，实现发债企业与政府信用严格隔离，严禁地方政府及部门为企业发行债券提供不规范的政府和社会资本合作、政府购买服务、财政补贴等情况。对不符合以上规定的，省级发展改革部门应不予转报。

加强事中事后监管方面，主要防范企业债券违约风险。《通知》要求省级发展改革部门应主动加强与有关部门和单位的沟通协调，对企业债券发行后的资金使用情况进行跟踪检查，对违规行为进行及时纠正，涉嫌犯罪的移送司法机关依法处理，充分保障债券投资者的合法权益。

对出现偿债风险的存量债券，省级发展改革部门应提前介入，充分运用市场化、法治化手段，指导企业和中介机构制订完备的偿债方案，牢牢守住不发生系统性金融风险的底线。

提高服务实体经济效率水平方面，《通知》提出，对"一带一路"建设、京津冀协同发展、长江经济带发展涉及的重点领域、重点项目，省级发展改革部门应加大债券支持力度，创新债券支持方式，在债券申报程序、发行条件上给予优先支持。

（四）内容述评

鉴于众多平台公司都是地方政府设立、为地方公共基础设施建设融资的一类公司，如果平台公司因为缺乏政府支持和担保导致融资渠道受限，这将会产生基础设施投入下滑的风险。在政府支持减少或取消的情况下，地方政府和其他国有企业可能会接管公共基础设施建设的融资事宜，那么，相关负债将可能转化为地方政府的直接债务或其他或有负债。当前政策目标是实现降杠杆和保增长，但面临两难的情况，上述的负债转化将会是这种两难情况下权衡取舍的结果。

（五）政策影响

从表面上看，《通知》的发布对地方政府具有正面的信用影响，因为它实现了地方政府债务与平台公司债务的明确隔离，对企业债券发行进行进一步的管理与规范，因此将进一步提高地方政府的直接债务和或有负债的透明度和治理水平。《通知》首次阐述了涉及政府或有债务的企业债券发行的主要审批标准，将有助于控制此类债务的增长。

《通知》要求发债企业与政府信用严格隔离，严禁地方政府及部门为企业发行债券提供不规范的政府和社会资本合作、政府购买服务、财政补贴等。预计监管不会对城投融资“一刀切”，刚兑预期不会很快崩塌，但新老城投债分化势必加剧。

第三节　交易所债券市场

一、《创新创业公司非公开发行可转换公司债券业务实施细则（试行）》（上证发〔2017〕58号）

（一）发文信息

2017年9月22日，上海证券交易所、股转系统、中国证券登记结算有限责任公司联合发布《创新创业公司非公开发行可转换公司债券业务实施细则（试行）》。

（二）出台背景

为支持创新创业公司发展，规范创新创业公司非公开发行可转换公司债券业务行为，上海证券交易所、股转系统和中国证券登记结算有限责任公司联合发布了《创新创业公司非公开发行可转换公司债券业务实施细则（试行）》（以下简称《细则》）。《细则》的实施，为创新创业公司提供了一种可供选择的融资途径。

（三）主要内容

一是明确创新创业公司非公开发行可转换公司债券的发行主体及适用范围。创新创业公司非公开发行可转换公司债券（以下简称创新创业可转债）的发行人应在满足非公开发行公司债券相关规定的前提下，符合《中国证监会关于开展创新创业公司债券试点的指导意见》中规定的创新创业公司要求。发行主体包括新三板挂牌的创新层公司和非上市非挂牌企业两大类。

二是明确以私募方式发行创新创业可转债。创新创业可转债应符合非公开发行公司债券转让条件的相关规定。《细则》规定私募可转债的发行人股东人数在发行之前应不超过200人，债券存续期限应不超过六年；发行人债券发行决议应对转股价格的确定和修正、无法转股时的利益补偿安排要求进行明确；对于新三板创新层公司发行的可转换债券，债券持有人应在转股前开通股转公司合格投资者公开转让权限。

三是明确转股流程。创新创业可转债发行六个月后可进行转股，转股流程主要包括转股申报及转股操作。转股申报由投资者在转股期内向交易所提交。《细则》明确了两类发行主体的相关转股操作流程。

四是明确信息披露要求。申报发行阶段，发行人应披露现有股权结构、转股价格及其确定方式、转股及利益补偿安排等事项。债券存续期内，《细则》要求发行人及其他信息披露义务人应按照交易所非公开发行公司债券有关规定和募集说明书的约定履行信息披露义务。对于出现调整转股价格、发行人股份被暂停转让或终止转让等可能对可转换债券交易价格或者对投资者做出投资决策产生较大影响的重大事项，《细则》规定发行人应及时向交易所提交并披露临时报告。

（四）内容述评

《细则》是对《中国证监会关于开展创新创业公司债券试点的指导意见》的具体落实，有助于创新创业可转债的规范发展，有利于参与方有法可依。

（五）政策影响

1. 新三板创新层企业将成为发行创新创业可转债的主力。首先，政策鼓励新三板创新层企业发行创新创业可转债。其次，新三板创新层企业有较为强烈的债务融资需求。最后，新三板创新层企业发行创新创业可转债更易于被投资者认购。创新层企业发行债券，相对一般中小企业风险更低，同时投资人还可能通过转股而获取更大收益。

2. 创新创业可转债有助于解决中小企业融资中的“明股实债”问题。中小企业的股权投资中普遍存在对赌条款设置，这会导致企业控制权的不稳定，不利于企业的长期稳定发展。而创新创业可转债为中小企业提供了夹层融资手段，投资人可以在取得稳定的利息收入的同时，再择时将对企业的债权转换成为股权。同时，投资人也可在二级市场实现可转债的流通。所以其更有利于中小企业顺利实现融资。

二、《中国证监会关于开展创新创业公司债券试点的指导意见》（证监会公告〔2017〕10 号）

（一）发文信息

2017 年 7 月 4 日，证监会公布《中国证监会关于开展创新创业公司债券试点的指导意见》（以下简称《指导意见》），自公布之日起施行。

（二）出台背景

充分发挥交易所债券市场支持高科技成长型企业发展、服务实体经济的积极作用，努力探索适合创新创业企业发展的债券市场服务支持新模式。

（三）主要内容

《指导意见》明确以下事项：

1. 创新创业债属于公司债券的一个子类别，遵循《证券法》《公司法》《公司债券发行与交易管理办法》和其他相关法律法规；

2. 发行主体范围包括创新创业公司以及募集资金专项投资于创新创业公司的公司制创业投资基金和创业投资基金管理机构；

3. 证监会、证券自律组织建立创新创业债配套机制，包括专项审核、绿色通道、统一标识等；

4. 允许非公开发行的创新创业债设置转股条款，满足多元化的投资需求；

5. 将创新创业债承销情况纳入证券公司经营业绩排名体系和履行社会责任评价体系，对证券经营机构开展创新创业债中介服务的工作成效进行考评；

6. 鼓励相关部门和地方政府通过多种方式提供政策支持，将创新创业债纳入地方金融财税支持体系。

（四）内容述评

创新创业债发行主体范围包括创新创业公司以及募集资金专项投资于创新创业公司的公司制创业投资基金和创业投资基金管理机构。发行创新创业债有助于改善公司资本结构，降低财务费用，避免估值较低的公司股权稀释过快，在某种程度上更适合新三板企业。

（五）政策影响

1. 进一步发挥交易所债券市场功能，切实支持创新创业企业融资，优化中小企业资本形成机制，丰富公司债券发行主体结构。

2. 有效增加创新创业金融供给，完善金融供给结构，拓宽融资渠道，降低融资成本，进一步提高债券市场服务实体经济的能力。

3. 有利于加快实施创新驱动发展战略、推进金融市场服务供给侧改革。

三、《关于修改、废止〈证券公司次级债管理规定〉等十三部规范性文件的决定》（证监会公告〔2017〕16 号）

（一）发文信息

2017 年 12 月 7 日，证监会发布《关于修改、废止〈证券公司次级债管理规定〉等十三部规范性文件的决定》（以下简称《决定》），自公布之日起施行。

（二）出台背景

根据《国务院办公厅关于进一步做好“放管服”改革涉及的规章、规范性文件清理工作的通知》（国办发〔2017〕40 号）的要求，为深入推进“放管服”改革，确保各项改革措施有效落实，证监会对现行有效的规章和规范性文件进行了全面系统清理。

（三）主要内容

1. 对十部规范性文件的部分条款予以修改

被修改的十部规范性文件包括：

（1）《证券公司次级债管理规定》；

（2）《证券公司业务范围审批暂行规定》；

（3）《关于证券投资基金管理公司在香港设立机构的规定》；

（4）《非银行金融机构开展证券投资基金托管业务暂行规定》；

（5）《关于在发行审核委员会中设立上市公司并购重组审核委员会的决定》；

（6）《关于填报〈上市公司并购重组财务顾问专业意见附表〉的规定》；

（7）《〈上市公司收购管理办法〉第七十四条有关通过集中竞价交易方式增持上市公司股份的收购完成时点认定的适用意见——证券期货法律适用意见第9 号》；

（8）《证监会上市公司并购重组审核委员会工作规程》；

（9）《关于规范上市公司与关联方资金往来及上市公司对外担保若干问题的通知》；

（10）《期货公司金融期货结算业务试行办法》。

其中，《证券公司次级债管理规定》的修改内容主要包括：删除证券公司申请借入或发行次级债应提交的申请文件等规定；增加证券公司借入或发行次级债应向公司住所地证监会派出机构提交备案文件的要求；修改关于证券公司申请次级债务展期、申请偿还次级债务应提交的申请文件以及发行次级债要求在公司网站公开披露的时间等规定。

2. 对三部规范性文件予以废止

证监会决定废止的三部规范性文件包括：

（1）《期货公司董事、监事和高级管理人员任职资格管理办法》实施前后有关人员任职资格的衔接规定；

（2）《关于暂停大豆油期货交易和禁止借开展食糖中远期合同交易之名进

行期货交易的通知》;

(3)《关于证券监管部门行政事业性收费有关事项的公告》。

(四) 内容述评

《决定》一是为解决此前清理时遗留的问题，切实“简政放权”；二是为明确取消行政审批事项、减少职业资格许可和认定事项后的管理方式和衔接措施，贯彻“放管结合”；三是为进一步落实对国务院部门行政审批中介服务事项的清理规范内容，不断“优化服务”。

(五) 政策影响

《决定》删去了《证券公司次级债管理规定》涉及审批文件的一条，新增了备案发行的条款。这优化了券商募集发行债务、资本补充工具的条件，有助于证券公司通过募集发行次级债和其他资本补充工具，及时补充资本，增强抵御风险能力。此次《证券公司次级债管理规定》的修改对证券公司来说是个利好，证券公司次级债由审批制变为备案制，放松了证券公司借入或发行次级债的限制，简化了证券公司相关的信息披露工作，使证券公司借入或发行、变更（展期）、偿还次级债的工作更加方便，为证券公司融资提供便利。

“放管服”改革是推进政府管理体制改革的重要内容，是推动经济社会持续健康发展的战略举措。通过本次清理，证监会进一步理顺了证券期货监管规则体系，有利于确保各项“放管服”改革措施不折不扣落实到位，有利于激发资本市场活力和证券期货经营机构创造力，有利于促进证监会简化行政审批、加强事中事后监管、提高服务市场水平。

四、《公司债券存续期信用风险管理指引（试行）》（上证发〔2017〕6号）

(一) 发文信息

上海证券交易所于2017年3月20日发布实施《公司债券存续期信用风险管理指引（试行）》（以下简称《指引》）。

(二) 出台背景

自2015年公司债券发行主体范围扩大以来，公司债券发行规模大幅增长，局部地区产能过剩，行业依然面临着较大的经营压力，违约事件频频发生。《指引》的发布，将构建起以券商为主导的公司债券存续期违约风险管理的责任机制、预警机制和制衡机制。

（三）主要内容

一是全面落实各市场参与主体的风险管理责任，强调债券发行人及受托管理人的核心作用。

二是注重信用风险的事前事中防范化解，要求相关各方主动进行信用风险管理，持续监测、排查、预警信用风险，及时发现和尽早化解风险。

三是突出以风险为导向进行分类管理，将债券分为正常类、关注类、风险类和违约类，就不同风险分类的债券做出差异化的风险管理安排。

四是建立债券信用风险管理报告制度，要求受托管理人每半年向上海证券交易所提交定期报告，并就高风险债券不定期提交临时报告，以便监管机构及时掌握市场风险状况。

（四）内容述评

《指引》作为上海证券交易所债券市场的一项重要自律规则，其发布实施将有利于落实市场参与各方债券信用风险管理的主体责任，提高各方主动管理债券信用风险的意识，建立持续性、常态化的债券信用风险管理机制和体系，实现债券信用风险控制重心前移，推进市场化、法治化的违约风险化解处置机制，强化债券存续期信用风险管理力度，为建立高标准的债券市场打下坚实基础。

（五）政策影响

第一，《指引》强化了债券存续期风险管理，责任明确落实到各相关机构，有助于投资者在债券存续期更好地跟踪发行人的风险情况，在一定程度上降低发行人和增信机构的道德风险。

第二，《指引》明确要求债券受托管理人（通常为主承销商）建立存续债券分类监测制度，且需配合现场排查等风险防范手段，承销成本大大增加。《指引》推出后，债券主承销商做完发行材料，收取承销费后就算完成一单业务的盈利模式将不复存在；同一券商内部成立多个事业部，以完成发行量作为简单考核指标的模式可能不再适用。

第三，主承销商从自身承担风险、市场声誉、从业资格可持续性的角度出发，承接项目时会更加审慎，因此低资质企业的债券发行难度可能进一步增加，可能导致相关企业再融资风险进一步加大。

第四，《指引》要求各方尽到债券存续期相关责任，逐步完善债券信息披露和投资者保护制度，投资者对于监管“刚兑维稳”的期待也要逐步降低。

五、《关于修改〈上海证券交易所交易规则〉及〈上海证券交易所债券交易实施细则〉涉及债券交易若干条款的通知》(上证发〔2017〕12号)

(一) 发文信息

上海证券交易所于2017年5月22日正式施行修订后的《上海证券交易所交易规则》(以下简称《交易规则》)及《上海证券交易所债券交易实施细则》(以下简称《实施细则》),修改回购计息方式,将到期购回价计息天数由名义天数修改为资金实际占款天数。

(二) 出台背景

近年来交易所债券市场规模不断扩大,质押式回购交易量随之增加,回购利率波动问题日益受到市场关注,为进一步完善回购利率形成机制,平滑回购利率波动性,解决“节假日效应”问题,出台了相关的债券回购计息方式。

(三) 主要内容

1.《交易规则》相关条款修改内容

首先,修改质押式回购收盘价的计算方法:证券的收盘价为当日该证券最后一笔交易前一分钟所有交易的成交量加权平均价(含最后一笔交易)。当日无成交的,以前收盘价为当日收盘价。

其次,债券质押式回购的收盘价为当日该证券最后一笔交易前一小时所有交易的成交量加权平均价(含最后一笔交易)。当日无成交的,以前收盘价为当日收盘价。

2.《实施细则》相关条款修改内容

首先,增加质押式回购开盘价和收盘价计算方法的相关条款:债券回购交易开盘价,为当日该回购品种集合竞价中产生的价格;集合竞价不能产生开盘价的,连续竞价中的第一笔成交价为开盘价。

其次,债券回购的收盘价为当日该证券最后一笔交易前一小时所有交易的成交量加权平均价(含最后一笔交易)。当日无成交的,以前收盘价为当日收盘价。

最后,修改债券回购购回价的计算公式:回购到期日,证券登记结算机构根据购回价公式计算应进行交割的资金和质押券数量。购回价计算公式为:购回价=100元+年收益率×100元×实际占款天数/365。

（四）内容述评

对《交易规则》及《实施细则》涉及债券交易若干条款进行了细节的修改，重新规定了质押式回购收盘价的计算方法、增加质押式回购开盘价和收盘价计算方法的相关条款，并修改债券回购购回价的计算公式。

（五）政策影响

回购计息方式修改施行之后，各品种的回购报价利率将代表回购资金实际占用期间的平均年化利率，节假日因素不会对回购利率揭示产生影响。

市场参与者在报价时将无须再考虑资金实际占用天数对回购利率的影响，同时也需要调整原有的回购利率报价习惯，按实际年化利率报价，以反映市场实际的利率水平。

六、《上海证券交易所债券市场投资者适当性管理办法（2017年修订）》（上证发〔2017〕36号）

（一）发文信息

上海证券交易所于2017年7月1日起，实施修订后的《上海证券交易所债券市场投资者适当性管理办法》（以下简称《办法》）。

（二）出台背景

《办法》是为了促进债券市场发展，保护投资者合法权益，防范债券市场风险；兼顾部分债券品种的自身特点，平衡制度的统一和灵活性；与证监会《证券期货投资者适当性管理办法》保持一致。

（三）主要内容

一是统一标准。《办法》与证监会《证券期货投资者适当性管理办法》认定“专业投资者”的标准保持一致；与证监会《证券期货投资者适当性管理办法》中落实“投资者准入要求包含资产指标的，应当规定投资者在购买产品或接受服务前一定时期内符合该指标”的规定保持一致；吸收借鉴证监会《证券期货投资者适当性管理办法》相关制度设计，落实证券经营机构投资者适当性管理的要求。

二是调整个人投资者的投资标的范围。个人投资者投资的品种除了利率债、大公募公司债、可转债和质押式回购出资外，合格投资者中的个人投资者还可以参与小公募公司债中的高信用等级债券（债券信用评级AAA）的认购、交易。对于债券质押式回购，按照现行规则要求不变，个人投资者不参与融资交易；对于债券质押式协议回购，合格投资者中的机构投资者可参与融资交易和融券交易。

三是建立投资者适当性动态调整机制。《办法》中增加投资者适当性管理标准动态调整的规定，在债券出现评级下调、违约等情形时仅合格投资者中的机构投资者可买入。

（四）内容述评

《办法》规定了合格投资者和个人投资者的投资标的范围，规定了债券质押式回购的形式，增加了投资者适当性管理标准动态调整的规定。与证监会相关规定有了更好的衔接，《办法》新增个人投资者金融资产指标的期限要求，调整了个人投资者资质和投资范围。

（五）政策影响

首先，提高合格个人投资者门槛，个人申请合格投资者资格的前20个交易日名下金融资产，日均由不低于300万元提高到不低于500万元；合格个人投资者投资债券的范围缩小，将不再投资债项AAA级以下的公司债、企业债。

其次，在《办法》实行之后，证券经营机构须通过上海证券交易所网站的会员/证券机构专区提交合格投资者账户名单。直接持有或者租用上海证券交易所交易单元参与债券认购及交易，不需要报备合格投资者。

七、《上海证券交易所上市公司可转换公司债券发行实施细则》（上证发〔2017〕54号）

（一）发文信息

上海证券交易所于2017年9月8日发布并实施了《上海证券交易所上市公司可转换公司债券发行实施细则》（以下简称《细则》）。

（二）出台背景

为配合证监会可转债和可交换债的发行方式调整，上海证券交易所制定了《细则》。

（三）主要内容

此次调整的主要目的是解决可转债和可交换债发行过程中产生的较大规模资金冻结问题，主要内容包括以下四个方面：

一是将现行的资金申购改为信用申购。除可转债原股东优先配售外，投资者网上申购可转债和可交换债当天无须缴纳申购资金，可根据后续中签结果再行缴纳认购资金。

二是建立网上信用申购违约惩戒机制。为约束网上投资者获配后又弃购的失信行为，《细则》规定，投资者连续 12 个月内累计出现 3 次中签但未足额缴款的情形时，自其弃购申报的次日起 6 个月内不得参与新股、可转债和可交换债的申购，且弃购次数按照投资者实际放弃认购的新股、可转债和可交换债次数合并计算。

三是减少网下发行的保证金缴纳金额。《细则》规定，投资者在参与主承销商自行组织的网下申购时，单一申购账户只需缴纳不超过 50 万元的定额保证金。

四是统一可转债和可交换债发行规则。因可交换债发行流程与可转债存在较多共性，可交换债发行按照《细则》关于可转债的规定执行。同时，根据可交换债特点，《细则》对网下发行天数、网上网下最终发行数量等不同于可转债的安排进行了特别规定。

（四）内容述评

《细则》为解决可转债发行过程中产生的较大规模资金冻结问题，将目前的资金申购改为信用申购，取消网上申购预缴款，建立统一的网上信用申购违约惩戒机制，明确中止发行情形等。

（五）政策影响

一是推进信用申购改革。本次修订拟将可转债、可交换债的申购方式由资金申购改为信用申购，即申购时不再预先缴款，待确定配售数量后再进行缴款。

二是约束配售后不缴款的失信行为。借鉴现行首发新股申购监管经验，明确规定投资者连续 12 个月内累计出现 3 次中签但未足额缴款的情形时，自结算参与人最近一次申报其放弃认购的次日起 6 个月内不得参与网上新股、可转债及可交换债申购。对于网下投资者，允许主承销商向网下单一申购账户收取不超过 50 万元的申购保证金，同时承销商可在发行公告中约定违约时申购保证金的处理方式。

三是优化相关发行流程。首先，给予主承销商和公司更多自主权，进一步提高公募可交换债配售方式的公平性。其次，明确当出现网下和网上投资者缴款认购的可转券数量合计不足本次公开发行数量 70% 的情形时，发行人或主承销商可在 T+3 当日向上海证券交易所提出中止发行的申请，提高流程效率。

八、《上海证券交易所资产支持证券挂牌条件确认业务指引》（上证发〔2017〕28号）

（一）发文信息

2017年6月20日，上海证券交易所制定了《上海证券交易所资产支持证券挂牌条件确认业务指引》（以下简称《指引》），并自发布之日起施行。

（二）出台背景

2016年12月，国家发展改革委、证监会发布了《关于推进传统基础设施领域政府和社会资本合作（PPP）项目资产证券化相关工作的通知》。2017年6月，财政部、人民银行、证监会发布了《关于规范开展政府和社会资本合作项目资产证券化有关事宜的通知》。上海证券交易所为适应相应的法律法规的改变，制定了《指引》。

（三）主要内容

对于建设期PPP项目如何开展资产证券化业务，这是各方较为关注的问题。对此，《指引》做出了特殊规定，要求PPP项目公司依据项目合同约定在项目建设期，即开始获得相关付费的，探索在项目建设期以未来收益作为基础资产，并合理设置资产证券化产品规模。对于社会资本方以PPP项目公司股权作为基础资产开展证券化，《指引》提出了特别要求，即社会资本方（项目公司）应具有持续经营能力，内部控制制度健全，最近三年未发生重大违约或虚假信息披露，无不良信用记录。

（四）内容述评

《指引》有利于规范企业应收账款资产证券化业务，便于管理人和原始权益人等参与机构开展业务和加强风险管理，保护投资者合法权益，促进资产证券化业务健康发展。

（五）政策影响

目前，报价系统储备了一批PPP项目，预计2018年PPP项目资产支持证券发行规模将有显著增长：雄安新区和京津冀协同发展、“一带一路”建设、长江经济带建设以及新一轮东北地区等老工业基地振兴等符合国家战略的项目；行业龙头企业作为社会资本方参与建设运营的项目；水务、环境保护、交通运输等市场化程度较高、公共服务需求稳定、现金流可预测性较强的行业项目等发行资产支持证券。

九、《上海证券交易所上市公司信息披露工作评价办法（2017年修订）》（上证发〔2017〕32号）

（一）发文信息

2017年6月23日，《上海证券交易所上市公司信息披露工作评价办法》（以下简称《评价办法》）进行了修订。

（二）出台背景

信息披露是上市公司最重要的监管要求之一，存在着规定繁杂、容易遗漏的特点。为进一步完善上市公司信息披露工作评价机制，促进上市公司持续提高信息披露质量，上海证券交易所修改了《评价办法》。

（三）主要内容

第一，改进评价方式，调整评价期间并修改比例评定模式为得分评定模式：一是调整评价期间，当年信息披露评价适度囊括当年年报反映的信息披露问题处理情况；二是调整评定模式，将原来刚性的比例评定模式修改为得分评定模式。

第二，调整加分项目，限缩加分总值并对加分项目进一步精简优化：一是限缩加分项目总值为20分；二是删除落实监管转型信息披露要求加分项目；三是调整部分项目表述并对同类项目予以合并。

第三，增加消极条款项目，反映市场反应强烈的问题现象：一是增加重大资产重组业绩承诺未实现情形；二是增加内控审计报告意见情形；三是增加被暂停直通车、不主动按要求限期整改信息披露重大问题等情形；四是增加评价期不足12个月的情形。

（四）内容述评

《评价办法》的此次修订使评价内容更加合理，评价机制进一步完善，能更加全面反映上市公司信息披露工作情况，符合对上市公司从严监管的思路，符合上市公司信息披露工作的实际情况，体现了对上市公司信息披露评价工作客观公平、公正的原则。

（五）政策影响

本次修订主要调整了评价期间、评定模式，增加了市场反应强烈的体现从严监管要求的评价内容，并进一步明晰精简优化部分加分项目，同时调整加分项目计分标准。

十、《关于修改上海证券交易所投资者适当性管理相关规则的通知》（上证发〔2017〕35 号）

（一）发文信息

上海证券交易所于 2017 年 6 月 28 日发布《上海证券交易所债券市场投资者适当性管理办法（2017 年修订）》，修改了上海证券交易所投资者适当性管理相关规则，包括《上海证券交易所投资者适当性管理暂行办法》《上海证券交易所风险警示板股票交易管理办法》《上海证券交易所港股通投资者适当性管理指引》及《上海证券交易所股票期权试点投资者适当性管理指引》。主要面向个人投资者。

（二）出台背景

适当性管理是投资者权益保护的重要基础性制度。证监会于 2016 年 12 月 12 日发布《证券期货投资者适当性管理办法》，标志着我国资本市场投资者合法权益保护的基础制度建设又向前迈进了重要一步。上海证券交易所对照《证券期货投资者适当性管理办法》规定，对现行规则规定进行了全面梳理，对与《证券期货投资者适当性管理办法》不一致的内容予以修改或补充，进一步明确投资者准入规定，做好与《证券期货投资者适当性管理办法》第十四条等规定的衔接。

（三）主要内容

1.《上海证券交易所投资者适当性管理暂行办法》

首先，明确会员履行投资者适当性管理义务的原则性规定及会员对普通投资者履行适当性管理义务的规定。明确会员的投资者适当性管理包括以下内容：了解投资者的相关情况并评估其风险承受能力；了解拟提供的产品或服务的相关信息；向投资者提供与其风险承受能力相匹配的产品或服务，并进行持续跟踪和管理；提供产品或服务前，向投资者介绍产品或服务的内容、性质、特点、业务规则等，进行有针对性的投资者教育；揭示产品或服务的风险，与投资者签署《风险揭示书》。

其次，调整关于投资者分类的表述，将投资者分为专业投资者和普通投资者。调整关于专业投资者范围的表述。

最后，增加关于投资者分类转化的规定。明确专业投资者和普通投资者在一定条件下可以相互转化。实施转化的条件及程序性安排适用《证券期货投资者适当性管理办法》规定。

2.《上海证券交易所风险警示板股票交易管理办法》

补充个人投资者买入退市整理股票准入要求中资产条件应满足 20 个交易日日均的要求：个人投资者买入退市整理股票的，应当具备 2 年以上的股票交易经历，且以本人名义开立的证券账户和资金账户内资产在申请权限开通前 20 个交易日日均（不含通过融资融券交易融入的证券和资金）在人民币 50 万元以上。

3.《上海证券交易所港股通投资者适当性管理指引》

补充个人投资者准入要求中资产条件应满足 20 个交易日日均的要求：会员对个人投资者资产状况进行评估时，应当确认以该投资者名义开立的证券账户及资金账户内的资产在申请权限开通前 20 个交易日日均不低于人民币 50 万元，其中不包括该投资者通过融资融券交易融入的资金和证券。

4.《上海证券交易所股票期权试点投资者适当性管理指引》

分别补充个人投资者、普通机构投资者准入要求中资产条件应满足 20 个交易日日均的要求：

对于个人投资者，明确规定了个人投资者参与期权交易应当符合的条件，包括申请开户的证券市值与资金账户可用余额、备融资融券业务参与资格或者金融期货交易经历的条件等。

对于普通机构投资者参与期权交易，明确规定了申请开户的证券市值与资金账户可用余额，和相关业务人员具备期权基础知识和交易经历等条件。

（四）内容述评

一是《上海证券交易所投资者适当性管理暂行办法》：（1）调整规则名称为《上海证券交易所投资者适当性管理办法》；（2）增加《证券期货投资者适当性管理办法》作为制定依据；（3）明确会员履行投资者适当性管理义务的原则性规定及会员对普通投资者履行适当性管理义务的规定；（4）调整关于投资者分类及专业投资者范围的表述；（5）增加关于投资者分类转化的规定。

二是《上海证券交易所风险警示板股票交易管理办法》：补充个人投资者买入退市整理股票准入要求中资产条件应满足 20 个交易日日均的要求。

三是《上海证券交易所港股通投资者适当性管理指引》：补充个人投资者准入要求中资产条件应满足 20 个交易日日均的要求。

四是《上海证券交易所股票期权试点投资者适当性管理指引》：分别补充个人投资者、普通机构投资者准入要求中资产条件应满足 20 个交易日日均的要求。

（五）政策影响

此次修改的内容自2017年7月1日起实施，对于在2017年7月1日以后新申请开通港股通、退市整理股票等交易权限或衍生品合约账户的投资者，经营机构应当按照修改后的规则对其进行适当性评估；在7月1日前已经开通港股通、退市整理股票等交易权限或衍生品合约账户的投资者可继续参与交易。

十一、《关于推进传统基础设施领域政府和社会资本合作（PPP）项目资产证券化业务的通知》（上海证券交易所无文号、深证会〔2017〕46号）

（一）发文信息

上海证券交易所、深圳证券交易所、中国证券投资基金业协会同时发布《关于推进传统基础设施领域政府和社会资本合作（PPP）项目资产证券化业务的通知》，对有关推进PPP项目资产证券化的有关流程进一步进行细化。

（二）出台背景

国家发展改革委和证监会2016年12月21日联合下发《关于推进传统基础设施领域政府和社会资本合作（PPP）项目资产证券化相关工作的通知》（发改投资〔2016〕2698号）。2698号文指出，PPP证券化是保障PPP持续健康发展的重要机制，各省发改部门应大力推动传统基础设施领域的PPP证券化项目。交易所将设立相应的PPP证券化工作小组，落实专项职责；而中国证券投资基金业协会也将落实专人专岗要求，明确并公开PPP证券化备案的详细要求。上海证券交易所、深圳证券交易所、中国证券投资基金业协会同时发布通知，推进PPP资产证券化业务。

（三）主要内容

一是鼓励支持PPP项目公司、项目公司股东、项目公司其他相关主体及相关中介机构依法积极开展PPP项目资产证券化业务。

二是对于各省级财政部门推荐的项目、政企合作支持基金投资的项目及其他符合条件的优质PPP项目，提升受理、评审和挂牌转让工作效率，实行“即报即审、专人专岗负责”。项目挂牌阶段专人专岗负责，提升挂牌手续办理效率。

（四）内容述评

上述通知明确，对于各省财政部门推荐、政企合作支持基金投资以及其他符合条件的 PPP 项目，将实施“即报即审、专人专岗负责”以提高审核效率，表现在：优化 PPP 项目资产证券化审核程序；引导市场主体建立合规风控体系；鼓励中介机构依法合规开展 PPP 项目资产证券化业务。

（五）政策影响

第一，审核标准细化。交易场所将对申报项目，在受理后 5 个交易日内出具反馈意见，而管理人提交反馈回复确认后，内部复审也将在 3 个交易日内完成。

第二，潜在竞争加剧。PPP 证券化项目或将在券商、基金子公司等不同机构间呈现出分化趋势，而一些中小机构也会面临着较为激烈的竞争。

十二、《深圳证券交易所公司债券存续期信用风险管理指引（试行）》（暂无文号）

（一）发文信息

2017 年 3 月 17 日，深圳证券交易所发布《深圳证券交易所公司债券存续期信用风险管理指引（试行）》（以下简称《指引》）。

（二）出台背景

随着市场的扩容，从 2017 年开始公司债进入到期和回售将逐渐增多，这其中不乏低资质品种，到期高峰来临意味着违约风险暴露的可能性在增大。同时由于历史上实质违约事件很少，债券发行相关中介机构的工作主要集中在发行承销阶段，发行成功后对投资者的后续服务相对欠缺，信息披露和风险监控不够及时。

（三）主要内容

一是落实责任主体。《指引》要求全面落实各市场参与主体的风险管理责任，强调债券发行人及受托管理人在债券信用风险管理中应发挥核心作用。

二是以风险为导向进行分类管理。受托管理人应将债券分类，并做出差异化的风险管理安排。

三是风险处置及化解。对于相关债券正式被确定为风险类或违约类的，发行人、增信机构应当及时制订债券信用风险化解和处置预案，并启动实施。

四是建立债券信用风险管理报告制度。

五是明确违反规定的惩罚措施，其中特别提到因发行文件重大问题导致投资者损失的，承销机构应与发行人承担连带赔偿责任。

（四）内容述评

《指引》的推出加强了公司债券存续期信用风险管理，切实维护投资者合法权益。深圳证券交易所出台相关指引，明确风险管理主体责任，建立持续性、常态化的债券信用风险管理机制和体系，实现债券信用风险控制重心前移，推进市场化、法治化的违约风险化解处置机制。

（五）政策影响

《指引》强调各方应尽到债券存续期相关责任，某种程度上体现出监管希望推进债市风险管理市场化法制化，让违约风险的发现和处置交给市场处理，弱化监管和政府在发生违约时的事后维稳责任。伴随着债券信息披露和投资者保护制度的逐步完善，投资者对监管“刚兑维稳”的期待也要逐步降低。

十三、《关于修改〈深圳证券交易所债券交易实施细则〉第三十九条的通知》（深证会〔2017〕147号）

（一）发文信息

深圳证券交易所于2017年4月14日发布了《关于修改〈深圳证券交易所债券交易实施细则〉第三十九条的通知》，债券质押式回购新规自2017年5月22日起正式实施。

（二）出台背景

债券市场规模不断扩大，质押式回购交易量随之增加，回购利率波动问题日益受到市场关注。为解决节假日效应问题，平滑回购利率波动性，进一步完善交易所债券回购业务管理，深圳证券交易所对《深圳证券交易所债券交易实施细则》（以下简称《实施细则》）进行了修订。

（三）主要内容

一是《实施细则》规定债券回购交易实行“一次成交、两次结算”。

二是《实施细则》规定实际占款天数，是指当次回购交易的首次交收日（含）至到期交收日（不含）的实际天数，按自然日计算，以天为单位。

（四）内容述评

《实施细则》第三十九条的修改，能够进一步向市场揭示回购交易价格变化，引导市场参与者正确解读交易所回购利率，进一步通过行情系统向市场发布回购交易实时加权平均利率。

（五）政策影响

《实施细则》的修订完善了回购利率形成机制，平滑了回购利率波动性，解决了“节假日效应”问题，修改了回购计息方式，将到期购回价计息天数由名义天数修改为资金实际占款天数，进一步完善回购利率形成机制。

十四、《深圳证券交易所资产支持证券挂牌条件确认业务指引》（深证上〔2017〕387号）

（一）发文信息

2017年6月19日，深圳证券交易所对《深圳证券交易所资产支持证券挂牌条件确认业务指引》（以下简称《指引》）进行了修订。

（二）出台背景

资产证券化的发行规模稳健增长，截至2017年6月30日，累计共有109家机构备案确认810只资产支持专项计划，总发行规模达1.02万亿元。为规范资产支持证券挂牌条件确认相关业务，维护正常市场秩序和投资者合法权益，根据证监会《证券公司及基金管理公司子公司资产证券化业务管理规定》《深圳证券交易所资产证券化业务指引（2014年修订）》以及其他相关规定，制定《指引》。

（三）主要内容

一是有利于加快常规资产证券化项目的评审效率。新增挂牌条件确认申请突出了深圳证券交易所对资产证券化项目信息披露严格监管的要求。

二是新增尽职调查报告，督促计划管理人及其他各中介机构充分履行尽职调查责任。

三是进一步促进了挂牌条件确认申请文件的完备性，有益于规避因不出具相关决议可能导致的法律风险。

（四）内容述评

《指引》明确了资产支持证券挂牌条件确认程序，指引相关主体有效申报，进一步规范资产支持证券挂牌条件确认相关业务，维护正常市场秩序和投资者合法权益。

（五）政策影响

《指引》使深圳证券交易所完善了资产证券化项目的评审机制，加快了常规资产证券化项目的评审效率。《指引》反映了监管层面的协同，对挂牌条件确认申请资料的要求也反映了监管思路的一致性，进而从投资和融资的角度双向推动资产证券化市场的发展。

十五、《深圳证券交易所债券市场投资者适当性管理办法》(深证上〔2017〕404 号)

(一) 发文信息

2017 年 6 月 28 日，为促进债券市场发展，保护投资者合法权益，防范债券市场风险，深圳证券交易所制定了《深圳证券交易所债券市场投资者适当性管理办法》(以下简称《债券适当性办法》)。

(二) 出台背景

为落实证监会《证券期货投资者适当性管理办法》相关规定，强化经营机构投资者适当性管理义务，维护投资者合法权益，深圳证券交易所对现行涉及适当性管理的相关业务规则进行了全面梳理，制定了《债券适当性办法》。

(三) 主要内容

一是发行人、承销机构、证券经营机构应当按照《债券适当性办法》的规定，建立投资者适当性管理制度，做好前端技术控制，切实做好投资者适当性管理。

二是参与债券质押式回购融资交易及债券质押式协议回购交易的投资者，应当为符合《债券适当性办法》规定的合格投资者中的机构投资者，不符合《债券适当性办法》规定要求的个人投资者和机构投资者参与债券质押式回购融资交易、债券质押式协议回购交易的，应当于 2017 年 12 月 9 日前了结全部质押式回购融资交易及质押式协议回购交易，其间不得增加回购交易未到期余额。

(四) 内容述评

《债券适当性办法》主要针对证监会《证券期货投资者适当性管理办法》，做出了对应的修改，内容包括：增加了对非金融机构合格投资者的专业经历要求；资产性资质要求也根据证监会《证券期货投资者适当性管理办法》进行调整；债券风险属性对个人投资者投资范围进行调整。

(五) 政策影响

此次《债券适当性办法》中适当性管理规则制定、修订是落实“依法监管、全面监管、从严监管”要求，切实保护投资者合法权益的重要举措，对健全投资者适当性管理基础制度和维护资本市场稳定健康发展，将产生积极和深远的影响。

十六、《深圳证券交易所可转换公司债券业务实施细则（2017年9月修订）》和《深圳证券交易所上市公司可转换公司债券发行上市业务办理指南（2017年9月修订）》（深证上〔2017〕576号）；《关于进一步规范和完善深圳证券交易所可交换公司债券发行业务相关事项的通知》和《深圳证券交易所可交换公司债券发行上市业务办理指南》（深证上〔2017〕573号）

（一）发文信息

2017年9月8日，根据证监会工作部署，深圳证券交易所同步对《深圳证券交易所可转换公司债券业务实施细则》和《深圳证券交易所上市公司可转换公司债券发行上市业务办理指南》进行了配套修订，并制定发布了《关于进一步规范和完善深圳证券交易所可交换公司债券发行业务相关事项的通知》和《深圳证券交易所可交换公司债券发行上市业务办理指南》。以上文件自2017年9月8日起开始实施。

（二）出台背景

2017年上半年，证监会组织对328家私募机构开展了专项检查，包括私募债券基金20家、跨区域私募股权基金88家、其他私募证券和股权等各类基金220家，共涉及基金2651只，管理规模1.27万亿元，占行业总规模的14.8%，并发现了一系列问题。证监会还宣布调整可转债和可交换债发行方式并修订发布《证券发行与承销管理办法》，深圳证券交易所对应修改和制定的相关文件。

（三）主要内容

深圳证券交易所同步对《深圳证券交易所可转换公司债券业务实施细则》和《深圳证券交易所上市公司可转换公司债券发行上市业务办理指南》进行了配套修订，并制定发布了《关于进一步规范和完善深圳证券交易所可交换公司债券发行业务相关事项的通知》和《深圳证券交易所可交换公司债券发行上市业务办理指南》。

1.《深圳证券交易所可转换公司债券业务实施细则》

一是主承销商可以向参与发行的单一投资者收取不超过人民币50万元的申购保证金。

二是增加了主承销商根据发行规模合理设置单个账户网上申购上限的情形。

2.《深圳证券交易所上市公司可转换公司债券发行上市业务办理指南》

新增了以下内容：主承销商根据发行规模合理设置单个账户网上申购上限；投资者网上申购可转债中签后付款的相关规定；增加了投资者未足额缴款的情形；当出现网下和网上投资者缴款认购的可转换公司债券数量合计不足本次公开发行数量的70%情形；主承销商可以向参与发行的单一投资者收取不超过人民币50万元的申购保证金；完善了原限售股东在可转债配售时行使优先认购权的方式。

3.《关于进一步规范和完善深圳证券交易所可交换公司债券发行业务相关事项的通知》和《深圳证券交易所可交换公司债券发行上市业务办理指南》

一是可交换债按不同发行对象，可采用网上发行、网下发行或两者结合的方式在深圳证券交易所办理发行事宜。

二是主承销商应根据发行规模合理设置单个账户网上申购上限。

三是投资者网上申购可交换债无须缴付申购资金，中签后应依据中签结果履行资金交收义务，确保其资金账户在T+2日日终有足额认购资金。

四是投资者连续12个月内累计出现3次中签但未足额缴款的情形时，自结算参与人最近一次申报其放弃认购的次日起6个月内不得参与网上新股、可转换公司债券及可交换债申购。

五是承销商可向网下单一投资者收取不超过人民币50万元的申购保证金，并在发行公告中明确投资者违约时申购保证金的处理方式。

（四）内容述评

本次深圳证券交易所按照证监会统一工作部署，落实可转债及可交换债发行方式改革，修订、制定可转债和可交换债配套规则，一方面有利于维护货币市场和债券市场稳定，防范可能出现的金融风险，另一方面有利于提升可转债和可交换债产品的市场吸引力，降低企业融资成本并提升发行成功率，进一步发挥资本市场直接融资功能。

（五）相关影响

上述文件的影响主要有：一是推进信用申购改革；二是约束配售后不缴款的失信行为；三是优化相关发行流程，提高流程效率。此外，可交换债的网上发行由时间优先的配售原则调整为采用摇号中签方式进行分配，可转债和可交换债发行过程中产生的较大规模资金冻结问题将会得到很大程度的缓解。

十七、《创新创业公司非公开发行可转换公司债券业务实施细则（试行）》（深证会〔2017〕306 号）

（一）发文信息

2017 年 9 月 22 日，深圳证券交易所、股转系统及中国证券登记结算有限责任公司制定并发布了《创新创业公司非公开发行可转换公司债券业务实施细则（试行）》（以下简称《实施细则》）。《实施细则》自 2017 年 9 月 22 日起施行。

（二）出台背景

对创新层公司而言，与银行贷款融资方式相比，创新创业可转债具有期限长、额度高、认购迅速以及可以规避利率上调风险的优势，而与股权融资相比，又具有融资成本低的优势；对投资机构来说，投资创新创业可转债可以有效降低投资风险，同时未来可以获得转股权带来的期权价值、分享公司增长带来的红利。创新创业可转债是新三板挂牌公司自 2017 年 9 月 22 日以后，可选择的一种全新的融资工具。

（三）主要内容

一是明确创新创业公司非公开发行可转换公司债券的发行主体及适用范围。发行主体具体包括新三板挂牌的创新层公司和非上市非挂牌企业两大类。

二是明确以私募方式发行创新创业可转债。创新创业可转债应符合非公开发行公司债券转让条件的相关规定。

三是明确转股流程。创新创业可转债发行六个月后可进行转股，转股流程主要包括转股申报及转股操作两个环节。

四是明确信息披露要求。申报发行阶段，发行人应披露现有股权结构、转股价格及其确定方式、转股及利益补偿安排等事项。

（四）内容述评

《实施细则》意在拓宽中小企业融资渠道，规范融资手段。过去，非上市公司不能发行可转换公司债券，若想要将债权转换为股权十分困难。所以，在债权转股权的过程中，由于当时缺乏配套的执行程序，很多时候只能通过企业先还款给股东，股东再出资认购股权。在公司现金流不充裕的情况下，如何让股东完成“实缴出资”就是一个难以解决的问题。

（五）政策影响

《实施细则》的出台解决了中小企业融资渠道的困难，主要有以下几个方面的积极影响：给予了非上市公司发行可转换公司债券的权利；规范了债权向股权转化的流程和监管；可转换公司债券给予了投资公司和非上市公司很大的资本运作空间。

转股条款的设置，一方面丰富了中小企业融资方式，降低了发行人的融资成本，另一方面保障了实务中投资机构根据与发行人签订的业绩承诺等契约条款进行转股的合法权益。转股条款的设置也将增强非公开发行公司债券的市场吸引力，有效地促进创新创业企业社会资本形成机制的创新。

十八、《深圳证券交易所政府和社会资本合作（PPP）项目资产支持证券挂牌条件确认指南》《深圳证券交易所政府和社会资本合作（PPP）项目资产支持证券信息披露指南》（深证会〔2017〕340号）

（一）发文信息

2017年10月19日，深圳证券交易所制定了《深圳证券交易所政府和社会资本合作（PPP）项目资产支持证券挂牌条件确认指南》（以下简称《确认指南》）和《深圳证券交易所政府和社会资本合作（PPP）项目资产支持证券信息披露指南》（以下简称《信息披露指南》），并自发布之日起实施。

（二）出台背景

2017年6月，财政部、人民银行、证监会发布了《关于规范开展政府和社会资本合作项目资产证券化有关事宜的通知》。深圳证券交易所对应发布实施政府和社会资本合作（PPP）项目资产支持证券的挂牌条件确认指南和信息披露指南，对PPP项目收益权、PPP项目资产、PPP项目公司股权三类基础资产的合格标准、发行环节信息披露要求、存续期间信息披露要求等做出了详细规定。

（三）主要内容

1.《确认指南》

一是使用基础资产类型。《确认指南》给出了PPP项目收益权、PPP项目资产、PPP项目公司股权的详细定义和解释。

二是《确认指南》列出了优先鼓励的PPP项目资产证券化，包括：（1）行业龙头企业作为社会资本方参与建设运营；（2）雄安新区和京津冀协同发展、“一带一路”建设、长江经济带建设以及新一轮东北地区等老工业基地振兴等符合国家战略的项目；（3）水务、环境保护、交通运输等市场化程度较高、公共服务需求稳定、现金流可预测性较强的行业项目；（4）项目所在地政府偿付能力较好、信用水平较高、严格履行 PPP 项目财政管理要求；(5) 其他具有稳定投资收益和良好社会效益的示范项目。

三是建设期 PPP 项目收益权为基础资产的特殊规定。

四是原始权益人的特别要求。《确认指南》提出了特别资质要求：(1) 社会资本方（项目公司）应具有持续经营能力；(2) 内部控制制度健全；(3) 最近三年未发生重大违约或虚假信息披露，且没有不良信用记录。

2. 《信息披露指南》

根据《信息披露指南》，需要披露以下事项：

一是信息披露主体。信息披露义务人包括但不限于托管人、律师事务所、资信评级机构、资产服务机构、现金流预测分析机构、不动产评估机构等。

二是 PPP 项目收益权。

三是 PPP 项目资产。

四是 PPP 项目公司股权。

(四) 内容述评

两项业务指南主要围绕三类基础资产（PPP 项目收益权、PPP 项目资产、PPP 项目公司股权）的合格标准、发行环节信息披露要求、存续期间信息披露要求做出规定。针对各方较为关注的“建设期 PPP 项目如何开展资产证券化业务”这一问题，业务指南做出特殊安排，明确 PPP 项目公司依据项目合同约定，在项目建设期即开始获取相关费用的，可探索在项目建设期以未来收益作为基础资产，并合理设置资产证券化产品规模。对于社会资本方以 PPP 项目公司股权作为基础资产开展证券化的，《确认指南》提出了特别资质要求，即社会资本方（项目公司）应具有持续经营能力、内部控制制度健全、最近三年未发生重大违约或虚假信息披露，且没有不良信用记录。

(五) 政策影响

两项业务指南的发布，有利于证券公司、基金子公司和社会资本方等机构规范开展资产证券化业务，也有利于加强风险管理，保护投资者合法权益。目前报价系统仍有一批 PPP 项目储备，预计 2018 年 PPP 项目资产支持证券的发行规模将出现显著增长。

报价系统优先鼓励发行资产支持证券的行业项目包括以下三类：一是雄安新区、京津冀协同发展、“一带一路”建设、长江经济带建设，以及新一轮东北地区等老工业基地振兴等符合国家战略的项目；二是行业龙头企业作为社会资本方参与建设运营的项目；三是水务、环境保护、交通运输等市场化程度较高、公共服务需求稳定、现金流可预测性较强的行业项目。

十九、《深圳证券交易所企业应收账款资产支持证券挂牌条件确认指南》和《深圳证券交易所企业应收账款资产支持证券信息披露指南》（深证上〔2017〕819号）

（一）发文信息

2017年12月15日，深圳证券交易所发布《深圳证券交易所企业应收账款资产支持证券挂牌条件确认指南》（以下简称《挂牌指南》）和《深圳证券交易所企业应收账款资产支持证券信息披露指南》（以下简称《信息披露指南》）两部新规，以促进资产证券化业务健康发展。

（二）出台背景

自2013年到2017年10月底，规模以上企业的应收账款逐年增长，总增长41.21%，平均每年增幅约9.42%，其中，截至2017年第一季度，上市公司应收账款总额达到3.87万亿元。如果能够将存量高质量的应收账款进行证券化，将应收账款债权人所拥有的未来现金流收益权以份额的形式转让给投资者，则可以充分盘活应收账款，拓宽企业融资渠道，实现通过对单一核心企业融资，向其供应链上下游延展，优化全链条融资成本、账期管理，支持实体经济的发展。

（三）主要内容

1.《挂牌指南》在基础资产、基础资产池、循环购买、信用风险自留等方面对企业应收账款资产支持证券的挂牌条件做出了详细规定，还对不合格基础资产处置机制以及基础资产现金流预测、压力测试、回款路径、分配流程和分配顺序做出了相关规定，同时对信用增级安排、合格投资安排的相关问题做出指导。对涉及绿色金融、创新创业、住房租赁等政策支持鼓励领域的资产证券化项目，实行“即报即审、专人专岗负责”，以提升受理、评审和挂牌转让工作效率。

2.《信息披露指南》对企业应收账款资产支持专项计划在发行环节和存续期间的信息披露规范做出详细规定。在发行环节中，除按照资产支持证券一般要求进行编制和披露外，还应当详细披露基础资产池、现金流预测、现金流归集、原始权益人、增信主体（如有）及循环购买（如有）、风险自留等相关情况；此外，还对发行环节中应披露的法律意见书、信用评级报告、现金流预测报告和资产评估报告的内容做出了详细规定。在存续期间，对年度资产管理报告中基础资产运行情况和原始权益人风险自留及次级资产支持证券期间分配收益情况的披露等内容做出规定。

（四）内容述评

两个业务指南均对应收账款的范围进行了界定，即只包括企业因履行合同项下销售商品、提供劳务等经营活动的义务后获得的付款请求权，但不包括因持有票据或其他有价证券而产生的付款请求权。此外，还规定融资租赁合同债权、消费贷款债权等其他债权类资产证券化项目不适用这两个业务指南。

（五）政策影响

此次企业应收账款 ABS 挂牌条件确认指南及信息披露指南的同步发布，是又一次针对某一特定基础资产类型制定的具有针对性的业务规则。在推动资产证券化业务规范发展方面，已经开始加快研究制定各种类型基础资产的业务规则。届时整个资产证券化市场的业务规则体系将逐步丰富和完善，有利于推动资产证券化业务快速、健康发展。

监管机构对包括应收账款 ABS 在内的供应链金融 ABS 持明确的鼓励态度，同时，随着 ABS 的进一步发展，标准化、规范化监管是趋势。对应收账款资产支持专项计划基础资产标准的统一和明确，无论是对一级市场上的发行还是对二级市场上的转让，都是长期利好的。

二十、《深圳证券交易所公司债券业务办理指南第 3 号——可续期公司债券业务》（深证上〔2017〕825 号）

（一）发文信息

2017 年 12 月 20 日，深圳证券交易所发布了《深圳证券交易所公司债券业务办理指南第 3 号——可续期公司债券业务》（以下简称《3 号指南》）。

（二）出台背景

从 2013 年至 2016 年，我国可续期债券发行规模分别为 33 亿元、821 亿元、3854 亿元、3242. 58 亿元，发行只数分别为 2 只、34 只、203 只、235 只。可续期债券类型也从企业债券、中期票据扩展到了定向工具、一般公司债券、私募债券和证券公司债券。基于前期试点工作的实践基础，深圳证券交易所发布了《3 号指南》，以规范可续期公司债券的相关业务行为，完善了发行所需申报文件的相关要求。

（三）主要内容

第一，可续期公司债券的含义。可持续期公司债券是指发行人依照法定程序发行，附续期选择权的公司债券。可续期公司债券可以面向合格投资者公开发行，也可以非公开发行。

第二，上市或挂牌条件。可续期公司债券上市或挂牌条件为：（1）发行人主体评级和债项评级达到 AA+及以上。（2）证监会和深圳证券交易所规定的其他条件。

（四）内容述评

《3 号指南》规范了可续期公司债券的相关业务行为，完善了发行所需申报文件的相关要求，给出了可续期公司债券的明确含义以及行业上市或者挂牌的条件。

（五）政策影响

《3 号指南》丰富完善了公司债券的期限结构，发挥了交易所债券市场服务实体经济作用，使深圳证券交易所公司债券业务更适应市场需求。

二十一、《质押式回购资格准入标准及标准券折扣系数取值业务指引（2017 年修订版）》（中国结算发字〔2017〕47 号）

（一）发文信息

中国证券登记结算有限责任公司于 2017 年 4 月 7 日下发《质押式回购资格准入标准及标准券折扣系数取值业务指引（2017 年修订版）》（以下简称《指引》）。

（二）出台背景

为完善证券交易所市场纳入多边净额结算的质押式回购业务风险管理，明确回购质押品的资格准入标准和标准券折算率（值）计算公式中的折扣系数取值标准，建立根据质押品的风险状况对折扣系数取值进行灵活调整的机制，根据相关法律法规、部门规章和中国证券登记结算有限责任公司相关业务规则和通知等，制定《指引》。

（三）主要内容

一是《指引》按照新老划断原则改革信用债券回购准入标准。以发行人公布募集说明书日期作为标准，增量信用债在 4 月 7 日（不含）后债项评级为 AAA 级、主体评级为 AA 级（含）以上的，才具有回购业务资格。其中，主体评级为 AA 级的，其评级展望应当为正面或稳定。

二是《指引》要求，对于符合回购资格的信用债，中国证券登记结算有限责任公司根据主体与债项评级分档确定其折扣系数取值，档次分六级，折扣系数从 0.9 到 0.32 不等。

（四）内容述评

《指引》规定了增量信用债的具备回购业务资格，完善了对回购质押品进行主动管理和动态调整的规则依据。

（五）政策影响

本次信用债券入库标准改革遵循的是新老划断原则，存量信用债券仍可按照原有标准开展出入库操作。此外，根据质押式回购参与者结构，此项规定将影响非银机构长久以来低等级加杠杆策略，资管和基金受影响程度更大。

《指引》较好地实现了市场效率和风险控制的适当平衡，能够在未来较长一段时间内适应交易所债券市场发展的需要，交易所债券回购政策未来将会保持相对稳定，推出近期不会再提高质押券准入标准或降低折扣系数取值标准。

二十二、《中国证券登记结算有限责任公司临时停市债券质押式回购业务结算暂行办法》（中国结算发字〔2017〕100 号）

（一）发文信息

中国证券登记结算有限责任公司于 2017 年 7 月 21 日下发《中国证券登记结算有限责任公司临时停市债券质押式回购业务结算暂行办法》（以下简称《暂行办法》）。

（二）出台背景

为防范因台风、暴雨等原因引发临时停市时债券质押式回购业务难以滚动续作导致结算环节发生巨额透支风险，特发布《暂行办法》，它是证券登记结算系统应对灾害等突发事件而采取的临时应急举措，不影响正常状态下回购业务的办理。

（三）主要内容

一是对于日间临时停市当日交易恢复的情形，若恢复后相关交易至少持续两个小时直至原正常交易闭市的（若交易场所延后闭市时间，则从闭市时间起倒推至少需有两个小时的持续交易时间），当日正常办理回购业务的清算交收。

二是对于日间临时停市的其他情形，将停市当日新达成及到期的回购业务延至下一交易日清算，相关交收相应顺延，当日新达成的回购业务以初始交易清算日为回购起始日期。

三是对于回购业务资金融入方因临时停市延期偿还资金的情形，回购业务资金融入方对回购业务资金融出方予以适当补偿，补偿金额根据初始交易达成的回购利率以及资金偿还的延期时间等情况进行计算。

（四）内容述评

回购业务在交易所市场具有重要地位，临时停市可能导致当日需滚动续作的融资方难以通过交易所回购融入资金，若当日继续正常办理清算交收，一旦融资方难以通过其他方式紧急筹集资金，将可能引发巨额透支，甚至导致结算系统出现重大风险，《暂行办法》重点防范回购业务因临时停市难以滚动续作而引发的结算风险。

（五）政策影响

《暂行办法》旨在防范因台风暴雨等原因引发临时停市时回购无法滚动续作导致结算环节发生巨额透支风险，《暂行办法》可以保证中国证券登记结算有限责任公司的登记结算业务，在交易场所实施临时停市时，仍具有持续服务能力的情形。

二十三、《公司债券受托管理人处置公司债券违约风险指引》（中证协发〔2017〕44号）

（一）发文信息

2017年3月17日，中国证券业协会发布《公司债券受托管理人处置公司债券违约风险指引》（以下简称《指引》），并自发布当日起实施。其中明确规定了公司债券受托管理人在公司债券违约风险处置过程中应当报备与报告的相关事项。

（二）出台背景

为规范公司债券受托管理人处置公司债券违约风险的行为，保护投资者合法权益，根据《公司债券发行与交易管理办法》《公司债券受托管理人执业行为准则》等相关法律法规、规范性文件和自律规则，中国证券业协会组织起草了《指引》，并经常务理事会表决通过。

（三）主要内容

《指引》以《公司债券发行与交易管理办法》《公司债券受托管理人执业行为准则》等法律法规、自律规则为制定依据，共5章27条。

第一章总则，规定了受托管理人开展公司债券违约风险处置工作的总体要求。

第二章应急管理机制，规定了受托管理人应当制定公司债券违约风险处置应急管理制度，并明确相关制度和工作要求。

第三章预计违约处置，规定了发行人发生预计违约情形时受托管理人应当开展的工作。

第四章实质违约处置，规定了发行人发生实质违约时受托管理人应当开展的工作。

第五章附则，规定了档案资料的保管及《指引》的发布和解释等。

（四）政策影响

《指引》发布后，公司债券受托管理人应当按照要求，尽快建立公司债券违约风险处置应急管理制度并严格执行。《指引》规范了公司债券受托管理人处置公司债券违约风险的行为，保护投资者合法权益。证监会和中国证券业协会表示，下一步将依法依规加强公司债风险防控及风险处置机制的建设，促进公司债券市场健康发展。

二十四、《关于修改〈公司债券承销业务规范〉的决定（征求意见稿）》（暂无文号）

（一）发文信息

2017 年 6 月 9 日，中国证券业协会向券商发布文件称拟修改《公司债券承销业务规范》，并相应起草了《关于修改〈公司债券承销业务规范〉的决定（征求意见稿）》（以下简称《征求意见稿》）。

（二）出台背景

为维护公司债券市场秩序，防范公司债券信用风险，按照分类管理公司债券承销业务的监管思路，实现对公司债券承销业务的扶优限劣，中国证券业协会起草了《征求意见稿》。

（三）主要内容

按照分类管理公司债券承销业务的监管思路，实现对公司债券承销业务的扶优限劣，为券商承销公司债券资格划定了最新的两大门槛：

一是公司债主承销商资格与分类评级结果挂钩，必须最近两年内，至少有一年评级在 A 以上。即“证券公司分类结果（以下简称分类结果）最近两年中至少有一年为 A 级别或 A 级别以上的证券公司，自当年度分类结果公布之日起至下一年度分类结果公布前一日止，可以担任公司债券项目主承销商”。

二是非A类券商的公司债主承销资格与其公司债承销金额行业排名挂钩，必须进入前20位。即“最近两年分类结果均为BBB级别或BBB级别以下的券商，如最近两年作为主承销商的公司债券承销金额行业排名前20位，经监管部门现场核查，审慎确认，公司债券承销业务执业能力强、项目质量高，具有专业化特点的，自确认之日起至下一年度分类结果公布前一日止，可以担任公司债券项目的主承销商”。

《征求意见稿》明确证券公司要想拿到公司债主承销商资格，至少在最近两年内，有一年评级在A以上；或是BBB级以下（包含BBB级）的证券公司要被监管部门进行现场核查，来评价是否具备专业素养。评级在BBB级别或BBB级别以下的券商未来除了争取取得“A类”评级外，还要努力“保持公司债承销金额前20名”以作“保底”。

（四）政策影响

新规规则“法不溯既往”，两年内冲击有限。该通知指出以《公司债券承销业务规范》修订发布当年为最近两年证券公司分类结果的起算年度。根据目前规则修订进度，预计2017年为滚动计算的首年，则新规产生约束的时点为2018年分类监管结果公布后，按惯例预计为2019年6月。

分类评级结果首次与已有成熟业务资格相结合，这是中国证券业协会的一次全新尝试，可以预期未来分类评级可能渗透到多个业务领域，形成制度化的行业自律规则，代替相应监管处罚的行政命令，减少行政干预对市场的扰动，顺应市场化改革的总体方向。

此外，正在征求意见的券商分类监管规定有利于大券商提升评级，从而获得承销资格。中小券商可以选择集中力量发展公司债承销。进一步地，如果中国证券业协会向其他业务条线推广这种做法，中小券商则面临业务资格取舍，特色化经营势在必行。

二十五、《关于修改〈证券发行与承销管理办法〉的决定》（证监会令第135号）

（一）发文信息

2017年9月8日，证监会发布第135号令《关于修改〈证券发行与承销管理办法〉的决定》，对证券发行与承销管理做出4处修订。

（二）出台背景

为解决可转债和可交换债发行过程中产生的较大规模资金冻结问题，2017

年 8 月 8 日证监会将资金申购改为信用申购。

（三）主要内容

主要有以下 4 条的修改。

1. 第九条第二款、第三款修改为："首次公开发行股票采用询价方式的，公开发行股票后总股本 4 亿股（含）以下的，网下初始发行比例不低于本次公开发行股票数量的 60%；发行后总股本超过 4 亿股的，网下初始发行比例不低于本次公开发行股票数量的 70%。其中，应当安排不低于本次网下发行股票数量的 40% 优先向通过公开募集方式设立的证券投资基金（以下简称公募基金）、全国社会保障基金（以下简称社保基金）和基本养老保险基金（以下简称养老金）配售，安排一定比例的股票向根据《企业年金基金管理办法》设立的企业年金基金和符合《保险资金运用管理暂行办法》等相关规定的保险资金（以下简称保险资金）配售。公募基金、社保基金、养老金、企业年金基金和保险资金有效申购不足安排数量的，发行人和主承销商可以向其他符合条件的网下投资者配售剩余部分。""对网下投资者进行分类配售的，同类投资者获得配售的比例应当相同。公募基金、社保基金、养老金、企业年金基金和保险资金的配售比例应当不低于其他投资者。"

2. 删除第十条第四款。

3. 第十三条第一款、第二款修改为："网下和网上投资者申购新股、可转换公司债券、可交换公司债券获得配售后，应当按时足额缴付认购资金。网上投资者连续 12 个月内累计出现 3 次中签后未足额缴款的情形时，6 个月内不得参与新股、可转换公司债券、可交换公司债券申购。""网下和网上投资者缴款认购的新股或可转换公司债券数量合计不足本次公开发行数量的 70% 时，可以中止发行。"增加一款，作为第三款："除本办法规定的中止发行情形外，发行人和主承销商还可以约定中止发行的其他具体情形并事先披露。中止发行后，在核准文件有效期内，经向证监会备案，可重新启动发行。"

4. 第十九条增加一款，作为第三款："网上投资者在申购可转换公司债券时无须缴付申购资金。"

（四）内容述评

最主要的修订内容有两处：一是将资金申购改为信用申购；二是针对新股发行的线下配售机构名单，新增设了养老金的名额，同时明确了养老金享受与公募基金、社会保障基金相同的优先配售待遇。第一处修订解决了可转债和可交换债发行过程中产生的较大规模资金冻结问题，开启了普通投资者与机构争抢可转债申购名额的时代。第二处修订有利于提升养老金的无风险收益率水平；同时养老金通过偏低的申购成本持有新股，有利于降低股票价格的波动率，提升市场整体的稳定性；养老金入市速度加快。

（五）政策影响

1. A 类投资者增补养老金类型

此次修订最重要的一条是，在网下新股申购流程中，A 类投资者中增加了基本养老保险基金类型。

2. 可转债、可交换债改为信用申购

此次修订最重要的一条是完善可转债、可交换债发行方式，将现行的资金申购改为信用申购，即“网上投资者在申购可转换公司债券时无须缴付申购资金”。

3. 养老金入市是大趋势，且速度会加快

2017 年，市场期盼已久的养老金入市一事终于尘埃落定。在已亮相的上市公司 2017 年半年报中，基本养老保险基金八零二组合持有正海磁材 392.92 万股，占流通股的比例为 0.53%，为第九大流通股股东；持有九阳股份 286.7 万股，占流通股的比例为 0.37%，为第十大流通股股东。此外，基本养老保险基金八零一组合持有首商股份 180 万股，占流通股的比例为 0.27%。

4. 信用申购势必吸引更多的投资者申购可转债，降低中签率，使一级市场套利空间缩小，提升二级市场的流动性；也将显著缓解由于大型转债打新造成的资金面紧张。未来转债的发行方式大概率与雨虹转债类似，即“股东配售 + 网上发行”，则机构获取筹码时与散户一样，要参与摇号中签。

第四节　期货市场

一、《关于取消期货公司设立、收购、参股境外期货类经营机构行政审批事项的决定》（证监会公告〔2017〕7 号）

（一）发文信息

证监会于 2017 年 4 月 17 日下发《关于取消期货公司设立、收购、参照境外期货类经营机构行政审批事项的决定》（以下简称《决定》），面向国内各类期货公司。

（二）出台背景

国内期货市场对外开放战略离不开期货公司个体的“走出去”，党的十八大以来，我国期货经营机构对外开放程度不断提升，不少国内期货公司把海外业务作为重要发展方向，加快海外布局。2017 年 4 月，证监会发布《决定》，境内期货公司在境外设立、收购或参股期货类经营机构由原来的审批制转为备案制，内资背景期货公司在境外设立子公司的步伐进一步加快。

（三）主要内容

1. “期货公司设立、收购、参股境外期货类经营机构审批”取消后，由证监会统一实施备案管理。期货公司变更境外期货类经营机构注册资本或股权，适用《决定》。

2. 期货公司应当按照国家外汇管理局相关规定，办理外汇资金进出相关手续。

3. 期货公司设立、收购、参股境外期货类经营机构以及变更境外期货类经营机构注册资本或股权的，应当自获得境外有关监管机构核准文件之日起 5 个工作日内，向证监会备案。

4. 为统一备案标准，提高备案效率，证监会制定了相关备案文件目录，请期货公司据此执行。

5. 期货公司应当按照规定，及时向证监会及公司住所地证监会派出机构报送境外期货类经营机构有关信息和重大事项。

6. 证监会及其派出机构将根据审慎监管原则，进一步加强对期货公司有关业务的监督管理，并加大违法违规行为惩处力度。

（四）内容述评

《决定》明确，期货公司设立、收购、参股境外期货类经营机构审批取消后，由证监会统一实施备案管理，期货公司变更境外期货类经营机构注册资本或股权也适用该决定。这意味着我国境内期货公司在境外设立、收购或参股期货类经营机构将由原来的审批制转为备案制。期货公司“走出去”是我国期货市场双向开放的一个重要组成部分，也是我国经济实现从商品输出大国向资本输出大国转型的战略需要。

（五）政策影响

1. 加快国内期货公司海外布局。

2. 加快我国期货市场对外开放，鼓励全球财富管理机构将其纳入配置范围，有利于提升国内期货市场的国际影响力。

3. 期货公司“走出去”是我国期货市场双向开放的一个重要组成部分，也是我国经济实现从商品输出大国向资本输出大国转型的战略需要。

4. 将加大境外分支机构经营压力，一方面来自同业竞争的压力增大，香港市场的交易手续费水平逐年下降；另一方面，我国对境内资金“出海”的监管有所加强，这给内资背景的香港期货经营机构经营带来了一些影响。

二、《期货公司风险监管指标管理办法》（证监会令〔2017〕131号）

（一）发文信息

《期货公司风险监管指标管理办法》经2017年2月7日证监会2017年第1次主席办公会审议通过，自2017年10月1日起施行。

（二）出台背景

近年来期货行业发展较快，为进一步提高期货行业风险监管指标体系的适应性和有效性，加强期货公司监管，促进期货公司稳健经营，贯彻落实依法、全面、从严的监管要求，证监会对净资本监管制度进行修订，并提升为部门规章。同时，证监会制定了《期货公司风险监管报表编制与报送指引》，作为实施该规章的配套文件。

（三）主要内容

本次调整内容主要有以下四个方面：

1. 提高最低净资本要求至3000万元，加强结算风险防范。

2. 按流动性、可回收性及风险度大小进一步细化资产调整比例，提高净资本计算的科学性。

3. 调整资产管理业务风险资本准备计提范围与计提标准，提升风险覆盖全面性。

4. 进一步强化对期货公司的监管要求，加大监管力度。

（四）内容述评

本次调整有紧有松，是对现行期货行业监管的一次全方位升级，主要有以下四点。

1. 净资本与净资产最低比例由40%下降至20%

期货公司净资本是在净资产的基础上，按照变现能力对资产负债项目及其他项目进行风险调整后得出的综合性风险监管指标。期货公司风险资本准备是指期货公司在开展各项业务过程中，为应对可能发生的风险损失所需要的资本。依据要求，净资本与公司风险资本准备的比例不得低于 100%。因为监管部门对期货公司风险监管主要考察净资本指标，净资本占净资产要求最低比例的下降也就意味着期货公司可以释放出更多资本金用来开展业务，经营杠杆放大，而这对净资产较高的大型期货公司来说无疑形成利好。

2. 风险资本准备计算基准下调

征求意见的新版《期货公司风险资本准备计算表》的计算基准有所调整，总体有所下降，这意味着期货公司开展业务所产生的风险资本准备消耗的净资本下降，从另一个角度释放期货公司资本。与老版本不同，修订后的《期货公司风险资本准备计算表》对期货公司业务进行划分，同时参考期货公司分类评价结果给予不同计算系数，对评级靠前的期货公司进一步降低要求，连续三年评 A 的系数为 0.7。期货经纪业务客户保证金仍按 4% 的比例计提风险资本准备。而资产管理业务规模风险资本准备计提基准都在 2% 以下。

3. 净资产转换净资本效率提高

在净资产向净资本转换上，按照新标准，定向、集合及信托等资产管理产品也能折算净资本，这等于又提高了期货公司的资产配置效率。其中剩余存续期在 7 天以内（含）的封闭型集合产品或距离最近一次产品开放日 7 天以内（含）的定期开放型集合产品调整比例为 15%；剩余存续期在 7 天以上 30 天以内（含）的封闭型集合产品或距离最近一次产品开放日 7 天以上 30 天以内（含）的定期开放型集合产品调整比例为 30%；剩余存续期在 30 天以上的封闭型集合产品或距离最近一次产品开放日 30 天以上的定期开放型集合产品调整比例为 50%。

（五）政策影响

1. 净资本占净资产最低比例要求的下调将大幅释放资本金用于业务拓展，利好净资本较高的期货公司。

2. 调整风险资本计算基准，有助于业务拓展。

3. 提高资产配置效率。随着期货资管产品种类增多，现行风险计算方式不能准确反映期货资管业务风险状况。新办法按期货公司资产管理业务规模计提风险资本准备比例，定向资管业务 1%、非结构化集合资管业务 1%、结构化集合资管业务 2%，较为科学地反映了资管真实风险状况，也将提高资产配置效率。

三、《金融期货投资者适当性制度实施办法（修订版）》（暂无文号）

（一）发文信息

证监会《证券期货投资者适当性管理办法》于2017年7月1日正式实施。2017年6月28日，中国金融期货交易所发布了《金融期货投资者适当性制度实施办法》的修订版。

（二）出台背景

随着证监会《证券期货投资者适当性管理办法》即将正式实施，中国金融期货交易所也于2017年6月28日发布了修订后的《金融期货投资者适当性制度实施办法》，更新了相关规则，旨在使内容更加完善。

（三）主要内容

1. 调整资金验证时限。将中国金融期货交易所现行适当性管理制度中“投资者申请开户时，保证金账户可用资金余额不低于人民币50万元”的时点要求调整为“投资者申请开户前连续5个交易日保证金账户可用资金余额不低于人民币50万元”的时段要求。

2. 取消期货公司会员备案投资者适当性制度实施方案及相关工作制度的要求。

3. 申请开户时保证金账户可用资金余额不低于人民币50万元。

（四）内容述评

与修改前的《金融期货投资者适当性制度实施办法》相比，修改后文件的主要不同之处在于：调整资金验证时限。按照《金融期货投资者适当性制度实施办法》规定的“投资者准入要求包含资产指标的，应当规定投资者在购买产品或者接受服务前一定时期内符合该指标”的要求，将中国金融期货交易所现行适当性管理制度中“投资者申请开户时，保证金账户可用资金余额不低于人民币50万元”的时点要求调整为“投资者申请开户前连续5个交易日保证金账户可用资金余额不低于人民币50万元”的时段要求。

（五）政策影响

一方面，适当性制度避免了散户盲目入市，切实保护中小规模投资者权益；另一方面，适当性制度有助于保证金融期货市场的平稳运行，保证了筛选出来参与市场的客户具有较强的风险承受能力和控制能力，降低了单个投资者非理性操作而面临重大亏损影响自身生活的可能性，减少了投资者非理性投资行为给整个金融期货市场带来不合理波动影响市场平稳发展的情况。

金融期货投资者适当性制度实施以来，对切实保障投资者的合法权益、促进市场功能的正常发挥、实现市场的平稳运行发挥了不可或缺的作用。而跟随市场和其他相关政策的变化对适当性制度进行变化，可以保证制度更加合理，预计未来随着经济环境的变化，适当性制度也会随之加以变化。

四、《期货公司压力测试指引（试行）》（暂无文号）

（一）发文信息

2017 年 11 月 13 日，中国期货业协会发布《期货公司压力测试指引（试行）》（以下简称《指引（试行）》）。

（二）出台背景

相比于银行、证券公司等金融机构，期货公司一直尚未建立一套压力测试工作机制。为了引导期货公司有序开展压力测试工作，在借鉴银行、证券公司等金融机构压力测试经验的基础上，中国期货业协会出台了《指引（试行）》。

（三）主要内容

1. 明确了期货公司压力测试的定义和机制。同时，期货公司应建立和完善决策机制和组织保障体系等，以保障压力测试的正常开展。

2. 明确了期货公司压力测试的基本要求。期货公司开展压力测试，应紧密结合经营管理的实际需要编制具有可操作性和针对性的流程和方法，压力测试结果应能够反映公司风险状况，并可根据测试结果采取有效的措施。

3. 明确了期货公司压力测试的方法和流程。

4. 明确了期货公司压力测试的报告和应用。

（四）内容述评

《指引（试行）》明确了压力测试相关事宜，压力测试的最终对象是期货公司风险监管指标的预警达标情况，主要包括净资本、净资本与风险资本准备总额的比例、净资本与净资产的比例、流动资产与流动负债的比例、负债与净资产的比例、结算准备金六项风险监管指标。进而通过分析测算期货公司的经纪业务、资产管理业务、自有资金投资及收入利润的变化等情况，明确至对风险监管指标的影响。

（五）政策影响

1. 期货公司应当根据自身情况开展专项或综合压力测试。风险调控的自我预防逐渐完善。

2. 按照要求，期货公司每年至少应开展一次年度综合压力测试，并在每年4月30日前向公司所在地证监局和中国期货业协会报告年度综合压力测试报告。

3. 按照监管机构的要求，开展综合或专项压力测试，并按要求报送压力测试报告。

五、《期货经营机构服务实体经济行动纲要（2017—2020）》（暂无文号）

（一）发文信息

中国期货业协会于2017年3月16日发布了《期货经营机构服务实体经济行动纲要（2017—2020）》（以下简称《纲要》），旨在进一步提升期货经营机构服务实体经济的能力，引导和帮助实体企业积极运用期货及其他衍生工具进行定价和管理风险，改善经营方式，转换商业模式。

（二）出台背景

"十三五"规划明确提出要提高金融服务实体经济的效率和支持经济转型的能力。国务院《关于进一步促进资本市场健康发展的若干意见》和证监会《关于进一步推进期货经营机构创新发展的意见》也都明确提出，应紧紧围绕服务实体经济这一中心任务发展我国期货行业。并且随着全球经济一体化的加快，大宗商品定价更加国际化，价格波动更加频繁和剧烈。同时随着中国经济总量的增加，供给侧结构性改革的深化，实体企业对风险管理的需求快速增长。在这样的背景下，有必要制定一个旨在引导和支持期货经营机构加快提升服务实体经济能力，更加全面、系统、有效地服务实体经济发展的纲领性文件。

（三）主要内容

《纲要》共计16条，明确了今后四年时间内，引导和支持期货经营机构服务实体经济的指导思想、重点行动措施、保障措施等。

1. 明确了指导思想。即紧紧围绕服务实体经济发展这一根本宗旨，充分发挥期货经营机构作为期货及衍生品服务供应商的专业能力和贴近市场的优势，全面、持续、深入地在期货行业落实服务实体经济的行动和各项措施，努力为实体企业转型升级和实体经济提质增效发挥积极作用。

2. 明确了期货经营机构服务实体经济的重点行动措施。主要包括：围绕服务实体经济探索新型服务模式、推进业务和产品创新；开展期现行业协会间、期现企业间、金融机构间、期货经营机构间等多层面的合作；加强期现对接，加强期现结合人才培养与交流；发挥舆论宣传作用与行业示范效应等。

3. 明确了推动期货经营机构更好地服务实体经济的主要保障措施。包括：加强宣传引导，探索建立期货经营机构服务实体经济激励机制，为期货经营机构提供服务和实体企业更好地利用期货市场提供便利与支持等。

（四）内容述评

1.《纲要》强调紧密结合国家关于“深入推进农业供给侧结构性改革”“深化粮食等重要农产品价格形成机制和收储制度改革”等农村、农业改革政策要求，探索服务“三农”新模式。

2. 鼓励期货经营机构围绕服务实体经济推进产品和业务创新，提升服务能力。《纲要》鼓励期货经营机构围绕服务实体经济拓展大宗商品业务；针对实体企业需求自主创设期权、互换、远期等衍生品合约等，提供个性化的风险管理服务。

3. 鼓励期货经营机构发挥专业优势服务国家脱贫攻坚战略。《纲要》鼓励期货经营机构充分发挥定价服务和风险管理专长，满足贫困地区实体经济的风险管理需求，积极履行脱贫攻坚社会责任。

4. 有效整合资源，加强期现对接，促进期现合作共赢。

5. 加强舆论宣传，发挥引导作用，营造期货行业服务实体经济发展的良好氛围。

6. 注重保障措施的配套，为期货经营机构提供服务和实体企业更好地利用期货市场提供便利。完善相关制度，形成激励机制。

（五）政策影响

有助于促进金融企业脱虚向实，服务实体。将逐渐形成以期货经营机构为主角，其他相关各方积极参与、支持配合的市场化机制和良性互动格局。

此外，中国期货业协会表示将每年制定落实《纲要》的年度任务分解表，由协会各职能部门或专业委员会分别牵头落实。2017 年重点加强与现货行业协会的战略合作，加强期现结合专业人才的培养与交流，推动期货经营机构围绕服务实体经济进行业务和产品创新等。

六、《郑州商品交易所会员检查工作办法（试行）》（郑商发〔2018〕2 号）

（一）发文信息

为完善郑州商品交易所对会员合规运作的监督管理，郑州商品交易所制定了《郑州商品交易所会员检查工作办法（试行）》（以下简称《工作办法》）。

（二）出台背景

"十三五"规划发布以来，党和政府不断强调提高金融服务实体经济能力。郑州商品交易所对《工作办法》进行了修改，旨在促进期货市场功能发挥和健康发展，增强服务实体经济能力。

（三）主要内容

1. 修改了检查内容及工作方法

《工作办法》第五条规定，会员检查由交易所会员管理部门牵头负责，会员管理部门应当定期或不定期地向交易所相关业务部门收集各会员在交易所的业务开展情况，作为制订检查计划和方案的依据。第六条规定，检查内容包括但不限于会员以下方面情况：（1）遵守交易所章程、业务规则的情况；（2）财务、资信状况等基本情况；（3）投资者教育情况；（4）其他有关情况。第七条规定，会员检查按检查内容分为全面检查和专项检查。全面检查是指交易所对会员执行交易所章程和业务规则整体情况进行的检查。专项检查是指交易所为特定检查目的或了解某些情况，对部分或全部会员特定事项进行的检查。

2. 修改了检查工作程序

3. 修改了检查处理及工作要求

《工作办法》第十九条规定，会员管理部门应当根据检查结果，编制会员检查情况报告。会员检查情况报告应当包括但不限于以下内容：（1）检查的范围、内容、方法和时间；（2）检查事项涉及的基本情况；（3）发现的问题及原因分析；（4）检查结果处理意见。第二十条规定，会员执行交易所章程和业务规则存在不当情形的，会员管理部门将对会员出具整改意见。

（四）内容述评

《工作办法》主要明确了检查内容及工作方法、检查工作程序、检查处理及工作要求。对会员的相关行为、权利、义务做出了较详细的规定，有利于切实维护投资者的合法权益，有效防范市场风险，确保金融期货市场健康、平稳、有序运行。

（五）政策影响

2017 年，郑州商品交易所对北京、上海、广州、深圳等 10 个地区的 20 家期货公司会员进行年度合规运作检查，及时发现、纠正存在的问题，促进会员合规运作。

预计下一步，郑州商品交易所将继续加强会员自律监管，一方面持续做好会员合规业务培训，提高会员合规意识和业务水平；另一方面认真开展会员合规运作检查，督促会员合规运作，保障期货市场的稳定运行。其他交易所也可能出台监管政策，保证期货市场的正常平稳运行。

七、《郑州商品交易所期货交易风险控制管理办法（修订版）》（郑商函〔2018〕8 号）

（一）发文信息

2018 年 1 月 5 日，郑州商品交易所发布了修订后的《郑州商品交易所期货交易风险控制管理办法》，自 2018 年 1 月 18 日起施行。

（二）出台背景

检查工作办法制定的主要依据为《郑州商品交易所章程》和业务规则中的相关规定，工作办法的制定是郑州商品交易所强化会员管理的一项重要举措。

（三）主要内容

1. 将第二十五条修改为：各品种期货合约对期货公司会员不限仓。

2. 增加一条作为第二十六条：一号棉、白糖、PTA、菜油、甲醇、玻璃、菜粕和动力煤期货合约自合约挂牌至交割月前一个月第 15 个日历日期间的交易日，当合约的单边持仓量大于或等于一定规模时，非期货公司会员和客户按单边持仓量的 10% 确定限仓数额；当合约的单边持仓量小于一定规模时，非期货公司会员和客户按绝对量方式确定限仓数额。

（四）内容述评

新规定明确了一号棉、白糖、PTA、菜油、甲醇、玻璃、菜粕和动力煤期货合约的相关交易事宜，有利于相关交易有规定可依，维护市场稳健运行。

（五）政策影响

自 2018 年 1 月 18 日起，该规定进行施行，相关的交易品种的买卖稳健，市场运行平稳。

预计未来各种交易事宜细节将逐渐完善，相关规定也将逐渐修改完善，保障期货市场的稳定运行。

八、《中国金融期货交易所交易细则》（修订版）（暂无文号）

（一）发文信息

《中国金融期货交易所交易细则》（修订版）、《中国金融期货交易所沪深300股指期货合约交易细则》（修订版）、《中国金融期货交易所上证50股指期货合约交易细则》（修订版）、《中国金融期货交易所中证500股指期货合约交易细则》（修订版）、《中国金融期货交易所5年期国债期货合约交易细则》（修订版）和《中国金融期货交易所10年期国债期货合约交易细则》（修订版）自2017年4月5日起实施。

（二）出台背景

中国金融期货交易所相继修改了所出金融产品的交易规则，并且将交易规则的修改统一体现于《中国金融期货交易所交易细则》（以下简称《细则》）中。

（三）主要内容

修改原第三十二条为：市价指令是指不限定价格、按照当时市场上可执行的报价成交的指令，市价指令只能和限价指令撮合成交。交易所接受以下类型的市价指令：

1. 最优一档即时成交剩余撤销指令。
2. 最优一档即时成交剩余转限价指令。
3. 最优五档即时成交剩余撤销指令。
4. 最优五档即时成交剩余转限价指令。

（四）内容述评

修改后文件的主要不同之处在于：一是取消市价指令类型中的即时成交剩余撤销指令和即时成交剩余转限价指令；二是交易指令每次最大下单数量由交易所另行规定。

此次修改将严格、认真履职尽责，指导、监督和检查期货公司会员落实修订后的金融期货投资者适当性制度各项要求，切实维护投资者的合法权益，有效防范市场风险，确保金融期货市场健康、平稳、有序运行。

（五）政策影响

中国金融期货交易所交易规则是国家金融有关部门为了规范期货交易行为，保护期货交易过程中当事人的合法权益和社会的公共利益所颁布的一项章程。同时，这项章程也是根据国家有关法律法规和行政规范所制定的规则，其主要适用的范围是期货交易过程中的交易活动或者期权交易活动。

这次中国金融期货交易所的《细则》修改得较细腻，更加促进了交易的自由性与丰富性，更加贴合市场，增加了投资者交易的灵活度。未来的相关规定的修改也会对照此《细则》为依据，其他相关规定中，即时成交剩余撤销指令和即时成交剩余转限价指令可能将会做出修改。

第五节　基金市场

一、《关于避险策略基金的指导意见》(证监会公告〔2017〕3号)

(一) 发文信息

证监会于2017年2月10日正式下发《关于避险策略基金的指导意见》(以下简称《意见》)。

(二) 出台背景

为规范保本基金发展，2010年证监会发布实施《关于保本基金的指导意见》(证监会公告〔2010〕30号)，明确了保本基金的投资策略、担保机构资质和担保方式等问题，同时为了避免投资者对产品保本的误解，证监会于2017年2月10日将保本基金名称调整为避险策略基金，相应指导意见的名称也进行了修改。

(三) 主要内容

1. 调整基金名称。根据《意见》第一条，避险策略基金是指通过一定的避险投资策略进行运作，同时引入相关保障机制，以在避险策略周期到期时，力求避免基金份额持有人投资本金出现亏损的公开募集证券投资基金。

2. 变更相关保障机制。《意见》明确了避险策略基金的保障机制仅限于风险买断，取消了《关于保本基金的指导意见》规定的连带责任保证。

3. 增加投资策略的相关要求。

(1) 监管要求。《意见》明确规定避险策略基金投资于各类金融工具的比例应当与该基金的投资目标、投资策略相匹配。

(2) 基金管理人的风控管理要求。《意见》要求基金管理人向基金份额持有人说明基金的投资策略安排，并且要求基金管理人建立健全风险管理体系，确保避险策略基金管理规模与风险控制水平和投资管理能力相适应，确保避险策略基金的投资策略有效执行。

4. 控制基金规模。对于证券公司（含资产管理子公司）担任基金管理人的，《意见》要求基金管理人计提风险资本准备，计提比例为保障义务人差额补足责任金额的 12.5%；对于其他基金管理人，要求其管理的避险策略基金中，由保障义务人承担差额补足责任的总金额不得超过基金管理人最近一年经审计的净资产的 8 倍。

5. 限缩保障义务人的范围。《意见》明确将保障义务人的范围限定于商业银行、保险公司。

6. 避险策略基金的申购、赎回、风险揭示和信息披露。

7. 调开展风险监控和压力测试。

8. 有区别地处理新老基金及过渡期安排。

（1）对于申请募集注册的基金，要按照《意见》的规定执行。

（2）对于已经批复尚未募集的基金，不符合《意见》规定的，应当履行变更注册程序。

（3）对于已经成立的基金，区别处理。

（四）内容述评

《意见》的内容相对翔实，迎面现实问题，又预留进一步发展空间，极具现实性和前瞻性。但市场的发展瞬息万变，“保险策略基金”在发展的过程中又会面临哪些问题，《意见》制度的落实能否切实到位仍需市场的进一步检验。

（五）政策影响

1. 新规发行后，所有存量保本基金在保本周期到期后，应当按照《意见》的要求对基金合同、招募说明书等文件进行修订，并履行相应程序，变更注册为避险策略基金；不按照《意见》的要求进行修订的，应当转为其他类型的基金或予以清算。因此，当存量保本基金全部到期后，保本基金将不复存在。

2. 保障义务人必须是符合审慎监管要求的商业银行、保险公司，为避险策略基金担保的额度将侵占他们其他担保业务的额度，因此商业银行、保险公司将缩减对保本策略基金保本业务的承接，除非避险策略基金付出高昂的担保费，而这样一来将加高避险策略基金的管理费，令投资者对避险策略基金望而却步。

3. 《意见》取消连带责任，限定基金规模上限，对释放局部风险，维护金融稳定具有一定程度上的积极意义。

二、《公开募集开放式证券投资基金流动性风险管理规定》（证监会公告〔2017〕12 号）

（一）发文信息

2017 年 9 月 1 日，证监会对外公布了《公开募集开放式证券投资基金流动性风险管理规定》（以下简称《流动性规定》）。

（二）出台背景

近年来，基金行业市场环境发生了较大变化，流动性风险管控压力日益加大。此次起草的《流动性规定》，作为《基金法》《公开募集证券投资基金运作管理办法》与《货币市场基金监督管理办法》的配套规范性文件，重点解决两个方面的问题，一是根据最新市场情况与行业发展现状，对现有监管规则进行全面“查缺补漏”，以问题为导向，结合 2015 年股市异常波动以来历次行业风险事件的经验教训，围绕基金投资运作与申赎管理，进一步完善开放式基金流动性风险管控指标体系，同时兼顾偏股类和固定收益类基金的潜在风险。二是要求基金管理人针对性建立完善流动性风险管控机制，督促基金管理人强化自我风险管控，建立以压力测试为核心的流动性风险监测与预警制度，强化机构主体的风险管控约束机制。

（三）主要内容

《流动性规定》共 10 章 41 条。主要内容涵盖基金管理人内部控制以及基金产品设计、投资限制、申购赎回管理、估值与信息披露等业务环节的规范，并针对货币市场基金的流动性风险管控做出了专门规定。

（四）内容述评

新规的主要内容包括将货币市场基金规模与其风险准备金挂钩、对货币市场基金设定比普通公募基金更为严格的流动性指标限制等，主要在于防范货币市场基金规模增大以及持有者结构可能带来的流动性风险。其中对资金面影响最大的可能在于持有“低于 AAA 级机构发行的金融工具占基金资产净值的比例合计不超过 10%”。中小型商业银行同业存单的发行难度将大增，而中小型商业银行一直是同业存单发行的主力。

（五）政策影响

对投资交易的重大影响：

1. 逆回购交易风险管理。

《流动性规定》第十七条要求公募基金管理人应加强开放式基金开展逆回

购的风险管理，从交易对手、集中度、到期日到质押品管理均提出原则性要求。首次明确与私募类证券资管产品及证监会认定的其他主体为交易对手的逆回购交易，可接受质押品的“资质要求”应与基金合同约定的“投资范围”保持一致。现行规定中，对公募基金债券回购交易的质押品资质并没有明确要求，实际操作中，也因未规定质押品资质必须符合基金合同约定的投资范围，存在超出基金本身所预期的额外风险，此次新规弥补了这一空白。

2. 对基金公司未来发行“定制公募”类产品形成较大的门槛限制。

3. 推动货币基金投资于短期限逆回购与无条件提前支取的银行存款，整体上会起到降低货币基金收益的效果。

4. 使私募类产品整体融资成本产生较大幅度的提升，并会影响到私募类产品的杠杆选择与最终收益情况。

三、《养老目标证券投资基金指引（试行）》（证监会公告〔2018〕2号）

（一）发文信息

2018年3月2日，证监会正式发布《养老目标证券投资基金指引（试行）》（以下简称《指引》），自发布之日起施行。

（二）出台背景

为支持公募基金行业服务个人投资者养老投资，在养老金市场化改革中更好地发挥公募基金专业投资的作用，证监会研究制定了《指引》。

（三）主要内容

《指引》共13条，从产品定义、产品类型、投资策略、投资比例及运作方式、子基金要求、基金管理人及基金经理条件、基金费用、投资者适当性、基金宣传及风险提示、存量产品等方面明确了养老目标基金应当满足的产品标准。

（四）内容述评

1. 目标日期策略、目标风险策略成主流。目标日期策略基金也被称为生命周期基金。目标风险策略基金又称生活方式基金，其比生命周期基金的存在时间更长，凭借其明确的收益风险特征和风险控制措施，成为海外养老金市场流行的投资标的，也为风险偏好明确的投资者提供了良好的资产配置工具。

2. 明确投资期限持基时长不少于1年。《指引》第五条规定，养老目标基金应当采用定期开放的运作方式或设置投资者最短持有期限。养老目标基金定期开放的封闭运作期或投资者最短持有期限应当不短于 1 年。

3. 明确基金管理人“准入”条件。《指引》推出的背景就是为对接养老资金理财需求，产品定位应力求稳健，以追求养老资产的长期稳健增值为目的，采用成熟的资产配置策略，合理控制投资组合波动风险。成熟稳健的公司管理、丰富经验的人才储备是管理好养老目标基金的基础。

（五）政策影响

1. 推出养老目标基金有利于发挥公募基金专业理财在居民养老投资中的作用。目前，公募基金已经成为我国证券市场最大的专业机构投资者，具有较强的资产管理能力，并取得了良好的历史业绩。

2. 有利于形成专门养老投资的基金产品类别，便于投资者识别选择投资。目前我国市场公募基金数量已超过 4000 只，且风格各异。制定《指引》，明确养老基金在投资策略、投资比例等方面的相关安排，有利于形成专门的养老基金产品类别，便于投资者识别选择。

3. 有利于养老型基金长期持续健康发展。近年来，行业陆续推出部分养老型基金，基金通过采用稳健的投资策略并控制仓位，多数取得较好收益。总结前期养老型基金的运作经验形成行业标准，有利于养老型基金长期持续健康发展。

四、《中国证监会关于证券投资基金估值业务的指导意见》（证监会公告〔2017〕13 号）

（一）发文信息

2017 年 9 月 5 日证监会发布第 13 号公告，公布《中国证监会关于证券投资基金估值业务的指导意见》（以下简称《指导意见》），《指导意见》自 2017 年 9 月 5 日起实施。

（二）出台背景

为规范证券投资基金及时、准确地进行份额净值计量，更好地保护基金份额持有人的合法权益，证监会就基金估值业务和份额净值计价有关事项制定《指导意见》。

（三）主要内容

《指导意见》对所有的基金（主要是公募基金）的估值业务，提出了框架性的要求，重点有以下五项：

1. 不仅仅不同基金持有的同一证券，其持有的所有具相同特征的同一投资品种，其估值原则与技术一致（证监会规定的特殊品种除外）。

2. 明确基金管理人在半年度和年度报告中都应披露对基金估值有重大影响的信息。

3. 基金管理人即使选择外包估值业务，也不能对其计价错误免责。

4. 为提高估值的合理性和可靠性，中国证券投资基金业协会可建立基金估值工作机制，在充分征求行业意见，履行向证监会报备程序后，可对没有活跃市场或在活跃市场不存在相同特征的资产或负债报价的投资品种提出估值指引。

5. 中国证券投资基金业协会、中国证券业协会和中国期货业协会等协会的估值工作机制都必须参照《指导意见》，而且对于同特征的同一投资品种的估值指引应保持一致。

（四）内容述评

《指导意见》考虑了更多影响估值价格的因素，在算法方面做了无风险套利组合，买入一张到期日的平价看跌期权，这个期权花费的价格是流动性受限对应的量化的成本，因而估值更加合理，防止赎回套利，从而保障持有人的利益。

（五）政策影响

随着市场操作越发专业化、分工细致化的发展，交易的规模不断扩大，复杂性不断增强，加上交易人数的增多、信息的不完全、不对称性，在多维度宏观条件下，对证券基金行业都提出了更高的要求，唯有与时俱进才能有更好的发展。我国证券投资基金应不断完善法律监管体系，提高管理水平和监管效率；优化资本市场环境，从资本市场的广度和深度切入；培育理性市场主体结构，形成稳定发展的重要力量；拓展基金销售渠道，满足投资人偏好和新销售渠道的需求。

五、《证券投资基金上市规则（2017年征求意见稿）》（上证公告〔2017〕14号、深证会〔2017〕146号）

（一）发文信息

上海证券交易所、深圳证券交易所于2017年6月2日分别发布了《证券投资基金上市规则（2017年征求意见稿）》（以下统一简称为《规则》）。

（二）出台背景

《规则》出台的主要目的是配合《中华人民共和国证券投资基金法》和

《公开募集证券投资基金运作管理办法》的实施，是对交易所基金上市、信息披露、停牌与复牌、终止上市等业务活动的规范。

（三）主要内容

一是完善基金上市和终止上市审核程序。引入上市委员会审议机制，由交易所上市委员会对基金上市申请和终止上市事宜做出独立的专业判断并形成审核意见。

二是完善小规模基金终止上市相关安排。设置基金终止上市观察期，基金不再具备上市条件且相关情形在观察期内未消除的，基金进入终止上市程序；为保护基金持有人权益，要求基金管理人在基金进入终止上市程序后规定期限内采取基金转型或清盘等终止上市实施方案，并要求基金管理人和上交所会员在基金可能或已经触发终止上市条件后，加强风险提示；分级基金终止上市条件更严格，对分级基金的监管加强。

三是加强对特殊基金的投资者保护和适当性管理。规定结构复杂、风险较高基金上市时应当有符合交易所规定的投资者适当性安排；基金管理人及交易所会员应当加强上述基金的投资者保护和教育。

四是加强监管，优化业务办理。进一步明确对违规基金信息披露义务人及其信息披露负责人可采取的监管措施；取消常规业务例行停牌，简化基金上市申请材料。

（四）内容述评

《规则》完善了小规模基金终止上市的相关规则。上海证券交易所明确，增加终止上市观察期；分类监管，对分级基金实施更严格的条件；持续的信息披露和风险提示公告要求；基金管理人可根据产品特点，自行选择终止上市方案。

（五）政策影响

《规则》主要新增“迷你”基金的终止上市条款和投资者适当性安排两方面。受《规则》修改内容影响的，主要包括以下两类基金：第一，分级基金基础份额和子份额持有人合计少于 1000 人或者规模合计低于 5000 万份，且在 10 个交易日内未消除的；第二，除分级基金以外的其他基金持有人少于 1000 人，且在 60 个交易日内未消除的。

在新规约束下，对于分级基金的监管更为严格，市场上的迷你 ETF、LOF 基金和封闭式债基也可能大面积受到影响，部分基金或面临退市。如果实施清盘，将给持有溢价 LOF 和溢价 ETF 的投资者带来一定的损失。

六、《上海证券交易所、深圳证券交易所、中国证券登记结算有限责任公司证券交易资金前端风险控制业务规则》（暂无文号）

（一）发文信息

上海证券交易所、深圳证券交易所和中国证券登记结算有限责任公司联合制定《上海证券交易所、深圳证券交易所、中国证券登记结算有限责任公司证券交易资金前端风险控制业务规则》（以下简称《规则》）及配套细则，经证监会批准于2017年12月1日发布，自2018年6月1日起实施。

（二）出台背景

2017年12月1日，为防范交易参与人、结算参与人因技术故障、操作失误等造成的交易异常风险和结算风险，维护交易结算秩序，保障证券市场安全稳定运行，上海证券交易所、深圳证券交易所和中国证券登记结算有限责任公司共同制定了《规则》。

（三）主要内容

根据《规则》，实施资金前端控制的交易单元包括七类，《规则》要求，交易参与人、结算参与人应按要求及时申报有关信息，确保申报信息真实、完整、有效，切实履行资金前端控制各项职责。《规则》还明确警示、约见谈话、通报批评、公开谴责等监管措施、纪律处分或自律管理措施。

（四）内容述评

游资利用VIP通道抢单封板很容易获取巨额利润，这对普通散户来说存在不公平性。《规则》旨在引导新股回归正常的上涨轨道，防止新股在上市第一波炒作中就脱离价值本身。

（五）政策影响

资金前端控制制度是指在不影响市场正常交易的情况下，由沪深交易所、中国证券登记结算有限责任公司对相关交易单元当日买入申报金额实施总量控制的制度。《规则》限制了这一通道，虽然对交易单元抢筹不会有太大的限制，但将限制市场游资的申报金额。这一变化很容易改变次新股连续封板的资金报单总额，并进一步改变次新股连板的生态环境。

七、《关于加强私募投资基金等产品账户管理有关事项的通知》(中国结算发字〔2018〕10号)

(一) 发文信息

2018年1月19日，中国证券登记结算有限责任公司发布了《关于加强私募投资基金等产品账户管理有关事项的通知》(以下简称《通知》)。该通知自发布之日起实施。

(二) 出台背景

现阶段，我国经济已由高速增长阶段转向高质量发展阶段。要推动经济高质量发展，须推动经济转型升级，走创新发展之路。发展迅速的私募股权投资基金无疑是支持实体经济，助力企业创新发展的中坚力量。在快速发展的同时，私募行业也受到了监管机构的高度关注，相关监管政策陆续出台。

(三) 主要内容

第一，开户须提供备案信息。《通知》明确，资管产品管理人履行资管产品证券账户管理责任。

第二，信息填报需在发生变动10日内办理。《通知》规定，资管产品开立证券账户时，在填报现有产品基本信息的基础上，需要增加填报产品投资顾问、账户实际操作人、份额登记机构、募集规模、产品开放期等信息，并提供产品结构图。

第三，产品终止15日内要注销账户。《通知》第六条对注销提出要求，资管产品到期终止后，资管产品管理人应在到期后15个工作日内，自行或由账户业务代理人办理证券账户注销手续。

第四，信托、保险产品履行看穿式监管及时报送信息。《通知》表示，为履行账户看穿式监管要求，自2018年7月1日起，产品管理人应按要求报送信托产品信托受益权信息、保险资管产品的份额持有人信息。

第五，存量产品在2018年4月30日前完成信息补充报送。

(四) 内容述评

《通知》对私募证券投资基金、私募资管计划、信托产品、保险资管产品的证券账户管理，提出了更加严格的要求，包括新增填报投资顾问、账户实控人、募集规模等更多信息，还要求产品终止后须在15个工作日内办理证券账户注销手续，信托、保险产品履行看穿式监管要求，需要及时报送受益权信息、份额持有人信息。

（五）政策影响

《通知》从资管产品管理人履行资管产品证券账户管理责任、资管产品履行相应的备案登记手续等几个方面做了细致规定，强调并强化了信息披露的重要性，对私募证券投资基金、私募资管计划、信托产品、保险资管产品的证券账户管理，提出了更加严格的要求。

信用报告体系的建立，将加大私募机构的业务透明度，减少信息不对称，在一定程度上吸引更多的资金进入私募行业。私募机构也将更加重视自身的信用情况，有利于落实自律监管的要求。账户管理规定则是对各类资管产品的管理升级，为未来实现资本市场中的各类产品统一监管奠定基础。

八、《深圳证券交易所上市开放式基金登记结算业务指引》（中国结算发字〔2017〕140 号）

（一）发文信息

2017 年 10 月 27 日，中国证券登记结算有限责任公司发布了《深圳证券交易所上市开放式基金登记结算业务指引》，并于 9 月 29 日起开始实施。

（二）发文背景

为配合落实证监会发布的《公开募集开放式证券投资基金流动性风险管理规定》关于“对持续持有期少于 7 日的投资者收取不低于 1.5% 的赎回费”的相关要求，对深圳证券交易所上市开放式基金的结算业务做调整。

（三）主要内容

以前场内份额的持有期全部默认为一天，但是从 2017 年 9 月 29 日起，场内份额开始记录原始过户日期，以后如果进行转托管业务的话，持有期也会累计叠加。

（四）内容述评

以前深圳证券交易所上市的场内份额不管持有多长都只算一天，并且收取固定的赎回费，新规更鼓励长期持有。

（五）政策影响

新规影响的是深圳证券交易所上市的开放式基金，即深证 LOF，它是指既可在场外申赎，也可在交易所认购、申购、赎回及交易的开放式基金。新规指出，场内份额赎回不可按份额持有期分段设置赎回费率，所以深圳证券交易所上市的开放式基金需要调整。

九、《证券期货经营机构私募资产管理计划备案管理规范第 4 号——私募资产管理计划投资房地产开发企业、项目》(暂无文号)

(一) 发文信息

2017 年 2 月 14 日，中国证券投资基金业协会发布《证券期货经营机构私募资产管理计划备案管理规范第 4 号——私募资产管理计划投资房地产开发企业、项目》(以下简称《规范》)。

(二) 出台背景

中国证券投资基金业协会统计后发现，证券期货经营机构私募资管产品投资房地产市场规模在资产管理总规模中的占比不高，但资金来源以银行为主、通道业务占比高、项目集中于热点城市等特征较为显著，与落实房地产调控工作的整体目标还有一定差距。针对私募资产管理业务投资房地产市场现状，按照证监会部署，中国证券投资基金业协会着手开展《规范》起草工作。

(三) 主要内容

《规范》所规范的内容，可以从三个方面来进行剖析：一是对热点城市房地产项目投资的规范。二是对房地产企业融资用途的规范。三是对私募资产管理计划投资房地产企业和项目的整体规范。

除此之外，在中国证券投资基金业协会发布的通知中，除要求新产品必须合规外，明确了存续产品不得新增不合规项目及不合规项目到期后不得续期的规则。仍然延续了证监系统下“新老划断，平稳过渡”的惯常监管原则。

(四) 政策影响

从《规范》中禁投的 5 类房地产私募资产管理计划可见，通过私募资产管理计划，以委托贷款、信托计划、受让资产收（受）益权等方式获取融资的房地产企业将受到直接影响。此外，《规范》实施后，因为方式的限制和融资渠道再度收紧，房地产企业在文中所述的热点城市将受影响。此次调控，与此前对房企的融资限制形成统一，调控具有连贯性。此次《规范》的出台，有利于行业的长期发展，但是也将进一步强化行业分化。

十、《基金募集机构投资者适当性管理实施指引（试行)》(中基协发〔2017〕4 号)

(一) 发文信息

2017 年 6 月 15 日，中国证券投资基金业协会发布了关于就《基金募集机构投资者适当性管理实施指引（试行）》征求意见的通知（中基协发〔2017〕90号）；6月28日，《基金募集机构投资者适当性管理实施指引（试行）》（以下简称《实施指引》）发布，并宣布自2017年7月1日起实施。

（二）出台背景

2016年12月12日，证监会发布《证券期货投资者适当性管理办法》，旨在规范证券期货投资者适当性管理，维护投资者合法权益。《证券期货投资者适当性管理办法》已于2017年7月1日正式实施。

2017年6月15日，为全面贯彻落实《证券期货投资者适当性管理办法》要求，统一基金行业投资者适当性制度标准，中国证券投资基金业协会拟定了《实施指引》及相关配套文件并征求业界意见。

2017年6月28日，中国证券投资基金业协会正式发布并实施《实施指引》，为配合证监会出台的《证券期货投资者适当性管理办法》的实施，《实施指引》也于2017年7月1日起正式生效。

（三）主要内容

一是明确基金募集机构为适当性管理的主体。基金募集机构包括公募和私募基金管理人、取得证监会基金销售业务资格的机构两大类。基金募集机构与投资者直接接触，开展基金宣传推介，办理基金份额申购、赎回，是销售基金产品和提供服务的主体，也是落实基金投资者适当性义务的主体。

二是鼓励募集机构间的有序竞争。在遵照《证券期货投资者适当性管理办法》相关底线要求的基础上，鼓励募集机构结合自身情况，将适当性管理作为提升产品风险管理和客户服务水平的核心竞争力，提供差异化安排。为此，《实施指引》根据属性、风险因素，重点关注产品结构、杠杆水平、投资标的流动性，未限定某类产品的具体等级；对投资者信息表、投资者风险测评问卷、产品和服务风险等级划分参考标准等均提出“参考”模板，不做强制使用要求，鼓励经营机构在实施中进行完善。

三是简化操作步骤和流程，减轻机构和投资者负担。与征求意见稿相比，《实施指引》取消了风险承受能力评价的更新要求，简化了投资者基金信息证明材料，降低了风险承受能力最低投资者、投资者信息核实、投资者转化流程、评估数据库、高风险等级产品销售等条款的执行难度，简化了给投资者带来不便的具体要求，强化纠纷调解中检验基金募集机构落实适当性成果。

（四）内容述评

《实施指引》在做出具体且明确的要求时，简化了操作流程和步骤，减轻了机构和投资者的负担，在统一公、私募基金适当性管理实施标准的大前提下，加强对投资者的保护。本次颁布实施的《实施指引》，进一步细化了《证券期货投资者适当性管理办法》中关于基金募集机构的有关规定，尤其是对投资者的分类及产品等风险匹配进行了明确约定，对基金行业的适当性管理工作提出了指导性规定，增加了对中小投资者的保护。

此外，在通知中明确了新老划断的安排。已经持有基金的投资者是按照行业原有的适当性安排进行的，《实施指引》实施后无须对风险等级进行重新测评，投资者在原购买渠道继续申购原有基金，或申购不超过原风险等级的新基金产品时，也不必对风险等级进行重新测评。

（五）政策影响

中国证券投资基金业协会鼓励基金募集机构根据实际情况结合客户回访、自查、评估等工作，主动对老客户的适当性管理做出妥善安排，在实践中不断总结经验，持续优化投资者适当性管理制度。《实施指引》为试行版，中国证券投资基金业协会表示届时将持续跟踪实施情况，根据行业实际进行总结，对《实施指引》进行修改完善。《实施指引》的发布及完善有利于防范系统性风险，进一步提高基金行业整体的服务质量和水平。

十一、《证券投资基金管理公司合规管理规范》（中基协发〔2017〕7号）

（一）发文信息

中国证券投资基金业协会于2017年9月13日发布了《证券投资基金管理公司合规管理规范》（以下简称《规范》），自2017年10月1日起施行。基金管理公司合规管理人员配备情况不符合《规范》第二十一条规定的，应尽快通过招聘、调岗等方式，确保在2017年12月31日前符合要求。

（二）出台背景

为指导证券投资基金管理公司有效落实《证券公司和证券投资基金管理公司合规管理办法》，提升基金管理公司合规管理水平，依据《中华人民共和国证券投资基金法》《证券公司和证券投资基金管理公司合规管理办法》《中国证券投资基金业协会章程》，中国证券投资基金业协会起草完成了该《规范》，并经中国证券投资基金业协会理事会表决通过。

（三）主要内容

本次规范提出了两个重点：

第一，对督察长的要求。其中详细明确了督察长所需要履行的职责，即权利与义务；以及作为督察长的准入门槛。

第二，对人员编制以及组织架构有了明确的要求与说明。特别是人员数量上的要求。《规范》第二十一条指出，基金管理公司合规部门具备 3 年以上证券、金融、法律、会计、信息技术等有关领域工作经历的合规管理人员不得少于公司总部人数的 1.5%，且不得少于 2 人，合规部门的合规管理人员不包括风险管理等岗位人员。

（四）政策影响

首先，《规范》对拟申请的私募机构暂时不会产生影响。《规范》第五章第三十三条指出“不限于开展公开募集证券投资基金管理业务”，透露此文件中的规范要求暂时不会对私募基金产生影响。

其次，《规范》大大提高了基金公司合规部门的地位，但摆在许多基金公司面前的难题是：如何找到一名符合条件的督察长和那么多合规人员。

最后，在目前国家要求金融去杠杆回归实业的政策下，可以预见对相关金融机构的资格条件和业务范围会提出越来越严厉的要求，虽然规范要求暂时不会对私募基金产生影响，但是不排除今后某个时间点会对私募机构采取同样的要求。

十二、《证券投资基金增值税核算估值参考意见》及相关释义(暂无文号)

（一）发文信息

2017 年 12 月 29 日，中国证券投资基金业协会发布了《证券投资基金增值税核算估值参考意见》（以下简称《意见》）。中国证券投资基金业协会表示，因税收政策调整与本参考意见不一致的，以税收政策为准。

（二）出台背景

尽管中国证券投资基金业协会认为在基金行业实施营改增政策与《基金法》第八条有冲突，但为保证基金行业估值工作顺利进行，避免估值引起行业混乱，托管与运营委员会估值小组根据行业意见制定了《意见》及相关释义。

（三）主要内容

第一，对保本的理解：税务上强调的是合同设立时是否承诺偿还本金，“保本”指的是到期有无偿还本金的义务，并非有无偿还本金的能力。因此，金融商品违约风险的高低以及为降低违约风险所做的增信措施并不影响保本与否的认定。若合同中未明确承诺期本金可全部收回，则不认为是“保本”，无须再实质判断合同内容。

第二，基金持有的各类存款取得的利息收入不征收增值税，持有国债、地方政府债、央行票据、政策性金融债券、金融债券、同业存单取得的利息收入免征增值税。

第三，基金转让有价证券、非货物期货和其他金融商品所有权产生的差价收入，按金融商品转让缴纳增值税。

第四，基金买卖股票、债券的差价收入免征增值税。但是，基金持有债券的利息收入属于应税收入，同时，基金持有股票的股息红利收入则不属于应税收入。

第五，基金投资黄金合约：基金通过黄金交易所买卖黄金合约，未发生实物交割的，其差价收入免征增值税。

第六，金融商品还本兑付、债券回售、债转股等行为，不属于金融商品转让，不征收增值税。同时，为避免重复征税，在相关税收法规明确前，暂不对基金转让、赎回证券投资基金计提增值税。

第七，基金转让股权的差价收入不属于增值税征税范围，基金持有股权的股息红利收入不属于应税收入。

第八，股票期货、股指期货等金融衍生品属于应税金融商品，基金持有金融衍生品转让、平仓、到期时确认金融商品价差收益，应缴纳增值税。商品期货不是非货物期货，基金转让商品期货不属于增值税应税行为。

第九，明确债券是指依法在境内外合法交易场所发行的、按约定还本付息的有价证券；包括国债、地方政府债、央行票据、政策性金融债券、金融债券、政策性银行债、企业债、公司债、中期票据、短期融资券、超短期融资券、非公开定向债务融资工具、可转债、可交换债、中小企业私募债、证券公司短期债、资产支持证券（优先级、中间级）、同业存单等。

第十，基金管理人应当综合评估实施成本、净值准确性和波动性、对投资者的影响等因素，对应税金融商品的估值增值计提预估增值税。若评估预估增值税对基金资产净值不产生重大影响，可与托管人协商一致，不进行预估增值税。

第十一，基金持有转让差价应税金融商品的估值增值，按金融商品转让计提预估增值税。基金持有的证券投资基金视为在终止确认时采用赎回的交易方式，产生的估值增值不计提预估增值税。

第十二，计税频率和计税依据：（1）基金持有债券的利息收入：按日计提增值税；计税基数为债券持有期间（含到期）确认的应税利息收入。（2）基金转让有价证券、非货物期货等的差价收入：在差价收入确认日日终汇总一笔，计提增值税。计税依据为上述转让差价，并逐日预估增值税，但管理人评估影响不大的可以不进行预估。

第十三，明确2017年12月31日切换时点基金持有的金融商品浮动盈利做免税处理。同时，基金设置备查表，按单只证券计算2017年年末市价高于实际买入价的股票、债券（不包括采用摊余成本法核算的债券）、基金、非货物期货的实施日期初待抵扣增值额。

第十四，明确负差的处理方式：当本期金融商品转让差价收入为负数时，不对该负差收入计提负的应交增值税，而是将该负数留在后期备抵。如果下期金融商品转让差价收入为正数时，先用前期留作备抵的负数抵减，若抵减后还有正余额，则该正余额应交增值税，年末出现负差不得转入下一会计年度。

第十五，财税〔2017〕56号文明确，管理人可选择分别或汇总核算资产管理产品运营业务销售额和增值税应纳税额。基金管理人可以综合评估监管合规、基金估值、资金清算等因素决定合并或分别申报缴纳增值税。

（四）内容述评

《意见》主要适用于公募和私募证券投资基金进行参考，不适用于私募股权和其他类私募。《意见》只是参考，最终认定以税务局为准。所以中国证券投资基金业协会也没有通过网站或正式的指引形式发布。

《意见》主要依据财政部和税务总局相关文件，对公募证券投资基金的增值税核算估值提出细化的参考意见。因为考虑到财税部门与资产管理行业各自专业语言不同，故中国证券投资基金业协会起草《意见》，以对接财税语言体系与基金运营语言体系。

（五）政策影响

《意见》中大部分内容均严格按照财税〔2016〕36号文、财税〔2016〕140号文等财政部文件的要求阐述。但更多使用了基金人的语言，围绕识别增值税税目、设置增值税相关会计科目、明确基金估值及会计核算中的账务处理等核心内容，确保要求的全口径“翻译”。《意见》对增值税计税各方面问题都给出了专业化意见，有利于基金行业厘清计税思路，妥善处理应税事宜。

第六节 PPP 市场

一、《关于坚决制止地方以政府购买服务名义违法违规融资的通知》(财预〔2017〕87 号)

(一) 发文信息

财政部 2017 年 5 月 28 日发布《关于坚决制止地方以政府购买服务名义违法违规融资的通知》(以下简称 87 号文),坚决制止地方以政府购买服务名义违法违规融资,提出一些地区违法违规扩大政府购买服务范围、超越管理权限延长购买服务期限。

(二) 出台背景

《国务院办公厅关于政府向社会力量购买服务的指导意见》(国办发〔2013〕96 号)明确要求在公共服务领域更多利用社会力量,加大政府购买服务力度,并提出政府购买服务应进行资金管理和绩效考核。财政部制定了《政府购买服务管理办法(暂行)》,政府购买服务的内容为适合采取市场化方式提供、社会力量能够承担的服务事项。

(三) 主要内容

第一,严格限定政府购买服务的范围。严禁将铁路、公路、机场、通信、水电煤气,以及教育、科技、医疗卫生、文化、体育等领域的基础设施建设,储备土地前期开发,农田水利等建设工程作为政府购买服务项目。严禁将建设工程与服务打包作为政府购买服务项目。严禁将金融机构、融资租赁公司等非金融机构提供的融资行为纳入政府服务范围。

第二,严格规范政府购买服务预算管理。先有预算,后购买服务,所需资金应当在既有年度预算中统筹,不得因政府购买服务增加预算。政府购买服务信息及预算应及时向社会公开,提高透明度。

(四) 内容述评

政府购买服务包括了 3 个核心要素:政府提供资金;社会力量按照政府要求完成受托工作;政府负责监督、考评服务提供者。在其他领域,对政府购买服务都不会有太多歧义,但在公共服务领域,《政府购买服务管理办法(暂行)》规定基本公共服务包括了公共教育、劳动就业、人才服务、社会保险、社会救助、养老服务、儿童福利服务、残疾人服务、优抚安置、医疗卫生、人口和计划生育、住房保障、公共文化、公共体育、公共安全、公共交通运输、"三农"服务、环境治理、城市维护等领域。尤其是在医疗卫生、住房保障、公共交通运输、环境治理、城市维护等领域，有些人将无形的服务与有形的工程建设故意混淆，将 PPP 中的政府付费与购买服务中的支付混淆，将一些不属于政府购买服务的事项包装成购买服务，甚至有些人还将土地整理从 BT 到 PPP 再到包装成政府购买服务，将以前政府的各种债务融资方法包装成 PPP 或政府购买服务的形式。

政府购买服务，购买的是无形的服务，不是有形的建设和设备、物品，这是购买服务与政府付费 PPP 项目的主要区别，即使是在医疗卫生、住房保障、公共交通运输、环境治理、城市维护等领域，其中的施工、建设等内容也不应包括在"服务"的范围。如在地下综合管廊和海绵城市中，其工程建设部分，要么政府采用 PPP 方式由社会资本方建设运营，要么政府将有关项目列入政府预算，按工程施工招标的方式由工程建设单位施工，不应该属于政府购买服务。但这些工程、设施、设备的管理和维护，可以由政府以购买服务的方式，委托专业公司进行管理和维护。

（五）政策影响

87 号文以列举的方式，明确将有形的建设和物品的采购与无形的服务分开，将融资行为与政府的服务分开。

从预算管理上，要求先有预算，然后才能购买服务，不得把政府购买服务作为增加预算支出的依据。签订购买服务合同，就当确认财政支出已在年度预算和中期财政规划中安排。防止以购买服务的名义增加将来政府的支出责任，增加政府的负债。

并且 87 号文提出不得利用或虚构政府购买服务合同为建设工程变相举债，不得通过政府购买服务向金融机构、融资租赁公司等非金融机构进行融资，不得以任何方式虚构或超越权限签订应付（收）账款合同帮助融资平台公司等企业融资。

二、《关于政府参与的污水、垃圾处理项目全面实施 PPP 模式的通知》(财建〔2017〕455 号)

（一）发文信息

2017 年 7 月 18 日，财政部、住房和城乡建设部、农业部、环境保护部四部委联合发布《关于政府参与的污水、垃圾处理项目全面实施 PPP 模式的通知》（以下简称《通知》）。

（二）出台背景

环保 PPP 项目数量巨大，且单体 PPP 项目投资金额也越来越大。为加快生态文明制度建设相关战略部署，进一步规范污水、垃圾处理行业市场运行，提高政府参与效率，充分吸引社会资本参与，促进污水、垃圾处理行业健康发展，四部委联合发布了《通知》。

（三）主要内容

《通知》从总体要求、实施要求、支持政策、组织领导、施行时间五个方面对政府参与的污水、垃圾处理项目全面实施政府和社会资本合作（PPP）模式进行相应规定。政府参与的新建污水、垃圾处理项目要全面实施 PPP 模式，有序推进存量项目转型为 PPP 模式。尽快在该领域内形成以社会资本为主，统一、规范、高效的 PPP 市场，推动相关环境公共产品和服务供给结构明显优化。鼓励污水、垃圾处理领域全方位引入市场机制，推进 PPP 模式应用，对污水和垃圾收集、转运、处理、处置各环节进行系统整合，实现污水处理厂网一体和垃圾处理清洁“邻利”。对于政府参与的适用范围，《通知》也进行了界定：政府以货币、实物、权益等各类资产参与，或以公共部门身份通过其他形式介入项目风险分担或利益分配机制，且财政可承受能力论证及物有所值评价通过的各类污水、垃圾处理领域项目，全面实施 PPP 模式。

（四）内容述评

《通知》提出加大对各类财政资金的整合利用。要求涉农资金整合中充分统筹农村污水、垃圾处理相关支持资金，扩大规模经济和范围经济效应，形成资金政策合力，优先支持民营资本参与的项目。

（五）政策影响

对于未有效落实全面实施 PPP 模式政策的项目，原则上不予安排相关预算支出。以运营补贴作为财政资金投入的主要方式，强化对 PPP 项目的绩效考核和按效付费，以提升相关公共服务质量和效率。区域流域环境治理总体方案内、外，以及城市、农村的污水、垃圾处理工作得到有效统筹协调，并同生态产业及循环经济发展、面源污染治理有效衔接。在行业管理上，要建设完善项目服务质量、运营成本、安全生产及环保指标监测与监管体系，建立形成基于绩效的 PPP 项目收益机制。

三、《关于运用政府和社会资本合作模式支持养老服务业发展的实施意见》（财金〔2017〕86号）

（一）发文信息

2017年8月14日，财政部、民政部、人力资源和社会保障部联合发布《关于运用政府和社会资本合作模式支持养老服务业发展的实施意见》（以下简称《实施意见》）。

（二）出台背景

老百姓对养老的需求不断提升，但现有的养老产业难以满足人口老龄化的需要。通过PPP支持养老服务，不仅可以促进养老产业的发展，也将成为解决未来财政赤字缺口的有利途径。

（三）主要内容

《实施意见》提出了优先支持的重点养老服务领域，明确将重点引导和鼓励社会资本通过PPP模式，立足保障型基本养老服务和改善型中端养老服务，参与养老机构、社区养老体系建设、医养健融合发展等养老服务供给三大板块。

《实施意见》鼓励政府将现有公办养老机构交由社会资本方运营管理。支持机关、企事业单位将所属的度假村、培训中心、招待所、疗养院等，通过PPP模式转型为养老机构，吸引社会资本运营管理。

《实施意见》鼓励金融机构通过债权、股权、设立养老服务产业基金等多种方式，支持养老领域PPP项目。积极支持社保资金、保险资金等用于收益稳定、回收期长的养老服务PPP项目。

（四）内容述评

《实施意见》鼓励政府和社会资本的合作，对融资发展养老服务业、提高养老服务业的质量和效益大有裨益。支持养老服务业的发展一要厘清社会效益和市场效益的关系；二要在重视PPP投入的项目的共性的同时更加注重养老服务业的特殊性；三要处理好硬件建设和软件建设的关系；四要在扶持和鼓励的同时加强监管。

（五）政策影响

结合国家卫计委同期发布的《关于深化“放管服”改革激发医疗领域投资活力的通知》中提及的“取消养老机构内设诊所的审批，实行备案制”的改革举措，可以预见，在多措并举、多管齐下的政策刺激下，将进一步实现通过整合资源助力养老产业转型升级。PPP 支持养老服务作为新型产业和新的融资模式叠加的“两新叠加”模式对行业而言仍是一个挑战，整个行业想要达到资源的优化配置与运营的起效，还需要一个发展过程。

四、《关于规范政府和社会资本合作（PPP）综合信息平台项目库管理的通知》（财办金〔2017〕92 号）

（一）发文信息

2017 年 11 月 10 日，财政部办公厅下发《关于规范政府和社会资本合作（PPP）综合信息平台项目库管理的通知》（以下简称《通知》），对 PPP 项目入库管理提出了精确要求。

（二）出台背景

一些地方泛化滥用 PPP、甚至借 PPP 变相融资等不规范操作的问题日益凸显，加大了地方政府隐性债务风险。出台该通知是为了进一步纠正 PPP 泛化滥用现象，进一步规范 PPP 项目运作，推动 PPP 回归创新公共服务供给机制的本源，促进 PPP 事业可持续发展。

（三）主要内容

《通知》提出了规范项目库管理的三大举措：一是实行分类管理。将项目库按阶段分为储备清单和项目管理库，储备清单内的项目重点用于孵化和推介，项目管理库内的项目要接受严格监管，确保全生命周期规范运作。二是统一新项目入库标准。明确不适宜采用 PPP 模式实施、前期准备工作不到位、未建立按效付费机制的项目不得入库，提升入库项目质量。明确下一步政策方向，即优先支持通过 PPP 模式盘活存量公共资产，审慎开展政府付费项目，防止财政支出过快增长，突破财政承受能力上限。三是组织开展已入库项目集中清理。组织各地财政部门将操作不规范、实施条件不具备、信息不完善的项目清理出库，推动各地建立健全专人负责、持续跟踪、动态调整的常态化管理机制，提升项目库信息质量和管理水平。

（四）内容述评

《通知》在推动项目建立按效付费机制方面采取了以下举措：一是要求政府付费与项目绩效考核结果挂钩，强化项目产出绩效对社会资本回报的激励约束效果。二是要求政府承担的项目建设成本与运营成本均应根据绩效考核结果进行支付。三是要求政府付费应在项目合作期内连续、平滑安排。

《通知》在加强项目融资管理方面采取了以下举措：一是要求社会资本按

合同约定落实项目债权融资义务。二是要求政府和社会资本双方均应严格执行国家关于固定资产投资项目资本金管理的有关规定。三是要求社会资本的股份不得由第三方代持。

（五）政策影响

《通知》的出台，旨在纠正当前PPP项目实施过程中出现的走偏、变异问题，进一步提高项目库入库项目质量和信息公开有效性，更好地接受社会监督。一些本不适宜采用PPP模式实施的项目退库，有利于正本清源，促进PPP项目的有序推进和公共资源的有效配置。一些项目按照要求完善后，将更加规范、更加透明，有助于项目的全生命周期管理。长远来看，项目库有进有退，将促使各参与方更加注重规范运作和项目管理，有利于防范和控制风险，增强市场信心，促进PPP事业长期可持续发展。

五、《关于加快运用PPP模式盘活基础设施存量资产有关工作的通知》（发改投资〔2017〕1266号）

（一）发文信息

2017年7月7日，国家发展改革委发出《关于加快运用PPP模式盘活基础设施存量资产有关工作的通知》（以下简称1266号文）。

（二）出台背景

为通过政府与社会资本合作模式引入各类投资，回收资金继续用于新的基础设施和公用事业建设，实现良性循环。为地方政府和在建项目的融资开辟了一条新的渠道，针对当前我国已实施PPP项目中新建项目多、存量项目少的问题，鼓励地方政府通过PPP模式向社会资本出售优质基建项目的股权、经营权、收益权等权利，规范有序盘活基础设施存量资产，形成投资良性循环，特出台1266号文。

（三）主要内容

1266号文从分类实施、规范管理、加强协同合作等方面，提出了具体工作要求。同时，要求各地推荐本地区3~5个运用PPP模式盘活基础设施存量资产效果好的项目，国家发展改革委将组织专家评审，并遴选若干示范项目加以推广，供各地方学习借鉴。

1266号文提出经过长期投资建设，我国在能源、交通运输、水利、环境保护、农业、林业、重大市政工程等基础设施领域形成了大量优质存量资产。积极推广PPP模式，加大存量资产盘活力度、形成良性投资循环，有利于拓宽基础设施建设资金来源，减轻地方政府债务负担；有利于更好地吸引民间资本进入基础设施领域；有利于吸引具有较强运营能力的社会资本，提高基础设施项目运营效率；有利于推进国有企业混合所有制改革；有利于加快补齐基础设施短板，推进供给侧结构性改革。

（四）内容述评

1266 号文提出做好实施方案和项目联审、以运营管理为重、加强绩效评价、提升运营效率，这是盘活存量的着力点。

对已经采取 PPP 模式且政府方在项目公司中占有股份的存量基础设施项目，可通过股权转让等方式，将政府方持有的股权部分或全部转让给项目的社会资本方或其他投资人。

对在建的基础设施项目，也可积极探索推进 PPP 模式，引入社会资本负责项目的投资、建设、运营和管理，减少项目前期推进困难等障碍，更好地吸引社会资本特别是民间资本进入。

（五）政策影响

1266 号文中对相关部门的排序（行业管理、国有资产管理、财税、国土、环保、人力资源社会保障等部门）明显是有所考虑的，对应的也都是存量资产处置中常见的难点与痛点，还明确提及 PPP 资产证券化，体现出发改部门良好的政策衔接性。要求各省挑出 3 ~ 5 个好项目备选，将有利于理顺工作流程，明确操作机制，对存量 PPP 项目的实践推广提供支持。

六、《关于鼓励民间资本参与政府和社会资本合作（PPP）项目的指导意见》（发改投资〔2017〕2059 号）

（一）发文信息

2017 年 11 月 28 日，国家发展改革委发布《关于鼓励民间资本参与政府和社会资本合作（PPP）项目的指导意见》（以下简称《指导意见》）。

（二）出台背景

为贯彻落实《国务院办公厅关于进一步激发民间有效投资活力促进经济持续健康发展的指导意见》的要求，鼓励民间资本规范有序参与基础设施项目建设，促进 PPP 模式更好发展，提高公共产品供给效率，加快补短板建设，充分发挥投资对优化供给结构的关键性作用，增强经济内生增长动力，特制定《指导意见》。

（三）主要内容

《指导意见》从创造民间资本参与PPP项目的良好环境、分类施策支持民间资本参与PPP项目、鼓励民营企业运用PPP模式盘活存量资产、持续做好民营企业PPP项目推介工作、科学合理设定社会资本方选择标准、依法签订规范、有效、全面的PPP项目合同、加大民间资本PPP项目融资支持力度、提高咨询机构的PPP业务能力、评选民间资本PPP项目典型案例和加强政府和社会资本合作诚信体系建设十个方面鼓励民间资本参与PPP项目。

（四）内容述评

《指导意见》提出，创造民间资本参与PPP项目的良好环境。不断加大基础设施领域开放力度，除国家法律法规明确禁止准入的行业和领域外，一律向民间资本开放，不得以任何名义、任何形式限制民间资本参与PPP项目。在制定PPP政策、编制PPP规划、确定PPP项目实施方案时，注重听取民营企业的意见，充分吸收采纳民营企业的合理建议。主动为民营企业服务，不断优化营商环境，构建"亲""清"新型政商关系，为民间资本参与PPP项目创造更加公平、规范、开放的市场环境。对民间资本主导或参与的PPP项目，鼓励开通前期工作办理等方面的"绿色通道"。鼓励结合本地区实际，依法依规出台更多的优惠政策。

《指导意见》要求持续做好民营企业PPP项目推介工作。依托全国投资项目在线审批监管平台建立的PPP项目库，对入库项目定期进行梳理，规范有序开展推介工作，适时选择回报机制明确、运营收益潜力大、前期工作成熟的PPP项目，向民营企业推介。重点推介以使用者付费为主的特许经营类项目，审慎推介完全依靠政府付费的PPP项目，以降低地方政府支出压力，防范地方债务风险。各地发展改革部门要与当地行业主管部门、工商联、行业协会等加强合作，通过多种方式推介优质项目、介绍典型案例，加大政策宣传解读和业务培训力度，帮助民营企业更好参与PPP项目。

《指导意见》要求加强政府和社会资本合作诚信体系建设。建立健全PPP项目守信践诺机制，准确记录并客观评价政府方和民营企业在PPP项目实施过程中的履约情况。政府方要严格履行各项约定义务，做出履约守信表率，坚决杜绝"新官不理旧账"现象。民营企业也要认真履行合同，持续稳定提供高质量且成本合理的公共产品和服务。将PPP项目各方信用记录，纳入全国信用信息共享平台供各部门、各地区共享，并依法通过"信用中国"网站公示。将严重失信责任主体纳入黑名单，并开展联合惩戒。

（五）政策影响

民营社会资本在 PPP 竞争中处于相对弱势地位，需要公开透明的法规政策保驾护航。鼓励社会资本与禁止变相融资仍是近期 PPP 政策的主要脉络方向。通过梳理近年来陆续出台的 PPP 政策，可以看到政策思路相对稳定，即通过“开前门、堵后门”实现地方政府债务严格管理，PPP 融资作为合理的“前门”融资方式之一，得到了政府的鼓励，出台较多实施细则为其保驾护航，但同时由于部分 PPP 项目公共属性较强，很容易成为政府开展变相融资的载体，政策也强调 PPP 项目必须回归其连接政府与社会资本的实质，利用 PPP 外衣违规举债仍然属于违规行为。

七、《关于加强中央企业 PPP 业务风险管控的通知》（国资发财管〔2017〕192 号）

（一）发文信息

2017 年 11 月 24 日，国资委下发了《关于加强中央企业 PPP 业务风险管控的通知》（以下简称 192 号文）。

（二）出台背景

随着国内投融资体制改革不断深入，越来越多的基础设施和公共服务领域项目转变为 PPP（政府和社会资本合作）模式。中央企业主动适应改革要求，积极参与 PPP 项目，有关业务快速增长。但 PPP 项目投资金额大、回报期长、部分项目操作不规范、大量资产负债表外运行等，加大了企业财务风险。

（三）主要内容

关于强化集团管控，主要落脚在要求所有 PPP 项目必须由集团总部统一审批，这是要求的核心点。关于严格规模控制的要求，明确提到“纳入中央企业债务风险管控范围的企业集团，累计对 PPP 项目的净投资（直接或间接投入的股权和债权资金、由企业提供担保或增信的其他资金之和，减去企业通过分红、转让等收回的资金）原则上不得超过上一年度集团合并净资产的 50%，不得因开展 PPP 业务推高资产负债率”，这两条确实对中央企业投资 PPP 形成了很大的限制，一是投资规模不能超过 50%，二是不得因开展 PPP 业务推高资产负债率。另外在这一条中还提到了“资产负债率高于 85% 或近 2 年连续亏损的子企业不得单独投资 PPP 项目”，这些都对中央企业投资 PPP 项目形成了投资规模的管理。

关于“融资增信，风险共担”，不能够简单采取兜底、回购等“明股实债”和劣后的方式。关于合并报表，明确提到了对 PPP 项目的投资，要根据项目融资、建设的参与程度，风险分担方式等，按照实质重于形式的原则，综合判断对 PPP 的控制程度，规范界定合并范围。

（四）内容述评

192 号文实施以后，对中央企业投资 PPP 项目的审批、收益、投资规模、资本金的增信、合并报表都有了进一步明确和严格的要求，因此中央企业投资 PPP 项目要合理控制资金投入，也需要更精细化的设计，与其他社会资本包括民企、地方国企、转型后的平台公司有更多的合作，只有通过这种合作，才能实现投资 PPP 项目，同时控制规模、不并表、按规定实现资本性融资等一系列要求。

（五）政策影响

192 号文对中央企业未来 PPP 的市场份额的拓展在短期内影响较大，这个文件主要是规范中央企业的 PPP 项目，避免债务风险，避免预算的软约束，在规范 PPP 项目规范政府债务的同时，也能为民营资本参与 PPP 项目腾出一定的空间。

192 号文的出台，可能会一定程度上影响 PPP 项目的落地速度，从而影响 PPP 市场的整体规模，但同时也给地方国企、民企带来了占有 PPP 市场更多份额的机遇和更多的投资机会。

第七节　其他相关政策

一、《证券公司和证券投资基金管理公司合规管理办法》（证监会令第 133 号）

（一）发文信息

2017 年 6 月 6 日，证监会发布《证券公司和证券投资基金管理公司合规管理办法》（以下简称《合规管理办法》），自 2017 年 10 月 1 日起施行。

（二）出台背景

证监会于 2006 年 5 月发布《证券投资基金管理公司督察长管理规定》，2008 年 7 月发布《证券公司合规管理试行规定》，在证券、基金行业推行合规管理制度。经过多年实践，证券公司和证券投资基金管理公司合规管理工作取得了初步成效，但也存在将合规管理仅作为合规部门的职责、合规负责人履职保障不足、追责力度不够等问题。在总结实践经验基础上，证监会对《证券公司合规管理试行规定》和《证券投资基金管理公司督察长规定》进行了修订，起草了统一的《合规管理办法》。

（三）主要内容

《合规管理办法》共5章40条，主要修订内容包括：

1. 尝试原则导向，对各类业务的规范运营提出八条通用原则；

2. 进一步强化全员合规，厘清董事会、高级管理人员、合规负责人等各方合规管理责任；

3. 优化合规管理组织体系，对证券基金经营机构合规系统建设、部门设置、合规人员数量和质量提出基本标准；

4. 强化合规负责人专业化和职业化水平，同时提升专业经验和法律素质要求；

5. 改善合规负责人履职保障，采取措施维护其独立性、权威性、知情权和薪酬待遇；

6. 强化监督管理，对证券基金经营机构及其高级管理人员、合规负责人未能有效实施合规管理等违规行为依法追责。

（四）内容述评

《合规管理办法》的发布，意味着基金管理公司的合规管理要求将全面升级，基金管理公司应建立以督察长为主导的统一、全方位、多层级的合规管理体系。一是树立“全员合规”理念，将合规管理职责落实到全体员工。二是建立以督察长为主导的独立合规管理体系，明确督察长和合规部门的职权和职责。三是规范督察长和合规部门的任职要求和薪酬标准，限定合规管理人员的配置比例。四是建立合规考核与问责机制，并与绩效考核和薪酬发放挂钩。五是建立统一合规管理体系，保证合规文化的一致性。六是定期对合规管理的有效性进行全面评估，接受协会自律检查和自律管理。七是私募资产管理机构应参照执行《合规管理办法》，各机构应确保2017年底完成整改。

（五）政策影响

《合规管理办法》的影响如下，首先任职需向监管部门报送有关材料，与证券公司合规负责人不同的是，公募基金公司合规负责人的聘任，仅需向证监会相关派出机构报送人员简历及有关证明材料。其次是提前解聘、免职需事先报送监管，合规负责人任期届满前，证券基金经营机构解聘的，应当有正当理由，并在有关董事会会议召开10个工作日前将解聘理由书面报告证监会相关派出机构。再次是代为履职6个月，应当由证券基金经营机构董事长或经营管理主要负责人代行其职务，代行职务的时间不得超过6个月。最后是辞职程序，合规负责人提出辞职的，应当提前1个月向公司董事会提出申请，并向证监会相关派出机构报告。在辞职申请获得批准之前，合规负责人不得自行停止履行职责。

二、《证券公司分类监管规定》（证监会公告〔2017〕11号）

（一）发文信息

《证券公司分类监管规定》（以下简称《规定》）由证监会于2009年5月首次发布，于2010年5月进行了第一次修订，于2017年7月6日进行第二次修订。

（二）出台背景

为贯彻落实《国务院关于进一步促进资本市场健康发展的若干意见》（国发〔2014〕17号），强化依法全面从严监管要求，进一步提升分类监管制度的针对性和有效性，督促行业优化合规风控水平，聚焦主业，更好地服务实体经济，实现长期稳定健康发展，近期证监会在广泛征求行业意见的基础上研究修订了《规定》。

（三）主要内容

《规定》共7章35条，此次主要从以下五个方面对《规定》进行修订。

1. 维持分类监管制度总体框架不变，集中解决实践中遇到的突出问题。不改变现行的以风险管理能力、持续合规状况为主的评价体系和有效做法，仅对相关评价指标结合行业实际和监管需要进行优化。

2. 完善合规状况评价指标体系，落实依法从严全面监管要求。完善日常监管措施及针对立案调查、风险事件的扣分规则，引导一线监管部门用好用足监管措施。客观、准确地体现不同类别公司在持续规范运营上的差异，引导公司按照监管导向依法合规、稳健经营。

3. 强化风险管理能力评价指标体系，促进行业提升全面风险管理能力。更新风险管理评价内容，提高净资本加分门槛，引导证券公司提升资本实力、引入高端专业人才、完善风控基础设施，形成精准计量各类风险、动态监测监控和有效应对风险的全面风险管理能力，实现风险管理全覆盖。

4. 突出监管导向，引导行业聚焦主业。优化原有的市场竞争力指标，剔除部分偏离主业、过度投机的业务因素影响，增加反映公司综合实力、跨境服务能力等因素的指标，引导证券公司突出主业、做优做强，提升国内国际竞争力。

5. 为持续完善评价体系留出空间，增强制度的适应性和有效性。增加授权条款，委托中国证券业协会在条件具备时对全面风险管理能力、合规管理能力、社会责任履行情况等进行专项定量评价，逐步提升风险管控能力在分类评价中的比重，确保分类评价结果切实管用、持续有效，不断提高监管资源配置的有效性。

（四）内容述评

此次《规定》的修订主要有以下两个方面值得关注：一是基于《证券公司风险控制指标管理办法》的规定，更加注重资本充足指标及全面风险管理；二是在加减分上强化了合规、风险控制和市场竞争力等指标，引导政策公司进一步提升市场竞争力。

（五）政策影响

《规定》的修订将对证券公司产生四大显著影响。首先，证券公司将进一步做大资产规模，借助规模提升来优化资本充足水平，证券公司多渠道融资势头将继续强化；其次，在混业竞争趋势日渐增强的情况下，评价指标向质的方面倾斜，如引入营业部部均经纪业务收入排名指标、注重资管主动管理规模、弱化承销项目排名转而更注重承销项目的质量，引导证券公司聚焦主业，提升专业能力和市场竞争力；再次，根据正在征求意见的《公司债券承销业务规范》，分类评价结果将直接决定证券公司的债券承销业务资格，估计后续分类评价结果对券商业务资质的影响将进一步增强；最后，分类评价指标中对信息系统的强化将引导证券公司进一步加大信息系统及科技金融方面的相关投入。

三、《证券公司投资银行类业务内部控制指引（征求意见稿）》（暂无文号）

（一）发文信息

2017 年 9 月 8 日，证监会发布《证券公司投资银行类业务内部控制指引（征求意见稿）》（以下简称《指引》），向社会公众公开征求意见。

（二）出台背景

2008 年爆发的美国金融危机中，贝尔斯登被低价出售给摩根大通，雷曼兄弟宣告破产，美林银行被美国银行收购，高盛和摩根士丹利被迫转型为银行控股公司，华尔街五大投行无一幸免。前车之覆，后车之鉴。2016 年以来，风险事件频发，高杠杆长链条的业态模式，使内控管理滞后于业务发展，引起了监管层面对投行业务合规风控管理的高度重视。

（三）主要内容

《指引》共8章102条。主要包括以下四部分内容：

1. 聚焦投行类业务经营管理中的主要矛盾和突出问题，通过明确业务承做实施集中统一管理、健全业务制度体系、规范薪酬激励机制等方面的要求，着力解决业务活动管控不足，过度激励等导致投行类业务风险产生的根源性问题。

2. 突出投行类业务内部控制标准的统一，在充分考虑不同公司和各类投行业务内部控制现行标准的基础上，归纳、提炼出包括内部控制流程，持续督导和受托管理，问核、工作日志、底稿管理等适用于全行业的统一内部控制要求。

3. 完善以项目组和业务部门、质量控制、内核和合规风控为主的“三道防线”基本架构，构建分工合理、权责明确、相互制衡、有效监督的投行类业务内部控制体系。

4. 强调投行类业务内部控制的有效性，细化各道防线具体履职形式，加强对投行类业务立项、质量控制、内核等执行层面的规范和指导，从内部控制人员配备，立项和内核等会议人员构成和比例、表决机制，现场核查等方面提出具体要求，解决实践中“走过场”“有名无实”等问题。

（四）内容述评

《指引》的定位为《证券公司内部控制指引》的并行规则，从具体业务特点出发对《证券公司内部控制指引》有关投行业务风险防范、项目管理、质量评价、流程监督等方面进行细化。近年来投行类业务快速发展，业务创新层出不穷，行业风险事件频发，《指引》出台的目的在于通过在证券公司内部建立行业统一的内控体系，增强对投行类业务的有效管控和自我约束，引导投行业务稳健发展。《指引》的基本思路一是着力解决投资银行类业务发展和内部控制存在的主要矛盾和突出问题，提高规则制定的针对性和精准度。二是统筹考虑行业现状和监管目标，实现规范和发展两者的平衡。三是全面统一投资银行类业务内部控制标准，维护公平行业环境。四是细化内部控制相关制度安排，保证执行层面的有效落实。

（五）政策影响

1. 收入机制大改革。《指引》第二十九条规定，证券公司应当建立业务人员奖金递延支付机制，不得对奖金实行一次性发放。奖金递延发放年限原则上不得少于 3 年。投资银行类项目存续期不满 3 年的，可以根据实际存续期对奖金递延发放年限适当调整。目前常见的员工收入与项目收入挂钩的现状，也将被喊停。科学、合理的业务人员薪酬考核机制的建立，可以强化第一道防线的执业要求，引导业务人员理性执业。作为内部控制的第一道防线，项目组和业务部门承担着从项目源头上防范风险的重要职责。

2. 首次提出“三道防线”架构，降低风险。根据《指引》的规定，证券公司应建立“三道防线”为主的内部控制体系架构，并对各道防线和各内部控制职能部门的职责分工和责任边界进行明确。

3. 增强人员配备门槛。足够的人员配备是保证内部控制有效执行的重要条件，《指引》明确要求证券公司应当为投行类业务配备与其规模相适应，具备相应专业知识和履职能力的内部控制人员，独立开展投行类业务内部控制相关工作。根据《指引》第三十条的规定，从事投行类业务质量控制、内核、合规、风险管理等内部控制工作的人员数量不得低于投行类业务人员总数的 1/10。

4. 业务承做集中统一。《指引》第二十条指出，证券公司应当对投资银行类业务承做实行集中统一管理，明确界定总部和分支机构的职责范围，确保其在授权范围内开展业务活动。证券公司分支机构不得开展除项目承揽等辅助性活动以外的投资银行类业务。单一从事投资银行类业务的证券公司分支机构除外。这也就意味着，只有投行部门才能进行投行业务，其他部门，比如营业部，如果进行承做业务，那就违反了内控规定。

5. 恶性竞争被禁。证监会明确指出，严禁行业存在的“价格战”“零收费”等恶性竞争情形，《指引》明确“证券公司在开展投行类业务时，应当在综合评估项目执行成本基础上合理确定报价”的底线要求，防范因收费过低导致项目执业质量下降、风险上升等问题。

四、《证券交易所管理办法》（证监会令第 136 号）

（一）发文信息

2017 年 11 月 17 日，证监会发布修订后的《证券交易所管理办法》，自 2018 年 1 月 1 日起施行。

（二）出台背景

为落实强化交易所监管要求，降低系统性风险，证监会对《证券交易所管理办法》进行了修订。

（三）主要内容

1. 在完善和明确交易所的职能方面，为适应上市品种的多样化，在其职能中增加了债券等其他证券监管的有关内容；同时也就监管对象进行了扩充，将“上市公司”修改为“证券上市交易公司”。调整后，除仅适用于上市公司的规定外，该章其他内容可以适用于债券发行人等其他主体。

2. 为完善交易所开展业务的制度依据，增加了交易所的业务范围：提供非公开发行证券转让服务。修改后将为交易所给私募债等非公开发行债券的转让提供服务等活动提供法律依据。

3. 明确交易所业务规则的法律效力。明确“证券交易所制定的业务规则对证券交易活动的各参与主体具有约束力”；为充分加强交易所职能、积极开展一线监管工作提供了制度依据。

4. 要求交易所加大对异常交易行为的前端管控。明确要求交易所制定异常交易监控的重点和异常交易行为认定的规则，对涉嫌违法违规的异常交易行为及时报告，并根据业务规则进行处理。

5. 夯实了交易所以监管会员为中心的交易行为监管模式。要求会员建立客户交易行为管理制度，了解自己的客户。明确会员提供交易单元供他人使用的，应承担管理责任。

6. 规定交易所可以对会员收取惩罚性违约金、取消会员资格等处理措施。

7. 要求交易所对会员合规经营和遵守业务规则的执行情况进行现场检查并向证监会报告，尤其是当会员管理的客户出现严重异常交易行为或在一定时期内多次出现异常交易行为时。

8. 在对证券上市交易公司的监管方面，规定交易所在与证券上市交易公司签订的上市协议中应当明确规定双方的权利义务、现场检查、违约金等内容。强调交易所对其他在本证券交易所发行或者交易的证券在监管上的参照适用。

9. 在加强一线监管的同时也对监管过程和质量提出了要求。要求交易所的自律监管必须确保“公共利益优先”“程序正当”，增加相对人的“内部救济”渠道等要求。

10. 强化交易所的风险防控职责。要求交易所建立风险管理和监测机制，防范市场风险，维护证券市场安全稳定运行，并建立跨市场风险监测、防控体系。

（四）内容述评

此次修订完善了交易所内部治理结构，主要体现在以下几个方面，一是增设了监事会；二是进一步明确了会员大会、理事会、监事会、总经理的职权；三是突出交易所自律管理属性；明确交易所依法制定的业务规则对证券交易活动的各参与主体，包括投资者具有约束力；四是强化了交易所三个方面的一线监管职责，即对证券交易活动的一线监管职责、对会员的一线监管职责、对证券上市交易公司的一线监管职责。

（五）政策影响

1. 进一步明确交易所职责定位，确保交易所不仅是运营良好的交易平台，同时也是优秀的自律监管者。

2. 强化交易所自律管理属性，充分发挥交易所作为市场的组织者、运营者和自律监管者所具有的独特优势和不可替代的作用。

3. 适应当前以监管会员为中心的交易行为监管模式，充分发挥会员在交易行为前端管控方面的优势和职责。

4. 增加了监事会，增强了交易所的自律管理能力。

5. 交易所将加强对证券交易活动、会员、上市交易公司的一线监督。

五、《证券期货市场诚信监督管理办法（征求意见稿）》（暂无文号）

（一）发文信息

2017 年 12 月 1 日，证监会就《证券期货市场诚信监督管理办法》（以下简称《办法》）公开征求意见。

（二）出台背景

多层次资本市场的发展，对诚信监管提出了许多新的需求。为此，证监会将国家相关要求与资本市场实际相结合，修订《证券期货市场诚信监督管理暂行办法》，形成了此次征求意见的《办法》。

（三）主要内容

《办法》共 6 章 50 条，包括总则，诚信信息的采集和管理，诚信信息的公开与查询，诚信约束、激励与引导，监督与管理，附则等内容。相较《证券期货市场诚信监督管理暂行办法》（共 6 章 43 条），保留了 39 条（其中修改了 23 条），增加了 11 条，删除了 4 条。重点是做出以下几个方面的修改：

1. 扩充诚信信息覆盖的主体范围；
2. 扩充诚信信息的内容覆盖面；
3. 建立市场准入环节的诚信承诺制度；
4. 建立主要市场主体诚信积分管理制度；
5. 建立行政许可“绿色通道”制度；
6. 强化事后监管环节的诚信约束要求；
7. 强化市场交易活动中的诚信约束。

（四）内容述评

本次修订重点体现在七个方面，除了扩充了诚信信息覆盖的主体范围和信息内容范围，实行资本市场诚信监管“全覆盖”以外，还在2012年颁布实施的《证券期货市场诚信监督管理暂行办法》的基础上，新增建立重大违法失信信息公示的“黑名单”制度、市场准入环节的诚信承诺制度、主要市场主体诚信积分管理制度、行政许可“绿色通道”制度、市场主体之间的诚信状况互查制度，以及强化事后监管的诚信约束六个方面的内容。

（五）政策影响

1. 有利于加强监管部门诚信监管和约束，进一步重视和发挥了诚信信息共享、联合惩戒机制的作用，打破了诚信信息隔离给监管执法带来的局限性，真正依法构建“一处失信、处处受限”的监管格局，实现资本市场监管的“全覆盖”。

2. 增强对上市公司实际控制人、董事长等重点群体的监管执法力度，减少其自身的违法行为。

六、《关于修改〈证券登记结算管理办法〉等七部规章的决定》（证监会令第137号）

（一）发文信息

2017年12月7日，证监会发布并施行该决定。

（二）出台背景

根据《国务院办公厅关于进一步做好“放管服”改革涉及的规章、规范性文件清理工作的通知》（国办发〔2017〕40号）的要求，证监会对“放管服”改革涉及的部门规章进行了清理。经过清理，决定对七部规章的部分条款予以修改。

（三）主要内容

1. 删去《证券登记结算管理办法》第十条第二项、第三项。

2. 将《全国中小企业股份转让系统有限责任公司管理暂行办法》第十条修改为："全国股份转让系统挂牌新的证券品种应当向证监会报告，采用新的转让方式应当报证监会批准。"

3. 将《转融通业务监督管理试行办法》第十一条中的"应当经证监会批准"修改为"应当报证监会备案"。

4. 将《证券发行上市保荐业务管理办法》第十条第九项修改为："（九）符合规定的最近 1 年度净资本计算表、风险资本准备计算表和风险控制指标监管报表。"

5. 将《期货交易所管理办法》第六条修改为："设立期货交易所，由证监会审批。未经国务院或者证监会批准，任何单位或者个人不得设立期货交易场所或者以任何形式组织期货交易及其相关活动。"

6. 将《期货公司监督管理办法》第十四条第六项中的"《期货交易管理条例》第五十六条第二款、第五十七条"修改为"《期货交易管理条例》第五十五条第二款、第五十六条"。

7. 将《期货公司资产管理业务试点办法》第三条第一款修改为："期货公司从事资产管理业务，应当依法登记备案，遵循公平、公正、诚信、规范的原则，恪守职责、谨慎勤勉，保护客户合法权益，公平对待所有客户，防范利益冲突，禁止各种形式的利益输送，维护期货市场的正常秩序。"

（四）内容述评

为深入推进"放管服"改革，确保各项改革措施有效落实，在前期同步修改、同步落实的基础上，证监会对现行有效的规章和规范性文件进行了全面系统清理。经过梳理，共需清理 17 部规章和 18 部规范性文件。所涉清理内容一是为解决此前清理时遗留的问题，切实"简政放权"；二是为明确取消行政审批事项、减少职业资格许可和认定事项后的管理方式和衔接措施，贯彻"放管结合"；三是为进一步落实对国务院部门行政审批中介服务事项的清理规范内容，不断"优化服务"。

（五）政策影响

1. 股转系统新一轮全网测试落幕，新三板交易制度或迎重大改革

有关新三板多措并举改革之路越发清晰。股转系统联合各主办券商、做市商、基金公司已完成新一轮全网测试，测试内容包括集合竞价转让业务及盘后

协议转让业务。作为多层次资本市场的重要组成部分，此次集合竞价与盘后大宗测试，这将为未来新三板交易制度改革打下坚实基础。

2. 交易制度差异化，资源有效配置

新三板交易制度改革下一步的要点包括，把优化分层作为深化改革工作的主要抓手，把同类规模、同类流动性的企业分层到一起，配套差异化交易制度、差异化监管制度、差异化信息披露制度等。

3. 股转公司的股东结构面临调整

以前股转公司股东变更，需要证监会的批准才行，现在只需向证监会报告即可，股转系统的权限得到了进一步放宽。

七、《关于进一步规范证券公司在投资银行类业务中聘请第三方机构等相关行为的意见（征求意见稿）》（暂无文号）

（一）发文信息

2017 年 12 月 25 日，证监会发布《关于进一步规范证券公司在投资银行类业务中聘请第三方机构等相关行为的意见（征求意见稿）》，对证券公司在投资银行类业务中聘请第三方机构和个人的行为进行规范。

（二）出台背景

针对券商投行业务聘请第三方机构或个人过程中易滋生的利益输送、商业贿赂等问题，证监会最新发布《关于进一步规范证券公司在投资银行类业务中聘请第三方机构等相关行为的意见（征求意见稿）》。

（三）主要内容

1. 证券公司应当严格遵守国家法律法规和证监会制定的各项规章，切实增强廉政风险防范意识和责任意识，禁止通过各种形式进行利益输送、商业贿赂等行为。

2. 证券公司应当建立健全内控机制，全面提升合规风控水平，严格履行背景调查、合同审查、费用审批等流程，强化对在投资银行类业务中有偿聘请各类第三方机构和个人等行为的管控力度，确保相关聘请行为合法合规。

3. 证券公司在投资银行类业务执业过程中可以聘请会计师事务所、律师事务所、资产评估机构等第三方专业机构提供必要的专业服务。

4. 除前款规定情形外，证券公司在投资银行类业务中直接或间接有偿聘请第三方机构或个人的，项目申请时应在披露文件中披露聘请的必要性，第三方机构或个人的基本情况、资格资质、具体服务内容和实际控制人（如有），以及聘请第三方机构或个人的定价方式、实际支付费用和支付方式。

5. 证券公司在投资银行类业务中不存在各类直接或间接有偿聘请第三方机构或个人行为的，应在项目申请时提交不存在相关聘请行为的承诺函。

6. 证券公司应对投资银行类项目的服务对象进行专项核查，关注其在律师事务所、会计师事务所、资产评估机构、评级机构等该类项目依法需聘请的证券服务机构之外，是否存在直接或间接有偿聘请其他第三方机构或个人的行为，及相关聘请行为是否合法合规。证券公司应就上述核查事项发表明确意见。

（四）内容述评

发文的 20 字基本原则和方针为：防止腐败、允许聘任、不能免责、及时公开、券商核查。

1. 基本原则就是防止商业贿赂、利益输送等腐败行为。证券公司在开展投资银行类业务的过程中，为获取专业服务或其他目的而直接或间接有偿聘请各类第三方机构或个人的行为，在实践中一直存在，其表现形式复杂多样，部分形式容易滋生利益输送、商业贿赂等问题。

2. 允许投行业务聘请独立第三方进行业务合作。（1）证券公司应当严格履行背景调查、合同审查、费用审批等流程，强化对在投资银行类业务中有偿聘请各类第三方机构和个人等行为的管控力度。（2）证券公司投行业务可以聘请会计师事务所、律师事务所、资产评估机构等第三方专业机构提供必要的专业服务。

3. 证券公司不因聘请第三方而减轻甚至免除责任。证券公司根据法规规定和客观需要合理使用第三方机构服务，证券公司依法应当承担的责任不因聘请第三方机构而减轻或免除。

4. 券商聘请独立第三方的要及时公开，没有公开的就承诺没有。

5. 券商要对发行人是否存在聘请独立第三方的情形进行核查并发表明确意见。证券公司应对服务对象进行专项核查，关注其在依法需聘请的证券服务机构之外，是否存在直接或间接有偿聘请其他第三方机构或个人的行为，及相关聘请行为是否合法合规。证券公司应就上述核查事项发表明确意见。

（五）政策影响

1. 监管新规剑指投行“协议支出”费用

以往某些投行在定价上没有合适的制度，实际支付费用方式较为随意，甚至藏匿着一些利益输送或商业贿赂等。该文件的出台，将会对目前相对无章法的投行第三方支付体系进行较为严厉的规范，有助于限制证券公司通过各种形式进行利益输送、商业贿赂等行为，确保聘请第三方机构和个人等行为合法合规，强化证券公司的信息披露。

2. 明令禁止“利益输送、商业贿赂”

新规对中小券商影响较大，尤其是债券承销业务。大券商已经不允许“协议支出”了，内控无法通过，而中小券商靠第三方中介另走捷径，很多见不得光的协议便容易滋生利益输送、商业贿赂的问题。由于投行债券承销业务门槛较低、业务同质化竞争十分严重，以往会发生一些为了拿到债券项目而进行利益输送的行为。新规明令禁止这类行为。

3. 明确聘请第三方机构的信息披露要求

针对投行聘请第三方机构，监管部门并非“一刀切”，一方面重申禁止各种形式的利益输送、商业贿赂等行为，另一方面允许聘请特定第三方专业机构提供必要的专业服务，且进一步明确了投行聘请第三方机构的信息披露要求。

这是要求投行如实地披露有没有聘请第三方中介，如果没有聘请，也要做出没有聘请第三方中介的承诺函。实际上就把中间的漏洞给堵上了。以往的投行项目公开披露文件里面，能够披露的中介机构是承销商、会计师、律师、评估师，其他咨询机构都不会披露，披露不充分。不过，新规剑指利益输送和商业贿赂，但正常的居间性质的协议支出，可能会有误伤。证监会将在投资银行类项目审核过程中，加大对相关信息披露内容的审核力度，同时通过现场检查等方式，强化事后监管。对于审核和检查中发现的问题，予以严肃处理。

八、《公开发行证券的公司信息披露内容与格式准则第3号——半年度报告的内容与格式（2017年修订）》（证监会公告〔2017〕18号）

（一）发文信息

证监会《公开发行证券的公司信息披露内容与格式准则第3号——半年度报告的内容与格式（2017年修订）》于2017年12月26日公布，并于公布当日开始实施。

（二）出台背景

本次修订旨在促进上市公司专注主业。

（三）主要内容

共4章71条，主要修订内容包括以下几点：

1. 根据 2015 年年报准则修订情况，相应修订半年报、季报准则，实现定期报告之间信息披露内容的有效衔接。

2. 将公司债券相关情况系统纳入上市公司年报、半年报准则，以形成统一、协调的信息披露格式准则。

3. 强化对承诺事项、减值风险和环境信息等事项的披露。

此外，本次修订还对信息披露中的保密义务、公司资产所有权受限情况等一并明确相关要求，以期进一步突出重点内容，适应监管实践的发展。

（四）内容述评

本次修订的原则和思路如下：一是构建分层次统一的信息披露框架。根据市场需求，将原有主板和创业板半年度报告、季度报告准则进行有机整合，形成统一的定期报告准则，使三者在披露内容上形成依次递减的体系层次。二是增加投资者关心的信息，提升信息的“有用”。以投资者需求为导向，凡是对投资者决策起重要作用的信息，都位置提前、重点突出、层次分明，旨在为投资者决策提供更有效的信息。三是减少冗余信息，提升信息的“易得”。凡是投资者不关心或者以前定期报告或临时公告披露过的冗余信息，都增加索引、大幅简化或删除；凡是部分上市公司对披露内容不适用的，允许简化或豁免披露，更加突出重点。

（五）政策影响

1. 在发展中保障和改善民生。本次修订新增上市公司支持扶贫开发工作的信息披露要求，鼓励公司披露精准扶贫规划、成效等方面的信息，进一步提升上市公司的担当意识，压实上市公司的扶贫责任，体现资本市场坚持以人民为中心的发展思想。

2. 提升我国资本市场国际竞争力。当前，随着 A 股纳入明晟（MSCI）指数，互联互通机制不断深化，中国资本市场双向开放对中国上市公司长期可持续发展提出了新的要求。本次修订完善及新增的社会责任、环境信息等披露要求实际上已经涵盖了明晟（MSCI）ESG 评价标准的重要内容，有利于提高我国上市公司的 ESG 评级、提升我国上市公司及资本市场的国际竞争力。

3. 防范金融风险。本次修订进一步完善了上市公司委托理财的信息披露要求，明确了委托理财信息披露范畴，强化对高风险委托理财的信息披露要求。本次修订聚焦上市公司委托理财，旨在促进公司专注主业，切实防范资金“脱实向虚”，这也体现了证监会坚决打好防范化解风险攻坚战，全力维护市场稳定运行的态度和决心。

九、《公开发行证券的公司信息披露内容与格式准则第 2 号——年度报告的内容与格式（2017 年修订）》（证监会公告〔2017〕17 号）

（一）发文信息

2017 年 12 月 26 日，证监会公布了《公开发行证券的公司信息披露内容与格式准则第 2 号——年度报告的内容与格式（2017 年修订）》。

（二）出台背景

随着 A 股纳入明晟（MSCI）指数，互联互通机制不断深化，中国资本市场双向开放对中国上市公司长期可持续发展提出了新的要求。本次修订完善及新增的社会责任、环境信息等披露要求实际上已经涵盖了明晟（MSCI）ESG 评价标准的重要内容，有利于提高我国上市公司的 ESG 评级、提升我国上市公司及资本市场的国际竞争力。

（三）主要内容

1. 委托理财相关披露内容的修订。2017 年修订的年度报告的内容与格式增加按照理财产品的类型披露委托理财的资金来源、发生额、未到期余额及逾期未收回金额情况。删除对所有委托理财产品需要披露具体情况的要求，仅单项金额重大的委托理财或高风险委托理财需披露具体情况，同时对具体情况披露内容增加了参考年化收益率和预期收益两项指标。增加委托理财预期无法收回本金或存在其他可能导致减值的情形，预计对公司具有较大影响的，公司应当说明财务状况或当期利润的影响。

2. 鼓励披露履行社会责任的工作情况的修订。2017 年修订的年度报告的内容与格式增加鼓励企业结合行业特点披露履行社会责任的工作情况，并增加履行社会责任的范围示例。同时，将环境保护信息的披露内容做适当修改并单独作为第四十四条加以规范。

3. 增加鼓励披露履行扶贫社会责任的具体情况。2017 年修订的年度报告的内容与格式鼓励公司结合行业特点，主动披露积极履行社会责任的工作情况，并列举了四项工作情况内容：（1）精准扶贫规划；（2）年度精准扶贫概要；（3）精准扶贫成效；（4）后续精准扶贫计划。

4. 修改重点排污单位主要环境信息披露内容。

（四）内容述评

本次修订明确提出分层次的上市公司环境信息披露制度，即要求重点排污公司强制披露、其他公司执行“遵守或解释”原则，同时，鼓励公司自愿披露有利于保护生态、防止污染的信息，进一步强化公司承担环境与社会责任，推动构建绿色金融体系，为人民创造良好生产生活环境、建设美丽中国贡献力量。本次修订新增上市公司支持扶贫开发工作的信息披露要求，鼓励公司披露精准扶贫规划、成效等方面的信息，进一步提升上市公司的担当意识，压实上市公司的扶贫责任，体现资本市场坚持以人民为中心的发展思想。

（五）政策影响

1. 完善了上市公司委托理财的信息披露要求，明确了委托理财信息披露范畴，强化对高风险委托理财的信息披露要求。

2. 本次修订完善及新增的社会责任、环境信息等披露要求实际上已经涵盖了明晟（MSCI）ESG 评价标准的重要内容，有利于提高我国上市公司的 ESG 评级、提升我国上市公司及资本市场的国际竞争力。

十、《资本市场主体全面实施新审计报告相关准则有关事项的公告》（证监会公告〔2017〕19 号）

（一）发文信息

证监会于 2017 年 12 月 28 日下发《资本市场主体全面实施新审计报告相关准则有关事项的公告》（以下简称 19 号文）。对于股票在上海、深圳证券交易所交易的上市公司（即主板公司、中小板公司、创业板公司）、首次公开发行股票的申请企业（IPO 公司）、股票在股转系统公开转让的非上市公众公司（新三板公司）中的创新层挂牌公司、面向公众投资者公开发行债券的公司，其财务报表审计业务，应于 2018 年 1 月 1 日（审计报告日在 2018 年 1 月 1 日及以后）起执行新审计报告相关准则。

（二）出台背景

随着资本市场的改革与发展，政府部门、监管机构和投资者对注册会计师执业质量提出了更高的要求，期望注册会计师出具的审计报告具有更高的信息含量和决策相关性，以降低资本市场的不确定性和信息不对称带来的风险。2017 年 12 月 28 日，证监会发布 19 号文，以配合新审计报告准则的顺利实施。

（三）主要内容

19 号文包括 6 个方面。

1. 对于 IPO 公司，其财务报表审计业务自 2018 年 1 月 1 日起实施新审计报告相关准则，适用关键审计事项准则的期间为 2017 年及其以后的会计期间，

2017 年以前的会计期间自愿适用。

2. 对于适用《上市公司重大资产重组管理办法》（证监会令第 127 号）并按照《公开发行证券的公司信息披露内容与格式准则第 26 号——上市公司重大资产重组》（证监会公告〔2017〕14 号）编报的重组交易，标的资产财务报表审计业务自 2018 年 1 月 1 日起实施新审计报告相关准则，适用关键审计事项准则的期间为 2017 年及其以后的会计期间，2017 年以前的会计期间自愿适用。

3. 对于申请面向公众投资者公开发行债券的公司，其财务报表审计业务自 2018 年 1 月 1 日起实施新审计报告相关准则，适用关键审计事项准则的期间为 2017 年及其以后的会计期间。

4. 对于新三板创新层挂牌公司，其财务报表审计业务自 2018 年 1 月 1 日起实施新审计报告相关准则。2018 年新分入创新层的挂牌公司，其财务报表审计业务自调整之日后实施新审计报告相关准则。对于适用《非上市公众公司重大资产重组管理办法》（证监会令第 103 号）并按照《非上市公众公司信息披露内容与格式准则第 6 号——重大资产重组报告书》（证监会公告〔2014〕35 号）编报的创新层挂牌公司重大资产重组交易，标的资产与创新层挂牌公司适用同样的新审计报告相关准则要求。

5. 对于资本市场其他主体的财务报表审计业务，暂不要求执行新审计报告相关准则中对上市实体做出强制要求的相关规定。对于新审计报告相关准则其他方面的规定，应当于 2018 年 1 月 1 日起执行。

6. 具有证券期货相关业务资格的会计师事务所应当做好全面实施新审计报告相关准则的准备工作，总结 2017 年实施新审计报告相关准则的经验和问题，加强事务所内部学习与培训。

（四）内容述评

19 号文对资本市场主体全面实施新审计报告相关准则做出规定。同时，证监会要求具有证券期货相关业务资格的会计师事务所加强内部质量管理，严格执行新审计报告相关准则的要求，提高审计报告信息的有用性和针对性。

（五）政策影响

1. 提高上市公司报告审计质量，增强外部治理。新审计报告准则首年即 2017 年实施情况平稳有序，新审计报告准则对提高审计工作质量和审计报告信息含量的作用初步显现。首批按新审计报告准则出具的审计报告对关键审计事项的披露基本体现了新准则要求，关键审计事项披露涉及的主题，反映了当前经济形势下相关上市公司所处的行业特点和固有风险，揭示和防范化解系统性风险的针对性得到有效加强。

2. 出具的审计报告具有更高的信息含量和决策相关性，降低了资本市场的不确定性和信息不对称带来的风险。审计人员出具的报告被要求服务于投资者决策，从更广层面上来说，是为一切报表使用者提供分析决策有用的信息。因此资本市场主体全面实施新审计报告，这有利于会计师事务所内部提高管理水平，加大审计人员的学习力度，增强专业能力，按新审计报告进行审计并出具意见。从而降低投资者与上市公司间的信息不对称程度，更好地促进资本市场健康平稳发展。

十一、《关于修订〈证券账户业务指南〉等三个指南的通知》(暂无文号)

（一）发文信息

为进一步加强证券账户管理，适应市场需求及业务变化，2017 年 8 月 14 日，中国证券登记结算有限责任公司对《中国证券登记结算有限责任公司证券账户业务指南》《中国证券登记结算有限责任公司特殊机构及产品证券账户业务指南》和《中国证券登记结算有限责任公司开户代理机构管理业务指南》(以下分别简称《证券账户业务指南》《特殊机构及产品证券账户业务指南》《开户代理机构管理业务指南》）进行修订并重新发布，三个指南分别做了以下修订，并自 2018 年 1 月 1 日起实施。

（二）出台背景

2015 年 4 月，全面放开了个人投资者“一人一户”的限制。一人多户政策实施以来取得了预期的效果，多开立 3 户以上投资者的账户使用率明显偏低，空置率非常高，占用过多技术系统资源。为进一步加强对证券账户的管理，适应市场需求及业务变化，中国证券登记结算有限责任公司特发布了以上三个账户管理指南的修改内容。

（三）主要内容

1. 《证券账户业务指南》主要修改内容为：（1）注重投资者身份证明和证券账户信息核验；（2）开户代理机构应定期核查投资者证券账户信息，自然人投资者三年一次，机构投资者每年一次，对交易活跃或异常的投资者可酌情增加；（3）强调核查系统运营时间并为开户代理机构接入系统；（4）私募基金管理人同时具有特殊机构身份，私募基金管理人同时为信托机构等特殊机构应作为特殊机构向中国证券登记结算有限责任公司申请开立账户；（5）证券公司对于投资办理关联关系确认的义务。

2.《特殊机构及产品证券账户业务指南》主要修改内容为：（1）开户申请人申请开立特殊机构及产品证券账户的，应补充提交证券账户自律管理承诺书，承诺严格遵守账户实名制有关要求，承诺不在该账户下设立子账户、分账户、虚拟账户，不出借证券账户给他人使用等；（2）开户申请人为产品申请开户的，还应提供相关资产管理人、资产托管人取得相应证券资产管理、托管业务资格的证明文件；（3）在特殊机构及产品证券账户使用环节，账户持有人不得通过在证券账户下设立子账户、分账户、虚拟账户等方式违规进行证券交易；不得出借证券账户给他人使用。

3.《开户代理机构管理业务指南》主要修改内容为：（1）简化业务办理流程，提高效率，开户代理办理网点新增时，不再邮寄《开户代理业务印章印模报备表》；（2）补充关于衍生品合约账户权限开通与关闭的表述。

（四）内容述评

三个指南的修订旨在进一步加强对中国证券登记结算有限责任公司的业务账户的管理，强调了账户的申请和使用行为的规范性的内容，进行了扩展。

（五）政策影响

《证券账户业务指南》明确一个自然人和普通机构投资者在同一市场最多可申请开立 3 个同类账户，同时，还明确对于投资者在 2016 年 10 月 15 日前已开立的 3 户以上同类证券账户，如开立及使用方面符合账户实名制管理要求且确有实际使用需要的，投资者本人可以继续使用；对于长期不使用的存量多开账户，由中国证券登记结算有限责任公司依规纳入休眠账户管理。

三个指南的修订提高了投资者证券账户的使用率，减少了对技术系统资源的占用。并进一步加强账户实名制管理，减少系统资源浪费，兼顾投资者合理分仓及选择交易券商等开立多户的实际需求。

十二、《证券经营机构投资者适当性管理实施指引（试行）》（中证协发〔2017〕153 号）

（一）发文信息

为引导证券行业落实投资者适当性管理要求，保护投资者合法权益，中国证券业协会组织起草了《证券经营机构投资者适当性管理实施指引（试行）》（以下简称《指引》），并于 2017 年 6 月 28 日发布了《指引》，自 2017 年 7 月 1 日起实施。

（二）出台背景

2016 年 12 月，证监会颁布《证券期货投资者适当性管理办法》（以下简称《办法》），首次以部门规章的形式对证券期货投资者适当性管理提出统一规范。为全面深入贯彻实施《办法》，中国证券业协会对老《指引》进行全面修订，在广泛征求行业意见的基础上，形成了《指引》，经中国证券业协会内部必要程序，并按规定报监管部门备案后，于 2017 年 7 月正式发布实施。老《指引》同时废止。

（三）主要内容

一是形成了依据多维度指标对投资者进行分类的体系，统一投资者分类标准和管理要求。

二是明确了产品分级的底线要求和职责分工，建立层层把关、严控风险的产品分级机制。

三是规定了经营机构在适当性管理各个环节应当履行的义务，全面从严规范相关行为。

四是突出对普通投资者的特别保护，向投资者提供有针对性的产品及差别化服务。

五是强化了监管职责和法律责任，确保适当性义务落到实处。

（四）内容述评

《办法》是针对证券期货经营机构统一适用的制度，规定的是共性的要求。《指引》以“上位法”为依据，在总结行业过去开展适当性管理工作中好的经验和做法的基础上，根据《办法》的要求，在证券经营机构适当性管理的程序、流程和方法等方面，做出参考性安排和引导。

（五）政策影响

《指引》的目的是落实《办法》的相关要求，即证券经营机构将适当的产品或服务提供给适当的投资者，并且指导证券经营机构如何做到识别投资者的风险承受能力和产品或服务的风险等级、如何将投资者与产品或服务进行匹配、如何做好内部控制工作等。《指导》的出台有利于督促、引导证券行业有效落实适当性管理要求，维护投资者合法权益。

十三、《关于加强场外衍生品业务自律管理的通知》（中证协发〔2017〕123 号）

（一）发文信息

中国证券业协会 2017 年 5 月 22 日面向各参与场外衍生品交易的证券公司、基金管理公司及其子公司发布了《关于加强场外衍生品业务自律管理的通知》（以下简称《通知》）。

（二）出台背景

为贯彻落实证监会《关于进一步规范证券基金经营机构参与场外衍生品交易的通知》（证监办发〔2016〕81 号）的相关要求，加强场外衍生品业务自律管理，有效防范和控制风险，特发此通知。

（三）主要内容

《通知》主要包括以下四个部分：一是完善场外衍生品业务备案及数据报送；二是加强场外衍生品业务合规管理和风险控制；三是强化场外衍生品业务自律管理措施；四是其他场外证券业务。《通知》进一步明确了场外衍生品交易的规范事项。

（四）政策影响

《通知》进一步明确了场外衍生品业务备案及数据报送要求，有助于加强场外衍生品业务自律管理，有效防范和控制风险。

第四篇　保险业制度变革

第一节　市场综合整治

一、《关于进一步加强保险监管　维护保险业稳定健康发展的通知》(保监发〔2017〕34 号)

(一) 发文信息

保监会于 2017 年 4 月 20 日印发《关于进一步加强保险监管　维护保险业稳定健康发展的通知》(以下简称 34 号文)。面向机关各部门、各保监局。

(二) 出台背景

近来，部分保险公司资产与负债严重错配，治理结构不完善、内控制度不健全，存在股东虚假注资、内部人控制等问题；行业个体分化明显，偿付能力下降的公司数量有所增加，局部风险增大；部分保险机构盲目跨领域、跨市场并购，保险产品多层嵌套，容易产生风险交叉传递。在此背景下，保监会出台 34 号文，首次提出“严”字当头，旨在明确当前和今后一个时期加强保险监管、治理市场乱象、补齐监管短板、防范行业风险的任务和要求。

(三) 主要内容

34 号文包含了三个部分内容。

1. 当前我国保险业面临的形势

本部分主要指出了当前保险业存在的突出风险和问题。在利率环境复杂、资产配置难度大的背景下，少数保险公司发展模式激进，资产与负债严重错配，存在较大的流动性风险隐患；部分保险公司治理结构不完善、内控制度不健全，存在股东虚假注资、内部人控制等问题。保险行业存着局部性风险。

2. 明确了保险监管的主要任务

本部分明确了当前和今后一段时期保险监管的主要任务，有四个方面：一是强化监管力度。始终保持监管高压态势，全面清查违规资金运用、股东虚假注资、公司治理失效、信息披露不实等问题。二是补齐监管短板。系统梳理制度和流程，深入排查监管漏洞，尽快补齐制度短板；加强各领域监管制度的协调统一，防止监管套利；加快完善监管规则，在放开前端的同时切实管住管好后端。三是严密防控风险。关注和紧盯重点公司、重点领域和重点产品的风险；有序处置一批风险点，对可能产生的次生风险做好应对预案。四是创新体制机制。鼓励保险资金投资国家重大工程建设，参与去杠杆和服务中小微企业发展。充分发挥保险风险管理与保障功能，创新保险产品和业务模式，助力公共治理体系建设与社会保障体系完善。

3. 保险监管工作的总体要求

即在推进强监管、治乱象、补短板、防风险、服务实体经济等工作的过程中，始终坚持“保险业姓保、保监会姓监”，勇于担当、落地见效、强化问责。

（四）内容述评

34 号文强化为民监管理念，以保护保险消费者合法权益为根本，坚决纠正监管定位偏差，将“监管姓监”落到实处，切实履行监管使命职责。34 号文的发行，强化了保险行业的监管纪律，规范了监管制度，使保险行业实现了法制化监管，做到“有法可依、有法必依、执法必严、违法必究”。

（五）政策影响及展望

34 号文是“1 +4”系列文件中的“1”，体现了保险业当前监管工作的总体思路。从短期来看，34 号文的出台会对我国保险市场规模增速造成一定影响（据统计，2017 年 5 月寿险规模保费微降 5.85%）；但从长期来看，监管力度的加强有利于我国保险市场由量变转向质变。同时，有利于未来加强金融监管的协调一致，促进我国大资管市场监管的协作融合。

二、《关于进一步加强保险业风险防控工作的通知》（保监发〔2017〕35 号）

（一）发文信息

保监会于 2017 年 4 月 21 日印发《关于进一步加强保险业风险防控工作的通知》（以下简称 35 号文）。面向各保险集团（控股）公司、保险公司、保险资产管理公司、保险专业中介机构。

（二）出台背景

2016 年 12 月 14 日至 16 日，中央经济工作会议明确了稳中求进的工作总基调，并要求把防控金融风险放到更加重要的位置。为贯彻落实关于金融风险防控的决策部署，深入推进“保险业姓保，保监会姓监”，保监会出台了 35 号文，旨在针对保险业风险较突出的重点领域进行相应规范。

（三）主要内容

35 号文包含了十个部分 39 条内容。即在明确指出当前我国保险业风险较为突出的九个重点领域（即流动性风险、资金运用风险、战略风险、新型保险业务风险、外部传递性风险、群体性事件风险、底数不清风险、资本不实风险、声誉风险）的同时，对保险公司提出了 39 条风险防控措施要求。主要内容总结如下：

1. 流动性风险防控

要求保险公司健全流动性管理制度机制、加强流动性风险管理和监测、完善应急处置机制、风险防范关口前移、强化股东的流动性风险管理责任。

2. 资金运用风险防控

要求保险公司切实加强资金运用依法合规管理、建立审慎稳健的投资运作机制、严禁违规开展资金运用关联交易、防范重点领域的投资风险、加强资金运用信息报送和披露。

3. 战略风险防控

要求保险公司科学制定战略规划、完善公司治理体系、加强股东管理和关联交易管理。

4. 新型保险业务风险防控

要求保险公司加强新业务风险研判、严控信用保证保险业务风险、严防互联网保险风险。

5. 外部传递性风险防控

要求保险公司加强外部环境研判、建立风险缓释和衰减机制、防范重点领域的外部传递性风险。

6. 群体性事件风险防控

要求保险公司和保险中介机构完善消费者权益保护机制、加强人身保险产品销售行为管理、严查违规套取费用、提高群体性事件的应急处置能力。

7. 底数不清风险防控

要求保险公司摸清风险底数、防范数据不真实风险、加强监管报告和数据的报送管理。

8. 资本不实风险防控

要求保险公司加强资本管理，防范公司资本被抽逃占用的风险、切实防范增资来源不合法的风险、制订符合公司实际的资本规划、严防利用不当创新、不当工具虚增资本。

9. 声誉风险防控

要求保险公司加强声誉风险管理、加强风险排查和监测、提升应急处置能力、加强新闻统一发布和归口管理。

10. 健全风险防控工作机制

要求保险公司从组织领导、责任分工、信息报告机制的完善、责任追究四个方面健全风险防控工作机制。

(四) 内容述评

35 号文作为“1 +4”系列文件的 4 个落实文件之一，标志着我国保险业新一轮防范风险、规范市场的开始。在 35 号文指出的保险业风险防控的九大重点领域中，防范流动性风险位列首位，体现了对“保险不姓保”问题的重视。此外，35 号文对预防连带风险、控制事后风险进行了强调。相比个别公司丧失偿付能力的情况，避免风险在整个行业间扩散和蔓延更为重要。同时，35 号文没有简单地提出“防”和“控”，而更为关注监管的精准性，以平衡守住底线和支持创新。随着与宏、微观经济的关联度提高，保险业更易受到经济周期和金融市场动荡的影响。35 号文提出的监管措施或具有可替代性，或不直接服务于“保险姓保”，便于随着经济形势的变化和行业发展进行灵活调整。

(五) 政策影响及展望

在 35 号文的影响下，有两个方面值得重点关注：一是激进型保险公司可能面临较大的流动性压力。对激进型保险公司而言，低利率环境下使其通过加大杠杆和期限错配来维持高成本负债以扩大规模。但随着监管趋严，行业价值转型的趋势使这一类保险公司在现金流不稳定、有退保压力的情况下应高度关注流动性波动，及时补充资本，稳定公司偿付能力充足率。二是深化资金运用风险防控。自 1984 年至 2015 年，我国保险资产管理经历了从传统的银行存款、债券向股票、基金，再向另类投资品种的逐步转变。然而政策红利不断释放的同时，也伴随着问题的出现。35 号文的出台是对前期资金运用监管的持续跟进，也体现出“红利释放 + 规范发展”的监管思路将会成为今后保险资金运用的常态。

三、《关于强化保险监管　打击违法违规行为　整治市场乱象的通知》(保监发〔2017〕40 号)

(一) 发文信息

保监会于 2017 年 4 月 28 日印发《关于强化保险监管　打击违法违规行为　整治市场乱象的通知》(以下简称 40 号文)。面向机关各部门、各保监局、各保险机构。

(二) 出台背景

近来,保险业乱象集中体现为部分保险机构资本失实、治理失效、投资失控、营销失信、数据失真等,严重损害了保险消费者的合法权益,扰乱了保险市场秩序。在此背景下,40 号文专项部署了八个方面的整治工作,旨在精准打击我国保险市场中存在的失真行为。

(三) 主要内容

40 号文包含了三个部分 11 条内容。

1. 明确目的意义

金融市场乱象问题在保险业同样存在,集中体现为部分保险机构资本失实、治理失效、投资失控、营销失信、数据失真等,严重损害了保险消费者合法权益,扰乱了保险市场秩序,甚至可能引发重大经济金融风险。面对这些市场乱象问题,保监会坚持不回避、不遮掩,以更强担当精神履职尽责,从严整治、从快处理、从重问责,坚决守住不发生系统性风险的底线,确保国家经济金融安全稳定。

2. 具体工作部署

本部分具体部署了八个方面的专项整治工作:一是着力整治虚假出资,切实解决资本不实问题;二是着力整治公司治理乱象,提升治理机制有效性;三是着力整治资金运用乱象,坚决遏制违规投资、激进投资行为;四是着力整治产品不当创新,坚决清退问题产品;五是着力整治销售误导,规范销售管理行为;六是着力整治理赔难,提高理赔服务质量和效率;七是着力整治违规套取费用,规范市场经营行为;八是着力整治数据造假,摸清市场风险底数。

3. 提出工作要求

本部分明确了三项工作要求,即在整治市场乱象的过程中加强组织领导、坚持“严”字当头、注重营造依法合规经营的长效机制。

(四) 内容述评

40 号文作为“1 +4”系列文件的 4 个落实文件之一,是对 34 号文中提到的“强化监管力度，持续整治市场乱象”精神的进一步深入与展开。40号文作为纲领性监管文件，在其指明的专项整治8个方面中，有3个方面为前端业务关注重点，另5个方面为后端业务关注重点。从3个前端业务关注重点来看，40号文偏向于对整体保险市场整顿完善性的补充，农险、大病险等历次检查热点问题仍将作为未来整顿行动的重点。在5个后端业务关注重点中，对于虚假出资乱象，重点在于资本来源、关联持股、关联交易等行为的合规性；对于资金运用乱象，明确将“非理性连续举牌，与非保险一致行动人共同收购，利用保险资金快进快出频繁炒作股票”列入乱象；对于产品不当创新乱象，实质是对发文前期财险公司产品创新争议的回应。此外，对于数据造假乱象，开展偿付能力数据专项检查意在摸清真实的偿付能力风险。

（五）政策影响及展望

在40号文的影响下，我国保险市场乱象整治工作扎实推进，取得了明显的阶段性成效。一是揭示了保险市场存在的问题和风险。据统计，自治乱象工作开展以来，截至2017年9月，公司自查发现问题1131个，涉及金额982亿元。监管部门专项检查发现问题2300余个，涉及金额近10亿元。二是促进了保险机构规范经营。通过督促保险机构对发现的问题积极整改，一些业务经营的违规问题和市场乱象得到了初步遏制。三是夯实了制度基础。针对保险市场上存在的乱象问题，陆续出台有关监管文件，逐步建立起整治市场乱象的长效机制。

下一步，一是持续推进保险机构自查及监管检查。督促保险机构深入排查，及时查摆存在的问题。组织实施监管检查，严厉打击扰乱市场秩序的违法违规行为。二是督促公司切实整改。通过督导、谈话、通报、抽查等监管手段，并组织开展“回头看”工作，确保违规问题整改到位。三是依法严肃惩处违法违规机构和责任人。坚持“双罚制”原则，对个别影响恶劣、屡犯不改的机构，采取顶格处罚。加大对高级管理人员的处罚力度，推进实施高管人员任职资格取消或市场禁入措施。建立保险领域失信联合惩戒制度，将处罚情况记入市场主体信用档案。对于违法犯罪行为，坚决移送司法机关处理。四是继续完善监管制度。针对专项整治工作发现的问题和风险，深入剖析找出症结，及时补齐监管短板。对市场上出现的新情况、新问题加强研究，不断完善监管制度。

四、《关于保险业支持实体经济发展的指导意见》（保监发〔2017〕42号）

（一）发文信息

保监会于2017年5月4日印发《关于保险业支持实体经济发展的指导意

见》（以下简称 42 号文）。面向各保险集团（控股）公司、保险公司、保险资产管理公司。

（二）出台背景

现阶段，我国金融业服务实体经济仍面临不少风险和挑战，存在杠杆高、嵌套多、链条长的问题以及金融业自我循环和脱实向虚的现象。在此背景下，42 号文的发布，旨在营造保险业服务实体经济的良好政策环境，促进保险业持续向振兴实体经济发力，提升保险业服务实体经济的质量和效率。

（三）主要内容

42 号文包含了五个部分 15 条内容。

1. 提出总体要求和基本思路

本部分提出了保险业服务实体经济发展的总体要求和基本思路：坚持服务国家战略和实体经济的导向，充分发挥保险产品和保险资金的独特优势；坚持改革创新的理念，通过深化改革、支持创新、回归本源、突出主业等方式，适应实体经济发展的不同需求；坚持发挥市场在资源配置中的决定性作用，遵循依法合规和专业化、市场化运作，实现商业可持续。

2. 构筑实体经济的风险管理保障体系

本部分从四个方面阐述了实体经济的风险管理保障体系的构筑：完善社会风险保障功能，发挥实体经济稳定器作用；完善农业风险管理机制，推动中国特色农业现代化；增强保险增信作用，助力小微企业融资和出口企业“走出去”；发挥保险产品和资金优势，推动健康和养老产业发展。

3. 引导保险资金服务国家发展战略

本部分明确了引导保险资金服务国家发展战略的五条路径。即支持供给侧结构性改革；支持“一带一路”建设；支持国家区域经济发展战略；支持军民融合发展和《中国制造 2025》；推进保险资金参与 PPP 项目和重大工程建设。

4. 创新保险业服务实体经济形式

本部分提出了三种创新保险业服务实体经济的可行方案。即创新保险扶贫基金，助力国家脱贫攻坚战略；创新再保险和巨灾险业务模式；完善新技术、新业态保险服务。

5. 改进和加强保险监管与政策引导

本部分提出了改进和加强保险监管与政策引导的三项举措。即逐步调整和优化比例及资本监管；积极推进差异化监管和分类监管试点；着力防范和化解重点领域风险隐患。

（四）内容述评

42号文作为“1+4”系列文件的4个落实文件之一，有针对性地支持保险业务创新，提升保险服务实体经济的效率和水平。一是保险行业加快回归本源，做强主业，保险保障供给能力显著提升，服务国家战略、助推脱贫攻坚和民生改善的力度不断加强。二是保险产品结构逐步得到优化，普通寿险等保障型产品快速增长，短期理财型险种新增缴费同比下降较快。三是保险资金激进投资得到有效遏制，保险资金维护金融市场稳定和服务实体经济的积极作用得到彰显。

（五）政策影响及展望

在42号文的影响下，保险业在服务实体经济发展中逐渐形成规模。据统计，2017年前三季度，保险业务中与国计民生密切相关的责任保险和农业保险业务继续保持较快增长，分别实现原保险保费收入344.17亿元和414.03亿元，同比分别增长22.59%和14.99%；与宏观经济相关性较强的工程险增速明显加快，实现原保险保费收入90.79亿元，增长17.67%，增速同比加快7.12个百分点。从提供资金支持看，保险业定期存款余额超1.4万亿元，是实体经济中长期贷款的重要资金来源；投资债券和股票为实体经济直接融资超过7.01万亿元，较年初增长15.23%。从落实国家经济发展战略看，以债权、股权计划形式支持“一带一路”建设投资规模达7720.74亿元；以债权计划形式支持长江经济带和京津冀协同发展战略投资规模分别达2986.18亿元和1224.35亿元；保险资金实体项目投资中涉及清洁能源、资源节约与污染防治等绿色产业债权投资计划规模达6166.75亿元。

预期未来保险资金开展基础设施债权投资计划、PPP等另类投资模式的审批效率将进一步提高、增信机制将进一步完善。下一步，关键是以市场化的风险收益水平寻找保险资金适合的投资项目，在保护广大保险消费者利益的基础上，有效支持实体经济发展。

五、《关于弥补监管短板构建严密有效保险监管体系的通知》（保监发〔2017〕44号）

（一）发文信息

保监会于2017年5月5日印发《关于弥补监管短板构建严密有效保险监管体系的通知》（以下简称44号文）。面向机关各部门、各保监局、培训中心，中国保险保障基金有限责任公司、中国保险信息技术管理有限责任公司、中保投资有限责任公司、上海保险交易所股份有限公司。

（二）出台背景

近来，我国保险业暴露出在监管制度和实践中仍存在短板。在此背景下，44 号文的出台，旨在找准并弥补监管中存在的短板，切实完善监管制度，改进监管方式，构建严密有效的保险监管体系。

（三）主要内容

44 号文包含了四个部分 24 条内容。

1. 统一思想认识，把握正确方向

保险监管系统要深刻反思，深入排查梳理，找准并弥补存在的短板，切实完善监管制度，改进监管方式，深化改革创新，构建严密有效的保险监管体系，提升监管效能和权威性。一是坚持目标导向，强化为民监管。要以保护保险消费者权益为根本，以风险防控为核心，以推动保险业强化保障功能、服务实体经济发展为主线，全面检视和梳理完善保险监管各方面的制度措施。二是坚持问题导向，强化源头监管。查找保险监管制度、实施细则、执行机制等方面存在的短板，逐项增补完善。三是坚持统筹协调，强化系统监管。要加强不同领域监管工作的协调联动，对保险市场主体建立立体化、全流程、无缝衔接的监管体系。加强工作沟通和监管信息共享，统筹运用各种手段和措施。四是坚持依法公正，强化从严监管。要推进保险监管制度化、规范化、程序化，坚持公正透明原则。

2. 抓住重点领域，堵塞制度漏洞

本部分指出了存在监管短板的八个重点领域（即公司治理监管、保险资金运用监管、偿付能力监管、保险产品管理、保险中介市场监管、保险消费者权益保护、高管人员管理、新型业务监管），以及完善相应制度漏洞的措施。

3. 完善监管机制，强化薄弱环节

本部分提出强化监管薄弱环节的八项举措，即加强监管机制的协调统一、加强前端审批与后端监管的协同、加强监管基础设施建设、加强非现场监管与现场检查联动、加大行政处罚和信息披露力度、强化司法手段运用、落实问责机制、提升监管干部队伍素质能力。

4. 加强组织领导，协调有序推进

本部分要求各级保险监管部门高度重视，认真组织；聚焦问题，找准方向；各司其职，有序开展；立足当前，谋划长远。

（四）内容述评

44 号文作为“1 +4”系列文件的 4 个落实文件之一，侧重点主要是剖析监管自身存在的问题，体现出对保险监管全面整顿的决心。44 号文明确了存在监管短板的八个重点领域，反映了保监会对这八个重点领域的监管规划路线；同时明确了这八个方面是监管机制薄弱环节，更多是体现了监管对自身工作的总结，以及后续的整改部署。在 44 号文中指出的八个重点领域中，对系统重要性保险机构监管制度（D－SII）的表述需要注意，表明 D－SII 监管制度的出台已明确提上日程。在资金运用方面，明确提出了重点关注“去杠杆、去嵌套、去通道”，与金融监管系统的整体关注重点相呼应。而新型业务方面，对于自保、相互保险、农业保险、互联网保险、信用保证保险等领域均表明了审慎性的态度，预期将会迎来上述各类细分领域的监管新政或细则。另外，44 号文中也关注了监管机制薄弱环节，对于保险中后台业务监管的强调（如偿付能力、资金运用等），以及对于前端业务审批管理的加强。

（五）政策影响及展望

在 44 号文的影响下，我国保险监管系统查补制度短板，健全监管体系，取得了明显的阶段性成效。截至 2017 年 9 月，保监会已新出台制度 24 项，修订 4 项，增补条款 42 条、修订 67 条、删减 34 条。推动保险资金服务实体经济，明确禁止保险机构与非保险机构一致行动人共同收购上市公司，遏制激进保险投资，创新形式支持保险资金投向重大国家战略，拓展保险资金服务实体经济的领域。强化保险产品管理，规范人身保险产品开发设计行为，科学厘定费率，发挥保险产品风险保障和长期储蓄功能。强化财产险产品备案管理，2017 年上半年备案产品 5478 个，发现问题不予备案产品 293 个；指导中国保险行业协会对 71 家公司 4427 个产品和 700 个销售方案进行全面审查，发现问题 494 处，要求公司进行整改。深化偿付能力监管，开展偿付能力数据真实性自查工作，修订保险公司偿付能力管理规定，启动中国风险导向偿付能力体系二期工程，提升偿付能力监管的效率和效果，风险监测预警持续加强。强化保险中介监管，加快修订保险中介监管规定，强化保险中介机构股东出资真实合法性审查，进一步完善保险中介从业人员执业登记制度，加强中介监管信息系统建设。健全消费者权益保护体系，对保险公司、保险中介机构保险销售行为采取可回溯管理，细化保险公司服务评价工作机制，推动保险业失信联合惩戒机制建设，提高消费者权益保障工作水平。加强新型保险业务监管，停止非寿险投资型业务试点，对除出口信用保险以外的信保业务予以规范，防范风险跨系统、跨区域传递。起草自保公司、相互保险、互联网保险监管规则，提高新型业务监管和风险防范能力。完善监管基础设施建设，加快行政审批、偿二代、资产管理监管等信息系统的改造，研究完善保险统计指标体系，编制监管数据资源目录，推动监管数据资源整合与共享。

第二节　保险产品制度完善

一、《财产保险公司产品费率厘定指引》（保监发〔2017〕2 号）

（一）发文信息

保监会于 2017 年 1 月 5 日印发《财产保险公司产品费率厘定指引》（以下简称 2 号文），自 2017 年 2 月 1 日起实施。面向各财产保险公司，包括中资保险公司、中外合资保险公司、外资独资保险公司以及外国保险公司分公司。

（二）出台背景

在国际惯例中，偿付能力监管、准备金监管及费率厘定监管三者相辅相成，为保险行业提供完善的保障机制。由于我国财产保险产品数量、种类众多，在缺乏历史数据等原因的情况下，保险产品的定价过程存在开发不科学、管控不严格等问题；同时部分保险公司的定价流程存在缺失，以致数据核验等机制不完备、定价风险暴露。在此背景下，2 号文出台以期解决以上问题。

（三）主要内容

2 号文包含了 8 章 45 条内容。

1. 对费率的构成进行了规范性描述

产品保费包括风险保费和附加保费。保险费率由基准费率和费率调整系数组成。厘定基准费率包括纯风险损失率和附加费率，纯风险损失率是指风险保费与风险暴露的比率，附加费率是指附加保费与总体保费的比率。

2. 规定费率厘定原则

保险公司进行费率厘定时应遵循合理性、公平性和充足性三项原则。合理性指费率的设定应与保险条款相匹配，并有利于激励保单持有人主动进行风险控制；公平性指费率水平应与被保险人和保险标的的风险特征相匹配，且不得根据风险特征以外的因素做出歧视性的费率安排；充足性指费率水平不得危及保险公司财务稳健和偿付能力或妨碍市场公平竞争，计入投资收益后的费率水平原则上不得低于其所对应的各项成本之和，费率结构中所设置的费率调整系数不得影响费率充足性。

3. 规范费率厘定具体流程

在前期准备时，应全面了解产品风险特性，结合公司财务状况、偿付能力状况、历史费率水平及公司战略等，按照合理、公平、充足的原则，确定费率厘定的目标与定位。同时选择合适的费率厘定基础数据，及时采取剔除、修正异常数据。在厘定过程中，首先应综合考虑风险因素、产品特点、基础数据、数据组织形式、风险单位、风险细分、准备金充足性状况与损失进展、趋势、巨灾、再保险、资本成本、公司经营行为变化、外部因素等因素。其次在费率测算时，应尽量以经充分校验的数据为基础，根据风险特征确定合理的精算假设，选择不同的测算方法，搭建合适的精算模型，确定合理的费率结构。再次，要检验费率测算过程的合理性，若费率测算结果与行业费率基准偏差较大，应重点对费率厘定基础数据和测算过程进行审视，必要时进行调整。最后，将通过费率检验的费率测算结果作为正式报批或报备的费率结果，并根据产品的费率结构和风险特征，形成合适的费率表。

4. 对费率进行监控与调整

对于保费收入占比超过5%的产品或有专项监管要求的产品，保险公司在其使用周期内每年至少一次对现行费率水平与实际经营成本水平的偏差进行回顾分析，并将其作为费率调整工作的重要依据，在保险费率精算报告中进行披露。

5. 规定费率厘定监督管理办法

保险公司报批或报备保险产品时，对于使用示范条款及参考纯风险损失率的产品，需提供精算说明，包括附加费率、费率调整系数等；对于仅使用示范条款的产品、有示范条款未使用的产品、自主开发的产品，需提交由总精算师或精算责任人签署的保险费率精算报告。保险公司应做好费率厘定精算工作底稿的编制和保存工作，工作底稿应保存5年以上，其中审批类产品工作底稿应保存10年以上。

（四）内容述评

2号文旨在引导保险公司建立完善合理的定价流程及管控机制。一是完善了产品定价监管制度，使保险公司在定价时有了可依据的指引。二是推动保险公司形成精算循环内控机制，防范由于准备金不足导致的定价不足、偿付能力不足的风险。三是为保险产品开发和回溯提供了完善合理的操作流程，为部分定价机制不健全的中小保险公司的产品开发提供了指导说明。四是当有保险公司发生产品定价风险事件时，2 号文可作为对其追责的重要依据。

（五）政策影响及展望

作为 2017 年财险业“严监管”的开年之作，2 号文直指财险业费用恶性竞争的现象。随着保险公司数量不断增加，尤其是中小型保险公司在短期内难以依靠提升服务能力实现获客，为了迅速扩大市场占有率，大多选择传统的费用竞争手段，其后果容易演变成费用的恶性竞争，造成手续费的节节攀升，但为客户带来的实际价值反馈却十分有限。据统计，截至 2016 年底，占据财险市场七成左右份额的车险的手续费率已高达约 17%，较同期增长了 4 个多百分点。2 号文的发布，体现了监管机构直接从附加费率上予以规制，以期在保险业重归价值创造的目标上施加影响。

预期未来要构建费率厘定的整体框架和流程，督促市场建立费率厘定的监控与调整流程，形成完整的内部控制循环机制；构建监管合力，强化保险公司风险防控的主体责任，指导保险行业协会加强自律自控，利用协会自律、事后抽查等管理方法，持续督促公司加强产品费率厘定的管理；跟踪 2 号文的实施情况，将行之有效的做法提炼并纳入到部门规章。

二、《关于征求对〈再保险业务管理规定〉修订意见的函》（保监厅函〔2017〕86 号）

（一）发文信息

保监会发布《关于征求对〈再保险业务管理规定〉修订意见的函》（以下简称 86 号文）于 2017 年 4 月 12 日至 21 日 17：00 前征求意见。面向各保险公司、再保险公司。

（二）出台背景

2010 年 5 月，保监会出台《再保险业务管理规定》（以下简称《规定》）。根据 2015 年 10 月出台的《关于修改〈保险公司设立境外保险类机构管理办法〉等八部规章的决定》进行了第一次修订，86 号文拟对《规定》进行第二次修订。

（三）主要内容

86 号文征求修订意见为三条。

（1）《规定》存在模糊不清而需要进一步明确的内容；（2）《规定》存在与其他保险监管规定相冲突而需要修订的内容；（3）针对行业出现的新情况、新问题，《规定》存在需要修订或新增的内容。

（四）内容述评

86 号文旨在进一步规范和发展再保险市场，加强再保险业务监管。一是对再保险业务中模糊不清的内容进行规范；二是再保险市场业务得以厘清，为再保险市场的深入、规范发展提供政策依据；三是促进再保险业务的市场拓展和问题解决。

三、《关于发布〈产险单证（JRT0051—2017）〉行业标准的通知》（保监发〔2017〕39 号）

（一）发文信息

保监会于 2017 年 4 月 27 日印发《关于发布〈产险单证（JRT0051—2017）〉行业标准的通知》（以下简称 39 号文），面向机关各部门，各保监局，培训中心，中国保险保障基金有限责任公司、中国保险信息技术管理有限责任公司、中保投资有限责任公司、上海保险交易所股份有限公司、中国保险报业股份有限公司，中国保险行业协会、中国保险学会、中国精算师协会、中国保险资产管理业协会，各保险公司、保险资产管理公司。

（二）出台背景

为进一步统一保险业务经营中重要单证的基本格式标准和格式要素规范，适应新型的管理现状和未来的发展趋势，加大行业化标准的科学性和实用性，特出台 39 号文。同时也是对 2009 年发布的《产险单证（JR/T0051—2009）》的修订。

（三）主要内容

39 号文的主要内容包括：新增电子保单标准、精简单证尺寸标准和排版标准、适度放宽图文区域设计、扩充新的防伪技术、更新印刷相关技术标准。

（四）内容述评

39 号文主要对《产险单证（JR/T0051—2009）》进行修订，原标准自修订后标准发布之日起同时废止。该标准是我国保险行业标准体系框架的重要组成部分。

四、《关于进一步加强人身保险公司销售管理工作的通知》（保监人身险〔2017〕136 号）

（一）发文信息

保监会于 2017 年 5 月 19 日印发《关于进一步加强人身保险公司销售管理

工作的通知》（以下简称 136 号文），自公布之日起施行。面向各保监局、各人身保险公司。

（二）出台背景

136 文的出台旨在进一步规范人身保险市场秩序、整治市场乱象，加强人身保险公司销售管理工作，保护保险消费者合法权益。

（三）主要内容

136 号文包含了五个部分，主要内容总结如下：

1. 高度重视销售管理工作

各人身保险公司应当高度重视销售管理工作，认真贯彻落实“保险业姓保”要求，坚持正确经营理念，强化公司主体责任，把合规经营和防控风险摆在更加重要的位置，进一步加强内部管控和人员教育培训，为保险消费者提供优质的保险产品和服务。

2. 开展自纠自查工作

各人身保险公司应当立即对 2016 年以来公司销售管理合规情况开展自查自纠，重点针对产品管理、信息披露、销售宣传、客户回访、续期服务和投诉处理等业务环节，排查相关经营行为是否依法合规、内控制度是否健全有效、信息资料是否真实完整，对捏造散布“返还型健康险被叫停”“部分重大疾病将列为免责病种”等虚假信息的炒作行为和通过虚假宣传引诱投保人订立保险合同等违规销售问题开展全面清查和责任追究。

3. 重点开展现场检查

各保监局应当切实履行好属地监管责任，始终保持监管高压态势，重点针对公司销售合规情况开展现场检查，在日常监管中采取多种调查取证方式，切实加大监管力度，加快调查程序，对公司销售行为存在违法违规问题且一经查实的，应依法从严从速进行处罚。

4. 建立内部问责制度

各人身保险公司应当建立与薪酬和职级挂钩的内部问责制度，进一步强化总公司责任，对因制度规定缺失、监督执行不到位、合规管控不力等原因导致销售违法违规问题的，应当追究总公司相关部门和高管人员责任。

5. 做好宣传和舆论引导

各人身保险公司应当做好销售管理的宣传和舆论引导工作，主动接受新闻媒体和社会舆论的监督，加强舆情监测和信息沟通。对于市场出现的不实宣传和虚假信息，应当及时主动澄清事实，并向监管部门报告有关情况。

（四）内容述评

136号文对2016年以来公司销售管理合规情况开展自查自纠，强化了对人身保险公司销售管理工作的监管。

五、《2017年农业保险承保理赔专项检查工作方案》

（一）发文信息

保监会于2017年5月19日印发《2017年农业保险承保理赔专项检查工作方案》（以下简称《方案》），专项检查于2017年6月初启动，预计持续3个月左右。重点抽查农业保险业务规模靠前的机构，以及内控管理薄弱的机构。

（二）出台背景

《方案》的出台，旨在强化农业保险监管，规范农业保险市场秩序，推动保险公司进一步加强和改进农业保险承保理赔管控，有效提升承保理赔档案完整性、真实性水平，夯实农业保险合规经营基础，促进农业保险健康持续发展。

（三）主要内容

2017年6月初启动农业保险专项检查工作，其工作重点有：一是重点抽查农业保险业务规模靠前的机构，以及内控管理薄弱的机构。二是重点核查违规问题屡禁不止、市场反应比较突出、基层机构服务能力差距明显的地区。三是检查内容重点以农业保险承保理赔档案的完整性、真实性为主，在此基础上，视情况对业务真实性开展延伸检查。

（四）内容述评

《方案》具体落实了《中国保监会关于强化保险监管打击违法违规行为整治市场乱象的通知》等文件要求。

六、《环境污染强制责任保险管理办法（征求意见稿）》（环办政法函〔2017〕890号）

（一）发文信息

环境保护部、保监会于2017年6月7日至2017年7月10日征求意见。面向承保环境污染强制责任保险的商业性保险机构、互助性保险机构。

（二）出台背景

环境污染强制责任保险是指排污单位必须投保的、以其污染环境导致损害应当承担责任为标的的强制性保险。2006 年 6 月，国务院出台《国务院关于保险业改革发展的若干意见》（国发〔2006〕23 号），指出要大力发展环境污染责任保险在内的责任保险。但囿于规范效力，彼时的环境污染责任保险还不具有强制性，政府多以政策激励的方法调动企业投保的积极性。2013 年 1 月，环境保护部和国家保监会联合出台《关于开展环境污染强制责任保险试点工作的指导意见》（环发〔2013〕10 号），明确了环境污染强制责任保险的试点企业范围、保险条款和保险费率的设计要求、风险评估和投保程序等。2015 年 9 月，中共中央、国务院出台《生态文明体制改革总体方案》，明确指出“在环境高风险领域建立环境污染强制责任保险制度”。2017 年 6 月 7 日，《环境污染强制责任保险管理办法（征求意见稿）》（以下简称《办法（征求意见稿）》）的发布，标志着全国性的环境污染强制责任保险法律制度即将建立。

（三）主要内容

《办法（征求意见稿）》包含了 6 章 29 条内容。

1. 明确立法目标、定义、适用范围和监督管理机构

《办法（征求意见稿）》将环境污染强制责任保险的保险标的界定为“从事环境高风险生产经营活动的企业事业单位或其他生产经营者因其污染环境导致损害应当承担的赔偿责任”。具体保障范围主要包括由于突发环境事件导致的第三者人身损害、第三者财产损害、应急处置与清污费用和生态环境损害等；也包括企业在生产经营过程中污染环境导致的第三者人身损害、第三者财产损害、应急处置与清污费用。

2. 投保与承保

规范强制投保范围、保险责任范围、统一条款与费率监管、费率浮动、责任限额、保险合同、承保、通知义务、合同解除、合同解除通知环保部门、保险期间与续保、投保方式。

3. 风险评估与排查

环境风险评估与排查是环境污染强制责任保险工作的重要环节，直接影响到保险费率以及投保企业的环境风险管理等。《办法（征求意见稿）》规定：保险公司承保前，应当开展环境风险排查，掌握企业的环境风险水平。保险公司承保期间，应为投保企业进行“环保体检”，即排查环境风险，充分发挥保险制度的风险预防功能。

4. 赔偿流程

规范保险责任触发、除外责任、优先赔付顺序、保险事故勘查、保险金给

付请求、保险金给付、事故核定、事故鉴定、纠纷处理等。

（四）内容述评

由于环境污染强制责任保险在我国尚属新生事物，投保企业、保险公司、政府对其认识尚不统一，导致在推广中存在一些难点，主要有：一是缺乏上位法依据，法律责任疲软。《办法（征求意见稿）》生效后，我国以部门规章方式建立了环境污染强制责任保险制度，但因目前《环境保护法》第五十二条只规定“国家鼓励投保环境污染责任保险”，该条款并非强制性条款，导致环境污染强制责任保险制度缺乏充分的上位法依据。二是保障范围较窄，除外责任过宽。一方面，《办法（征求意见稿）》第六条规定了较为狭窄的保险责任范围；另一方面，第二十条列举了保险公司不予赔偿的五种情形，该五种情形又过于宽泛。一紧一松之间，易导致保险公司动辄提出免赔理由，使大部分污染的受害人无法自保险公司处获得赔偿。三是要防范道德风险。即投保企业在投保后，认为有保险公司提供赔偿，就放松环境合规管理，导致依然出现大量环境污染事件。鉴于此，有两点建议：一是将违法排污纳入到保险范围内，并同时规定保险公司向第三人承担保险责任后，有权向直接故意实施环境违法的行为人追偿。二是规定对于环境违法企业，保险公司有权拒绝其承保要求，并将拒绝承保的理由向环保部门报告。

（五）政策影响及展望

《办法（征求意见稿）》主要根据中国人民银行、环境保护部、保监会等七部门联合印发的《关于构建绿色金融体系的指导意见》（银发〔2016〕228号）关于“由环境保护部门会同保险监管机构发布实施性规章”的要求制定，其政策影响主要体现在三个方面：一是解决了环境损害赔偿问题。环境污染因其公害性导致受害者众多、受影响范围广，污染企业需要承担高昂的环境损害赔偿责任。环境污染强制责任保险的出现，能够有效解决环境损害赔偿的资金问题，减轻了政府的压力。另外，保险的赔付速度也快于通过诉讼途径确定污染者的环境损害赔偿责任，使受害人能够及时获得赔偿。二是促使投保企业重视环境风险管理。保险公司基于自身利益的考量，将重视对投保企业的环境风险管理，通过定期对投保企业进行环境安全隐患排查，督促投保企业整改，以降低投保企业的环境风险。而对于投保企业环境管理不规范，导致环境风险增加的，保险公司也将提高保费。三是降低企业赔偿负担。环境污染强制责任保险为投保企业发生的环境事件提供偿付资金，减轻了投保企业赔偿压力。

七、《健康保险管理办法（征求意见稿）》

（一）发文信息

2017 年 11 月 15 日，保监会在其官网发布《健康保险管理办法（征求意见稿）》（以下简称《征求意见稿》），对于 2006 年颁布实施，目前完成修改的《健康保险管理办法》向社会公开征求意见。在这期间，健康险经历了保费增长由快到慢，保费占比逐渐提高，盈利状况逐步改善的缓慢发展过程。前款规定以外的保险公司，经中国保监会批准，可以经营短期健康保险业务。依法成立的人寿保险公司、健康保险公司、养老保险公司，经中国保监会批准，可以经营健康保险业务。

（二）出台背景

现行《健康保险管理办法》于 2006 年颁布实施，对规范和推动健康保险发展发挥了重要作用。2006 年以来，我国健康保险发展的内外部环境发生了深刻变化，为进一步推动和规范健康保险发展，保监会对《健康保险管理办法》进行修订，目前已形成征求意见稿。

在“健康中国”战略推动下，健康保险日益成为人们关注的话题。根据保监会公布的健康险原保费收入数据显示，2012 年之前保费规模一直低于 1000 亿元，且增速缓慢。2012 年规模达到 1123. 50 亿元，随后连续四年保费增幅分别为 30. 2%、41. 3%、51. 9%、67. 7%，2016 年健康险全年保费高达 4042. 50 亿元。健康险市场正在进入快速发展的黄金时代，或将成为继财产险和寿险之后保险业的第三大支柱板块。

如此广阔的市场，自然需要一套与时俱进的制度保证其稳定前行。于是保监会 2017 年 11 月 15 日发布“对《健康保险管理办法（征求意见稿）》公开征求意见”，对已经实行了 11 年的健康管理办法进行修订。

（三）主要内容

《健康保险管理办法（征求意见稿）》包含了 9 章 67 条内容。

1. 重新定义了健康保险

一是把“提升人民群众健康保障水平”列入办法的目的。二是扩充健康保险的种类，新增“医疗意外保险”。三是对医疗保险、疾病保险、护理保险的定义进行修改，鼓励多元化健康保险服务。四是把“康复费用”与“医疗费用”并列。五是鼓励保险公司不断丰富健康保险产品，改进健康保险服务，扩大健康保险覆盖面。六是新增“长期护理保险保险期间不得低于 5 年”。

2. 明确健康险经营管理主体

一是养老保险公司也可经营健康保险。二是非健康险公司必须成立专门“健康保险事业部”。三是需要有医学教育背景的管理人员。

3. 细化健康保险产品设计

一是税优健康险的在产品设计、赔付率必须合乎要求。二是医疗意外保险可以包含死亡保险责任，不得包含生存保险责任。三是长期健康险犹豫期改为“不低于 15 天”。四是短期健康保险费率浮动范围不超过基准费率的 30%。五是可以针对被保险人的风险情况、自身风险管理水平浮动费率。六是基因检测资料不能作为费率浮动的依据。七是长期健康保险产品费率调整需重新报送。八是被保险人有其他费用补偿型医疗保险，在条款、费率或者赔付等方面需予以区别对待。九是被保险人同时拥有多份费用补偿型医疗保险，可自主决定理赔顺序。十是等待期不得超过半年。十一是定价、赔付条件、保障等对贫困人口适当倾斜。十二是护理保险不得以日常生活能力障碍引发护理需要之外的情况作为给付条件。十三是鼓励新药品、新医疗器械和新诊疗方法。十四是鼓励数字化理赔。

4. 加强健康保险产品销售管理

一是法定理由之外，保险公司不得拒保健康险。二是不得捆绑销售。三是减少在“在医疗机构场所内销售健康保险产品”的限制。四是基因检测资料不得作为核保条件，也不得要求投保人提供。

5. 修改精算要求

一是去除对精算报告或者准备金评估报告内容的限制。二是 IBNR 评估新增“赔付率法”。

6. 新增健康管理服务与医保合作

一是保险公司可以将健康保险产品与健康管理服务相结合。二是保险公司开展健康管理服务的，可在保险合同中列明，也可以另行签订健康管理服务合同。三是提供健康管理服务，其分摊的成本不得超过净保险费的 20%。四是监督医疗行为的真实性和合法性，加强医疗费用支出合理性和必要性管理。五是降低不合理的医疗费用支出。六是帮助缓解医患信息不对称和医患矛盾纠纷问题。七是保险公司与医疗服务机构和健康管理服务机构之间的合作，不得损害被保险人的合法权益。八是鼓励保险公司与医疗机构、基本医保部门等实现信息互联和数据共享。

7. 明确法律责任

一是保险公司及其分支机构违反本办法，对有违法所得的处以违法所得 1

倍以上 3 倍以下罚款，但最高不得超过 3 万元，对没有违法所得的处以 1 万元以下罚款；涉嫌犯罪的，依法移交司法机关追究其刑事责任。二是保险公司从业人员、保险公司分支机构从业人员违反本办法，处罚同上。

（四）内容述评

从关于健康险的规定来看，健康险实施细则正是围绕产品以保障为主，产品多样化，服务提升，覆盖面广，保费尽量低进行展开，分别详细规定，此次新规奠定了健康险在国家医疗体系中的地位。此次政策修改，主要是针对新时代健康保险发展的形式及现状，做出限制与优化。从保险产品的设计、销售、管理到保险应该承担的社会责任，均体现了监管对于健康险的重新定位。保险回归保障，坚持姓保，依然是主旋律。

在《征求意见稿》给出健康险所包含的产品类别时，新增“医疗意外险”类别。从现有的保险产品来看，几乎没有产品覆盖到医疗意外层面，因为此层面大多与医疗事故、医患纠纷相联系。产品方面还有一个重要变化是将康复费用纳入承保责任。目前的医疗保险产品多为承保门急诊或住院期间的医疗费用，而作为后续治疗的康复相关费用很少包括在内。新规将为康复提供保障，用意十分明确：保险保全面，减轻被保险人的财务压力。

《征求意见稿》将成为监管规范保险公司营销体系中的重要环节。投保人、被保险人的权利得到更好的维护，不仅体现在参考法律扩展为保险法及其他相关法律和行政法规，还体现在对保险公司及从业人员的违法所得处罚金额上限从原规定“处以 5000 元以下罚款”提升至“处以 1 万元以下罚款”。只有销售流程的严格管理，才能为行业发展改善服务，树立良好的形象。《征求意见稿》还将保险公司隐私保护的范围扩展到投保人、被保险人、受益人，在信息化的时代，维护公民的隐私权，也是对市场发展规范化发展的有力保障。

（五）政策影响及展望

据统计，《征求意见稿》关于产品设计调整的规定达 17 条之多，几乎每条规定变动的背后都能在市场上找到对应存在的产品或销售乱象。《征求意见稿》中删除了原规定中“不得在医疗机构场所内销售健康保险产品”的描述，换句话说，保险公司可以在医疗机构内销售健康险。限制虽然放开，但是在风险集中场所销售保险产品，随之而来的逆选择风险增大。如何管控，是摆在保险公司面前的一场严苛考验。利或弊，还需要看各家保险公司如何给出风险管理的答卷。

保险公司的定位不再是单纯的商业角色，而要转化为承担维持社会稳定的公共形象。补充社会医疗体系、改善国民体质、缓和医患关系，监管对保险社会稳定器的属性给予了非常高的期望。

八、《人身险保单贴现业务试点管理办法（征求意见稿）》

（一）发文信息

为审慎推进保单贴现业务试点，规范保单贴现交易行为，促进保单贴现交易市场的健康发展，保监会起草了《人身险保单贴现业务试点管理办法（征求意见稿）》（以下简称《征求意见稿》），于2018年1月2日发布，截至1月26日征求社会意见。

（二）出台背景

保单贴现机构是指在保单贴现交易中提供专业咨询、保单价值评估、资金贴现、保单保全、保单追踪等一系列专业化服务的机构。美国2016年保单贴现市场交易规模超过480亿美元，中国目前作为世界第二大保险市场，保单贴现还近乎空白，未来增长潜力巨大。

（三）主要内容

《征求意见稿》包含了4章32条内容。具体如下：

1. 制定了保单贴现三个基本要求

根据《征求意见稿》的规定：一是开展保单贴现业务，须经中国保监会同意。二是试点期间，保单投资人仅限于使用自有资金开展业务，机构投资人自有资金以净资产为限。三是已经贴现的保单不可办理转贴现或再贴现。

2. 规定了机构开展保单贴现业务的条件

《征求意见稿》称，保单贴现机构需具备实缴注册资本金不得低于人民币5亿元，具有支持业务运营的信息管理系统，具备与保险公司相关业务系统、保单登记管理信息平台对接的技术能力，具有相应的网络信息安全管理体系、业务管理制度和操作规程等条件。

3. 明确了贴现保单合同满足条件

《征求意见稿》提出贴现保单合同生效时间应超过2年；贴现保单相关保险公司必须是经保监会批准设立，并依法登记注册在境内（不含港澳台）的人身保险公司；保单贴现资金应于保单受益人变更后3日内一次性全额支付给保单贴现人。

《征求意见稿》要求保单贴现机构应在保单贴现合同签订现场同步录音录

像，录音录像资料保管期限，自保险合同终止之日起不得少于 5 年。保单贴现机构应在经营场所、自营网络平台及合作机构的网络平台显著位置披露提供的交易服务项目、贴现合同条款、关键词定义、收费标准、不同交易环节作业时限、被保险人后续跟踪服务等信息。

4. 阐明保险公司义务

保险公司应向保单贴现机构提供贴现保单和相关产品的资料信息，依法识别、报告大额交易和可疑交易，配合做好保单贴现后的投保人和受益人的变更工作，以及贴现保单的满期给付、退保和身故赔付等理赔工作。

（四）内容述评

传统意义上保单持有人只有三种选择将寿险保单变现，一是退保获得保单现金价值，二是持有寿险保单至保险到期日，三是保单抵押贷款。而保单贴现则提供了第四种选择，提供了更加多元的变现方式，保单持有人可以获得高于退保所得的保单现金价值，更有利于保护保单持有人的实际利益。

保单贴现的实行将在很大程度上缓解前文所述的历史遗留问题，《人身险保单贴现业务试点管理办法》实施后可将个人手中持有的终身寿险、两全险、年金保险通过保单贴现的方式换取目前的现金流，从而去选购适合自身的保险产品。

对于之前买有终身寿险、两全险、年金险而没有购买重疾险的客户，在投被保险人发生重疾急需大量资金进行治疗时就可以通过保单贴现的方式来换取现在所需的治疗费用，同时也将失去该保单所拥有的权益。

保单贴现试点的推进有助于降低寿险公司的退保率，在增加人身险保单流动性的同时，促进保险行业回归保障本源。

（五）政策影响及展望

保单投资人是指出资受让贴现保单的投资人，可以是保单贴现机构、其他机构投资人或个人投资人。保单贴现合同正式生效后，保单投资人成为贴现保单的不可撤销受益人。保单投资人作为保单的承接方，保单贴现不可撤销，与保单抵押贷款或质押贷款严格区分。《征求意见稿》同时规定试点期间，已经贴现的保单不可办理转贴现或再贴现，这意味着试点期间保单贴现的流动性会受到抑制，不排除试点过后进一步放开保单贴现的二级市场即转贴现或再贴现，以增加保单贴现供给。

保险人即保险公司在保单二级市场的体系建设中必然受益，一是退保情况的减少将有助于退保率的下降，负债稳定性增加，有助于现金流管理；二是负债稳定性反哺资产稳定性，有助于提升资产负债久期的匹配，利差呈趋稳之势；三是保单贴现二级市场开展后有助于提升保单一级市场的发行能力，即保险公司在保单营销时可借此增加保单的吸引力。

九、《保险扶贫统计制度（试行）》（保监统信〔2017〕274 号）

（一）发文信息

保监会于 2017 年 12 月 8 日印发《保险扶贫统计制度（试行）》（以下简称《制度》），《制度》是保监会在《关于做好保险业助推脱贫攻坚工作的意见》（保监发〔2016〕44 号）的总体框架下，经过前期大量座谈、调研，全面征求行业各保监局、各保险公司的意见，并基于现行保险统计制度，综合考虑保险业助推脱贫攻坚工作实际而制定的。统计内容包括与建档立卡贫困人口生产、生活密切相关的农业保险、大病保险、健康保险和意外伤害保险等业务数据。《制度》主要面向机关各部门，各保监局，各保险公司。

（二）出台背景

保险业助推脱贫攻坚工作是落实党中央、国务院脱贫攻坚整体部署的一项重大政治任务，是坚持"保险业姓保"，更好地服务经济社会发展大局的重要举措。《制度》是保监会在《关于做好保险业助推脱贫攻坚工作的意见》（保监发〔2016〕44 号）的总体框架下，经过前期大量座谈、调研，全面征求行业各保监局、各保险公司的意见，并基于现行保险统计制度，综合考虑保险业助推脱贫攻坚工作实际而制定的。

（三）主要内容

《制度》共包含统计目的、统计内容、统计对象、报送单位及方式、报送频度及时间、制度实施时间、填报口径和其他事项八项内容。

一是明确了保险扶贫统计报送的内容，主要是与建档立卡贫困人口生产、生活密切相关的农业保险、大病保险、健康保险和意外伤害保险等业务数据；二是明确了保险扶贫统计对象，即针对集中连片特困地区，老、少、边、穷地区，国家级和省级扶贫开发重点县，特别是建档立卡贫困村和贫困户的保险扶贫业务；三是明确了报送单位及方式、报送频度及时间、制度实施时间，并对填报口径进行了详细说明。

（四）内容述评

2017 年 12 月 18 日到 20 日，中央经济工作会议在北京召开，对 2018 年的经济工作做出了明确部署。会议明确，精准脱贫攻坚战是今后 3 年决胜全面小康社会需要重点抓好的三大攻坚战之一。精准脱贫攻坚需要全社会的参与，在这其中，本身就具有“扶危济困、雪中送炭”特征的保险业，扮演着不可或缺的角色。

首先，大力发展保险扶贫保障体系。因灾返贫、因病致贫是农村人口特别是贫困群体面临的突出问题，农业保险、大病保险、小额人身保险、农房保险、巨灾保险等一揽子保险产品配合起来，才能将精准扶贫落实到保障农业产业发展、维护群众健康权益、保障和改善民生上，能为贫困人群的生产生活提供切实有效的基本保险保障。

其次，健全保险扶贫增信体系。贷款难、贷款贵是贫困地区产业发展面临的突出问题，而通过将保险引入扶贫金融链条，可以低成本盘活农户资产，帮助贫困人群更便捷地获得贷款，帮助贫困地区从“输血式”生存向“造血式”发展转变，推动信贷资源向贫困地区投放，推动产业脱贫政策落地。

在此基础上，不断完善保险扶贫投资体系。在监管层的支持下，保险业可以通过设立产业扶贫投资基金，以市场化的方式，专项用于贫困地区资源开发、产业园区建设、新型城镇化发展等领域，引导保险资金流入贫困地区，推动贫困地区特色优势产业发展和经济转型升级。

（五）政策影响及展望

保险业助推脱贫攻坚工作是落实党中央、国务院脱贫攻坚整体部署的一项重大政治任务，是坚持“保险业姓保”，更好地服务经济社会发展大局的重要举措。《制度》的发布，旨在全面、准确、客观地反映保险业扶贫业务开展情况，为推进和深化精准扶贫政策提供更有力的支持。

保险业助推脱贫攻坚虽然取得了阶段性成效，但仍有提升的空间。即怎样守住扶贫来之不易的成果，进一步精准地推动贫困地区经济发展和贫困人口脱贫致富。

十、《关于组织开展人身保险治理销售乱象打击非法经营专项行动的通知》(保监人身险〔2017〕283 号)

（一）发文信息

保监会于 2017 年 12 月 29 日发布《关于组织开展人身保险治理销售乱象打击非法经营专项行动的通知》（保监人身险〔2017〕283 号），面向各保监局、各人身保险公司、各保险中介机构。

（二）出台背景

为贯彻落实党的十九大精神、全国金融工作会议和中央经济工作会议精神，深入推进人身保险防风险、治乱象工作，切实保护保险消费者合法权益，保监会决定组织开展人身保险治理销售乱象打击非法经营专项行动。

（三）主要内容

《关于组织开展人身保险治理销售乱象打击非法经营专项行动的通知》包含目的意义、工作原则、整治重点、主要措施和工作要求五项内容。

坚持依法依规、分类处置、问题导向、查研结合的原则，整治主要针对销售乱象问题、渠道乱象问题、产品乱象问题和非法经营问题。采取自查自纠、监管抽查、日常监管和社会监督四种主要措施打击乱象，在工作中一要高度重视加强组织领导，二要落实责任守住风险底线，三要严查快处加大处罚力度，四要及时总结做好信息报送。

（四）内容述评

本次人身保险“治乱打非”专项行动是保监会打好防范化解重大风险攻坚战，做好重点领域风险防范和处置，坚决打击违法违规保险活动的实际行动和重要举措。具体来看，此次专项行动将重点整治保险公司、保险中介机构和保险销售从业人员将保险产品混同为银行存款或理财产品进行销售、“存单变保单”等问题，以及保险销售从业人员通过短信、微信、朋友圈等制造传播虚假信息进行销售误导，通过歪曲监管政策、炒作产品停售等方式进行产品促销等违法违规行为。

（五）政策影响及展望

为防范化解人身险领域重大风险，《关于组织开展人身保险治理销售乱象打击非法经营专项行动的通知》指出，将组织开展“治乱打非”专项行动，整治人身保险销售、渠道、产品、非法经营四大市场乱象问题，而瞒报违法违规问题的保险机构或将遭受责令停止接受新业务、吊销业务许可证等处罚。未来保监会将组织各人身保险公司根据专项行动整治重点对相关业务合规情况全面开展自查自纠。

十一、《关于开展重点新材料首批次应用保险补偿机制试点工作的通知》（工信部联原〔2017〕222 号）

（一）发文信息

工业和信息化部、财政部、保监会于 2017 年 8 月 31 日发布《关于开展重点新材料首批次应用保险补偿机制试点工作的通知》（工信部联原〔2017〕222 号），面向各省、自治区、直辖市及计划单列市工业和信息化主管部门、财政厅（局）、保监局，有关中央企业。

（二）出台背景

为落实国家新材料产业发展领导小组的总体部署和《新材料产业发展指南》提出的重点任务，推动实施《中国制造 2025》，工业和信息化部、财政部、保监会决定建立新材料首批次应用保险补偿机制（以下简称新材料首批次保险机制）并开展试点工作。

（三）主要内容

《关于开展重点新材料首批次应用保险补偿机制试点工作的通知》包含意义、内容和工作安排三个方面的内容。

1. 明确试点对象和范围

生产首批次新材料的企业，是保险补偿政策的支持对象。使用首批次新材料的企业，是保险的受益方。

2. 规定保险险种及保障范围

保监会针对新材料推广应用中存在的特殊风险，指导保险公司提供定制化的新材料产品质量安全责任保险产品，承保新材料质量风险、责任风险。

3. 细化运行机制

保监会商工业和信息化部、财政部明确参与试点的保险市场主体单位名单并公布。新材料生产企业根据生产经营实际情况自主决定是否购买新材料保险。符合条件的投保企业，可申请中央财政保费补贴资金，补贴额度为投保年度保费的 80%。保险公司应统一使用示范条款开展承保业务。

（四）内容述评

新材料首批次保险机制的责任限额将根据采购合同金额以及产品可能造成的责任损失额来综合确定。原则上政府补贴的责任限额不超过合同金额的 5 倍且最高不超过 5 亿元人民币，投保费率最高不超过 3%。鼓励保险公司根据企业实际情况，创新提供货物运输险、其他责任险等保险产品，扩大保险范围。

（五）政策影响及展望

新材料是先进制造业的支撑和基础，其性能、技术、工艺等直接影响电子信息、高端装备等下游领域的产品质量和生产安全。新材料进入市场初期，需要经过长期的应用考核与大量的资金投入，下游用户首次使用存在一定风险，客观上导致了“有材不好用，好材不敢用”、生产与应用脱节、创新产品推广应用困难等问题。

建立新材料首批次保险机制，坚持“政府引导、市场运作”的原则，旨在运用市场化手段，对新材料应用示范的风险控制和分担做出制度性安排，突破新材料应用的初期市场瓶颈，激活和释放下游行业对新材料产品的有效需求，对加快新材料创新成果转化和应用，促进传统材料工业供给侧结构性改革，提升我国新材料产业整体发展水平具有重要意义。

开展新材料首批次应用保险试点工作的指导意见由保监会另行发文。保险公司应统一使用示范条款开展承保业务，示范条款将另行发布。

十二、《关于开展重点新材料首批次应用保险试点工作的指导意见》(保监发〔2017〕60号)

(一) 发文信息

保监会于2017年9月12日发布《关于开展重点新材料首批次应用保险试点工作的指导意见》(以下简称《指导意见》)，面向各保监局，中国保险行业协会，各财产保险公司，各保险专业中介机构。

(二) 出台背景

工业和信息化部、财政部、保监会三部门联合发布《关于开展重点新材料首批次应用保险补偿机制试点工作的通知》(工信部联原〔2017〕222号，以下简称《通知》)，决定建立重点新材料首批次应用保险补偿机制。为贯彻落实《通知》要求，做好试点工作，保监会发布了《指导意见》。

(三) 主要内容

《指导意见》包含10条内容。概括来说可分为三个方面，具体如下。

1. 合理确定费率

保险公司应综合考虑投保企业的行业种类、生产经营规模、风险管理水平、历史损失、信用记录等情况，科学合理地确定保险费率。原则上中央财政以最高不超过3%的费率标准给予补贴。

2. 参与主体

参与试点的保险公司名单将在工业和信息化部、财政部和保监会三部门的官方网站上公布，方便企业投保查询。试点保险公司应参照示范条款设计保险产品，并事先向中国保监会发展改革部报告。保险中介机构可以按市场规则参与重点新材料首批次应用保险补偿机制试点并取得合理合法收入。

3. 相关要求

参与试点的保险公司应高度重视试点工作，组建总公司直接领导的专业团队，加强内控管理，完善承保、理赔、财务等相关制度，依法合规积极开展相关业务，不断优化产品方案和保险服务，严禁恶性竞争。

（四）内容述评

保监会针对新材料推广应用中存在的特殊风险，指导保险公司提供定制化的新材料产品质量安全责任保险产品，承保新材料质量风险、责任风险。承保的质量风险，主要保障因新材料质量缺陷造成的合同用户企业更换或退货风险。承保的责任风险，主要保障因新材料质量缺陷造成合同用户企业财产损失或发生人身伤亡风险。

（五）政策影响及展望

新材料首批次保险机制的责任限额将根据采购合同金额以及产品可能造成的责任损失额来综合确定。原则上政府补贴的责任限额不超过合同金额的 5 倍、且最高不超过 5 亿元人民币，投保费率最高不超过 3%。

鼓励保险公司根据企业实际情况，创新提供货物运输险、其他责任险等保险产品，扩大保险范围。

各级工业和信息化主管部门、财政部门、保险监管部门要高度重视，切实做好组织协调和宣传解读工作，鼓励支持企业积极投保。同时，要加强监督检查，认真核实申报材料的真实性，强化首批次材料使用情况的事后监督和效果抽查，确保财政资金使用效果。对出现骗保骗补等行为的企业和保险公司，要追回财政补助资金，并在工业和信息化部、财政部和保监会三部门网站上予以曝光。

第三节　偿付能力机制建设

一、《保险公司偿付能力管理规定（征求意见稿）》（保监厅函〔2017〕374 号）

（一）发文信息

保监会于 2017 年 10 月 20 日至 27 日对《保险公司偿付能力管理规定（征

求意见稿)》征求意见。实施对象包括各保监局，中国保险保障基金有限责任公司、中国保险信息技术管理有限责任公司、中保投资有限责任公司、上海保险交易所股份有限公司，中国保险行业协会、中国保险学会、中国精算师协会、中国保险资产管理业协会，各保险集团（控股）公司、保险公司、保险资产管理公司、相互保险社。

（二）出台背景

现行《保险公司偿付能力管理规定》发布于2008年，是我国偿付能力监管的纲领性文件，在加强和完善偿付能力监管、防范和化解风险、促进行业健康发展等方面发挥了重要作用。随着我国保险业的快速发展、保险市场风险的复杂多变和偿二代监管制度的建设实施，现行规定已不能满足行业防范风险和偿二代监管实践的需求，亟待完善和修订。2016年偿二代正式实施之后，保监会就着手启动了现行《保险公司偿付能力管理规定》的修订工作。经过广泛调研和充分论证，形成了征求意见稿。

（三）主要内容

《保险公司偿付能力管理规定（征求意见稿)》包含7章49条。可概括为如下几个方面。

1. 偿付能力监管指标改良

偿二代下的监管指标由单一的偿付能力充足率扩展为核心偿付能力充足率、综合偿付能力充足率、风险综合评级三个有机联系的指标。征求意见稿规定，上述三个指标的达标标准分别为：核心偿付能力充足率应不低于50%、综合偿付能力充足率应不低于100%、风险综合评级应在B类及以上。三个指标均符合监管要求的保险公司，为偿付能力达标公司；任意一个指标不达标的，为偿付能力不达标公司。

2. 理顺偿付能力监管机制

一是构建了定量监管和定性监管相结合的机制，全面科学监管各类风险。二是构建了保监会与保监局上下联动的偿付能力监管机制，明确了保监会偿付能力监管委员会、保监局的职责定位和工作内容。三是构建了保险监管与市场约束相结合的监管机制，在强化保险监管的同时，进一步发挥市场相关方对保险公司偿付能力的监督和约束作用。四是构建了保险公司主体管理与外部监督相结合的偿付能力监管机制，强化保险公司偿付能力管理和风险防控的主体责任。五是构建了国内监管协调和国际监管合作的机制，进一步明确了保监会与境内监管机构、境外监管机构和国际监管组织的监管协调机制的内容。

3. 明确保监局的监管职责

征求意见稿根据偿二代的监管框架，明确了保监局在偿付能力监管中的职责定位为“三个参与、一个负责、一个监督”。“三个参与”即参与保险公司法人机构偿付能力风险管理能力的监管评估；参与保险公司法人机构的风险综合评级；参与对保险公司偿付能力数据、信息披露等内容的非现场核查和现场检查。“一个负责”即负责对辖区内保险公司分支机构进行风险综合评级。“一个监督”即监督中国保监会采取的偿付能力措施在辖区内保险公司分支机构的落实情况等。从而进一步强化了保监会与保监局上下联动的监管机制，集中监管资源，提高偿付能力监管工作效率。

4. 加强偿付能力监督检查

征求意见稿强化了偿付能力数据非现场核查机制和偿付能力管理的现场检查机制。在非现场核查方面，保监会每季度对保险公司报送的季度偿付能力报告、公开披露的偿付能力信息等进行核查，并将核心偿付能力充足率低于60%或综合偿付能力低于120%等偿付能力风险较大的保险公司列入重点核查对象。在现场检查方面，保监会将对保险公司偿付能力管理、偿付能力报告、风险综合评级数据以及偿付能力信息公开披露的真实性、完整性和合规性等实施现场检查。

5. 细化偿付能力监管措施

构建了保险公司主体管理与外部监督相结合的偿付能力监管机制，强化保险公司偿付能力管理和风险防控的主体责任。主要规范保监会与国内其他金融监管部门之间的协作机制，以及与国际偿付能力监管协作机制。构建了国内监管协调和国际监管合作的机制，进一步明确了保监会与境内监管机构、境外监管机构和国际监管组织的监管协调机制的内容。

（四）内容述评

《保险公司偿付能力管理规定（征求意见稿）》规范了保监会、保监局、保险公司以及中介机构、投资者等市场相关方在偿付能力监管体系中的职责定位，构建起监管机构内部上下联动、监管与市场内外结合、保险公司与监管机构各负其责的偿付能力监管机制和监管体系。

第一，关于偿付能力监管指标。偿一代下的偿付能力监管指标主要是偿付能力充足率，达到100%即为偿付能力达标公司。征求意见稿规定，偿二代下的监管指标由单一的偿付能力充足率扩展为核心偿付能力充足率、综合偿付能力充足率、风险综合评级三个有机联系的指标，整套指标体系更加系统科学。

第二，关于偿付能力监管机制。全国金融工作会议要求，要防范金融风险、深化金融改革。偿付能力监管机制的建立，有助于充分发挥保监会和保监局、保险公司、市场相关方等各方的作用，进一步提升偿付能力监管的效率和效果。

第三，关于保监局的监管职责。偿一代下，保监局偿付能力监管的参与度不高，保监会和保监局没有充分发挥监管合力。征求意见稿根据偿二代的监管框架，明确了保监局在偿付能力监管中的职责定位为“三个参与、一个负责、一个监督”，从而进一步强化了保监会与保监局上下联动的监管机制，集中监管资源，提高偿付能力监管工作效率。

第四，关于偿付能力监督检查。为治理当前行业偿付能力数据不实的乱象，强化偿付能力监管的刚性约束，征求意见稿强化了偿付能力数据非现场核查机制和偿付能力管理的现场检查机制。

第五，关于偿付能力监管措施。偿付能力监管措施的总体原则应当是根据保险公司风险成因和严重程度，采取有针对性的措施，提高监管措施的科学性和有效性。之前对监管措施的规定过于笼统，导致监管实践中采取的措施难以“对症下药”，针对性和有效性都不够强。从国际上看，对监管措施进行分层，是提高监管有效性的普遍做法。征求意见稿结合国际经验和我国保险监管实际，进一步明确应根据保险公司的风险成因及严重程度采取针对性监管措施。

（五）政策影响及展望

与现行《保险公司偿付能力管理规定》相比，征求意见稿主要有6个特点：一是进一步明确了偿二代监管框架，以风险为导向，建立定量资本要求、定性监管要求和市场约束机制相结合的三支柱偿付能力监管体系。二是对保监局在偿付能力监管中的职责进行了再定位，明确其“三个参与、一个负责、一个监督”的职责，即参与偿二代风险综合评级、风险管理能力评估、非现场核查和现场检查工作，负责对辖区内保险公司分支机构进行风险综合评级，监督辖区内保险公司分支机构落实中国保监会采取的偿付能力监管措施的情况。明确保监局的偿付能力监管职责有利于整合集中监管资源，提高监管效率，防范行业风险。三是明确了偿二代的监管指标标准。核心偿付能力充足率达标标准为50%、综合偿付能力充足率达标标准为100%、风险综合评级达标标准为B类以上，三个指标同时达标的为偿付能力达标公司；任意一项指标不达标的，为偿付能力不达标公司。四是建立了多维度、分层次的监管措施。从核心偿付能力充足率、综合偿付能力充足率、实际资本、风险综合评级等多个维度对公司进行分类，根据公司风险成因和严重程度规定相应的监管措施，提升监管措施的风险针对性和有效性。五是建立了偿付能力数据非现场核查机制和现场检查机制。每季度对核心偿付能力充足率低于 60% 或综合偿付能力充足率低于 120% 等偿付能力风险较大的保险公司偿付能力数据进行重点非现场核查，建立常态化的现场检查机制，并加强对审计机构、精算咨询机构、信用评级机构等中介机构的监督，对于服务质量存在问题的，将采取不接受其报告、移送有关部门进行处罚等措施，确保偿付能力数据真实可靠。六是强化了监管合作和协调。规定保监会将按照国务院金融稳定发展委员会的要求，加强与人民银行、银监会、证监会和国家外汇管理局的监管协作，包括加强金融审慎监管制度的协调；加强对保险集团和保险公司跨行业、跨领域业务的监管，对风险较大的保险、银行和证券等业务板块协同采取相应监管措施；强化对跨市场、交叉性金融风险的监测和防控等。同时，保监会将加强与相关国家和地区的保险监管机构、国际保险监管组织的偿付能力监管合作。

下一步，保监会将根据各方面反馈意见修订完善，计划在未来一年内发布。

二、《关于开展 2017 年度 SARMRA 评估有关事项的通知》（保监财会〔2017〕156 号）

（一）发文信息

保监会于 2017 年 6 月 28 日印发《关于开展 2017 年度 SARMRA 评估有关事项的通知》（以下简称 156 号文）。面向各保险集团（控股）公司、保险公司、保险资产管理公司、相互保险公司。

（二）出台背景

作为一年一度我国保险行业范围最大的监管进场评估，2017 年的 SARMRA 评估工作也如期而至。156 号文的出台是对 SARMRA 评估工作的进一步完善。

（三）主要内容

156 号文包含三个部分的内容。

1. 对评估工作进行了安排

本次评估分为“保监会集中评估”和“保监局现场评估”两个阶段。保监会集中评估阶段，保监会牵头成立“SARMRA 集中评估组”，选取九家保险公司（人保财险、平安产险、太平产险、苏黎世保险、平安人寿、太平洋寿险、信诚人寿、友邦保险、劳合社）于 2017 年 7 月上旬开展集中评估工作。保监会集中评估结束后，各保监局对保险公司开展现场评估，现场评估的时间为 2017 年 7 月中旬至 11 月底。

2. 对评估结果的应用进行了规范

参加保监会集中评估的保险公司，应当自 2017 年第三季度偿付能力报告编报起，以此次评估结果为依据，计算控制风险最低资本；参加保监局现场评估的保险公司，应当自 2017 年第四季度偿付能力报告编报起，以此次评估结果为依据，计算控制风险最低资本；未参加 2017 年度 SARMRA 评估工作的保险公司，继续按照 2016 年度评估结果计算控制风险最低资本。

3. 对评估工作提出了要求

各保险公司应当高度重视 SARMRA 评估工作、积极配合 SARMRA 评估工作、认真整改在 SARMRA 评估过程中发现的公司风险管理方面存在的问题。

（四）内容述评

与 2016 年的评估方式相比，156 号文的变化较大，且趋严信号明显。一是从统一进行改为分批实施。保监会先选取 9 家保险公司集中评估，该 9 家保险公司多是在 2016 年的 SARMRA 评估中得分较高的公司，且各类形态兼具，有助于在第二阶段各地保监局现场评估时有参考标准，把握打分尺度。但需要注意的是，在这样分批打分的方式下，树标杆的意味明显，第二阶段的公司预期得分很难突破这 9 家公司，受到一定压制。二是 2017 年的 SARMRA 评估范围降为 132 家。在接受过 2016 年评估工作的公司中，有 33 家公司被免检，其免检原因有所差异。其中大多数是 2016 年评估得分为 80 分以上，但泰康人寿 2016 年的评估得分为 85.43 分，却仍在 2017 年的评估名单中。三是将保险公司按类型划分，检查工作更具针对性。不同类型的保险公司特点不同，所面临的风险也存在差异，由同一保监局评估同类型或同集团的公司有利于提升评估的专业性，降低现场评估的边际成本。同时，也在一定程度上避免了不同类型的保险公司之间的横向比较，突出对同类型保险公司风险管理工作的关注。四是确立了评估基准日。作为本次评估的一大改进，评估基准日的确立表明了 SARMRA 评估工作的重要性，各保险公司不能仅仅是为了应对评估检查“临时抱佛脚”，而是应该让风险管理工作制度化、规范化、常态化。

（五）政策影响及展望

SARMRA 评估的是保险公司风险管理能力的大小，从其在偿二代中所处的地位来看，SARMRA 评估相较于偿付能力充足率和风险综合评级而言更为重要。因为偿付能力充足率测度的是可以量化的风险，风险综合评级则加入了难以量化的风险，两者均反映保险公司当前面临风险的大小；而 SARMRA 评估的是保险公司风险管理能力的高低，即在未来应对风险的能力。从单个保险公司的发展和整个行业风险把控来看，SARMRA 评估在未来的重要性将愈发明显，越来越强调公司内部的风险管理和风险来临时的主观应对能力。

三、《偿二代二期工程建设方案》（保监发〔2017〕67 号）

（一）发文信息

保监会于 2017 年 9 月 18 日下发《偿二代二期工程建设方案》，面向机关各部门、各保监局、培训中心，中国保险保障基金有限责任公司、中国保险信息技术管理有限责任公司、中保投资有限责任公司、上海保险交易所股份有限公司、中国保险报业股份有限公司，中国保险行业协会、中国保险学会、中国精算师协会、中国保险资产管理业协会，各保险集团（控股）公司、保险公司、保险资产管理公司、相互保险公司。

（二）出台背景

2012 年 3 月，保监会启动中国风险导向偿付能力体系（即偿二代）建设工程；2015 年 2 月，保监会发布偿二代主干技术标准共 17 项监管规则并试运行，行业进入新旧体系并行的过渡期；2016 年偿二代正式施行。偿二代建成实施以来，在推进保险监管现代化建设、提升行业风险防控能力、促进行业转型升级、增强我国保险监管和保险市场的国际影响力等方面都取得了显著的成绩。为进一步提高偿付能力监管的科学性、有效性和针对性，更好地适应我国保险业发展改革、风险防控和金融安全的要求，保监会决定启动偿二代二期工程。

偿二代二期工程是推动落实“1＋4”系列监管文件，“强监管、防风险、治乱象、补短板、服务实体经济”的一项重要措施，计划用三年左右的时间，通过完善监管规则、健全运行机制、加强监管合作，进一步推动偿二代的扎实落地和全面升级。

2008 年保监会出台的《保险公司偿付能力管理规定》是我国偿付能力监管的纲领性文件，为了满足行业防范风险和偿二代监管实践的需求，在 2016 年“偿二代”正式实施。随着我国保险市场的发展，为了满足不断发展的保险业偿付能力监管需求，2017 年保监会发布《保险公司偿付能力管理规定（征求意见稿）》，已向社会公众公开征求意见，与此同时，“偿二代”二期工程也正式启动。

表 1　　　　偿二代发展史

2012 年	偿二代建设工程启动	2012 年 3 月保监会启动偿二代建设工程
2015 年	17 项主干技术标准试运行	2015 年 2 月行业进入新旧体系并行的过渡期
2016 年	偿二代正式实施	2016 年偿二代正式实施
2017 年	《偿二代二期工程建设方案》	2017 年 9 月保监会下发《偿二代二期工程建设方案》

（三）主要内容

从《偿二代二期工程建设方案》来看，偿二代二期工程包括三大任务 26 项工作，三大任务主要指完善监管规则（15 项工作）、健全执行机制（6 项工作）、加强监管合作（5 项具体任务）。

1. 三大任务及 15 项工作

三大任务包括完善监管规则、健全运行机制和加强监管合作。具体来看，完善监管规则包括 15 项具体任务，重点解决当前存在的保险公司资本不实、关联交易复杂、资产不实、多层嵌套导致底层资产不清、产品不透明、非理性举牌、局部流动性风险突出、保障功能发挥不足等问题和制度漏洞。

2. 健全执行机制

健全运行机制包括 6 项具体任务，旨在确保偿二代实施到位，增强偿付能力监管的执行力。包括建立常态化、多元化的偿付能力数据真实性检查制度，逐步建立多维、立体、开放的偿付能力风险分析监测体系，跟踪云计算、大数据、人工智能、区块链等金融科技的发展趋势，开展监管科技的应用研究等。

3. 加强监管合作

加强监管合作包括 5 项具体任务，旨在推动国内监管合作与国际监管合作。在国内监管合作方面，按照党中央和国务院金融稳定发展和监管协调机制的部署，推动建立和积极参与金融审慎监管的合作机制，强化与人民银行、银监会、证监会、国家外汇管理局等相关部门的审慎监管协调，切实防控好跨市场、跨行业、跨领域的各类交叉性金融风险；在国际监管合作方面，加强与其他国家（地区）尤其是"一带一路"沿线国家（地区）的偿付能力监管合作，积极参与国际监管规则制定等。

表 2　　二期工程三大任务、26 项工作

三大任务	涉及规则	关键领域
完善监管规则	15 项工作	修订《保险公司偿付能力管理规定》；制定保险集团及新型保险组织监管规则；更新最低资本要求
健全执行机制	6 项工作	开展监管科技应用研究；多维立体的偿付能力风险分析检测体系
加强监管合作	5 项工作	防控好跨市场、跨行业、跨领域的各类交叉性金融风险；积极参与国际监管规则制定

（四）内容述评

偿二代二期工程将按照“边建设、边实施”的工作思路，坚持“开门搞建设”，实施项目负责制和专家咨询机制，集中全行业的力量，切实做到公开透明。保监会方面表示，将按照急用先行的原则，合理安排建设进度，优先重点推进实际资本评估、资产风险最低资本、流动性监管规则、数据真实性检查制度等较为紧迫的工作任务，同时扎实有序地推进其他各项建设任务，确保二期工程建设的系统性、针对性和实效性。

事实上，为明确偿二代二期工程建设的主攻方向和重点项目，保监会 2017 年 5 月即对偿二代制度及实施情况开展书面调研。据彼时的公告显示，偿二代监管规则存在的空白、短板以及需要修订调整的方面；偿二代运行的制度机制存在的问题；偿二代全面落地和有效执行中存在的问题；保险业各界对进一步发挥偿二代在风险防控中的核心作用，提升行业风险管理能力和推动监管模式转变的意见建议等方面的内容成为保监会此前书面调研的重点方向。

2008 年保监会出台的《保险公司偿付能力管理规定》是我国偿付能力监管的纲领性文件，为了满足行业防范风险和偿二代监管实践的需求，在 2016 年“偿二代”正式实施。随着我国保险市场的发展，为了满足不断发展的保险业偿付能力监管需求，2017 年保监会发布《保险公司偿付能力管理规定（征求意见稿）》，已向社会公众公开征求意见，与此同时，“偿二代”二期工程也正式启动。

（五）政策影响及展望

偿二代二期工程是保监会贯彻落实全国金融工作会议精神的重大举措，是推动落实“1 +4”系列监管文件，“强监管、防风险、治乱象、补短板、服务实体经济”的一项重要措施，计划用三年左右的时间，通过完善监管规则、健全运行机制、加强监管合作，进一步推动偿二代的扎实落地和全面升级。

偿二代自2016年正式实施以来，取得了显著成效，推动我国保险监管和保险市场发生了一系列深刻变化。一是推进了保险监管现代化建设，建立了以风险为导向、符合我国实际并与国际接轨的三支柱偿付能力监管体系；二是促进了保险业增强风险管理意识，提升风险管理水平，增强风险抵御能力；三是促进了行业转型升级，将风险因素和价值导向注入保险公司经营管理各环节，引导行业回归本源，服务实体经济；四是增强了我国保险监管和保险市场的国际影响力，为国际监管规则制定和全球保险业治理提供了新兴市场经验。随着我国金融保险市场的内外部环境和风险状况变化，保险市场和偿付能力监管面临新的风险和挑战。为进一步补齐制度短板和监管漏洞，提升保险业风险管理和风险抵御能力，保监会启动了偿二代二期工程建设，并在广泛征求和吸收各方面意见的基础上，研究制定了《偿二代二期工程建设方案》，明确了偿二代二期工程建设的指导思想、总体目标、具体任务、时间安排和工作机制。

《偿二代二期工程建设方案》紧密结合全国金融工作会议精神和目前市场最新情况，制度标准更加严格，发展方向更加明确，具有极强的针对性，其中每一项具体任务在落地过程中，都将会对行业或公司产生很大影响。下一步，中国保监会将根据金融市场数据、行业数据及公司具体情况，逐步修订完善《偿二代二期工程建设方案》的内容。

第四节　公司治理结构优化

一、《保险公司章程指引》（保监发〔2017〕36号）

（一）发文信息

保监会于2017年4月24日正式印发《保险公司章程指引》（以下简称《指引》），自发布之日起施行。面向各保险集团（控股）公司、保险公司、保险资产管理公司。

（二）出台背景

保监会在2008年出台的《关于规范保险公司章程的意见》（保监发〔2008〕57号），规范了保险公司章程内容，明确了章程制定、修改程序。但由于部分公司治理基础制度特别是作为公司基本法的公司章程，仍然存在薄弱环节，给公司治理运作留下了风险隐患。在此背景下，《指引》的出台旨在以规范章程必备条款的方式，加强对保险公司的监管指导，在坚持公司自治的基础上，为保险公司制定章程提供规范性的模板，强化保险公司治理的结构基础。

（三）主要内容

《指引》包含 14 章 82 条内容。针对近年来保险公司治理运作中的主要风险和章程制定中存在的突出问题，在《保险法》《公司法》《关于规范保险公司章程的意见》等法律法规的基础上，以公众公司为标准，以风险监管为视角，针对公司治理运作中的主要风险点做出规定，主要包含以下几个方面的内容。

1. 明确股东权利义务

除股东享有的基本权利义务外，要求公司细化明确股东提名“董监高”的具体规则；股东在公司偿付能力不足、发生风险事件或重大违规等情形时，应采取及配合监管部门采取相应的措施。对股权质押、股东重大事项变更报告义务、控股股东行为规范等进行了明确。

2. 完善股东大会及董事会授权机制

要求明确界定股东大会、董事会具体职权及具体授权原则，要求对需由股东大会或董事会审议批准的事项，必须在章程中明确授权的具体内容。规定股东大会的法定职权不得通过授权形式由董事会或其他机构或个人代为行使，董事会法定职权原则上不得授予董事长或其他个人行使，确有需要的，须一事一授。

3. 完善表决决议机制

明确需由股东大会以普通决议、特别决议通过的具体事项，股东大会、董事会审议关联交易时关联股东的回避原则及表决规则，股东大会选举董事、监事的表决规则等。要求明确对公司单个股东（关联股东或一致行动人合计）持股比例超过 50% 的，选举董事、监事表决时须实行累积投票制。关于董事会、监事会会议表决规则，也要求公司按照相关监管规定在章程中予以规定。

4. 完善独立董事有关规则

要求在章程中明确独立董事的提名方式、职责权利，独立董事失职情形以及相应的处罚措施。明确独立董事应当对特殊事项发表意见，且在对相关事项投弃权票或者反对票的，或者认为发表意见存在障碍的，应当向公司提交书面意见并向保监会报告。

5. 规定公司治理特殊事项

要求公司在章程中明确董事长、总经理等主要负责人的替代和递补机制。在章程中预先列明公司治理机制失灵的情形、公司可采取的纠正程序，以及内部纠正程序无法解决问题时，申请保监会指导的程序和要求。

（四）内容述评

《指引》主要是针对2008年保监会印发的《关于规范保险公司章程的意见》（保监发〔2008〕57号）存在的不足进行修订。《指引》规范了保险公司章程必备条款，有助于强化公司治理的结构基础，从源头上防范和化解公司治理风险隐患。此外，《指引》重点关注公司治理运作的主要风险和章程制定中的突出问题，以法律和规范性文件为依据，以公众公司为标准，在坚持公司自治的基础上，充分考虑行业特点，明确了保险公司章程的必备条款。同时，对保险公司章程的制定提出了明确要求，也为监管机构审核公司章程提供了制度依据。最后，《指引》的出台有利于将监管要求和公司章程有效结合，促使公司对治理机制主要环节以章程形式予以明确，将监管要求内化为公司内在要求，切实发挥基本法作用。

二、《关于加强相互保险组织信息披露有关事项的通知》（保监发〔2017〕26号）

（一）发文信息

保监会于2017年3月28日发布《关于加强相互保险组织信息披露有关事项的通知》（以下简称26号文），自2017年5月1日起施行。面向各保监局，中国境内的相互保险组织。

（二）出台背景

2015年1月23日，保监会印发《相互保险组织监管试行办法》（保监发〔2015〕11号），针对相互保险组织的经营管理进行了专门规范；2016年6月22日，首批三家相互保险社（信美人寿相互保险社、众惠财产相互保险社和汇友建工财产相互保险社）的筹建，标志着我国相互保险制度由理论转向实践；2016年12月20日，保监会发布《关于开展以网络互助计划形式非法从事保险业务专项整治工作的通知》（保监发改〔2016〕241号），对相互保险组织去伪存真。在此背景下，26号文的出台旨在进一步规范相互保险组织信息披露行为，增强经营管理透明度。

（三）主要内容

26 号文包含 19 条内容，主要内容总结如下：

1. 相互保险组织应披露的信息

相互保险组织应当及时披露的六项具体信息有：治理信息；经营管理信息；董（理）事、监事、高级管理人员信息；关联交易信息；重大事项信息和中国保监会规定的其他信息。同时，对该六项信息所应包含的内容分别进行了阐述。

2. 建立信息披露管理制度

相互保险组织应当建立信息披露管理制度。企业应在网站主页的显著位置设置专栏进行信息披露，相互保险组织的董（理）事会秘书为信息披露负责人。

3. 差异化处罚处理

相互保险组织违反要求的，中国保监会将责令限期改正。逾期不改正或情节严重的，依照相关法律法规予以处罚；对相互保险组织信息披露责任人及其他董（理）事、监事、高级管理人员违反要求的，应视情节轻重采取不同的监管措施。

（四）内容述评

26 号文首先针对相互保险治理透明度相对较低的问题，明确要求对涉及治理、运营的关键信息予以重点披露，并进一步扩大对管理层信息披露的范围。其次，26 号文将相互保险组织的信息披露标准比照公众公司进行要求，体现了高标准和严要求。此外，26 号文针对相互保险组织“投保人即为所有人”的本质特点，要求相互保险组织既要披露组织治理信息、重大事项，又要披露经营管理情况、盈余分配方案，以维护会员作为消费者和所有者的双重权益。最后，26 号文对现有规定中的不适用部分进行完善，对可适用部分避免重复性规定，实现了与现有制度的衔接。

（五）政策影响及展望

综观新成立的三家相互保险社，众惠财产主要满足特定产业链的中小微企业和个体工商户的融资需求；汇友建工主要满足建筑领域的特定风险保障需求；信美人寿则主要发展长期养老保险和健康险业务。随着相互保险的监管政策和经营规范不断完善，预期未来会有更多主体通过相互保险的形式切入保险价值链。在保险产品高度同质化的趋势下，相互保险可能会倒逼传统保险主体开展革新，助推保险业供给能力升级。

三、《保险公司股权管理办法（第二次征求意见稿）》

（一）发文信息

保监会于2017年7月20日至8月21日征求意见。面向境内设立的保险公司，外资保险公司的境内股东、保险集团（控股）公司、保险资产管理公司、在全国中小企业股份转让系统挂牌的保险公司。

（二）出台背景

本次征求意见是继2016年12月29日发布《保险公司股权管理办法（征求意见稿）》（以下简称《第一次征求意见稿》）后，第二次对修订《保险公司股权管理办法》（保监会令2014年第4号）征求意见（以下简称《第二次征求意见稿》）。

（三）主要内容

《第二次征求意见稿》包含9章89条，总结如下：

1. 从股东资质上将保险公司股东分为四类，其中财务类进一步细化为财务Ⅰ类和财务Ⅱ类。

股东划分具体标准如下：财务Ⅰ类股东，是指持有保险公司股权不足百分之五的股东；财务Ⅱ类股东，是指持有保险公司股权百分之五以上，但不足百分之十五的股东；战略类股东，是指持有保险公司股权百分之十五以上，但不足百分之三十的股东；控制类股东，是指持有保险公司股权百分之三十以上，或者其出资额、持有的股份所享有的表决权已足以对保险公司股东会、股东大会的决议产生重大影响的股东。

2. 细化股东持股比例。

从股权取得上细化了单一境内有限合伙企业持股比例不得超过保险公司注册资本的百分之五，多个境内有限合伙企业合计持股比例不得超过保险公司注册资本的百分之十五。保险公司因为业务创新、专业化或者集团化经营需要投资设立或者收购保险公司的，其出资或者持股比例上限不受限制。关联股东持股的，持股比例合并计算。

3. 规范入股资金选择。

在入股资金的选择上投资人不得通过设立持股机构、转让股权预期收益权等方式变相规避自有资金监管规定。

4. 严格控制股东行为。

有六种情形之一的不得行使表决权等股东权利，并承诺接受保监会的处置措施：股东变更未经中国保监会批准或者备案；股东的实际控制人变更未经中国保监会备案；委托他人或者接受他人委托持有保险公司股权；通过接受表决权委托、收益权转让等方式变相控制股权；利用保险资金直接或者间接自我注资、虚假增资；其他不符合监管规定的出资行为、持股行为。

5. 细化股权事务。

保险公司变更持有百分之五以上股权的股东，应当经保监会批准。保险公司应当自股东签署股权转让协议书之日起三个月内，报中国保监会批准或者备案。自批准或者备案之日起三个月内完成章程变更和工商登记手续。

（四）内容述评

《第二次征求意见稿》相较于《第一次征求意见稿》而言，有以下几点改进：一是规定更加详细，便于监管操作。具体有两点：第一，根据持股比例、资质条件和对保险公司经营管理的影响，将保险公司股东分为四类。第二，对保险公司股东在质和量上提高了要求。质，即从经营战略、诚信守法历史等诸多方面提高了对保险公司的品质要求；量，即提高了对保险公司股东的财务指标要求。二是规范控股股东，提高准入门槛。在《第一次征求意见稿》中，只有四项负面清单规定，而在《第二次征求意见稿》中则增加到了十项。这一变化一方面提升了控股类股东的准入门槛，防范了一些投机行为；但另一方面无细则配合，也给予了监管机构更大的自由裁量权。三是着眼问题源头，规范公司治理。《第二次征求意见稿》中降低了控股股东的影响力，防止保险公司出现经营垄断。四是规范资金来源，监管出资行为。《第二次征求意见稿》针对近年来一些投资人利用保险公司本身的市场与财务影响力进行虚假出资、循环出资等行为进行了相应规定。

（五）政策影响及展望

此次征求意见稿的修订，总结有四个方面的影响：一是股东资格、持续盈利能力和自有资金问题。二是市场定位、差异化经营理念和系统可行的商业模式问题。三是根据保监会颁布的《保险公司董事监事和高级管理人员任职资格》（保监会令 2014 年第 1 号）的规定和要求，寻找符合保险业专业特点的高管人员。四是关注关联问题和代持问题，提前界定和明确关联关系，防止越过监管红线。

四、《保险公司信息披露管理办法》(银保监会〔2018〕2号)

(一) 发文信息

保监会对《保险公司信息披露管理办法》(以下简称《办法》) 进行修改，形成新《办法》，并于2018年5月11日由银保监会公布，自2018年7月1日起施行。主要面向各保险集团 (控股) 公司、保险公司、保险资产管理公司，将原本不适用《办法》的保险集团公司、再保险公司、保险资产管理公司、相互制保险组织也纳入了披露义务主体的范畴。

(二) 出台背景

为进一步规范保险公司信息披露工作，提高保险公司信息披露的及时性、可比性、有效性，保障投保人、被保险人、受益人以及相关当事人的合法权益，保监会对《办法》进行修改，形成了征求意见稿，于2017年8月16日开始向社会公开征求意见。在经历了9个月的征求意见后，新《办法》于2018年5月11日正式发布，并自2018年7月1日起施行。在此之前，保险公司信息披露工作遵循的《办法》于2010年6月实施。根据保险业8年来出现的新问题及新情况，新《办法》丰富了需要披露的内容。

新《办法》从披露内容、披露方式、披露时间以及披露管理等方面做出了更为详细的规定。明确保险公司披露的信息大致包括：基本信息、财务会计信息、保险责任准备金信息、风险管理状况信息、保险产品经营信息、偿付能力信息、重大关联交易信息、重大事项信息、银保监会规定的其他信息。

(三) 主要内容

新《办法》包含6章40条内容，具体可以概括为如下几个方面。

1. 关于新增豁免披露的情形

新《办法》将“属于国家秘密、商业秘密以及其他因披露将导致违反国家有关法律法规的”作为豁免披露的内容。并对豁免事项实行审批制，要求其在豁免披露事项通过审核后10个工作日内向银保监会报告，并在豁免披露的原因消除之日起10个工作日内编制临时信息披露报告，披露相关信息、此前豁免披露的原因和公司内部审核情况。

2. 强制披露的内容有所增加

将保险责任准备金信息纳入了应当披露的内容；在需要披露的公司治理概要中增加了对实际控制人及其控制公司情况的简要说明的要求；在需要披露的

产品基本信息中增加了人身保险产品说明书、投资账户单位价格、万能险结算利率等信息；要求保险公司披露的上一年度保险责任准备金信息包括准备金评估方面的定性信息和定量信息并说明准备金评估方法与财务会计报告准备金评估方法之间的差异；在需要披露的产品经营信息中增加了上一年度保户投资款新增交费居前 3 位的保险产品的名称、主要销售渠道、保户投资款新增交费和保户投资款本年退保以及上一年度投连险独立账户新增交费居前 3 位的投连险产品的名称、主要销售渠道、投连险独立账户新增交费和投连险独立账户本年退保信息。

3. 要求保险公司对“重大事项”进行披露并做出简要说明

这些“重大事项”是指：保险公司发生单项投资实际投资损失金额超过公司上个季度末净资产总额 5% 的重大投资损失；单笔赔案或者同一保险事故涉及的所有赔案实际赔付支出金额超过公司上个季度末净资产总额 5% 的重大赔付；对公司净资产和实际营运造成重要影响或者判决公司赔偿金额超过 5000 万元人民币的重大诉讼案件；对公司净资产和实际营运造成重要影响或者裁决公司赔偿金额超过 5000 万元人民币的重大仲裁事项。

4. 披露超过规定时限需要披露原因及预计时间

新《办法》第二十四条删除了“保险公司延迟披露的时间不得迟于规定披露期限届满后的第 20 个工作日”的规定，而直接要求延迟披露的保险公司在公司网站公布不能按时披露的原因以及预计披露时间。

5. 适用范围扩大

新《办法》将原本被排除在外的保险集团公司、再保险公司、保险资产管理公司、相互制保险组织也纳入了披露义务主体的范畴。

6. 对违法披露信息要求的保险公司及直接负责信息披露的主管人员和其他直接责任人员规定了罚则

新《办法》规定保险公司未按照规定披露信息的，未按照规定报送或者保管报告、报表、文件、资料的，或者未按照规定提供有关信息、资料的，编制或者提供虚假报告、报表、文件、资料的，拒绝或者妨碍依法监督检查的，由银保监会依据法律、行政法规进行处罚，并对其直接负责信息披露的主管人员和其他直接责任人员依据法律、行政法规进行处罚。

7. 对保险公司在公司网站主页置顶设置的信息披露专栏及其子目录如何分类及名称做了统一规定

新《办法》要求保险公司所有公开披露的信息都应当在该专栏下分类设置子栏目列示，一级子栏目名称分别为“基本信息”“年度信息”“专项信息”

和“重大事项”等。其中，“专项信息”栏目下设“关联交易”“偿付能力”“互联网保险”“资金运用”“新型产品”“交强险”等二级子栏目。上市保险公司可以在“投资者关系”栏目下披露要求披露的相关内容。

（四）内容述评

20 世纪 80 年代以来，日本、美国相继发生保险公司偿付能力不足引起的破产浪潮，这些沉痛的教训促使各国政府更加重视对保险行业的监管和引导。在经济全球化和金融行业飞速发展的大背景下，保险业信息披露制度的建立和完善是防范偿付能力不足的重要手段。

保险公司的信息披露义务由来已久，它的存在源于保险市场中，保险人与投保人之间、保险人与保险中介之间、保险人与监管部门之间的信息不对称。这些信息不对称使投保人的利益经常遭受损害，进而使公众对保险失去信心。

由于保险公司资本结构具有高负债性的特点，投保人对公司资产的贡献程度远高于股东，因而投保人成为保险行业稳健发展的重要利益相关者。相比保险公司股东而言，由于保险合约长期性和保险产品专业性的特点，投保人往往处于信息劣势地位，因此加强对投保人等利益相关者的保护是保险公司治理的重要目标。

（五）政策影响及展望

自 2010 年 6 月开始实行的《办法》明确界定了保险公司信息披露的内涵之后，保监会又相继发布了《互联网保险业务监管暂行办法》《保险公司资金运用信息披露准则第 1 号：关联交易》《保险公司资金运用信息披露准则第 2 号：风险责任人》《保险公司资金运用信息披露准则第 3 号：举牌上市公司股票》《保险公司资金运用信息披露准则第 4 号：大额未上市股权和大额不动产投资》《中国保监会关于进一步加强保险公司关联交易信息披露工作有关问题的通知》《中国保监会关于进一步加强保险公司股权信息披露有关事项的通知》《中国保监会关于加强相互保险组织信息披露有关事项的通知》。这些监管文件的相继出台反映出监管部门对信息披露的重视程度在不断加强。而新《办法》的发布表明了银保监会进一步加强保险公司强制性信息披露的监管力度的决心，同时也将保险公司信息披露的合规性建设提升到新的高度。

五、《保险资产负债管理监管办法（征求意见稿）》（保监厅函〔2017〕446 号）

（一）发文信息

为贯彻落实全国金融工作会议精神和保监会“1＋4”系列文件要求，进一步防范保险业资产负债错配风险，加强资产负债管理监管，提升保险公司资产负债管理能力，保监会制定了《保险资产负债管理监管办法（征求意见稿)》，并于 2017 年 12 月 11 日至 12 月 31 日征求意见。面向各保监局，各保险集团（控股）公司、保险公司、保险资产管理公司、相互保险公司。

（二）出台背景

“1 +4”系列文件从指出资产负债错配问题、到提出资产负债管理要求、再到提出制定相关监管规定要求，为我国建立保险资产负债管理监管制度提供了政策导向。正是在这样的政策背景下，保监会于 2017 年 12 月 11 日发布征求意见稿，就保险资产负债管理的基本要求、监管框架、评级方法以及对应的差别化监管措施等内容做出规定，形成资产负债管理监管的纲领性文件。

（三）主要内容

征求意见稿在前期五项具体监管规则的基础上，进一步明确了资产负债管理的基本要求、监管框架、评级方法以及对应的差别化监管措施，是资产负债管理监管的总领性文件，共 5 章 38 条，主要包括如下几个方面。

1. 针对保险公司明确资产负债管理的基本内容和要求

在数据真实性方面，保险公司应当建立资产负债管理数据管理制度和机制，确保资产负债管理基础数据的真实性、合规性和完整性。在分账户管理方面，保险公司应当根据保险业务和资金特点，划分“普通账户”和“独立账户”，实行分账户的资产负债管理和资产配置管理。董事会的职责是审定相关目标、制度及政策；资产负债管理委员会（董事会下属职能部门）的职责是协助董事会审议；高级管理层的职责是负责日常管理、组织实施等；牵头部门的职责是负责组织协调，支持高级管理层职责。在控制与流程方面，保险公司应当制定资产负债管理和资产配置管理的内部控制流程，建立资产端与负债端的沟通协商机制，明确相关职能部门的管理责任。在模型与工具方面，保险公司应当根据自身的业务性质、规模和复杂程度，建立资产负债管理和资产配置所需的模型，选择适当的管理工具。在压力测试方面，保险公司应当加强压力测试在资产负债管理决策中的应用，评估分析潜在风险因素对期限结构、成本收益、现金流和偿付能力充足率的影响，并采取相应的预防措施。在绩效考核方面，保险公司应当建立资产负债管理绩效评估体系，明确资产负债管理考核评价方法和标准，将资产负债管理的指标纳入相关部门及高级管理人员的绩效考核。在管理报告方面，保险公司应当制定和实施有效的资产负债管理监控和报告程序，定期编制和审议资产负债管理报告，并按照规定向监管部门报送资产负债管理报告。

2. 明确评估方式、评分方法、综合评级划分标准

能力监管评估采用定期评估，保监会自行或授权派出机构定期对保险公司资产负债管理能力进行监管评估，必要时可以委托独立第三方机构进行评估；评估方式为保监会根据需要，可以采用材料调阅、现场查验、问卷调查、质询谈话、穿行测试等方式，对保险公司资产负债管理能力进行评估。资产负债管理能力评估采用百分制，包括基础与环境、控制与流程、模型与工具、绩效考核和管理报告。保监会根据资产负债管理量化评估规则对保险公司资产负债匹配状况进行评分。量化评估采用百分制，包括期限结构匹配、成本收益匹配和现金流匹配。保监会定期对保险公司进行资产负债管理综合评级，评级结果反映了保险公司资产负债管理的整体状况，包括资产负债管理能力状况和资产负债匹配状况。保监会根据保险公司综合评分的高低将保险公司资产负债管理综合评级分为 A、B、C、D 四大类。

3. 实施差别化监管

鼓励 A 类公司先行先试：对于 A 类保险公司，根据市场需求和公司实际经营情况，适当给予资金运用范围、模式、比例以及保险产品等方面的政策支持，鼓励资产负债匹配状况好、管理能力高、经营审慎稳健的保险公司先行先试。C 类公司监管措施：风险提示；监管谈话；下发监管函；进行专项现场检查；要求限期整改存在的问题，提交和实施预防资产负债匹配状况恶化或完善资产负债管理的计划。D 类公司监管措施：责令调整业务结构，限制业务范围或增长速度；在一定期限内禁止申报新产品；责令调整资产结构或交易对手，限制资金运用形式或比例；限制董事和高级管理人员的薪酬水平；责令调整公司负责人及有关管理人员。限制能力评估结果为低的公司投资。对于资产负债管理能力评估结果为低的公司：不予备案其股权投资能力、不动产投资能力和衍生品运用能力，禁止其开展重大股票投资和上市公司收购。对于已经取得上述相关能力备案的，视情况暂停其新增重大股票投资、上市公司收购、股权投资、不动产投资和运用衍生品。

（四）内容述评

根据征求意见稿的规定，保险资产负债管理，是指保险公司在风险偏好和其他约束条件下，持续对资产和负债相关策略进行制定、执行、监控和完善的过程。

征求意见稿的发布，意味着继偿二代监管体系后又一个监管工具的产生，

标志着保险业大监管时代的来临，形成了保险公司内部防控与保监会外部监管相结合的资产负债管理监管体系。保险公司资产负债管理能力评估规则和量化评估规则等系列配套制度与征求意见稿共同形成完整的资产负债管理差异化监管制度体系。保监会在优化保险公司监管评估方式的同时，完善保险公司综合评级制度，严格把关能力评估结果为低公司进行股市投资和上市公司收购活动，差异化的综合评级制度倾向于鼓励稳健、细致的保险资产负债管理，在很大程度上维护了保险公司的健康经营与可持续发展。

（五）政策影响及展望

加强资产负债管理监管，有利于推动行业回归本源，发挥长期稳健风险管理和保障功能；有利于引导保险资金稳健配置，为实体经济发展提供有力支持；有利于防范资产负债错配风险，守住不发生系统性金融风险的底线；有利于弥补监管短板，增强监管体系的科学性和有效性。同时，良好的资产负债管理是保险公司可持续经营的基础，也是保险业在日益复杂的风险环境中保持稳健发展、防范系统性金融风险的重要保障。

第五节　行业治理规范

一、《保险业进一步参与社会治安综合治理工作的指导意见》

（一）发文信息

保监会于 2017 年 2 月 15 日印发《保险业进一步参与社会治安综合治理工作的指导意见》（以下简称《指导意见》）。面向我国保险业全行业。

（二）出台背景

2016 年 10 月 10 日至 11 日，全国社会治安综合治理创新工作会议召开，指出要继续加强和创新社会治理，完善中国特色社会主义社会治理体系。《指导意见》在此背景下出台，旨在明确新形势下保险业参与综合治理工作的指导思想、基本原则、主要任务和具体措施，以充分发挥保险业在社会治安综合治理中的职能作用。

（三）主要内容

《指导意见》的主要内容有两个方面：一是加大保险业综合治理工作落实

力度，重点做好反保险欺诈、打击非法集资、加强互联网保险监管、保险纠纷多元化解、信访积案化解等任务。二是引导保险业主动发挥自身优势，包括发挥保障优势，推进综治工作机制创新；发挥信息优势，服务社会治安风险防控；发挥网络队伍优势，助力基层治理网络健全等。

（四）内容述评

《指导意见》指导保险功能深入参与加强社会治安综合治理的工作当中，有利于从源头上预防和减少矛盾纠纷；有利于防范和处置风险事故；有利于整合社会管理和服务资源。此外，《指导意见》以围绕中心、服务大局，立足实际、改革创新，突出重点、务求实效，以人为本、高效便民为基本原则，以防控风险、服务发展为主线，以破解难题、补齐短板为着力点，以改革创新为引领，建立健全有机衔接、协调联动、高效便捷的参与机制，提升预测、预防各类风险的能力，不断提高社会治安综合治理社会化、法制化、智能化、专业化水平。

（五）政策影响及展望

在《指导意见》的影响下，反保险欺诈、打击非法集资、加强互联网保险监管、保险纠纷多元化解、信访积案化解等成为保险业亟须解决的重点任务，以实现管控行业风险，维护保险市场稳定运行和保险消费者合法权益的目标。预期未来保监会将根据《指导意见》的任务分工抓好落实工作、主动发挥自身优势，进一步健全保险业服务社会治安综合治理创新长效机制。

二、《关于优化保险合同负债评估所适用折现率曲线有关事项的通知》（保监发〔2017〕23号）

（一）发文信息

保监会于2017年3月15日印发《关于优化保险合同负债评估所适用折现率曲线有关事项的通知》（以下简称23号文）。面向各保险集团（控股）公司、保险公司，各保险资产管理公司。

（二）出台背景

23号文是在保监会2010年发布的《关于保险业做好〈企业会计准则解释第2号〉实施工作的通知》（保监发〔2010〕6号）基础上，对财务报告中保险合同负债计量所适用的折现率曲线进行的优化与调整。

（三）主要内容

23号文包含7条内容，主要内容总结如下：

一是对于未来保险利益不受对应资产组合投资收益影响的保险合同，用于计量财务报告未到期责任准备金的折现率曲线，由基础利率曲线附加综合溢价组成。基础利率曲线分为三段，应与偿付能力监管目的下未到期责任准备金计量所适用的基础利率曲线保持一致。

二是对于未来保险利益随对应资产组合投资收益变化的保险合同，用于计量未到期责任准备金的折现率，仍然按照《财政部关于印发〈保险合同相关会计处理规定〉的通知》（财会〔2009〕15 号）的规定，根据对应资产组合预期产生的未来投资收益率确定。

三是保险公司应加强内控管理，完善准备金计量流程，明确董事会、管理层以及相关部门的职责分工，确保准备金计量真实、公允。

（四）内容述评

23 号文将一段式曲线调整为三段式曲线，使财务报告和偿付能力报告中的折现率曲线基本保持一致，可以有效提高折现率，减少准备金提取。此外，23 号文将综合溢价的调整幅度由 150BP 降至 120BP。同时，进一步明确了综合溢价的考虑因素，主要包括税收和流动性效应，以及新增了逆周期因素的影响，与保险公司偿付能力监管规则第 2 号——最低资本（保监发〔2015〕22 号）第十九条规定中的“保险公司应当根据保监会的规定，计量逆周期附加资本”保持一致。

（五）政策影响及展望

23 号文的发布，使传统险种的会计利润和资本管理有了统一的评价基础，长期保障型传统险产品利润率高、价值率高和资本释放充足等多重优势得以凸显。但需注意两点：一是对准备金及利润的影响要综合考虑基础利率曲线的变动和综合溢价两方面的影响，还要区分传统险业务的剩余期限。二是调整后的折现率曲线仅会影响到传统保险产品的准备金计提，而分红险、万能险等新型险种的会计评估则不受影响。

预期未来保险公司长期保障型传统险产品的设计开发和经营管理将得以优化，着力发展风险保障类业务。在财务报告信息质量方面，统一的基础利率曲线将为外部投资人提供更加透明可靠、具有可比性的财务信息。

三、《关于做好保险公估机构业务备案及监管工作的通知（征求意见稿）》

（一）发文信息

保监会于 2017 年 4 月 25 日至 5 月 7 日对《关于做好保险公估机构业务备

案及监管工作的通知（征求意见稿）》公开征求意见。面向各保监局，各保险公估机构。

（二）出台背景

为贯彻落实《资产评估法》，切实做好保险公估机构业务备案及监管，促进保险公估行业健康稳定发展，《关于做好保险公估机构业务备案及监管工作的通知（征求意见稿）》发布并征求意见。

（三）主要内容

征求意见稿包含四个部分的内容。

1. 实行分级备案管理

全国性保险公估机构可以在工商注册登记地所在省、自治区、直辖市、计划单列市之外设立分支机构，区域性保险公估机构不可以在工商注册登记地所在省、自治区、直辖市、计划单列市之外设立分支机构。保险公估机构采用公司形式的，全国性机构向中国保监会进行业务备案，区域性机构向工商注册登记地保监局进行业务备案。合伙形式的保险公估机构向中国保监会进行业务备案。

2. 营运资金必须真实、合法

保险公估机构应根据业务发展规划，具备日常经营和风险承担所必需的营运资金并实施托管。其中，全国性保险公估机构营运资金为200万元以上；区域性保险公估机构营运资金为100万元以上。

3. 专业资质人员执业

保险公估机构应具备一定数量的保险公估师执业。公司形式的保险公估机构应当有8名以上保险公估师，合伙形式的保险公估机构应当有2名以上保险公估师。

4. 规范现存保险公估机构监管

现存保险公估机构需尽快符合《资产评估法》有关规定及本通知中关于营运资金托管、专业资质人员的要求，并最迟不晚于2017年11月30日交回许可证，完成业务备案。未按规定备案的，不得继续开展保险公估业务。许可证在2017年11月30日前到期但受客观条件所限未备案的保险公估机构，可在备案完成前继续开展保险公估业务。

（四）内容述评

征求意见稿适度降低了对最低营运资金的要求，对保险公估机构的成立起到推动作用。同时，对从业人员资质进行统一要求，也有助于减少在事故勘定中出现“价格差异”和“道德风险”等问题。

四、《金融业标准化体系建设发展规划（2016—2020 年）》（银发〔2017〕115 号）

（一）发文信息

人民银行、银监会、证监会、保监会、国家标准化管理委员会于 2017 年 6 月 8 日印发《金融业标准化体系建设发展规划（2016—2020 年）》（以下简称《发展规划》）。面向我国金融业。

（二）出台背景

金融体系中出现某些风险点的原因之一，就是在分业监管体制下，不同类型机构开展同类业务的行为规则和监管标准不一致，在个别领域甚至存在空白。在《国民经济和社会发展第十三个五年规划纲要》和《国家标准化体系建设发展规划（2016—2020 年）》的基础上，金融业标准化体系建设尤为迫切，在此背景下，《发展规划》应运而生。

（三）主要内容

《发展规划》包含六个部分的内容，总结如下：

1. 确立了发展目标

即金融业标准体系进一步优化，制修订国家标准和行业标准 110 项以上，推动三个以上金融业社会团体发布团体标准；金融业标准水平明显提高，科学性、有效性和实用性显著增强；金融业标准实施效果显著增强，新发布的重点金融业国家标准开展质量及效益评估的比例达到 50% 以上；金融业标准化机制更加完善，对金融业科学发展的支撑作用明显增强；主导研制金融业国际标准取得实质性突破。

2. 提出了四项主要任务

具体包括：建立新型金融业标准体系，全面覆盖金融产品与服务、金融基础设施、金融统计、金融监管与风险防控等领域；强化金融业标准实施，发挥政府、行业协会、认证机构、企业等各方面的作用；建立金融业标准监督评估体系，分类监督强制性标准和推荐性标准实施；持续推进金融国际标准化，在移动金融服务、非银行支付、数字货币等重点领域，加大对口专家派出力度，争取主导 1 ~ 2 项国际标准研制。

3. 提出了五项重点工程

具体包括：金融风险防控标准化工程、绿色金融标准化工程、互联网金融标准化工程、金融标准认证体系建设工程和金融标准化基础能力建设工程。

4. 明确了五项保障措施

具体包括：强化统筹协调、完善政策支持、发挥行业协会作用、加强人才培养和发挥基层行业主管部门主观能动性。

（四）内容述评

《发展规划》明确提出了“十三五”金融业标准化工作的指导思想、基本原则、发展目标、主要任务、重点工程和保障措施。

五、《信用保证保险业务监管暂行办法》（保监财险〔2017〕180 号）

（一）发文信息

保监会于 2017 年 7 月 11 日正式印发《信用保证保险业务监管暂行办法》（以下简称《办法》），自印发之日起生效，施行期限为 3 年。面向各保监局、各财产保险公司。

（二）出台背景

信用保证保险业务是指以信用风险为保险标的的保险，分为信用保险（出口信用保险除外）和保证保险。信保业务具有为企业融资及债券发行增信的作用，在获得广阔发展空间的同时，也面临一定的金融交叉风险。近年来，信保业务的快速增长，使保险业的功能由传统的经济补偿向现代的资金融通功能延伸。2016 年 12 月，浙商财险“侨兴债”事件的曝光，引起了监管机构对信保业务风险的关注。基于治理信保业务乱象、补齐制度短板、防范系统性风险和金融交叉风险的情况，《办法》在经过意见征求阶段后正式出台，旨在保证信保业务健康化、提高行业风险管理水平。

（三）主要内容

《办法》包含 5 章 33 条内容，总结如下：

1. 明确经营规则

经营信保业务的保险公司，上一季度核心偿付能力充足率应当不低于 75%，且综合偿付能力充足率不低于 150%。保险公司偿付能力低于此要求的，应当暂停开展信保新业务，并可在偿付能力满足要求后恢复开展信保业务。保险公司不得为四种融资行为提供信保业务：类资产证券化业务和债权转让行为；非公开发行债券业务，以及主体信用评级或债项评级 AA + 以下的公开发行债券业务；保险公司的控股股东、子公司以及其他关联方的融资行为

(其他关联方的资金融出行为除外)；中国保监会禁止承保的其他行为。

2. 完善内控管理

保险公司应当建立符合审慎经营原则的业务制度，包括业务评估审议、决策程序、承保理赔、事后追偿和处置等制度。业务制度应贯穿信保业务全流程和各操作环节，确保相关决策或操作均有迹可查。

3. 加强监督管理

要求经营信保业务的保险公司于每年 4 月底前向保监会报告上一年度业务经营情况，包括但不限于：内部风险管理制度建设情况及专业人才配备情况；业务经营情况（基本情况、经营结果、其他情况）；风险预警标准及风险处置情况；信保业务的专项审计报告或审计报告中涉及信保业务的内容；中国保监会要求报告的其他情况。保险公司在经营信保业务过程中，存在七种情形的，中国保监会可以责令整改。七种情况分别为：违反《办法》规定的偿付能力要求开展信保业务的；未按《办法》规定办理再保险的；未按《办法》第八条规定超业务范围承保的；未按《办法》第九条、第十条规定开展信保业务的；未按《办法》第十二条规定信息披露的；未按规定使用经审批或备案的保险条款和费率的；违反《办法》规定的其他行为。

(四) 内容述评

《办法》规定在明确准入门槛的规定下，保险公司需在保证偿付能力充足的同时将信保业务做到小而分散，以降低其业务集中风险。此外，《办法》中的四种不得提供信保业务的融资行为中，类资产证券化和债权转让主要是鉴于其复杂性且监管难度较大；非公开发行债券业务和主体信用或债项评级 AA + 以下的公开发行债券业务意在降低保险公司信用业务和债券投资业务的关联度。同时，《办法》重点要求保险公司加强风险管控，目的是对开展信保业务的保险公司加强外部监管，并对其内部控制和风险管理水平提出更高要求，使其业务经营更加透明化、专业化。

(五) 政策影响及展望

《办法》第八条规定，“保险公司不得为类资产证券化业务和债权转让行为提供信保业务”，对“保理 + 信保”模式带来了一定冲击。由于保理业务的核心是应收账款（债权）转让，不可避免地落在了禁止保险公司承保的范围内。然而，保理公司与信保公司仍有合作空间：保险公司可以为基础交易合同的履行提供信用保险，随着应收账款的转让，债权人与保理公司约定将其与保险合同项下的权利同时转让给保理公司，以实现保理公司的风险把控。

六、《保险标准化工作管理办法》（保监发〔2017〕94号）

（一）发文信息

为完善标准制定工作程序，提高保险业标准化工作的规范性和科学性，根据《中华人民共和国标准化法》《全国专业标准化技术委员会管理办法》等法律法规，保监会研究制定了《保险标准化工作管理办法》，于2017年12月29日发布，主要面向机关各部门，各保监局，培训中心，中国保险保障基金有限责任公司、中国保险信息技术管理有限责任公司、中保投资有限责任公司、上海保险交易所股份有限公司、中国保险报业股份有限公司，中国保险行业协会、中国保险学会、中国精算师协会、中国保险资产管理业协会，各保险集团（控股）公司、保险公司、保险资产管理公司、相互保险社、保险专业中介机构。

（二）出台背景

为贯彻落实《中华人民共和国标准化法》《全国专业标准化技术委员会管理办法》，发挥标准化对保险业转型升级的支撑保障作用，促进保险标准化工作高效协调、规范有序开展，保监会制定了《保险标准化工作管理办法》。

（三）主要内容

《保险标准化工作管理办法》共包含33条内容。

《保险标准化工作管理办法》由保险标准化工作模式、保险标准化机构职责、保险标准的制定与修订程序、保险标准的实施与管理等内容组成。明确了保险行业标准、保险团体标准各自的管理机制、组织模式及制修订程序；明确了监管机关、保标委、行业社团组织、市场主体等标准化参与方在标准化工作中的职责；规范了各类保险标准实施的一般程序与标准管理的方法。

（四）内容述评

《保险标准化工作管理办法》立足保险业标准化工作实际和发展任务，坚持“政府引导、市场驱动，服务大局、立足长远，统筹推进、突出重点”的原则，以建立政府与市场协同发展、协调配套的新型保险标准管理体系为出发点，以建立健全统一协调、运行高效、政府与市场共治的保险业标准化工作体制为导向，对保险标准化工作涉及的各个环节和程序进行规范与要求，进一步理顺机制，划清政府与市场类标准的边界，明确标准化各参与方的工作职责与范围，为推进保险标准供给侧结构性改革，强化标准应用实施提供了坚强制度保障。

（五）政策影响及展望

《保险标准化工作管理办法》对进一步提高保险业标准化工作的规范性和科学性具有重要意义，将推动保险业标准化工作管理水平迈上新台阶。

下一步，保监会将推动全行业各单位和机构认真学习领会，抓好贯彻落实，积极承担起在保险标准制修订、应用实施等环节的责任，充分发挥保险标准对建设现代保险服务业的基础支撑和规范引领作用，促进保险业持续健康发展。

七、《保险销售行为可回溯管理暂行办法》（保监发〔2017〕54 号）及《保监会关于落实〈保险销售行为可回溯管理暂行办法〉有关事项的通知》（保监消保〔2017〕265 号）

（一）发文信息

为贯彻全国金融工作会议精神，落实《国务院关于加快发展现代保险服务业的若干意见》和《国务院办公厅关于加强金融消费者权益保护工作的指导意见》有关要求，建立完善有利于保护保险消费者权益的机制、扎牢保险监管制度笼子，中国保监会出台了《保险销售行为可回溯管理暂行办法》（以下简称《办法》）和《关于落实〈保险销售行为可回溯管理暂行办法〉有关事项的通知》，自 2017 年 11 月 1 日起正式实施，主要面向保险公司和保险中介机构。

（二）出台背景

为进一步规范保险销售服务行为，解决消费者关注的销售欺骗误导问题，切实优化保险消费环境，《办法》通过对保险公司、保险中介机构保险销售行为可回溯管理，记录和保存保险销售过程关键环节，实现销售行为可回放、重要信息可查询、问题责任可确认。

（三）主要内容

《办法》共计 18 条，主要涉及可回溯实施范围和方式、管理内容、信息安全责任、内外部监督管理措施等方面。《保监会关于落实〈保险销售行为可回溯管理暂行办法〉有关事项的通知》包含了录制时点、明确提示、明示身份、录制要求、文件制作、自助终端和整改要求七个方面。具体来说两个文件主要包含了以下几个方面内容。

1. 保险销售行为可回溯概念界定

《办法》所称保险销售行为可回溯，是指保险公司、保险中介机构通过录音录像等技术手段采集视听资料、电子数据的方式，记录和保存保险销售过程关键环节，实现销售行为可回放、重要信息可查询、问题责任可确认。《办法》所称保险公司为经营人身保险业务和财产保险业务的保险公司，专业自保公司除外。保险公司、保险中介机构销售《办法》规定的投保人为自然人的保险产品时，必须实施保险销售行为可回溯管理。团体保险产品除外。

2. 销售过程关键环节记录规范

保险公司、保险中介机构开展电话销售业务，应将电话通话过程全程录音并备份存档，不得规避电话销售系统向投保人销售保险产品。除电话销售业务和互联网保险业务之外，人身保险公司销售保险产品符合下列情形之一的，应在取得投保人同意后，对销售过程关键环节以现场同步录音录像的方式予以记录。在实施现场同步录音录像过程中，录制内容至少包含五项关键销售环节。保险销售行为现场同步录音录像应符合相关业务规范要求，视听资料应真实、完整、连续，能清晰辨识人员面部特征、交谈内容以及相关证件、文件和签名，录制后不得进行任何形式的剪辑。保险专业中介机构、非银行类保险兼业代理机构应在录音录像完成后将录制的视听资料和其他业务档案一并反馈至承保保险公司。

3. 记录内容质检要求

保险公司应建立视听资料质检体系，制定质检制度，建立质检信息系统，配备与销售人员岗位分离的质检人员，对成交件视听资料按不低于30%的比例在犹豫期内全程质检。其中，对符合《办法》第六条第二项规定的保险业务视听资料应实现100%质检。保险公司对符合《办法》第六条规定的保险业务开展回访时，回访用语应包括“投保时是否接受了录音录像、录音录像中陈述是否为其真实意思表示”等内容。

4. 细化视听资料管理办法

保险公司省级以上机构、银行类保险兼业代理机构负责视听资料的保存，保险公司其他分支机构、保险专业中介机构、非银行类保险兼业代理机构以及保险销售从业人员不得擅自保存视听资料。保险公司、银行类保险兼业代理机构应制定视听资料管理办法，明确管理责任，规范调阅程序。视听资料保管期限自保险合同终止之日起计算，保险期间在一年以下的不得少于五年，保险期间超过一年的不得少于十年。如遇消费者投诉、法律诉讼等纠纷，还应至少保存至纠纷结束后两年。

5. 用户资料保密工作

保险公司、保险中介机构应严格依照有关法律法规，加强对投保人、被保险人的个人信息保护工作，对录音录像等视听资料内容、电子数据严格保密，不得外泄和擅自复制，严禁将资料用作其他商业用途。保险公司、保险中介机构应建立完善内部控制制度，对未按《办法》规定实施销售行为可回溯管理的，应追究直接负责的主管人员和其他直接责任人员的责任。

（四）内容述评

《办法》的实施初衷是规范销售行为，维护保险消费者的权益。目前保险销售行为确实太过混乱，导致了很多投诉纠纷难题。例如在销售过程中，有些问题可能仅仅只是口头的说明，像“保险责任是否跟销售人员描述的一致”“自己的说明和告知（健康告知类）是否能传达到保险公司”等，在出现纠纷时，这些又无证可查，所以纠纷难题不断。

从《办法》第四条的规定来看，个险渠道在销售《办法》规定的投保人为自然人的保险产品时，也必须实施保险销售行为可回溯管理。从《办法》第五条、第六条的规定来看，并没有个险销售具体的回溯方法的介绍，只是在第六条（二）中说明了一下，并没有明确个险渠道销售非投连产品、向 60 周岁以下的投保人销售人身保险时，需要实施保险销售行为可回溯管理。一般颁布的规定，大部分都是总分形式，第四条是总，第五条和第六条是对第四条以上内容的说明，也就是说个险渠道销售相关的保险产品，根据第四条的规定也必须实施保险销售行为可回溯管理，只是可回溯管理的方式并没有做明确说明而已。

（五）政策影响及展望

保险销售是保险服务的关键环节，保险销售欺骗误导行为严重违反最大诚信原则，侵害消费者的知情权、自主选择权等合法权益，是当前保险业最为突出的问题之一。近年来，保监会出台了一系列治理销售欺骗误导的监管举措并取得了一定成效。《办法》的出台和实施，进一步约束了保险机构销售行为，针对保险销售关键环节，强化了保险机构法定“提示和明确说明义务”，将使保险销售更加透明，让保险消费更放心。同时，保险销售行为可回溯制度的实施，也将进一步提升保险监管部门投诉处理效能，进而促进保险消费者保护工作水平不断提高，促进保险行业健康可持续发展。

如果个险渠道需要按规定实施可回溯方法，一般在下面会有具体说明，但规定里并没有这项说明。目前个险渠道还是保险公司销售收入的大头，销售人员数量巨大，改革不容易，暂时未实施，所以才叫“暂行办法”。

不管怎样，如果这次个险渠道暂时未实施，未来也必然会纳入在内。未来对保险销售的监管会越来越严格，想要通过“欺瞒方式”获利将越来越难。

八、《关于启动中国保险业保单登记管理信息平台第三期建设的通知》（保监人身险〔2017〕209号）

（一）发文信息

保监会于2017年8月15日发布《关于启动中国保险业保单登记管理信息平台第三期建设的通知》（保监人身险〔2017〕209号）。面向中国保险信息技术管理有限责任公司，各保险集团（控股）公司、保险公司、相互保险公司。

（二）出台背景

在相关各方的共同努力下，中国保险业保单登记管理信息平台第一、第二期建设已圆满结束，相关工作取得了积极成效。根据《中国保监会关于建设中国保险业保单登记管理信息平台的通知》（保监发〔2015〕102号）精神，保监会决定启动信息平台第三期建设工作。第一期建设工作于2015年底完成，包含了保单范围数据收集、系统建设、联调测试、历史数据导入等工作。第二期主要包含了扩展保险数据范围、中介机构信息等级、完善平台功能等工作。

（三）主要内容

《关于启动中国保险业保单登记管理信息平台第三期建设的通知》主要包含三个方面的内容。

1. 三期建设的主要任务

信息平台第三期建设将进一步扩展保单登记范围，实现险种全覆盖。

2. 三期建设的时间安排

各保险公司与中国保险信息技术管理有限责任公司应相互配合，于2018年8月底前完成信息平台建设第三期工作。

3. 有关要求

切实加强组织领导。各保险公司要高度重视信息平台建设工作，支持并督促各自机构的信息平台建设工作领导小组切实履行职责，尽快部署相关资源，确保按时完成系统开发、对接、联调测试、系统上线和数据传送等工作。

持续提升数据质量。各保险公司要严肃对待保单数据上报工作，准确理解信息平台数据报送相关要求，持续推进保单登记数据质量管理，对可能影响保单登记平台数据质量的情形进行全面排查，通过业务源头治理、传送数据自查和错误数据及时修正等多种措施，切实提高保单登记数据质量。

有效加强沟通协调。中国保险信息技术管理有限责任公司要充分考虑到第三期建设险种范围广、数据模型复杂、涉及保险机构多等难点，主动加强与各保险公司沟通协调。在建设过程中，要及时总结经验、发现问题，确保信息平台第三期建设顺利完成。

表 3　　第三期方案主要内容

事项	详情
险种范围	涉及了全部财产保险和全部人身保险险种
数据范围	各保险集团（控股）公司、保险公司、相互保险公司自开业以来上述险种的全部保单数据，包括全部失效保单和有效保单
时间安排	2017 年 8 月发布信息平台第三期建设方案； 2018 年 5 月各保险机构根据信息平台第三期建设技术方案，完成系统改造、接口开发、与平台的联调测试以及系统正式上线工作； 2018 年 9 月 1 日，各保险公司按照 T＋1 方式传送增量业务数据

（四）内容述评

信息平台第三期建设将进一步扩展保单登记范围，实现险种全覆盖。

一是财产险登记范围扩展至全部财产保险，在第一、第二期基础上增加下列险种：（1）团体投保的家财险和保证保险；（2）全部的企业财产保险、责任保险、信用保险、工程保险、船舶保险、货物运输保险、特殊风险保险、巨灾保险、医疗意外险以及其他财产保险等。

二是人身险登记范围扩展至全部人身保险，在第一、第二期基础上增加下列险种：团体寿险、团体年金保险和城乡居民大病保险。其中，城乡居民大病保险暂不报送数据，报送时间及相关要求由中国保险信息技术管理有限责任公司另行通知。

数据范围包含各保险集团（控股）公司、保险公司、相互保险公司自开业以来上述险种的全部保单数据，包括全部失效保单和有效保单，涉及承保、保全（批改）、理赔等全流程的业务信息，保险业的绝大部分保单数据已基本实现汇聚。

（五）政策影响及展望

目前保单登记平台已经完成一期和二期建设工作，实现了预期的建设目标，三期建设稳步推进，目前取得的成绩主要集中在以下五个方面。

一是基本完成全行业保单数据的采集。截至 2017 年 3 月，平台累计登记保单超过 30 亿张，险种范围包括个人投保的人寿保险、年金保险、家庭财产保险和保证保险，以及全部健康保险和意外伤害保险等。

二是建立保险业统括账户。基于保单登记平台，建立了以人为中心的信息查询、分析技术架构，为超过 2 亿的保险客户建立保险业统括账户。通过该账户，实现对消费者名下的所有保单的动态管理。同时，支持消费者管理其享受税优、税延保险产品的额度、领取限额，支持跨期跨账户服务流转，并为后续建立保险业统一的信用信息系统奠定基础。

三是建立行业数据通道。通过前期建设，目前保单登记平台已与全国 70 多家人身险公司和 70 多家财产保险公司建立数据传输通道，成为保险业数据传输、共享的数据枢纽。既保障保险公司后续增量业务数据的动态报送，又为保险业与行业外进行数据交换搭建了桥梁。

四是制定行业业务数据标准。针对保险业各家公司缺乏统一数据标准的问题，在建立保单登记平台的同时，制定配套的业务数据标准，对保险公司在作业过程中必须记录的最小信息集进行规范，也为保险公司提升其业务操作的规范化水平提供支持。

五是开展初步的数据应用。平台上线以来，已经多次配合监管部门和外部执法部门对有关案件涉及的保单进行清查。此外，根据监管部门的数据分析需求，为监管部门提供保险金额、保单件数、投被保人数等行业级数据支持。

根据监管的新趋势，中国保险信息技术管理有限责任公司将根据各级监管部门的需求，建立数据分析与监测预警系统，为各级监管部门提供数据服务，提升监管部门掌握数据的时效性、准确性和灵活性，支持监管现代化转型。一是使监管获取行业数据的时效由原来的以月度、季度为单位转向以日为单位，使监管部门能够更及时地掌握行业发展变化情况。二是获取数据的方式由以往保险公司通过报表系统、邮件等方式汇总上报，逐步变为通过保单登记平台的明细数据进行统计分析，使监管部门获得数据更加便捷、准确和高效。三是使监管部门的数据处理方式由原来少量固定维度的分析转变为可自由定义的多维度、穿透式的分析，使监管部门可以更加灵活地开展监测预警。

九、《中国保险监督管理委员会公职律师工作方案》（保监厅发〔2017〕43号）

（一）发文信息

保监会于2017年12月15日发布《中国保险监督管理委员会公职律师工作方案》（以下简称《工作方案》）。面向机关各部门，各保监局，培训中心。

（二）出台背景

为在保险监管工作中充分发挥法律专业人才的作用，根据中共中央办公厅、国务院办公厅《关于推行法律顾问制度和公职律师公司律师制度的意见》（中办发〔2016〕30号）的有关要求，保监会制定了《工作方案》。

（三）主要内容

《工作方案》主要包含五个方面的内容，概括下来主要分为四个方面：一是公职律师的任职条件与职责范围；二是公职律师的权利与义务；三是公职律师的申请与审核；四是公职律师的日常管理。

（四）内容述评

《工作方案》为培养一支为保险法治工作提供法治服务和保障的专业干部队伍，深入推进保险法治建设，提高依法决策和依法行政水平奠定制度基础。

（五）政策影响及展望

《工作方案》贯彻中共中央办公厅、国务院办公厅印发的《关于推行法律顾问制度和公职律师公司律师制度的意见》精神，旨在落实中央和国家机关各部委、县级以上地方各级党政机关普遍设立公职律师的要求。《工作方案》规定了保监会公职律师的任职条件与职责范围、权利与义务、申请与审核程序，以及公职律师的日常管理和考核等制度。

下一步，保监会将按照《工作方案》，积极推进公职律师相关工作。

十、《打赢保险业防范化解重大风险攻坚战的总体方案》（保监发〔2018〕9号）

（一）发文信息

保监会于2018年1月12日发布《打赢保险业防范化解重大风险攻坚战的总体方案》（保监发〔2018〕9号）（以下简称《总体方案》）。面向机关各部门、各保监局、培训中心，中国保险保障基金有限责任公司、中国保险信息技术管理有限责任公司、中保投资有限责任公司、上海保险交易所股份有限公司。

（二）出台背景

2017 年 4 月以来，保监会深入贯彻落实党的十九大、全国金融工作会议和 2017 中央经济工作会议精神，紧紧围绕服务实体经济、防控金融风险和深化金融改革三项任务，始终把主动防范化解风险放在更加突出的位置，切实践行“保险业姓保、监管姓监”。围绕“强监管、防风险、治乱象、补短板、服务实体经济”，制定实施“1 +4”系列文件，维护保险业稳定健康发展。

（三）主要内容

《总体方案》包括指导思想、总体目标、基本原则、工作任务、工作要求共五部分内容。可以概括为如下三个方面。

1. 做好重点领域风险防控与处置

《总体方案》提出了 8 项应重点关注的风险领域，涵盖公司治理、资金运用、业务经营、业务创新等多个方面，其中应优先做好防控和处置少数问题公司风险、公司治理失效风险、资金运用风险和保险业务风险，同时注意防控和处置资本不足风险、新型保险业务风险、外部风险传递与冲击以及群体性事件风险。针对公司治理问题，监管将全面开展股东穿透性审查，必要时将启动市场退出机制；针对资金运用风险，重点关注领域包括违规投资、利益输送、激进投资等；另外《总体方案》还特别提出，将关注互联网保险等新型业务风险。以上工作要求时限均为 3 年。

2. 坚决打击违法违规保险经营活动

首先要坚决打击违法违规保险经营活动、违规投资行为、非法集资行为、数据造假行为，同时要坚决打击销售误导行为和理赔难问题。针对违规投资，监管机构将重点查处利用险资加杠杆、多层嵌套、资金运用关联交易、股权投资、境外投资等行为，严禁违法违规向地方政府提供融资和名股实债；针对数据造假问题，监管将重点关注统计信息系统监管数据、偿付能力数据造假行为。以上工作要求时限为 3 年。

3. 加强薄弱环节监管制度建设

需要优先改革和改进的制度包括市场准入制度、公司治理监管制度、保险产品管理制度、资金运用监管制度、现场检查监管制度、保险集团监管制度、互联网保险监管制度以及偿付能力监管制度共计 8 项制度，且均以 3 年为改进时限。

（四）内容述评

2018 年 1 月 12 日，保监会发布《总体方案》。其总体上延续严监管的政策导向，强调要坚持稳中求进的工作总基调，严格执行“1 + 4”系列文件，严守不发生系统性金融风险底线。《总体方案》特别提出，要用 3 年时间做好 3 项重点工作，进一步加强保险业风险防控，提升风险防范能力和水平，推动行业高质量发展。

明确三大重点工作，提出优先级指引。《总体方案》提出了“做好重点领域风险防范化解处置”“坚决打击违法违规行为”“加强薄弱环节监管制度建设”三项重点工作任务，并对每项任务分别提出具体要求和优先级指引，等待后续细则出台落地。

（五）政策影响及展望

积极化解存量风险，稳妥处置重点领域和重点公司风险，严控增量风险，对各类风险苗头和隐患采取有效监管措施，妥善应对来自行业内外的各种风险挑战。引导行业回归本源，推动业务结构转型，服务实体经济水平和能力得到有效提升。加强监管队伍正风肃纪，重塑从严从实监管氛围。通过保监会系统和全行业共同努力，保险业风险防控工作取得了阶段性成效，行业总体风险可控，全行业防范和化解重大风险的能力和水平不断提升，守住了不发生系统性金融风险的底线。

长期严监管环境下利好保险行业长期健康发展，预期未来行业集中度持续逐步回升。2017 年以来，随着行业监管政策不断收紧，寿险行业集中度持续回升：2017 年 2 月到 12 月，寿险行业四大险企市场占有率由 38% 提升至 45%。《总体方案》全方位地强调了防范行业各方面风险，并以加强立法和执法作为防控措施，将有效推动行业规范、稳健、高质量发展。我们预期 2018 年行业严监管趋势将进一步延续，行业集中度有望进一步提升，利好大型上市险企。

第六节　消费者权益保护

一、《保险信访工作责任制实施办法》（保监发〔2017〕5 号）

（一）发文信息

保监会于 2017 年 1 月 12 日印发《保险信访工作责任制实施办法》（以下

简称《办法》)，自发布之日起施行。面向各保监局，中国保险保障基金有限责任公司、中国保险信息技术管理有限责任公司、中保投资有限责任公司、上海保险交易所股份有限公司、中国保险报业股份有限公司，中国保险行业协会、中国保险学会、中国精算师协会、中国保险资产管理业协会，各保险公司。

（二）出台背景

2016年10月，中共中央办公厅、国务院办公厅发布《关于印发〈信访工作责任制实施办法〉的通知》（厅字〔2016〕32号），旨在从源头上预防和减少信访问题发生，推动信访问题及时就地解决。在此背景下，《办法》的出台将推动保险行业信访工作的发展。

（三）主要内容

《办法》包含5章19条内容，总结如下：

1. 明确责任内容

将信访工作当作政治任务列入议事日程，强化领导责任，健全完善“主要领导负总责、分管领导具体抓、其他领导一岗双责”的领导体制，严格落实领导接访制度；信访部门定期听取工作汇报、分析信访形势，依照有关法律法规的规定和程序，妥善处理职权范围内的信访事项，从人力、物力、财力上保证信访工作顺利开展；在保监会的统一领导下协调、指导和监督信访工作，同时加强矛盾纠纷排查化解和信访风险防控预警，从源头上预防和减少导致信访问题的矛盾和纠纷。

2. 加强督查考核

将信访工作纳入督查范围，对本辖区、本系统、本单位信访工作开展和责任落实情况，每年至少组织开展一次专项督查，并在适当范围内通报督查情况。同时以解决信访问题为导向，定期对信访工作情况进行考核，考核结果作为领导干部综合考评的重要参考。

3. 细化责任追究

将追究责任的情形细化为六种：因决策失误、工作失职；未按照规定受理、交办、转送和督办信访事项，或者不执行信访事项处理意见；违反群众纪律，对应当解决的群众合理合法诉求消极应付，或者对待信访群众态度恶劣；对发生的集体信访或者信访负面舆情处置不力；对信访部门提出的改进工作、完善政策和给予处分等建议重视不够、落实不力；其他应当追究责任的失职失责情形。同时根据情节轻重，采取不同的追责方式。

（四）内容述评

《办法》的出台进一步落实了保险系统各级领导干部、工作人员信访工作责任，为从源头上预防和减少信访问题发生做出了贡献。将信访工作列入议事日程，要求定期听取工作汇报、分析信访形势、研究解决工作中的重要问题，从人力、物力、财力上保证信访工作顺利开展。此外，《办法》推动了信访问题及时就地解决。《办法》要求保险系统各级领导干部应当阅批群众来信和网上信访，定期接待群众来访，协调处理疑难复杂信访问题。最后，《办法》的出台依法维护了群众合法权益，促进了社会和谐稳定，符合国家有关法律法规和中央有关规定。

（五）政策影响及展望

在《办法》的影响下，依法制定科学合理的考核标准、指标体系成为行业工作重点，这就需要建立健全信访工作责任制考核评价机制。同时，各级领导干部履行信访工作职责情况也将纳入干部考核流程。

预期未来有三个方面的推进：一是加强保险行业矛盾纠纷排查化解和重大信访问题风险预警防控，针对具体问题明确责任归属，协调督促有关责任部门和单位依法、及时、就地解决。二是加强对信访群众的疏导教育，在第一时间、第一地点做好信访纠纷化解工作。三是对危害特别严重以及影响特别重大的信访失责，将依照《办法》对集体、领导和个人进行追责处理。

二、《反保险欺诈指引》（保监发〔2018〕24 号）及《反保险欺诈应用指引第 1 号：车险反欺诈指引（征求意见稿）》

（一）发文信息

2017 年 12 月 14 日，中国保监会就《反保险欺诈指引》及《反保险欺诈应用指引第 1 号：车险反欺诈指引》公开征求意见，历经三个月的征求意见，保监会于 2018 年 2 月 11 日正式发布《反保险欺诈指引》。主要面向机关各部门、各保监局，中国保险行业协会，中国保险学会，各保险集团（控股）公司、保险公司、保险专业中介机构。

（二）出台背景

随着保险业快速发展，保险欺诈手段呈多样化趋势，为保护保险消费者合法权益、维护保险市场秩序，保监会于 2017 年 12 月制定了《反保险欺诈指引》及《反保险欺诈应用指引第 1 号：车险反欺诈指引》的征求意见稿。保监会于 2018 年 2 月 11 日下发《反保险欺诈指引》，自 2018 年 4 月 1 日起施行。《反保险欺诈应用指引第 1 号：车险反欺诈指引》仍在广泛征求意见，两项指引从保险业反欺诈制度体系与组织架构、内部控制与信息系统、欺诈风险识别、评估与考核、宣传教育及举报、监督管理与行业协作等方面做出详细规定，明确了保险机构董事会将承担欺诈风险管理的最终责任。《反保险欺诈指引》是指导性纲领文件，《反保险欺诈应用指引第 1 号：车险反欺诈指引（征求意见稿）》是根据《反保险欺诈指引》的原则制定车险具体规范，具有高度相关性。

（三）主要内容

《反保险欺诈指引》共 4 章 47 条，《反保险欺诈应用指引第 1 号：车险反欺诈指引（征求意见稿）》共 6 节 30 条。

1.《反保险欺诈指引》

《反保险欺诈指引》要求，保险机构应制定欺诈风险管理制度，以明确董事会及其专门委员会、监事会（监事）、管理层、相关部门在欺诈风险管理中的作用、职责及报告路径，规范操作流程，严格考核、问责制度执行。其中，保险机构董事会承担欺诈风险管理的最终责任，董事会的主要职责包括：确定欺诈风险管理战略规划和总体政策；审定欺诈风险管理的基本制度等。

同时，《反保险欺诈指引》要求，保险机构应当指定欺诈风险管理负责人，并以书面形式告知保监会。负责人应由能够承担欺诈风险管理责任的高级管理人员担任，职责包括：分解欺诈风险管理责任，明晰风险责任链条；组织落实风险管理措施与内控建设措施等。

《反保险欺诈指引》显示，保险机构应当为负责人履行职责提供必要的条件。负责人未能履行职责或者在履行职责过程中遇到困难的，应当向保监会提供书面说明。负责人因岗位或者工作变动不能继续履行职责的，保险机构应在 10 个工作日内另行指定负责人并向保监会报告变更。

为了确保欺诈风险管理工作的有效开展，《反保险欺诈指引》要求，保险机构应提供必要的经费、设置必要的岗位、配备适当的人员、提供培训、赋予欺诈风险管理人员履行职务所必需的权限等。保险机构法律合规、风险管理、承保、理赔、各业务条线、财务、信息科技、产品开发、品牌宣传、人力资源等部门应在职责范围内为反欺诈职能部门提供支持。

此外，《反保险欺诈指引》还要求，保险机构应针对欺诈风险管理建立明确的内部评价考核机制，条件成熟的保险机构可将欺诈风险纳入产品定价机制。同时，建立欺诈举报制度，向社会公众公布欺诈举报渠道、方式等，并采取有效保密措施保证举报信息不被泄露。

2.《反保险欺诈应用指引第 1 号：车险反欺诈指引（征求意见稿）》

《反保险欺诈应用指引第 1 号：车险反欺诈指引（征求意见稿）》要求，保险机构应建立全流程的车险反欺诈防控体系，涵盖宣传、产品开发、销售、承保、理赔、保全、反洗钱、客户服务、投诉处理等各关键环节。具体来看，保险机构应明确车险实务操作规范，严格权限管理，针对不同岗位的风险特性，制定严格岗位互掣制度。比如核保岗位不得与核损、核价、核赔岗位兼任；同一赔案中，查勘、定损与核赔岗位，核损与核赔岗位之间不得兼任等。关键操作至少设置双人复核，关键岗位要实行定期轮岗。同时，在承保时，保险机构应设置欺诈风险审核程序，包括客户身份识别，车辆信息识别，欺诈危险信号排查，故意隐瞒或提供虚假背景材料的可能性评估等。

在大数据技术广泛应用的背景下，《反保险欺诈应用指引第 1 号：车险反欺诈指引（征求意见稿）》要求保险机构应依靠大数据等技术手段，通过关联性数据分析等方法对风险线索进行串并，识别团伙欺诈风险。必要时应提请上级机构或总公司在全系统范围内对风险线索进行审核与串并。涉及其他机构或其他地区的，应报请各地保险行业协会或反欺诈中心、中国保险行业协会对风险线索进行审核与串并。必要时，应报告保监会及其派出机构。

《反保险欺诈应用指引第 1 号：车险反欺诈指引（征求意见稿）》显示，保险机构应建立车险欺诈风险内部报告制度。反欺诈职能部门应定期收集车险欺诈线索和欺诈报告，制作反欺诈工作总结，在保险机构内部进行报告和通报。《反保险欺诈应用指引第 1 号：车险反欺诈指引（征求意见稿）》指出，对于赔案存在故意骗取保险金的疑点，但没有掌握确凿证据未能拒赔的情况，各保险机构应在车险反欺诈信息系统"欺诈标志"字段中分别选择"欺诈拒绝赔付""欺诈放弃索赔""疑似欺诈"代码，同时填列"欺诈类型""挽回欺诈损失金额"等欺诈字段以及"是否拒赔案件""拒赔原因描述"等相关字段。对于风险程度较高的车辆、人员、机构等，各保险机构应分别对"车辆风险类型代码""人员风险类型代码""机构风险类型代码"字段予以标记，并选择相应的风险类型代码，通过专网系统自动报送至行业车险反欺诈信息系统。

（四）内容述评

保险欺诈是指假借保险名义或利用保险合同谋取非法利益的行为，主要包括保险金诈骗类欺诈行为、非法经营保险业务类欺诈行为和保险合同诈骗类欺诈行为等，给保险行业、保险消费者及社会公众造成经济损失或其他损失的风险。

《反保险欺诈指引》要求，保险机构应制定欺诈风险管理制度，明确董事会及其专门委员会、监事会（监事）、管理层、相关部门在欺诈风险管理中的作用、职责及报告路径，规范操作流程，严格考核、问责制度的执行。其中，对于欺诈风险的发生，保险机构董事会将承担最终责任。据介绍，董事会的主要职责包括：确定欺诈风险管理战略规划和总体政策，审定欺诈风险管理的基本制度等。

伴随着互联网技术的应用，大数据成为保险业防范违法违规行为的重要武器。《反保险欺诈指引》显示，保险机构应依靠大数据等技术手段，通过关联性数据分析等方法对风险线索进行串并，识别团伙欺诈风险。

为了确保欺诈风险管理工作的有效开展，《反保险欺诈指引》要求，保险机构应针对欺诈风险管理建立明确的内部评价考核机制，条件成熟的保险机构可将欺诈风险纳入产品定价机制。同时，建立欺诈举报制度，向社会公众公布欺诈举报渠道、方式等，并采取有效保密措施保证举报信息不被泄露。

《反保险欺诈应用指引第 1 号：车险反欺诈指引（征求意见稿）》显示，保险机构应明确车险实务操作规范，严格权限管理，针对不同岗位风险特性，制定严格岗位互掣制度。比如核保岗位不得与核损、核价、核赔岗位兼任；同一赔案中，查勘、定损与核赔岗位，核损与核赔岗位之间不得兼任等；关键操作至少设置双人复核，关键岗位要实行定期轮岗。

（五）政策影响及展望

反保险欺诈工作的主体包括保险机构和中介公司、行业组织和监管部门。从《反保险欺诈指引》的内容来看，反保险欺诈的重点是整个保险行业应构建“政府主导、执法联动、公司为主、行业协作”四位一体的反保险欺诈工作体系，有效遏制欺诈风险，提升风险防范化解能力。

作为反保险欺诈中的重要一环，保险公司应将欺诈风险管控覆盖到机构设立、产品开发、承保和核保、理赔管理、人员管理、中介及第三方外包服务等环节。同时，应针对欺诈风险管理建立明确的内部评价考核机制，条件成熟的保险机构可将欺诈风险纳入产品定价机制，并应当指定欺诈风险管理责任人，并向保监会备案，责任人应由能够承担欺诈风险管理责任的高级管理人员担任。

车险业务是欺诈发生的重灾区，保监会此次专门就车险制定了细分的反欺诈指引。根据《反保险欺诈应用指引第 1 号：车险反欺诈指引（征求意见稿）》的要求，保险机构应建立全流程的车险反欺诈防控体系，涵盖宣传、产品开发、销售、承保、理赔、保全、反洗钱、客户服务、投诉处理等各关键环节。同时，应根据指引要求，对识别出的车险欺诈风险综合运用定量与定性相结合的方式进行评估，必要时应将识别出的欺诈风险因素提请欺诈调查。

保监会及其派出机构将通过非现场监管和现场检查等措施，实施对保险机构欺诈风险管理的持续监管。具体方式包括但不限于：监管评级、风险提示、现场检查、通报、会谈等。对不能满足指引及其他关于欺诈风险管理监管要求的保险机构，保监会可以要求其制订整改方案，责令限期改正，并视情况采取相应的监管措施。

三、《关于加强保险消费风险提示工作的意见》（保监发〔2017〕66 号）

（一）发文信息

为推进保险消费风险提示工作规范化、制度化、科学化，保监会于 2017 年 9 月 11 日印发制定了《关于加强保险消费风险提示工作的意见》（以下简称《意见》）。面向机关各部门，各保监局，中国保险行业协会，各保险集团（控股）公司、各保险公司、各保险专业中介机构。

（二）出台背景

为推进保险消费风险提示工作规范化、制度化、科学化，进一步提高保险消费者风险识别和自我保护能力，保监会印发了《意见》。《意见》的发布将进一步丰富、完善保险消费者权益保护制度体系，为保险消费者权益保护工作提供基础支撑，增强行业消费风险提示工作意识，减少保险消费纠纷，防范保险消费风险聚集。

（三）主要内容

《意见》包括总体要求、建立完善工作机制、稳步推进统一平台建设、规范运作流程、完善保障措施共五部分。

《意见》明确了保险消费风险提示工作的原则、机制目标、重点内容。保险消费风险提示工作将按照“以人为本、依法合规，统筹规划、协同推进，及时准确、客观审慎”的工作原则推进。逐步在全行业建立起科学规范、运行有效的消费风险提示工作机制，形成多方参与、上下联动、协同运作、及时有效的消费风险提示工作格局，建立统一保险消费风险提示平台。《意见》围绕上述目标提出了三项重点工作内容：一是建立健全工作机制，要求行业有关单位加强制度建设、明确职责分工、构建各司其职齐抓共管的工作格局；二是推进风险提示平台建设，建立信息汇集、发布、共享联动机制；三是规范运作流程，加强保险消费风险监测、识别，增强保险消费风险提示有效性。

（四）内容述评

《意见》的出台是贯彻党中央、国务院关于加强金融消费者权益保护工作部署的需要，是落实保监会“加强保险监管、治理市场乱象、补齐监管短板、防范行业风险、服务实体经济”工作的具体举措。保监会高度重视保险消费者权益保护工作，特别是全国金融工作会议后，进一步加大了保险消费风险的监测、提示工作力度，并着手建立保险消费风险提示制度。《意见》制定过程中，在保险行业内外开展了广泛的调研、论证工作，充分吸收了保险监管部门、行业协会、保险机构、消费者等各方面的意见建议，总结了保险消费风险提示工作经验。

（五）政策影响及展望

《意见》的发布将进一步丰富、完善保险消费者权益保护制度体系，为保险消费者权益保护工作提供基础支撑，增强行业消费风险提示工作意识，减少保险消费纠纷，防范保险消费风险聚集。

《意见》的发布将强化保险消费风险监测，推进保险消费风险提示工作规范化、制度化、科学化，为保险消费者权益保护工作提供基础支撑。

四、《关于对保险领域违法失信相关责任主体实施联合惩戒的合作备忘录》（发改财金〔2017〕1579 号）

（一）发文信息

《关于对保险领域违法失信相关责任主体实施联合惩戒的合作备忘录》（以下简称《备忘录》）由国家发展改革委、人民银行、保监会联合中央组织部、中央编办、中央文明办、中央网信办、最高人民法院、工业和信息化部、公安部、财政部、人力资源和社会保障部、国土资源部、环境保护部、住房和城乡建设部、交通运输部、水利部、商务部、国资委、海关总署、税务总局、工商总局、质检总局、食品药品监管总局、银监会、证监会、公务员局、民航局、外汇局、共青团中央、中国铁路总公司 31 个单位共同签署。

（二）出台背景

对保险领域违法失信相关责任主体实施联合惩戒是贯彻落实国家信用体系建设的重要举措，是加强保险业风险防控的必然要求，是建设现代保险服务业的现实需要。

（三）主要内容

《备忘录》的内容涵盖保险领域失信联合惩戒对象、惩戒措施、惩戒方式、信息共享、信息管理五个方面。可以概括为以下几点：

一是限制联合惩戒对象市场准入；二是限制联合惩戒对象任职资格；三是加强对联合惩戒对象的监管；四是限制联合惩戒对象部分消费行为；五是限制联合惩戒对象享受优惠政策；六是限制联合惩戒对象评优表彰。

（四）内容述评

《备忘录》有三个特点。一是参与部门多，共有 31 个部门参与签署并实施《备忘录》；二是惩戒范围广，既包括各类保险机构、保险从业人员，又包括存在严重违法失信行为的保险市场活动相关的其他机构和人员；三是惩戒措施实，《备忘录》针对保险领域违法违规失信行为的特点，选取重点领域和关键环节，制定了切实可行的惩戒措施。

（五）政策影响及展望

要扎实推进保险领域违法失信相关责任主体实施联合惩戒，明确责任分工，加强沟通协调，加强信用信息互联互通，确保联合惩戒措施落地生根。梁涛要求，要深入贯彻落实全国金融工作会议精神，完善制度机制，强化监督管理，发挥社会合力，推进保险信用体系建设迈上新台阶。

联合惩戒措施包括，在上市公司或者非上市公司收购事中事后监管对有严重失信行为的责任主体予以重点关注。对保险领域违法失信当事人，将其违法失信记录作为申请发行企业债券及公司债券，在银行间发行债券的重要参考。

第七节　保险资金运用

一、《关于进一步加强保险资金股票投资监管有关事项的通知》(保监发〔2017〕9号)

(一) 发文信息

保监会于2017年1月24日印发《关于进一步加强保险资金股票投资监管有关事项的通知》(以下简称9号文),自发布之日起施行。面向各保险集团(控股)公司、保险公司、保险资产管理公司。

(二) 出台背景

自《保险机构投资者股票投资管理暂行办法》(保监会令〔2004〕12号)、《关于保险机构投资者股票投资交易有关问题的通知》(保监发〔2005〕13号)、《关于保险机构投资者股票投资有关问题的通知》(保监发〔2005〕14号)、《关于规范保险机构股票投资业务的通知》(保监发〔2009〕45号)、《中国保监会关于提高保险资金投资蓝筹股票监管比例有关事项的通知》(保监发〔2015〕64号)和《关于印发〈保险公司资金运用信息披露准则第3号:举牌上市公司股票〉的通知》(保监发〔2015〕121号)之后,9号文作为强化股票投资监管的里程碑式文件,旨在加强对保险机构与一致行动人重大股票投资行为的监管,防范个别公司的激进投资行为和集中度风险,体现了“财务投资为主,战略投资为辅”的保险资金运用监管原则。

(三) 主要内容

9号文包含16条内容,主要内容总结如下:

1. 股票投资分类

在遵循财务投资为主的原则下,将股票投资分为一般股票投资、重大股票投资和上市公司收购三种情形,并根据持股份额的不同,实施差别监管。

2. 明确监管要求

明确了股票投资三种情形下的监管要求,规定了保险机构在偿付能力、资金选择、内控管理等方面应具备的基本条件和程序要求。

3. 限制收购行为

严格限制保险机构收购上市公司行为，体现在材料准备、行业选择、避免内幕交易和股票价格异常波动等方面；若开展重大股票投资或上市公司收购，则应加强与股东和经营层的沟通，维护上市公司经营稳定。

4. 加强风险管理

加强保险机构的资产负债管理和风险限额管理，防范股票投资集中度风险和市场风险。

5. 关注一致行动人

保险机构与非保险一致行动人共同开展股票投资发生举牌行为或开展重大股票投资的，应采取相应的监管措施和备案报告；若投资境外上市公司股票，则应按照投资所在地的市场规则，参照执行差别监管和一致行动人的规定。

（四）内容述评

9 号文在保险资金运用领域推行分类监管，这是适应保险资金内在属性及多元创新发展，防范风险失控阻隔风险蔓延，充分利用监管资源提升监管效率，推动保险资金全球化配置的现实需要及有效路径。此外，9 号文对保险机构股票投资能力提出了更高要求，即上个季度末综合偿付能力充足率低于 100% 的不得开展一般股票投资，取代了《关于规范保险机构股票投资业务的通知》（保监发〔2009〕45 号）中第一条的规定。同时 9 号文下调了保险资金股票投资上限，这表明监管机构退出了临时性救市政策，废止了 2015 年发布的关于权益类资产投资比例上限提高的规定，旨在防范股票投资集中度风险。最后，9 号文明确进一步防范保险机构与一致行动人共同投资风险，这表明监管机构严控杠杆收购，加强了对收购行为的监管。

（五）政策影响及展望

9 号文的发布，一是对偿付能力不足的保险公司在股票投资端实施严格管控，可以降低保险行业整体的现金流风险。二是市场对保险资金入市比例的降低有一定预期（保监会副主席陈文辉在 2016 年 12 月 13 日发言中也提到），故对市场整体影响不大。根据保监会网站披露，截至 2017 年 1 月底，保险资金股票投资余额占保险资金运用总额的比例不到 10%，距离监管上限 30% 仍存在较大空间。三是可以有效减少保险市场间的恶性竞争，有利于降低负债端的成本，从而在预期上调低对市场中保险板块的风险溢价。预期未来保险资金将改善资本市场投资者结构、提升资本市场稳定性和流动性，成为实体经济发展的一项重要助推力。

二、《关于保险资金投资政府和社会资本合作项目有关事项的通知》(保监发〔2017〕41号)

(一) 发文信息

保监会于2017年5月4日印发《关于保险资金投资政府和社会资本合作项目有关事项的通知》(以下简称41号文)，自公布之日起施行。面向各保监局，各保险集团（控股）公司、保险公司、保险资产管理公司。

(二) 出台背景

2017年《政府工作报告》中提到，拓宽保险资金支持实体经济渠道。在此背景下，41号文首次从政策高度对保险资金投资PPP项目的形式、方法、要求和路径等进行了明确。同时，41号文的出台也是稳增长布局的关键手段、创新基础设施和公共服务领域PPP融资模式的需要。

(三) 主要内容

41号文包含8条内容，主要内容总结如下：

一是定义保险资金投资PPP项目的含义，明确保险资金可以通过基础设施投资计划形式，向与政府方签订PPP项目合同的公司提供融资。

二是补充计划投资的PPP项目的边界，新增了四个条件。

三是拓展投资方式，即除债权、股权方式外，还可以采取股债结合等创新方式满足融资需求。

四是投资计划受托人应当加强风险管控和投后管理，综合评估投资风险和收益。

五是建立专门的业务受理及注册绿色通道，优先鼓励符合“一带一路”、京津冀协同发展、长江经济带、河北雄安新区等发展战略的PPP项目开展融资。

六是形成上下联动的资金运用监管工作机制，跟踪保险资金投资PPP项目的情况和问题。

(四) 内容述评

41号文指出，保险资金投资的PPP项目必须运作程序合规，相关PPP项目合同规范有效，且经专业律师出具专项法律意见。同时，项目要具有预期稳定现金流，可以覆盖投资计划的投资本金和合理收益，并设定明确可行、合法合规的退出机制。此外，41号文明确要求，保险资金投资仅限于能够产生持续、稳定的现金流，且社会效益良好的 PPP 项目。其中，有三大门槛决定了地方政府 PPP 项目能否引入保险资金：一是要纳入国家发展改革委 PPP 项目库或财政部全国 PPP 综合信息平台项目库；二是社会资本方的主体信用评级要不低于 AA +，且最近两年在境内市场公开发行过债券；三是 PPP 项目合同的签约政府方为地市级（含）以上政府或其授权的机构且 PPP 项目中财政支出责任已纳入年度财政预算。41 号文同时指出，保监会将建立外部专家风险评审机制，督促投资计划实施，并充分揭示和披露投资风险。

（五）政策影响及展望

由于保险资金通常具有长期性、稳定性和刚性支付的特点，投资收益稳定且期限较长；PPP 项目大多是基础设施和公共服务类项目，合作期限一般为 10 年到 30 年不等，并且具有收益稳定但投资回报期长的特点。可以看出，保险资金进入 PPP 项目，是一种投资风险和收益匹配的融资渠道。但近年来伪 PPP、假 PPP 的出现，包括 PPP 项目中交易结构、融资结构和法律结构设计等方面存在的不同程度的缺陷，导致项目后续在融资、建设、运营、管理方面的权责失衡，使社会资本的长期投资收益难以保证。41 号文的发布，将对推进 PPP 项目长期健康发展、拓宽项目融资渠道带来积极影响。

预期未来我国保险业长期存在的资产配置压力将会得到一定缓解，有利于安排保险资金的投资出路。但需注意的是，后续在保险资金投资 PPP 项目的成本上，若无法体现较大优势或者对项目选择的要求过高，将难以保证保险资金的有效利用。

三、《关于开展保险资金运用风险排查专项整治工作的通知》（保监资金〔2017〕128 号）

（一）发文信息

保监会于 2017 年 5 月 9 日印发《关于开展保险资金运用风险排查专项整治工作的通知》（以下简称 128 号文）。面向各保险集团（控股）公司、保险公司、保险资产管理公司。

（二）出台背景

在 2017 年 5 月 7 日保监会印发《关于弥补监管短板构建严密有效保险监管体系的通知》后，128 号文的出台是为了落实具体措施，旨在排查保险资金运用风险隐患，整治保险资金运用乱象。

（三）主要内容

128 号文包含四个部分的内容。

1. 明确工作的总体原则

即坚决防范治理金融产品嵌套、监管套利等金融乱象，推动公司进一步提高保险资金运用的合规意识和投资管理水平，引导公司进一步正确把握保险资金运用内在规律，强化监管制度的刚性约束。

2. 指出工作的重点内容

具体包括五个方面：合规风险、监管套利、利益输送、资产质量、资产负债错配。

3. 划分工作的两个阶段

即公司自查和现场检查两个阶段。

4. 提出工作的相关要求

具体有三个方面的要求：高度重视，加强领导；全面排查，突出重点；加强纠错，整改到位。

（四）内容述评

128 号文指出，此次专项整治工作的主要任务是摸排和查找保险资金运用风险隐患，完善市场规则，规范市场行为，防范化解风险，坚决守住不发生系统性金融风险底线。保监会将坚决整治保险资金运用乱象，重拳打击违法违规行为，控制好杠杆率，避免监管空白，形成监管合力；督导保险机构严格落实监管政策和规范投资行为，强化审慎合规经营理念；进一步引导保险资金服务供给侧结构性改革、“三去一降一补”等战略方针，更好地服务实体经济。

128 号文明确了此次专项整治的工作重点。一是重点关注重大股票股权投资、另类及金融产品投资、不动产投资和境外投资等业务领域。二是重点梳理合规风险、监管套利、利益输送、资产质量、资产负债错配等风险点。三是重点检查利用金融产品嵌套和金融通道业务开展投资，利用金融产品、回购交易及资产抵质押融资放大投资杠杆，以及利用保险资金运用关联交易、“抽屉协议”“阴阳合同”、利益输送等行为。

128 号文要求，保险机构应当高度重视，强化问责。主要负责人作为第一责任人，应当加强组织领导，全面排查各类资金运用潜在的风险，尤其对重点业务、重点项目、重点岗位及人员开展检查，确保工作保质保量。对风险状况暴露不充分、工作不认真、报告无风险的保险机构，作为查处工作重点。对重大违法违规行为，一经查实，依法依规从严从重顶格处罚。同时，要求保险机构及时纠错认真整改，对发现的各类问题完善机制、堵塞漏洞。

（五）政策影响及展望

128 号文的影响主要体现在四个方面：在合规风险方面，128 号文要求清查保险资金运用超监管比例投资问题，核查保险机构大类资产配置比例，以及投资单一资产和单一交易对手情况。严格规范重点环节和关键操作行为，核查重大投资的合规性和内控情况，重点检查违规重大股票投资和不动产投资等问题，严厉打击违法违规行为。

在监管套利方面，128 号文要求清查金融产品嵌套情况，摸清产品底层基础资产属性和风险状况；严格核查利用金融产品嵌套和金融通道业务，改变投资资产属性及类别，超范围、超比例投资，逃避监管的违法违规行为；排查利用有关业务或产品，为其他金融机构提供通道等行为。清查金融产品、回购交易及资产抵质押融资情况，查清资金来源和性质，核查违规放大杠杆的投资行为。

在利益输送方面，128 号文要求从严检查保险资金运用关联交易行为，核查投资决策的科学性、交易定价的合理性和信息披露的充分性。

在资产质量和资产负债错配方面，128 号文要求重点清查保险机构利用银行存款等资产抵质押、担保情况，摸清保险资产的实际价值和风险程度；核查保险公司资产与负债的匹配情况，评估偿付能力保险资产相关指标计算的准确性，掌握流动性风险以及偿付能力风险等。

四、《关于债权投资计划投资重大工程有关事项的通知》（保监资金〔2017〕135 号）

（一）发文信息

保监会于 2017 年 5 月 16 日印发《关于债权投资计划投资重大工程有关事项的通知》（以下简称 135 号文），自公布之日起施行。面向各保险集团（控股）公司、保险公司、保险资产管理公司。

（二）出台背景

2017 年 4 月至 5 月，保监会连续下发了多份文件支持保险资金服务实体经济发展，其中包括《关于保险业支持实体经济发展的指导意见》《关于保险业服务“一带一路”建设的指导意见》《关于保险资金投资政府和社会资本合作项目有关事项的通知》等。在此背景下，135 号文的出台，是监管部门落实上述系列文件精神的具体举措，旨在进一步支持保险资金投资关系国计民生的重大工程，更好地服务实体经济。

（三）主要内容

135 号文包含 3 条内容，主要内容总结如下：

1. 优化增信安排

债权投资计划投资经国务院或国务院投资主管部门核准的重大工程，且偿债主体具有 AAA 级长期信用级别的，可免于信用增级。

2. 提高注册效率

对债权投资计划投资“一带一路”建设等国家发展战略的重大工程的，建立专门的业务受理及注册绿色通道，优先受理，以满足重大工程融资时间紧、效率要求高的需求。

（四）内容述评

135 号文的出台，有利于疏通保险资金进入实体经济的渠道和效率，为实体经济发展创造良好的金融环境。135 号文针对保险资金通过债权投资计划投资重大工程的特点和现状，给予风险可控前提下的政策支持。此外，135 号文充分发挥了保险资金期限长、规模大、收益率合理的比较优势，有效支持国家重大战略实施，以实现保险资金投资增值与服务实体经济发展的双赢。

（五）政策影响及展望

在 135 号文的影响下，保险资金通过债权投资计划形式对宏观经济、区域经济和社会发展具有重要带动作用的重大工程投资时，可以在增信环节、注册效率等方面获得政策倾斜，大大提高投资可行性。预期未来保监会将继续完善监管政策，进一步疏通保险资金进入实体经济的渠道，为实体经济发展提供良好的金融支持环境。

五、《保险资金运用管理办法》（保监会令〔2018〕1 号）

（一）发文信息

2018 年 1 月 26 日下午，保监会举行新闻发布会，由保监会保险资金运用监管部副主任贾飙介绍保监会修订发布《保险资金运用管理办法》有关情况。在中国境内依法设立的保险集团（控股）公司、保险公司从事保险资金运用活动适用本办法规定。

（二）出台背景

《保险资金运用管理暂行办法》（以下简称《暂行办法》）作为保险资金运用管理的基础性制度，发布于 2010 年 7 月 30 日，并于 2014 年 4 月进行了修订。《暂行办法》明确了保险资金运用的形式、决策运行机制、风险管控和监督管理等，对防范保险业资金运用风险，维护广大投保人和被保险人权益具有重要意义。当前，为进一步贯彻落实党的十九大、中央经济工作会议和全国金融工作会议精神，保监会紧密围绕服务实体经济、防控金融风险、深化金融改革三项任务，及时完成了《暂行办法》修订工作，形成《保险资金运用管理办法》（以下简称《管理办法》）。修订后的《管理办法》自 2018 年 4 月 1 日起实施。

（三）主要内容

《管理办法》共 6 章 78 条，主要内容如下：

1. 适应新形势新要求，需要补充增加内容

按照党中央、国务院关于金融工作的一系列重大决策部署，围绕贯彻落实服务实体经济、防控金融风险、深化金融改革三项任务，需要补充增加的内容主要包括：强调保险资金运用必须以服务保险业为主要目标；明确保险资金运用应当坚持独立运作，保险公司股东不得违法违规干预保险资金运用工作；强化境外投资监管，明确保险资金从事境外投资应符合保监会、人民银行和国家外汇管理局的相关规定；明确保险资产管理机构开展保险资产管理产品业务，应当在保监会认可的资产登记交易平台进行发行登记和信息披露等业务，构造数据分析和风险预警系统，进一步加强资管产品业务监管；加强委受托管理，要求投资管理人受托管理保险资金，不得将受托资金转委托或为委托机构提供通道服务，加强去嵌套、去杠杆和去通道工作；明确对保险资金运用违法违规行为可采取的行政处罚措施，强调对保险机构和相关责任人的“双罚”机制，并强化内部责任追究；严格保险机构开展证券投资业务的法规约束，进一步明确应当遵守证券行业相关法律法规等。这些新增加的规定内容丰富，涵盖全面，将非常有利于推进保险资金运用建立覆盖事前、事中、事后的风险防范机制，培育审慎稳健的投资文化，推动保险资金更好地服务保险主业和实体经济发展。

2. 实践经验和相关规范性文件上升为部门规章

明确保险资金可以投资创业投资基金等私募基金和设立不动产、基础设施、养老等专业保险资产管理机构，进一步支持小微企业发展，提高保险资金支持基础设施、养老等重点领域产业的广度和深度；规定保险公司除可以自行投资或委托保险资产管理公司投资外，也可以委托符合条件的证券公司、证券资产管理公司、证券投资基金管理公司等专业投资管理机构开展受托保险资金投资业务；强化保险资金股票投资监管，根据一般股票投资、重大股票投资和

上市公司收购等不同情形实施差别监管；明确建立风险责任人制度，规定保险机构应当明确保险资金运用业务的风险责任人，将风险责任落实到人；要求保险机构对保险资金运用内部控制情况进行年度专项审计等。这些规定在更好地保障保险资金服务实体经济同时，加强了对重点业务领域的监管，也完善了对责任人员和外部约束机制的监管，有利于保险资金运用守住不发生系统性金融风险的底线。

3. 深入推进保险资金运用改革

主要包括：改进保险资金运用比例监管，保监会将根据资金运用实际情况，对保险资产的分类、品种以及相关比例等进行调整；明确资产管理部门主要负责人的任职由事前核准改为事后报告等；加强对委托人投资监管，明确要求保险公司的首席投资官由分管投资的高级管理人员担任等。

（四）内容述评

相比于2014年版《暂行办法》，此次修订对全文章节结构并无大的调整，但对保险资金运用、风险管控、监督管理等内容则进行了细化和加强。

第一，明确提出保险资金的运用必须以服务保险业为主要目标。相比《暂行办法》，《管理办法》第一章总则部分仅有三处修改，最为引人注意的当属《管理办法》在该部分明确提出保险资金运用必须以服务保险业为主要目标。而在具体“资金运用模式”中，《管理办法》也新增了内容，明确要求投资管理人不得将受托资金转委托、不得为委托机构提供通道服务，这些修改，也与《关于规范金融机构资产管理业务的指导意见（征求意见稿）》中所强调的“金融机构资产管理业务要坚持服务实体经济的根本目标”这一基本原则及消除多层嵌套和通道要求相一致。

第二，强调保险资金运用的独立性及进一步夯实保险资金运用的董事会负责制。《管理办法》在总则部分新增提出保险资金运用应当坚持独立运作，保险集团（控股）公司、保险公司的股东不得违法违规干预保险资金运用工作。事实上，《暂行办法》第三章就已经明确规定保险资金运用实行董事会负责制。但为避免绝对控股股东对董事会的影响，《管理办法》新增了一系列措施来加强和落实保险集团（控股）公司、保险公司管理层的责任，进而从制度上保证和落实保险资金运用的独立运作。具体体现在，新增规定要求保险集团（控股）公司、保险公司的首席投资官由分管投资的高级管理人员担任；并要求保险集团（控股）公司、保险公司、保险资产管理机构开展投资业务或资产管理产品业务应当建立风险责任人制度，将责任落实到个人。

第三，从多个层面细化和加强对保险资金运用的监管。此次修订中，《管理办法》从多个方面加强了对保险资金运用的监管。在资金运用形式上，《管理办法》明确保险资金从事境外投资应符合保监会、人民银行和国家外汇管理局的相关规定；并明确提出保险资金对股票投资将根据不同情形实行差别监管。在风险管控中，提出了风险责任人制度；同时在原有的内部稽核制度和外部审计的基础上，进一步明确保险集团（控股）公司、保险公司应聘请外部专业审计对保险资金运用内部控制情况进行年度专项审计，并就内部稽核和年度审计的结果向保监会报告。此外，《管理办法》也明确了对于违反其规定运用保险资金的，保监会对保险机构所给予的具体行政处罚的措施，严重者可吊销业务许可证；对相关责任人员可给予警告、罚款、撤销任职资格、禁止进入保险业等行政处罚，并明确要求保险机构对相关责任人员进行内部责任追究。

（五）政策影响及展望

对未来保险资金运用的影响主要体现在四个方面：一是明确保险资金运用形式，包括资金运用的范围和模式；二是规范保险资金运用决策机制和运用流程；三是强化风险管控机制，要求保险机构健全公司治理和内部控制，切实承担各项管理职责和防范相关风险；四是明确监管机构对保险机构和相关当事人的违规责任追究。总体来看，《管理办法》体现了审慎监管理念，顺应了保险资金运用实践需求，为促进保险资金运用稳健发展和防范保险资金运用风险提供了坚实基础。

未来保监会将要完善保险公司投资的公司治理、后台管理、风险管控等方面。下一步，保监会将以习近平新时代中国特色社会主义思想和党的十九大精神为统领，以“稳中求进”为工作主基调，强化制度建设，弥补监管短板，精准发力，切实防范化解风险，提升保险资金服务保险主业和实体经济的质量和效率。

六、《保险资金运用内部控制应用指引（第4号—第6号）（征求意见稿）》（保监厅函〔2017〕368号）

（一）发文信息

为进一步推动保险资金运用内部控制制度建设，有效防范和化解风险，维护保险资金安全与稳定，2017年10月10日，保监会制定了《保险资金运用内部控制应用指引（第4号—第6号）（征求意见稿）》，分别对保险机构开展股权投资、不动产投资、金融产品投资的关键环节制定了内控标准和流程，并向各保险集团（控股）公司、保险公司、保险资产管理公司、相互保险社自2017年9月28日到10月23日征求意见。主要面向各保险集团（控股）公司、保险公司、保险资产管理公司、相互保险社。

（二）出台背景

近年来，随着市场化改革的不断推进，保险资金运用市场活力和创新动力得到显著提升，但也日益凸显出有些保险机构在资金运用内部控制领域长期以来累积形成的短板和缺陷，突出表现在内控制度不健全、运作机制不完善、内控工具手段相对滞后，执行难以到位、股东或董事长等可能凌驾于控制制度之上等，难以适应市场化改革带来的风险挑战。行业亟须一套行之有效的内控标准，来规范资金运用内部控制行为。保监会立足于我国保险资金运用现状和特点，借鉴先进国际理论和实践经验，在充分调研和征求意见基础上，制定了该指引。

早在2015年底，保监会便发布第1、第2、第3号指引，针对银行存款、固定收益投资、股票及股票型基金投资，出台保险资金运用内控应用指引。

（三）主要内容

第4号指引包含36条内容，第5号指引包含27条内容，第6号指引包含25条内容，涉及股权投资、不动产投资和金融产品投资三个方面。

1. 股权投资方面

保险机构的股权投资包括直接投资股权和间接投资股权。第4号指引对保险机构股权投资提出五大风险警示：一是市场风险；二是投资范围、交易结构及投资标的合规风险；三是法律风险；四是操作风险；五是道德风险。

保监会明确，保险机构开展股权投资，应建立针对交易过程中可能出现的不正当利益输送行为的反舞弊管理机制和相关制度程序。股权投资如涉及关联交易，保险机构应遵循相关法律法规及监管机构要求，履行关联交易限额审查、关联交易决策、独立董事表达意见、关联人士回避、信息披露、单独报告及定期报告等职责。

2. 不动产投资方面

第5号指引要求保险机构应根据自身投资需求、负债特性、偿付能力、投资管理能力和风险管理能力，合理设定不动产投资的配置比例，并履行相应的内部审核程序。其中还特别指出，保险机构开展不动产投资，应建立针对交易过程中可能出现的不正当利益输送行为的反舞弊管理机制和相关制度程序。

3. 金融产品投资方面

第6号指引要求保险机构应根据自身投资需求、负债特性、投资管理能力和风险管理能力，合理设定金融产品配置比例，并履行相应的内部审核程序。同时，与股权、不动产投资一样，保监会要求保险机构开展金融产品投资时，应建立针对交易过程中可能出现的不正当利益输送行为的反舞弊管理机制和相关制度程序。

（四）内容述评

征求意见稿明确，保险机构开展股权、不动产以及金融产品投资，各保险机构应满足保监会规定的相关资质条件，包括公司治理、投资能力、团队要求、最低偿付能力、最低净资产及近三年是否存在违规行为等。此外，还应建立针对交易过程中可能出现的不正当利益输送行为的反舞弊管理机制和相关制度程序。

征求意见稿要求保险机构在股权投资时，需要关注包括市场风险、投资范围、交易结构及投资标的合规风险、法律风险、操作风险、道德风险在内的五大风险。要求保险机构在开展不动产投资时，需要关注包括投资范围、交易结构及投资标的合规风险、交易对手的信用风险、法律风险和操作风险在内的四大风险。在开展金融产品投资时要关注包括投资范围、交易结构及投资标的合规风险、金融产品及投资对手信用风险、法律风险、投资决策风险交易执行及投后管理风险、财务报告及信息披露风险在内的六大风险。

监管层发文更多是防患于未然，加强险企内部控制，防范出现系统性风险。比如，现在房地产市场不平稳，尽管政策规定险资只能投资商业地产，而非住宅地产，但保险资金既可直接投资商业地产，也可通过股权投资间接投资商业地产和住宅地产，进而面临较大的房价波动风险。

（五）政策影响及展望

制定该指引，一是有利于提升全行业保险资金运用内控水平、风险管理能力和合规意识，促进保险机构合规经营、稳健投资，防范和化解投资风险。二是有利于深化保险资金运用市场化改革，强化事中事后监管，将内部控制审计结果作为监管依据。三是有利于发挥审计等社会中介组织对保险资金运用内部控制的监督作用。

下一步，在《保险资金运用内部控制应用指引》总、分框架的基础上，将根据市场和监管需要，陆续出台其他投资类别的配套应用指引，不断丰富和完善保险资金运用内部控制体系和标准。中国保监会将进一步加强对保险机构资金运用内部控制建设、内部控制专项第三方审计业务的监管工作，不断提升全行业保险资金运用内部控制建设水平。

七、《关于加强保险资金运用管理　支持防范化解地方政府债务风险的指导意见》（保监发〔2018〕6号）

（一）发文信息

保监会于2018年1月18日下发《关于加强保险资金运用管理　支持防范化解地方政府债务风险的指导意见》（以下简称《指导意见》）面向各保险集团（控股）公司、保险公司、保险资产管理公司，各省（自治区、直辖市、计划单列市）政府性债务管理领导小组办公室。

（二）出台背景

为贯彻党的十九大精神，落实全国金融工作会议和中央经济工作会议部署，防范化解重大风险，保监会、财政部联合印发了《指导意见》，支持保险机构更加安全高效地服务实体经济，防范化解地方债务风险。

财政部日前发布的最新统计显示，截至2017年12月末，全国地方政府债务余额为164706亿元，控制在全国人大批准的限额之内。虽然地方政府债务风险总体可控，但个别地方政府继续通过融资平台公司、政府和社会资本合作（PPP）、政府投资基金、政府购买服务等方式违法违规或变相举债，风险不容忽视。

（三）主要内容

《指导意见》包括六个方面的内容，概括如下：

1. 鼓励保险机构依法合规开展投资

在支持保险资金投资关系国计民生的各类基础设施、民生工程等政府投资项目的同时，明确不得违法违规向地方政府提供融资。地方政府也不得向保险机构违法违规或变相举债。

2. 妥善配合存量债务风险处置

要求保险机构妥善处理对地方政府的存量投资业务，地方政府要积极予以支持，及时发现风险，及时处置。

3. 切实规范投资融资平台公司行为

要求保险机构充分评估地方财政可承受力，不得通过融资平台公司违规新增地方政府债务。地方政府要依规推进财政及举债信息公开，保障保险机构知情权。

4. 审慎合规开展创新业务

明确保险机构不得通过股权投资计划等创新方式违规形成地方债务。坚决制止地方政府以引入保险机构等社会资本名义，违法违规或变相举债上新项目、铺新摊子。

5. 着力强化行业风险管理

要求保险业相关行业组织发挥平台作用，加强对地方债务风险的监测。督促地方政府加快建立跨部门联合监测和防控机制，加强信息共享，支持保险机构完善风险管理体系。

6. 严格落实市场主体责任

强化保险机构的风险管理责任，完善问责机制，加强对保险机构及中介服务机构的责任追究。

（四）内容述评

保险机构开展保险私募基金、股权投资计划、政府和社会资本合作（PPP）等保险资金运用创新业务，要遵循审慎合规原则，投资收益应当与被投资企业的经营业绩或股权投资基金的投资收益挂钩，不得要求地方政府或融资平台公司通过支付固定投资回报或约定到期、强制赎回投资本金等方式承诺保障本金和投资收益，不得为地方政府违法违规或变相举债提供任何形式的便利。鼓励地方政府和保险机构规范运用政府和社会资本合作（PPP）、政府投资基金等方式，支持经济社会发展的重点领域和薄弱环节。坚决制止地方政府以引入保险机构等社会资本名义，通过融资平台公司、政府投资基金等方式违法违规或变相举债上新项目、铺新摊子。

（五）政策影响及展望

《指导意见》有利于正面引导保险机构和地方政府尽职履责开展举债融资行为，有利于强化保险机构责任意识，防范化解地方债务风险，实现行业和实体经济发展的双赢。

下一步，保监会将进一步配合财政部等相关部门完善有关政策，形成监管合力，更好地发挥政策效果。

第八节　其他相关制度

一、《关于修改〈中华人民共和国外资保险公司管理条例实施细则〉等四部规章的决定》（保监会令〔2018〕4号）

（一）发文信息

保监会于2018年2月13日印发，自公布之日起施行。面向我国外资保险公司。

（二）出台背景

为贯彻落实国务院关于清理规范行政审批中介服务事项的要求，维护保险监管法律制度体系的协调统一，在公开征求意见的基础上保监会对《中华人民共和国外资保险公司管理条例实施细则》《外国保险机构驻华代表机构管理办法》《保险公司次级定期债务管理办法》《保险公司董事、监事和高级管理人员任职资格管理规定》四部规章相关条文进行集中统一修改，在此背景下出台《关于修改〈中华人民共和国外资保险公司管理条例实施细则〉等四部规章的决定》（以下简称《决定》）。

（三）主要内容

《决定》包含了 4 条内容。

一是将《中华人民共和国外资保险公司管理条例实施细则》第二十六条修改为："《条例》和本细则要求申请设立外资保险公司的外国保险公司提供的下列文件或者资料，应当真实有效：（一）营业执照（副本）或者营业执照的有效复印件；（二）对拟任外国保险公司分公司主要负责人的授权书；（三）外国保险公司对其中国境内分公司承担税务、债务的责任担保书。"

二是将《外国保险机构驻华代表机构管理办法》第六条第二款修改为："申请者提交的材料应当真实有效。"

三是删去《保险公司次级定期债务管理办法》第十二条；第十四条改为第十三条，删去第一款第六项、第七项。

四是将《保险公司董事、监事和高级管理人员任职资格管理规定》第五十条修改为："保险机构依照本规定报送的任职资格审查材料和其他文件资料，应当用中文书写。原件是外文的，应当附中文译本。"

（四）内容述评

从整体上来看，《决定》从多个方面对原有的规章细节进行了简化和修改，对审批手续进行改革，进一步提升了行政审批中介服务水平，优化了外资保险公司准入政策，明确了保险业对外开放的态度。《决定》旨在适应简政放权、放管结合和转变政府职能的需要，进一步深化行政审批改革，维护保险监管法律制度体系的协调统一。通过征求各机关、单位及部门意见后进行整理修订，《决定》得以正式施行，《中华人民共和国外资保险公司管理条例实施细则》《外国保险机构驻华代表机构管理办法》《保险公司次级定期债务管理办法》《保险公司董事、监事和高级管理人员任职资格管理规定》在进行相应修改后重新公布。

（五）政策影响及展望

为进一步促进我国保险市场形成公平竞争、健康发展的局面，保监会不断鼓励外资保险公司进入我国保险市场中健康、养老、巨灾保险等业务领域，支持外资保险公司参与我国保险业的各项改革，从而完善保险市场主体。保监会通过采用简政放权、放管结合和转变政府职能的方式，将部分职能逐步交给市场，从而增强了保险业自我发展和服务社会的能力。据统计，2017 年，我国保险行业共实现原保险保费收入 36581.01 亿元，同比增长 18.16%；保险业资产总量 16.75 万亿元，较 2017 年初增长 10.80%。随着监管部门逐步推进对外开放等相关政策，预计未来外资保险机构市场在国内保险市场的份额或将持续扩大。

二、《关于保险业服务“一带一路”建设的指导意见》（保监发〔2017〕38 号）

（一）发文信息

保监会于 2017 年 4 月 27 日印发《关于保险业服务“一带一路”建设的指导意见》（以下简称 38 号文）。面向机关各部门，各保监局，培训中心、服务中心，中国保险保障基金有限责任公司、中国保险信息技术管理有限责任公司、中保投资有限责任公司、上海保险交易所股份有限公司、中国保险报业股份有限公司，中国保险行业协会、中国保险学会、中国精算师协会、中国保险资产管理业协会，各保险集团（控股）公司、保险公司、保险资产管理公司、保险专业中介机构。

（二）出台背景

38 号文的发布，旨在进一步贯彻落实关于“一带一路”建设的重大决策部署，推动保险业全方位服务和保障“一带一路”建设，在“一带一路”建设中构建更为广泛的利益共同体，不断丰富我国保险业开放合作的内涵。

（三）主要内容

38 号文包含五个部分 16 条内容，总结如下：

1. 保险业服务“一带一路”建设的重要意义和原则

保险业服务“一带一路”建设有两大重要意义，即“一带一路”倡议的重要助力、建设保险强国的必由之路；同时，提出了四项基本原则，即坚持“保险业姓保”、服务大局，坚持统筹推进、重点突破，坚持市场运作、持续发展，坚持开放创新、合作共赢。

2. 构建“一带一路”建设保险支持体系

本部分从三个方面阐述构建“一带一路”建设保险支持体系。一是大力发展出口信用保险和海外投资保险，对风险可控的项目应保尽保，服务“一带一路”贸易畅通；二是围绕“一带一路”建设中的特殊风险保障需求，发展各类责任保险、货物运输保险、企业财产保险、工程保险等个性化的保险产品服务。三是充分发挥保险资金规模大、期限长、稳定性高的优势，支持保险机构在依法合规、风险可控的前提下，多种方式参与“一带一路”重大项目建设；支持保险资金通过债权、股权、股债结合、股权投资计划、资产支持计划和私募基金等方式，直接或间接投资“一带一路”重大投资项目。

3. 加快保险业国际化步伐

本部分为加快保险业国际化步伐提出了三点建议。一是支持保险业稳步“走出去”，加快建设海外承保、理赔作业、救援等境外服务网络；二是打造交流合作平台，探索建立保险业“一带一路”国际保险再保险共同体和投资共同体；三是加强保险监管互联互通，推动我国保险监管标准和技术输出。

4. 保障措施

本部分提出了四项保障措施，即加强组织、抓好落实，统筹协调、形成合力，完善机制、注重长效，严控风险、守住底线。

（四）内容述评

38 号文的发布，体现了监管机构充分发挥保险功能作用，全方位服务和保障“一带一路”建设的信心与决心。38 号文充分发掘了保险的功能作用。保险业作为管理风险的特殊行业，其自身特点决定了行业服务“一带一路”建设具有天然优势，能够为跨境合作提供全面的风险保障与服务。同时，38 号文指明了建设保险强国的必由之路。当前我国保险服务国际贸易的体量小且长期处于逆差状态，难以提供与国际贸易需求相匹配的优质保险产品和服务。参与“一带一路”建设是保险业扩大对外开放，实现行业跨越式发展的有利契机，对于提升我国保险业国际化能力和水平，促进我国由保险大国向保险强国转变具有重要意义。

（五）政策影响及展望

一是在 38 号文的影响下，由于“一带一路”倡议涉及的时空领域宽广、内外因素复杂，保险业保险保障的核心功能可以为实施“一带一路”倡议、构造沿线国家区域合作新格局保驾护航。二是随着“一带一路”建设的深入推进，国内经济中与“一带一路”相关的比重将日益增大，做好对相关领域的金融保险服务也是落实保险服务实体经济。三是“一带一路”倡议的实施也将产生大量的风险保障需求，有助于加快保险业“走出去”，开创新的业务增长点。

三、《关于暂免征保险业监管费有关事项的通知》（保监财会〔2017〕181号）

（一）发文信息

保监会于2017年7月11日印发《关于暂免征保险业监管费有关事项的通知》（以下简称181号文）。面向各保监局，各保险公司、保险资产管理公司、保险专业中介机构，外国保险机构代表处。

（二）出台背景

2017年6月7日，国务院总理李克强主持召开国务院常务会议，会议决定推出新的降费措施，要求兑现全年为企业减负万亿元的承诺。会议确定，从2017年7月1日起，暂免征银行业和保险业监管费。在此背景下，181号文出台，以规定有关细则。

（三）主要内容

181号文包含三个部分的内容。

1. 关于免征期的数据报送期限规定

本部分规定在免征期内，各保险机构要按照保险业监管费收费的有关规定，于每年5月15日前向所属执收单位报送保险业监管费报告单（含电子数据）。

2. 关于免征前的汇算清缴期限规定

本部分将应缴纳的保险业监管费分为2017年1月至6月、2016年及以前、2017年上半年新开业保险机构三种情况。

3. 关于多缴费的退库办理所需材料和期限规定

本部分规定保险机构应于2017年8月15日前，向执收单位提出退库申请，申请材料包括：退款申请书、非税收入一般缴款书复印件1份（加盖财务章）、银行缴款凭证复印件1份（加盖财务章）。执收单位审核汇总材料后，于2017年9月8前报至保监会审核，资金退库方式不得采用现金支付。

（四）内容述评

181号文规定免去征收2017年7月1日至2020年12月31日的保险监管

费，每年或将为我国保险公司平均省去四百万元至五百万元的费用。

（五）政策影响及展望

在 181 号文的影响下，免征监管费用将使保险公司的负担进一步减轻，有利于其盈利。2016 年 1 月，保监会发布《关于调整保险业监管费收费标准等有关事项的通知》，已对保险业监管费收费标准进行了一次调整。按照调整后的标准，保险业监管费由机构监管费和业务监管费两部分组成，缴费比例按照公司性质、险种不同有所区别，最低的比例为万分之四。据统计，2017 年保险行业整体实现原保险保费收入 36581.01 亿元，按此最低比例粗略估算来看，约节省了 14.6 亿元监管费。预期未来需要结合之前调整的经验，进一步完善调整机制。

四、《关于进一步贯彻落实疏解北京非首都功能有关政策意见的通知》（保监发〔2017〕49 号）

（一）发文信息

保监会于 2017 年 6 月 14 日印发《关于进一步贯彻落实疏解北京非首都功能有关政策意见的通知》（以下简称 49 号文）。面向机关各部门，北京保监局、天津保监局、河北保监局，各保险集团（控股）公司、保险公司、保险资产管理公司、保险专业中介机构。

（二）出台背景

2015 年以来，保监会先后发布了《关于保险业服务京津冀协同发展的指导意见》《保险公司跨京津冀区域经营备案管理试点办法》《保险专业代理机构跨京津冀经营备案管理试点办法》等文件，立足于充分发挥保险功能、推进保险市场一体化，在服务京津冀协同发展大局、促进京津冀保险业协同发展、强化协同发展政策支撑等方面发挥了积极作用。在此背景下，49 号文的出台，旨在提出保险业服务疏解北京非首都功能的具体政策措施。

（三）主要内容

49 号文包含 6 条内容。

（1）引导保险法人机构落户天津、河北；（2）有序布局保险专业代理机构；（3）鼓励保险公司合理布局分支机构；（4）引导保险公司疏解转移在京下属服务机构；（5）鼓励保险公司在京外地区设立服务机构；（6）鼓励保险公司在京外地区布局保险关联产业。

（四）内容述评

49 号文重点强调了六个方面的政策措施。一是引导保险法人机构落户天津、河北，缓解北京地区法人机构设置压力；二是有序布局保险专业代理机构，支持符合条件的各类资本在河北等地设立全国性保险专业代理机构；三是鼓励保险公司合理布局分支机构，支持未在京津冀设立分支机构的保险公司优先在河北等地设立分支机构；四是引导保险公司疏解转移在京下属服务机构，禁止在京新设数据中心、呼叫中心、电销职场、电话销售中心等；五是鼓励保险公司在京外地区设立服务机构，支持设立 IT、审计等共享服务子公司以及数据中心、呼叫中心等下属服务机构；六是鼓励保险公司在京外地区布局保险关联产业，支持在天津、河北统筹布局与保险业务相关的养老、医疗、汽车服务、现代农业、新型商贸流通等产业。

（五）政策影响及展望

自 2015 年以来，保监会紧紧围绕推动京津冀协同发展的重大决策部署，先后发布了《关于保险业服务京津冀协同发展的指导意见》《保险公司跨京津冀区域经营备案管理试点办法》《保险专业代理机构跨京津冀经营备案管理试点办法》等一系列文件，立足于充分发挥保险功能、推进保险市场一体化，在服务京津冀协同发展大局、促进京津冀保险业协同发展、强化协同发展政策支撑等方面发挥了积极作用。

预期未来将继续深入贯彻京津冀协同发展和疏解北京非首都功能的战略部署，进一步落实 49 号文的具体工作，引导保险业继续为服务疏解北京非首都功能发挥积极作用。

五、《关于加强中国保险业保单登记管理信息平台数据报送和质量管理工作的通知》（保监厅发〔2017〕24 号）

（一）发文信息

保监会于 2017 年 5 月 15 日印发《关于加强中国保险业保单登记管理信息平台数据报送和质量管理工作的通知》（以下简称 24 号文）。面向各人身保险公司、各财产保险公司、中国保险信息技术管理有限责任公司。

（二）出台背景

随着保单的日益增多，如何提高保险市场的运行效率、加快行业创新发展、加强金融风险防控成为亟待解决的问题。保单登记，是指各保险公司在与客户签订保单后，将保单登记信息传送至中国保险信息技术管理有限责任公司的保单登记管理信息平台上，进行统一备案保存。2015 年 11 月，保监会启动中国保险业保单登记管理信息平台建设；2016 年 8 月，保监会印发《关于启动中国保险业保单登记管理信息平台第二期建设的通知》。截至 2016 年底，平台的前两期建设均已完成。24 号文的出台，旨在进一步规范保单登记平台的数据报送工作，提高平台数据质量。

（三）主要内容

24 号文包含 9 条内容，主要内容总结如下：

一是各保险公司只要开展相关业务，就应提前与保单登记管理信息平台对接，并严格按照 T+1 的要求报送数据。

二是在报送保单产品信息时应采用报送保监会审批或者备案时所使用的产品名称全称，不得简化产品名称；不得以相关系统改造、升级、宕机为由或无正当理由停报，不得对数据进行人为清洗、统一赋值和故意篡改，不得在非生产环节中报送生产数据；对中国保险信息技术管理有限责任公司反馈的各类问题，要在 5 个工作日内完成处理。

三是新批筹的保险公司，应及时向中国保险信息技术管理有限责任公司申请接入保单登记管理信息平台，严格按照保单登记管理信息平台的相关标准规范，完成平台对接。

（四）内容述评

24 号文要求各保险公司建立数据报送和质量管理责任机制，按照 T+1 的要求报送业务相关数据。引入保单登记制度，通过建立统一的信息共享平台，集中登记、管理保险公司与保单持有人之间的债权债务关系和权益事实。由于每一份登记的保单都是行业真实经营情况的构成之一，因此监管部门可直接了解并分析登记信息，开展监管活动，大大增强了监管的有效性。在这一过程中，切实保障平台的信息（数据）安全，是平台得以持续提供有效服务的重要前提。

六、《关于进一步加强新闻发言人制度建设的通知》（保监厅发〔2017〕23 号）

（一）发文信息

保监会于 2017 年 5 月 11 日印发《关于进一步加强新闻发言人制度建设的通知》（以下简称 23 号文）。面向各保监局，中国保险保障基金有限责任公司、中国保险信息技术管理有限责任公司、中保投资有限责任公司、上海保险交易所股份有限公司、中国保险报业股份有限公司，中国保险行业协会、中国保险学会、中国精算师协会、中国保险资产管理业协会，各保险集团（控股）公司、保险公司、保险资产管理公司、保险专业中介机构。

（二）出台背景

为进一步做好新闻宣传工作，加大新闻发布力度，强化声誉风险管理，提升保险监管和行业透明度，维护保险行业形象和市场稳定，特出台 23 号文。

（三）主要内容

23 号文包含 9 条内容，主要内容总结如下：

1. 推进新形势下发言人制度建设

要通过新闻发言人制度建设，提升保险监管公信力；主动引导社会舆论，防范保险行业声誉风险；不断深化公众宣传，为加快现代保险强国建设提供有力的新闻舆论支撑。通过相应的组织程序，选任 1 至 2 名政治意识强、业务精通的负责人担任新闻发言人，把新闻发布工作、舆论引导工作纳入制度化、规范化轨道，并探索将其纳入声誉风险监管评价。同时，健全新闻发布内容审查机制、舆情监测和应对机制，确保新闻发布的内容审查、舆情跟踪、效果评估等工作有序进行。

2. 构建立体化的传播载体

综合运用新闻发布会、集体采访、网络访谈、答记者问等多种形式听取新闻媒体对本单位新闻发布工作的意见和建议，积极参与保险行业新闻发布会，注重通过数据、图解、案例等方式推进网站和微博、微信、客户端建设，共同打造保险行业新闻宣传矩阵。

3. 提升新闻发言人履职能力和保障

加强对新闻发言人和新闻发布工作人员的业务培训，强化突发事件和重大声誉风险应对演练，不断提高新闻发言人的政策把握、舆情研判、解疑释惑、回应引导能力。同时，为新闻发言人配备必要的工作资源和人员，确保其参加重要会议、掌握相关信息，参与重大事件处置。

（四）内容述评

23 号文要求各保险机构建立和完善新闻发言人制度。

七、《关于调整“保险金额”“签单数量”等保险监管统计指标报送频率的通知》(保监统信〔2018〕7号)

(一) 发文信息

保监会于2018年1月17日发布《关于调整“保险金额”“签单数量”等保险监管统计指标报送频率的通知》(以下简称《通知》)。面向各保险集团(控股)公司、保险公司。

(二) 出台背景

为进一步提升监管效能，更好地发挥保险业服务实体经济作用，保监会决定将“保险金额”“签单数量”等监管统计指标由按“季度”报送调整为按“月度”报送。

(三) 主要内容

《通知》中调整共涉及6类保险监管统计指标，共计1000个明细指标。其中，363个“保险金额”明细指标，131个“期末有效保险金额”明细指标，131个“本年累计新增保险金额”明细指标，51个“签单数量”明细指标，176个“期末有效保单件数”明细指标，148个“本年累计新增承保保单件数”明细指标。

(四) 内容述评

保监会表示，此举是为了进一步提升监管效能，更好地发挥保险业服务实体经济作用。《通知》自2018年1月1日起实施，即从2018年2月报送1月月报时起，各保险公司应该报送调整后的保险监管统计信息。

(五) 政策影响及展望

《通知》要求，各保险公司应高度重视此次指标调整工作，协调各有关部门，及时修改本公司与“中国保险统计信息系统”的对接系统，按时完成“保险金额”“签单数量”等保险监管统计指标“月度”报送工作。各保险公司应严格按照保监会监管要求，及时报送保险监管统计信息，确保数据的真实、准确和完整。《通知》未特别说明的事项，按现行保险监管统计规定执行。

未来保监会将对信息报送系统进行进一步完善，使保险公司“月度”报送工作得以顺利进行。

第五篇　新金融业制度变革

第一节　P2P 网络借贷监管政策

一、《网络借贷信息中介机构业务活动管理暂行办法》（银监会令〔2016〕1 号）

（一）发文信息

2016 年 8 月 24 日，银监会、工业和信息化部、公安部、国家互联网信息办公室联合发布《网络借贷信息中介机构业务活动管理暂行办法》（以下简称《办法》）。《办法》有 12 个月的过渡期安排。

（二）出台背景

作为互联网金融业态的重要组成部分，P2P 网络借贷业务在我国已有近十年的发展，而与行业的快速发展相对应的却是监管政策的相对滞后与缺失，业务创新偏离轨道、风险乱象时有发生，监管部门陆续出台相关监管政策。2015 年 7 月，《关于促进互联网金融健康发展的指导意见》中曾明确提出 P2P 网络借贷业务由银监会负责监管。

（三）主要内容

《办法》共有 8 章 47 条，主要内容如下：一是界定了网贷的内涵，明确了适用范围及网贷活动基本原则，重申了从业机构作为信息中介的法律地位；二是确立了网贷监管体制，明确了网贷监管各相关主体的责任，促进各方依法履职，加强沟通协作，形成监管合力，增强监管效力；三是明确了网贷业务规则，坚持底线思维，加强事中事后行为监管；四是对业务管理和风险控制提出了具体要求；五是注重加强消费者权益保护，明确对出借人进行风险揭示及纠纷解决途径等要求，明确出借人应当具备的条件；六是强化信息披露监管，发挥市场自律作用，创造透明、公开、公平的网贷经营环境。

（四）内容述评

《办法》的制定和出台，始终坚持服务实体经济主旨，坚持风险底线思维，坚持发展和规范并举，坚持保护投资者权益和提高公众风险意识并重，为网贷行业的规范发展提供了制度依据。《办法》作为行业经营和监管的基本制度安排，明确了网贷监管体制机制及各相关主体责任、网贷业务规则和风险管理要求、借款人和出借人的义务、信息披露及资金第三方存管等内容，全面系统地规范了网贷机构及其业务行为，为行业的发展明确了方向，有利于进一步引导网贷机构回归信息中介、小额分散的普惠金融本质。

（五）政策影响

《办法》为网贷行业的基本法，意味着网贷行业正式步入监管时代。加强对网贷机构的信息披露要求、完善相关信息披露制度，对改进行业形象、提升网贷机构公信力、完善行业事中事后监管、防范行业风险、保护出借人与借款人利益具有十分重要的意义。

根据《办法》有关规定，相关配套措施将陆续出台落地，共同构建网贷行业制度体系，确保网贷行业健康可持续发展。在《办法》中对信息披露进行较为详细的规定缺乏可操作性，且部分指标的设置还有待于行业实践，在后续有关细则中，需结合行业的一般做法和监管需要，对行业的相应指标，包括坏账率、逾期率和代偿金额等进行明确定义。

二、《网络借贷信息中介机构备案登记管理指引》（银监办发〔2016〕160号）

（一）发文信息

2016年11月28日，银监会、工业和信息化部、工商总局联合发布《网络借贷信息中介机构备案登记管理指引》（以下简称《备案指引》）。主要面向各省、自治区、直辖市人民政府金融监管部门、通信管理局、工商局，各计划单列市人民政府金融监管部门、通信管理局、工商局。

（二）出台背景

在《网络借贷信息中介机构业务活动管理暂行办法》发布后，业界一直期盼相关细节文件的出台。2016年11月28日，银监会联合工业和信息化部、工商总局发布了《备案指引》，P2P合规化路径落地，网贷行业的合规进程迈出实质性的一步。

（三）主要内容

《备案指引》全文共 23 条，对新旧网络借贷信息中介机构的经营范围、公示、法定代表人承诺、备案内容、ICP 许可、银行存管、最终期限都做了相关规定。其中有以下三点值得关注。

1.《备案指引》规定，新设立的 P2P 平台申请备案登记时，首先需要办理工商登记注册并领取企业法人营业执照，要求“在经营范围内明确网贷借贷中介机构”等相关内容。

2.《备案指引》对新老平台区分管理。对于新设立平台，《备案指引》规定在完成工商登记注册、领取企业法人营业执照后，应当于 10 个工作日内向工商登记注册地地方金融监管部门申请备案登记。对于存量平台，则严格要求进行分类处理：对合规类机构的备案登记申请予以受理；对于整改类机构，则要求在其完成整改并经有关部门认定后，再受理其备案登记申请。

3.《备案指引》第四章第十三条规定，网贷机构持地方金融监管部门出具的备案登记证明，按照通信主管部门的相关规定申请增值电信业务许可证。第四十条规定，网贷机构完成备案登记后，持地方金融部门的备案登记与银行业金融机构签订资金存管协议。

（四）内容述评

《备案指引》体现了监管层对网络借贷中介机构实施的是事中、事后监管以及行为监管，对行业采用的是后置审批，突出强调了行业的信息透明性和合规性。

《备案指引》指明了网贷平台合规建设的方向。明确了 P2P 合规化路径时间轴，为网贷平台的合规建设厘清了较为清晰的路径。即首先到工商局修改经营范围为“网络借贷信息中介”；其次到地方金融监管部门进行备案；再次到通信主管部门办理增值电信经营业务经营许可证；最后落实银行资金存管。《备案指引》第十四条重申了 P2P 网贷行业银行资金存管的重要性。可见，金融办的备案只是 P2P 行业申请银行资金存管的必要条件，P2P 网贷平台要真正实现合规还需要走银行资金存管的步骤。

《备案指引》将备案登记作为 P2P 平台申请增值电信业务许可和银行存管的前置条件，很大程度上解决了以前由于网贷信息中介机构办理 ICP/EDI 证照前必须完成地方金融监管部门备案登记导致的网贷行业 ICP/EDI 办证难问题。

（五）政策影响

备案登记指引与资金存管、信息披露、暂行办法被称为平台合规监管的四部曲。《备案指引》是一份极具指导性意义的文件，为网贷平台明确了规范发展的路径。尽管备案登记只是一项程序性行为，但是对网贷平台形成了“宽进严出”的发展路径，只有合法合规的平台才能够持续开展经营，有助于行业形成良币驱逐劣币之势，推动行业整体规范化发展。《备案指引》出台后，各地方也出台了一系列相关配套细则政策，2017 年 2 月，厦门市发布全国首份网贷机构备案登记细则。2017 年下半年，湖南、深圳、北京、江苏、浙江相继发布各地的网络借贷信息中介机构备案登记管理实施细则的征求意见稿。预计 2018 年将有更多、更加完善的地方性管理实施细则出台。

三、《网络借贷资金存管业务指引》（银监办发〔2017〕21 号）

（一）发文信息

2017 年 2 月 22 日，银监会发布《网络借贷资金存管业务指引》（以下简称《资金存管指引》）。面向各银监局，各省、自治区、直辖市人民政府金融办（局），各大型银行、股份制银行，邮储银行，外资银行。

（二）出台背景

互联网与金融快速融合，在促进金融创新的同时也逐步暴露出诸如资金安全难以保证等风险。人民银行、银监会等监管部门发布了系列指导意见以及管理办法严格规范网络借贷行业。为贯彻落实有关政策关于建立客户资金第三方存管制度的工作部署和要求，实现客户资金与网络借贷信息中介机构自有资金分账管理，防范网络借贷资金挪用风险，进一步管控网络借贷行业、根治网络借贷行业的乱象，银监会研究制定了《资金存管指引》。

（三）主要内容

《资金存管指引》主要从存管主体、存管方式、监管方式三个方面对网络借贷业务的资金加强监管。

存管主体方面，《资金存管指引》明确限制网络借贷行业的资金存管人为商业银行且委托人应当指定唯一一家存管人作为资金存管机构。

存管方式方面，《资金存管指引》通过明确存管人的存管系统技术要求与职责，建立每日账务核对与资金记录制度。

监管方式方面，《资金存管指引》明确国务院银行业监督管理机构作为网络借贷资金存管人的监管方。

（四）内容述评

《资金存管指引》主要从存管主体、存管方式、监管方式三个方面对网络借贷业务的资金加强监管。明确存管主体从而杜绝网络借贷行业通过自营或委托其他金融机构设置自有资金池的可能。明确存管人的存管系统技术要求与职责，加强了对网络借贷行业资金的监管，每日账务核对与资金记录制度将及时避免网络借贷资金去向不明的问题。明确监管方式及银监会作为网络借贷资金存管人的监管方，建立监管信息共享协调机制从而减少网络借贷行业监管主体不明的风险。

（五）政策影响

首先，资金存管机制实现了客户资金与网贷机构自有资金的分账管理，有利于保障金融安全。

其次，《资金存管指引》的发布对网贷专项整治工作产生积极的影响。作为《网络借贷信息中介机构业务活动管理暂行办法》落地实施的重要配套制度之一，《资金存管指引》的发布有利于形成较为完整的监管政策体系，有利于过渡期整改工作的深入，为专项整治工作提供整改标准和依据。

最后，《资金存管指引》对金融业去杠杆化有促进作用。《资金存管指引》促进网贷行业合规化发展，必将推动互联网与金融快速融合，促进金融创新，提高金融资源配置效率。

四、《网络借贷信息中介机构业务活动信息披露指引》（银监办发〔2017〕113号）

（一）发文信息

2017年8月24日，银监会发布《网络借贷信息中介机构业务活动信息披露指引》（以下简称《信披指引》）。面向各银监局，各省、自治区、直辖市人民政府金融办（局）。《信披指引》有6个月的整改期安排。

（二）出台背景

网贷行业信息披露存在统计口径不一、选择性披露、数据造假等问题。2016年8月24日银监会等部门正式发布《网络借贷信息中介机构业务活动管理暂行办法》，确立了网贷行业监管体制及业务规则，银监会会同相关部门分别于2016年底和2017年初，发布了备案登记指引和资金存管指引。“1+3”①

① “1+3”即构成P2P监管的制度性框架的一个办法三个指引，分别为《网络借贷信息中介机构业务活动管理暂行办法》（银监会令〔2016〕1号）、《网络借贷信息中介机构备案登记管理指引》（银监会令〔2016〕160号）、《网络借贷资金存管业务指引》（银监会令〔2017〕21号）、《网络借贷信息中介机构业务活动信息披露指引》（银监会令〔2017〕113号）。

的监管制度架构仅剩信息披露指引未出台。

（三）主要内容

《信披指引》包括4部分28条内容及说明。

1. 总则：主要包括《信披指引》所依据的法律法规，信息披露的定义、渠道、原则等。

2. 信息披露内容：

一是机构信息。主要包括网络借贷信息中介机构备案信息、网络借贷信息中介机构组织信息、网络借贷信息中介机构审核信息。

二是交易信息。网络借贷信息中介机构应当在每月前5个工作日内，向公众披露截至上一月末经网络借贷信息中介机构撮合交易的有关信息。

三是出借人应知信息。应在撮合前向出借人告知借款人信息、项目信息和风险信息，在撮合后告知已撮合未到期项目有关信息。

四是重大事项信息。网络借贷信息中介机构应当于发生重大事项之日起48小时内将事件的起因、目前的状态、可能产生的影响和采取的措施向公众进行披露。

3. 信息披露管理：主要内容为信息披露的制度建设，信息5年内可查，信息披露的真实准确完整性及信息披露监管要求和处罚依据办法。

4. 附则：附则明确了各地银监局、金融办（局），中国互联网金融协会的职责，并给予各网络借贷信息中介机构6个月的整改期。

（四）内容述评

《信披指引》及说明主要明确了网络借贷信息中介业务活动中应当披露的具体事项、披露时间、披露频次及披露对象等，为参与网贷业务活动的各当事方进行信息披露提供了规范的标准和依据。一是从维护消费者合法权益的角度出发，明确了信息披露的基本概念和原则；二是明确了在网贷业务活动中应当披露的信息内容；三是配套了说明，重点对披露的口径、披露标准予以规范；四是在明确披露内容的同时，强调了相关披露主体责任及管理要求。

（五）政策影响

一是引导网贷行业规范有序发展。《信披指引》的出台有利于统一网贷行业信息披露标准，充分保护网贷业务参与各方的合法权益，促使从业机构控制风险稳健经营。

二是让网贷监管有法可依。《信披指引》的出台，标志着网贷行业“1 + 3”制度框架基本搭建完成，初步形成了较为完善的制度政策体系，明确网贷行业规则，有效防范网贷风险，保护消费者权益，加快行业合规进程。

五、《关于开展“现金贷”业务活动清理整顿工作的通知》（网贷整治办函〔2017〕19 号）及《关于开展“现金贷”业务活动清理整顿工作的补充说明》（网贷整治办函〔2017〕20 号）

（一）发文信息

2017 年 4 月 14 日，P2P 网络借贷风险专项整治工作领导小组办公室发布《关于开展“现金贷”业务活动清理整顿工作的通知》（以下简称《通知》）及《关于开展“现金贷”业务活动清理整顿工作的补充说明》（以下简称《补充说明》），面向各地 P2P 网络借贷风险专项整治联合工作办公室。

（二）出台背景

随着“现金贷”业务的快速发展，网络上出现了关于“现金贷”的负面报道，引发社会高度关注，部分“现金贷”平台行为影响恶劣，容易触发社会风险，亟须规范和引导。根据国务院领导批示及互联网金融风险专项整治工作领导小组办公室要求，“现金贷”业务随即被纳入互联网金融风险专项整治工作。

（三）主要内容

发文要求各地区根据 P2P 网贷整治实施方案对“现金贷”业务活动进行清理整顿，主要要求有：

1. 高度重视，全面摸清“现金贷”风险底数。

2. 分类整治，切实防范风险。《通知》提出，各地需根据风险排查的实际情况，按照情节轻重对“现金贷”P2P 网贷平台进行分类处置。同时，对网络小贷开展“现金贷”业务情况进行风险排查和整治，对于未经许可开展此类业务的机构立即叫停，存量业务逐步压降至零。

3. 明确“现金贷”业务活动主要特征。《补充说明》明确“现金贷”具有平台利率畸高、实际放款金额与借款合同金额不符、无抵押、期限短、依靠暴利覆盖风险、暴力催收等特征。

4. 宣传引导，及时开展相关风险提示和宣传教育活动。

（四）内容述评

《通知》及《补充说明》明确提出监管机构正式将“现金贷”业务纳入互联网金融风险专项整治工作的范畴，高度重视“现金贷”业务中潜在的金融风险。政策并非对现金贷业务“一竿子打死”，而是主要聚焦于网贷平台、网络小贷平台及其他无相关资质的平台，特别年化利率36%以上的高息平台。同时，监管机构首次对“现金贷”主要业务特征进行具体描述，以使其与消费金融等业务相区分。

（五）政策影响

1. “现金贷”业务监管将逐步加强。《通知》及《补充说明》主要是对“现金贷”业务的清理整顿，以防止风险的集中爆发和蔓延，维护网贷行业正常发展秩序。“现金贷”业务开始进入密集整顿期，后期将继续出台针对“现金贷”业务的监管政策。

2. 开展针对性排查工作。各地监管机构将依据发文要求及相关法律，制定“现金贷”相关平台排查名单，开展具有针对性的排查工作。产品年化利率高于36%的网贷平台、网络小贷平台、现金分期平台及其他各类创业型现金贷平台，都在此次重点排查整顿之列。

六、《关于进一步加强校园贷规范管理工作的通知》（银监发〔2017〕26号）

（一）发文信息

2017年5月27日，银监会发布《关于进一步加强校园贷规范管理工作的通知》（以下简称《通知》），面向各银监局，各省、自治区、直辖市及新疆生产建设兵团教育厅（局、教委）、金融办（局）、人力资源社会保障厅（局），各政策性银行、大型银行、股份制银行，邮储银行，中央所属各高等院校。

（二）出台背景

2016年10月18日银监会等六部委印发《关于进一步加强校园网贷整治工作的通知》（银监发〔2017〕47号），各地加大对网络借贷信息中介机构校园网贷业务的清理整顿，取得了初步成效。但部分地区仍存在校园贷乱象，特别是一些非网贷机构针对在校学生开展借贷业务，突破了校园网贷的范畴和底线，一些地方“求职贷”“培训贷”“创业贷”等不良借贷问题突出，给校园安全和学生合法权益带来严重损害，造成了不良社会影响。

（三）主要内容

《通知》包括4部分内容，总结如下。

1. 开正门，补服务。鼓励商业银行和政策性银行进一步针对大学生合理需求研发产品，提高对大学生的服务效率，补齐面向校园、面向大学生金融服务覆盖不足的短板。经银行业监督管理部门批准设立的机构在风险可控的前提下，根据大学生群体的风险特点，开发既能满足大学生融资需求，又能有效控制风险的校园金融产品。

2. 强治理，防风险。从事校园贷业务的网贷机构一律暂停新发校园网贷业务标的，并根据自身存量业务情况，制订明确的退出整改计划。同时，未经银行业监督管理部门批准设立的机构不得进入校园为大学生提供信贷服务，监管部门应联合各方力量，加强整治，及时纠偏。

3. 正观念，补教育。整顿校园贷市场的同时，要抓好校园秩序管理与学生教育引导工作。各高校开展丰富的宣传教育活动以引导学生科学理性消费，健全举报惩戒制度以维护校园稳定秩序。

（四）内容述评

《通知》按照“疏堵结合、打开正门、扎紧围栏、加强治理”的总体思路，在前期与教育部、工业和信息化部、公安部、工商总局等部门合力出台的制度举措基础上，进一步完善顶层监管制度设计，补牢制度围墙。《通知》与此前的 47 号文[①]相比，表述由“未满 18 岁的在校大学生”范围扩展至“在校大学生”，由“禁止提供”升级至“一律暂停”，并逐步消化存量业务，显示出国家治理“校园贷”的决心。

（五）政策影响

《通知》出台后，产生了如下影响：

一是网贷平台退出校园贷领域。据第三方机构不完全统计，截至 2017 年 6 月 23 日，全国共有 62 家互联网金融平台开展校园贷业务，有 59 家退出校园贷市场，其中 37 家选择关闭业务，22 家转向其他业务。

二是正规金融机构校园信贷服务水平有所提高，近期建设银行广东省分行、中国银行已先后推出“校园贷”产品。

七、《关于立即暂停批设网络小额贷款公司的通知》（整治办函〔2017〕138 号）

（一）发文信息

2017 年 11 月 21 日，互联网金融风险专项整治工作领导小组办公室（以下简称整治办）发布《关于立即暂停批设网络小额贷款公司的通知》（以下简

① 《关于进一步加强校园网贷整治工作的通知》（银监发〔2017〕47 号）。

称《通知》)，面向小额贷款公司及其监管部门。

（二）出台背景

近年来，部分地区陆续批设了网络小额贷款公司或允许小额贷款公司开展网络小额贷款业务，2016 年开始，互联网机构争相进入消费金融领域，大量资本涌入促使存在较大风险隐患的“现金贷”业务快速发展。

（三）主要内容

《通知》表示，有些地区陆续批设了网络小额贷款公司或允许小额贷款公司开展网络小额贷款业务，部分机构开展的“现金贷”业务存在较大风险隐患。为贯彻落实国务院领导同志批示精神，各级小额贷款公司监管部门一律不得新批设网络（互联网）小额贷款公司，禁止新增批小额贷款公司跨省（区、市）开展小额贷款业务。

（四）内容述评

2008 年，银监会出台《关于小额贷款公司试点的指导意见》后，各地掀起小贷公司成立热潮，此次整治办发布《通知》意在整顿行业乱象，立即暂停新设小贷公司。本通知也是自 2017 年 4 月银监会以及 P2P 网络借贷风险专项整治工作领导小组办公室下发针对“现金贷”整顿通知之后，又一个全国性的监管要求。

（五）相关影响

1. 对金融市场而言，有助于防范消费金融领域引起的系统性风险爆发。目前，银行、消费金融公司、小贷公司及网贷公司已经形成了一个完整的资金链条。如果风险继续累积，各类机构继续此类业务，一旦出现市场情绪驱动的情形，很可能会快速传递，穿透风险“防火墙”，演变成系统风险。整治办暂停批设网络小额贷款公司有助于遏制风险进一步累计，防范系统性风险爆发。

2. 对互联网金融而言，有利于进一步加强互联网金融公司监管。2016 年 8 月 24 日，银监会印发《网络借贷信息中介机构业务活动信息披露指引》，规定了同一借款人在互联网平台的借款上限。但是互联网小贷上限规定比较宽松，因而网贷机构存在很大的动机把大额业务搬到小贷平台上。除此之外，P2P 被银监会定义为信息中介，不能直接放贷，但是小贷可以直接放贷，解决了资金来源的合规性问题。限制了小贷公司增量，将会使现有的小贷和互联网小贷牌照涨价。

3. 网络贷监管将进一步升级。暂停小贷公司批设，是行业整顿调整的一个环节。过去小贷牌照经营有地域监管限制，小贷公司及互联网小贷公司的审批和监管权在地方金融监管部门，未来监管借助互联网技术将逐渐打破这种限制，逐步升级，不排除与科技金融公司合作。在监管的过程中，如何穿透式监管，需要更多的数据、更多的工具，未来小贷公司监管将与科技手段融合，并更加具有制度化、法制化。

此外，目前出台的文件仅仅是禁止网络小贷公司增量，预计针对存量的整治办法也会推出。

八、《关于开展网络借贷资金存管测评工作的通知》（网贷整治办函〔2017〕49号）

（一）发文信息

2017年11月21日，P2P网络借贷风险专项整治工作领导小组办公室联合中国互联网金融协会下发《关于开展网络借贷资金存管测评工作的通知》，面向各地网络借贷风险专项整治联合工作办公室及各类银行机构。

（二）出台背景

自P2P网络借贷专项整治工作开展以来，在21号文[①]的指导下，一方面，部分商业银行积极开展网贷资金存管业务，在防止网贷机构挪用客户资金、规范网贷机构合规发展方面取得了显著成效；另一方面，存在各存管银行标准不一、落实不到位等问题，不利于专项整治验收整改及网贷行业的健康发展。

（三）主要内容

49号文对测评工作进行了细致安排及部署，主要包括：

1. 工作原则

即标准统一、质量优先、客观公正、实事求是。

2. 测评实施

本次测评按照银监会令〔2016〕1号文[②]、银监办发〔2017〕21号文[③]的有关要求，结合T/NIFA 3—2017和（T/NIFA 4—2017）[④] 等相关标准执行。主要针对已开展网贷资金存管业务且已存在上线网贷机构的商业银行。

---

① 《网络借贷资金存管业务指引》（银监办发（2017）21号）。

② 《网络借贷信息中介机构业务活动管理暂行办法》（银监会令〔2016〕1号）。

③ 《网络借贷资金存管业务指引》（银监会令〔2017〕21号）。

④ 《互联网金融 个体网络借贷 资金存管业务规范》《互联网金融 个体网络借贷 资金存管系统规范》。

测评流程包括报名测评、实施测评、测评结果、结果公示、持续跟踪五个环节。

此外，此次测评采用评级制，首次测评未达合规等级的银行可再次提交测评申请，但再次测评机会仅有一次。

（四）内容述评

网络借贷资金存管测评工作是进一步推动网贷风险专项整治整改验收工作的一项重要举措，主要针对银行存管过程中产生的标准不一，政策措施落实不到位等情况，以期着力促进网贷行业的健康发展。本次测评以 T/NIFA 3—2017 和 T/NIFA 4—2017 两项规范为基本原则，对存管银行形成统一标准，安全可靠，体验良好，科学合理的存管系统有促进和示范引导作用。同时，也能够进一步对《网络借贷资金存管业务指引》等政策落地实施形成支撑，强化对网络借贷资金的监管，降低网贷机构非法挪用客户资金的风险。

（五）政策影响

1. 有效改善资金存管“混乱不一”的现状。测评工作作为网贷风险专项整治整改验收工作中的一项重要环节，将改善目前网络借贷资金存管“混乱不一”的现状，有效规避防范虚假存管、联合存管及部分存管的问题。

2. 加快网贷行业的合法合规化的进程。促使网贷机构在选择存管银行时更加注重存管系统的安全性、稳定性和体验性，同时着重考虑存管银行是否规范、存管属地化及存管机构技术水平等多项因素。

3. 部分网贷机构可能难以适应新的存管要求，进而选择良性退出，网贷行业实现优胜劣汰。

九、《关于规范整顿“现金贷”业务的通知》（整治办函〔2017〕141 号）

（一）发文信息

2017 年 12 月 1 日，互联网金融风险专项整治工作领导小组办公室和 P2P 网贷风险专项整治工作领导小组办公室共同发布《关于规范整顿“现金贷”业务的通知》（以下简称《通知》），主要面向开展现金贷业务的小额贷款公司、参与现金贷业务的银行业金融机构以及 P2P 网络借贷信息中介机构。

（二）出台背景

“现金贷”为针对消费者的一种短期小额的现金借贷行为，近年来在我国获得爆发式快速增长，在满足部分群体正常消费信贷需求方面发挥了一定作用。但由于监管缺位、小贷公司业务定位模糊以及资本逐利性，“现金贷”衍变为了小额、门槛低、超高息、并伴有暴力催收现象的现金借款业务，存在着较大的金融风险和社会风险。

（三）主要内容

《通知》针对现金贷业务，主要包括以下几个方面：

1. 对“现金贷”业务准确定性。《通知》指出“现金贷”本质是超短期高利率的纯信用类现金贷款，面临整体客户资质较差、资金用途不明确、客户群体不稳定等风险。

2. 要求“现金贷”业务依法接受严格准入管理及资质审查。

3. 限制小贷公司资金来源，严格防范风险外溢。《通知》要求“以信贷资产转让、资产证券化等名义融入的资金应与表内融资合并计算。”同时对银行业金融机构参与“现金贷”业务做出严格规范，限制银行业金融机构参与联合贷款、助贷。

4. 完善 P2P 现金贷业务，推进 P2P 备案管理。

5. 强化监管，加大对各类违法违规机构处置力度。

（四）内容述评

结合相关政策来看，《通知》主要体现出以下特点：

1. 着重强调回归普惠金融本源。本次规范整顿工作，意在使“现金贷”业务的开展更加规范化，使用强监管助推“现金贷”回归消费信贷的实质，以其快捷性等为有临时性日常支出需求的居民便利的金融服务，填补传统机构的服务空白区间。

2. 多手段全面整顿“现金贷”业务。本次规范整顿活动，按照问题导向的原则，从降低高利率、严禁多头借贷、以贷养贷和高杠杆等方面来开展工作。并对机构放贷主体、资金来源、客户来源三个方面分别做出了细致要求。

3. 更加注意建立长效机制。《通知》要求积极促进行业信用基础设施和举报平台建设，加强会员机构自律管理，促进互联网金融行业规范健康发展。

（五）政策影响

1. 落实“现金贷”业务规范，回归普惠金融本质。《通知》的出台，以及后续相关管理办法和实施细则的落地，将给目前“现金贷”业务带来较大调整压力。但监管部门通过完善和统一体制机制建设、规范业务模式、加强防控风险，有利于行业回归普惠金融本源，提高风险抵御能力。

2. 相关产品市场规模逐步下降。随着该文件的正式实施，网络小贷公司需要通过增资和逐步降低新增 ABS 规模的方式满足监管要求，相关产品市场规模将逐步下降。

3. 进一步推进风控系统建设。对于银行业金融机构，严监管有利于减轻其业务风险，并将逐步推动商业银行完善授信审查、风险控制及普惠金融数据支持等功能。同时，以 P2P 为代表的网络借贷信息中介机构预计将逐步建立及完善其风险控制系统，严控“多头借贷”等不良信贷行为。

十、《关于印发小额贷款公司网络小额贷款业务风险专项整治实施方案的通知》(网贷整治办函〔2017〕56 号)

(一) 发文信息

2017 年 12 月 8 日，P2P 网络借贷风险专项整治工作领导小组办公室下发《关于印发小额贷款公司网络小额贷款业务风险专项整治实施方案的通知》(以下简称《通知》)，面向各地 P2P 网络借贷风险专项整治工作领导小组办公室，小额贷款公司监管部门。

(二) 出台背景

近年来，部分小额贷款公司利用互联网技术开展网络小额贷款业务，在提高金融服务普惠性、改善金融服务质效和降低金融服务成本等方面发挥了一定作用，但也存在资质审批不严、越权审批、高利放贷、暴力催收、非法经营等问题，潜藏着较大的金融风险和社会风险。

(三) 主要内容

本次专项整治工作重点排查和整治网络小贷公司的十一个重点领域，并做出具体部署。主要包括：

1. 11 项排查重点。包括严格管理审批权限；重审网络小贷经营资质；排查股东合规性及代持情况；排查资金来源；排查信贷资产转让、资产证券化融资合规性；核查综合实际利率是否违规；排查风控体系是否完善、是否存在诱导举债或不当催收行为；核查贷款范围是否合规；排查业务合作机构是否合规；核查信息安全措施；排查非法经营情况。

2. 三步走完成网络小贷整治。

摸底排查阶段。对本地区网络小额贷款经营情况进行摸底排查。

分类处置阶段。以摸底排查结果为基础，根据违法违规性质、情节轻重、风险程度和社会危害程度等因素对各类机构实施分类处置。分类处置的机构分为合规类机构、整改类机构和取缔类机构。

总结阶段。《通知》要求，经过专项整治之后，形成本地区的整治总结情况并报送领导小组办公室。

（四）内容述评

网络小贷整治方案着眼于规范网络小贷行业的全局发展，具有很强的可操作性，在保证了金融安全的同时，规范了行业的发展，也明确了普惠金融的方向。

具体来看，排查整治工作系统完善，意在规范网络小额贷款经营行为，严厉打击和取缔非法经营网络小额贷款的机构，以进一步完善网络小额贷款经营规则和监管机制。

（五）政策影响

1. 网络小贷业务开展受限，领域竞争加剧。网络小贷企业将对自身业务流程进行调整，以适应强监管政策下的整治活动。同时，小贷企业的资金来源被严格限制和排查后，其现有盈利模式难以为继，部分企业可能转变经营模式或选择良性退出。

2. 小贷企业杠杆率降低。通过对小贷企业资金来源的详细排查等影响其资本构成，同时限制小贷业务开展，使企业杠杆率下降，相应金融业务风险有所缓解。

3. 推进银行类金融机构风控制度建设。促进银行类金融机构在消费金融领域建立或完善相关的风控制度，有利于银行业金融机构的发展，同时降低系统性金融风险。

十一、《关于做好 P2P 网络借贷风险专项整治整改验收工作的通知》（网贷整治办函〔2017〕57 号）

（一）发文信息

2017 年 12 月 13 日，P2P 网贷风险专项整治工作领导小组办公室下发《关于做好 P2P 网络借贷风险专项整治整改验收工作的通知》（以下简称《通知》），面向各地网络借贷风险专项整治联合工作办公室。

（二）出台背景

P2P 网络借贷是随着互联网的发展和民间借贷的兴起而发展起来的一种新的金融模式，近年来在我国获得快速发展，一定程度上满足了部分群体的信贷需求，但同时由于监管缺位和资本逐利等因素，网络业务也存在较大的金融风险和社会风险隐患。为扎实推进 P2P 网络借贷风险专项整治工作，在分类处置工作的基础上，进一步加强各省辖内网贷机构的整改验收工作，对验收工作做出具体安排，特下发《通知》。

（三）主要内容

《通知》对工作内容做出具体安排，同时要求对整改验收情况进行公示。针对各类平台，《通知》主要提出5项验收原则，对不同类型的平台采取不同处理方式。

另外，《通知》的附件中对整改验收过程中的部分具体问题进行了解释说明，如债权转让、风险备付金等。

（四）内容述评

《通知》对备案时间表及备案标准进行了详细描述。对一直在准备整改验收大考的网贷行业来说，网贷平台备案进入倒计时。总体来看，此次验收工作方案具有以下特征：

1. 备案无数量限制。《通知》明确提出网贷平台监管是备案制与负面清单制，而非“准入制”。网贷备案没有数量限制。

2. “存管银行白名单”取代“属地化”要求。《通知》要求平台必须与已经通过整治办网贷资金存管业务测评的银行进行存管合作，相当于存管银行的“白名单”，更加有利于平台的发展。

3. “现金贷”认定以利率为判定标准。

4. 明确违规业务“单降”标准。《通知》规定，平台整改期内不能有新增违规业务，历史违规业务逐步消化，且未完全消化前不予备案。对于在贷余额、合规业务增量等则无要求。

5. 认定出借人之间债转合规。

（五）政策影响

1. 网贷合规整治逐步完成。随着2017年网贷行业重要的监管文件陆续出台，特别是银监会在2017年2月和8月分别下发的《网络借贷资金存管业务指引》和《网络借贷信息中介机构业务活动信息披露指引》，网贷行业银行存管、备案、信息披露三大主要合规政策均已落地，并与2016年8月24日发布的《网络借贷信息中介机构业务活动管理暂行办法》共同组成网贷行业“1＋3”制度体系，监管变得更严更细。

2. 第三方担保可能成为核心保障措施。《通知》规定，应当禁止继续提取、新增风险备付金，对于存量则需逐步消化、压缩备付金规模。未来，网贷平台可能会积极寻求履约保证保险、第三方担保等方式来保障投资人的合法权益，而履约保证保险等第三方机构的态度也逐渐转为积极。

3. 网贷平台综合能力不断提升。在严监管政策下，合规平台将不断提升平台的资产获取能力、运营水平和风控技术。

4. 网贷平台数量预计将继续下降，主要以良性退出为主。

十二、《互联网金融 信息披露 个体网络借贷》(T/NIFA 1—2017) 团体标准；《互联网金融 信息披露 互联网消费金融》(T/NIFA 2—2017) 团体标准；《互联网金融 个体网络借贷 资金存管业务规范》(T/NIFA 3—2017) 团体标准；《互联网金融 个体网络借贷 资金存管系统规范》(T/NIFA 4—2017) 团体标准；《互联网金融 个体网络借贷 借贷合同要素》(T/NIFA 5—2017) 团体标准

(一) 发文信息

中国互联网金融协会分别于 2017 年 10 月 17 日、12 月 8 日、12 月 29 日在其网站公布了一系列互联网金融行业规范性文件。

(二) 出台背景

互联网金融领域的信息披露、资金存管、借贷合同要素方面尚需完善。

信息披露方面，银监会 2017 年 8 月 24 日发布的《网络信贷信息中介机构业务活动信息披露指引》明确了网络借贷信息中介业务活动中应当披露的具体事项、披露时间、披露频次及披露对象等，为参与网贷业务活动的各当事方进行信息披露提供了规范的标准和依据。

资金存管方面，前期已出台多项政策文件。网络借贷资金存管业务活动需规范，网络借贷资金存管业务活动主体的责任义务及合法权益需明确，客观、公平、透明的网络借贷信息中介业务活动环境需建立。

借贷合同要素方面，当前行业借贷合同中存在的要素内容标准不规范、甚至掺杂侵害金融消费者权益、违反相关经济金融法规的内容，需加快个体网络借贷行业合规整改。

(三) 主要内容

1.《互联网金融 信息披露 个体网络借贷》(T/NIFA 1—2017) 团体标准信息披露项为 126 项，较原标准增加了 30 项，其中，强制性披露项由原来的 65 项增加至 109 项，鼓励性披露项由原来的 31 项减少至 17 项。

2.《互联网金融　信息披露　互联网消费金融》（T/NIFA 2—2017）团体标准定义并规范了 27 项披露指标，其中强制性披露指标 23 项，鼓励性披露指标 4 项，分为从业机构信息和业务信息两个方面。

3.《互联网金融　个体网络借贷　资金存管业务规范》（T/NIFA 3—2017）团体标准提出了网络借贷资金存管的基本原则，规定了存管人、业务管理和业务运营等要求。

4.《互联网金融　个体网络借贷　资金存管系统规范》（T/NIFA 4—2017）团体标准提出了网络借贷资金存管的基本原则，规定了网贷资金存管系统的账户管理、资金管理、信息管理等功能性要求以及安全性、业务连续性等非功能性要求。

5.《互联网金融　个体网络借贷　借贷合同要素》（T/NIFA 5—2017）团体标准定义并规范了 27 项借贷合同必备要素，包括合同信息、项目信息和合同条款三个方面。用于指导网络借贷信息中介机构制定借贷合同。

（四）政策影响

一是随着相关文件的不断出台，互金[①]行业从业机构信息披露行为将不断规范，行业信息透明度的不断提升，也将推动互金行业迎来更加健康、规范的发展。

二是规范了广大从业机构信息披露行为和个体网络借贷合同要素，进一步提高互联网消费金融从业机构的信息透明度，从而更有效地保障消费者合法权益，促进行业健康有序发展。

三是规范了网络借贷资金存管专用账户的开立与销户、资金保管、资金清算、账务核对、提供信息报告等职责的业务和网络借贷资金存管系统的建设、运营和测评的系统。

十三、《厦门市网络借贷信息中介机构备案登记管理暂行办法》（厦金融办〔2017〕8 号）

（一）发文信息

2017 年 2 月 4 日，厦门市金融办发布《厦门市网络借贷信息中介机构备案登记管理暂行办法》（以下简称《暂行办法》）。

（二）出台背景

从厦门网贷行业发展情况来看，厦门市正常运营平台数量和成交量均仅占

---

① 互金，即互联网金融。

全国正常运营平台数量和成交量的 2% 左右，厦门虽非网贷行业的主要聚集地，但是由于厦门市 P2P 网贷平台较少，率先完成现场检查，步入备案登记阶段。且厦门监管部门对 P2P 网贷行业较为重视，如曾研发推出厦门市金融风险防控预警平台。因此厦门诞生了全国首份地方网贷备案登记办法。

（三）主要内容

《暂行办法》对新老平台区分管理，对已经设立并开展营业的平台，需根据 P2P 风险专项整治中的分类处置结果做相应安排。网贷机构在完成备案登记后，需提交增值电信业务经营许可，银行资金存管协议，相关合同范本、资金流转图以及专项审计报告等相关材料。网贷机构拟终止网络借贷信息中介服务的由厦门市金融办注销备案。

（四）内容述评

《暂行办法》与此前银监会等三部委发布的暂行办法相比更细化和具体化，如明确已设立的网贷机构提供的其他资料为业务规模数据资料、资金流转图和专项审计报告等，同时要求备案登记申请平台提供法律意见书和与第三方电子数据存证平台签订合同存证的委托合同。另外也对银监会等三部委出台的备案登记暂行办法所存留的疑问做了补充，如此前出台的备案登记暂行办法未对已设立但未开业的网贷平台的备案申请流程给出方案，而《暂行办法》明确规定已设立但未在专项整治范围内的网贷平台按新设立机构备案登记申请流程。

（五）政策影响

《暂行办法》与此前银监会等三部委出台的备案登记暂行办法相比增加了不少亮点和监管机制创新点。比如接入厦门市金融风险防控预警平台，将合同信息以及资金信息上传至该平台进行匹配对比。这一安排可有效降低平台设立资金池的可能性，提高平台非法集资的成本。另外，法律意见书和专项审计报告成为标配。这一材料要求降低了监管地部门备案的隐形背书风险，但同时提高了平台备案的隐形门槛。电子合同存证后可提高未来双方发生纠纷时的取证与鉴定效率，能有效维护投资人权益，有利于保护借款人的合法权益。

《暂行办法》是全国首份网贷机构备案登记细则，同时《暂行办法》的出台对网贷行业的规范起到了积极作用，也为其他地区的备案登记办法制定提供了一定借鉴和参考意义。在其之后，各地陆续出台网贷平台备案实施细则。2017 年 11 月 16 日，厦门首批 5 家网贷平台获得备案。这次事件引起行业广泛关注，网贷机构备案登记迈出了实质性的一步。

十四、北京市《网络借贷信息中介机构事实认定及整改要求》

（一）发文信息

2017 年 3 月 22 日，北京市金融办发布《网络借贷信息中介机构事实认定及整改要求》（以下简称《整改要求》）。

（二）出台背景

北京市互联网金融创新活跃，营商环境也相对较好，互联网金融企业众多。网贷平台数量、网贷平台贷款余额、网贷行业综合收益率均高于全国平均水平，但是众多的互联网金融平台也存在鱼龙混杂、泥沙俱下的现象，因此存在较大的监管风险。

（三）主要内容

《整改要求》全文共计 8 大项 148 条，八个整改大项分别是：公司基本情况；应尽未尽义务；违反十三项禁令；违反风险管理要求；违反科技信息系统风险管理规范；出借人与借款人保护；信息披露；其他风险提示。其中设立风险保证金、准备金、备付金等提供担保或者以此进行宣传均被划定为禁止项。在每一大项下，《整改要求》对《网络借贷信息中介机构业务活动管理暂行办法》的重点条款细化分解，详尽列出了涉及违规的不同具体情形。

（四）内容述评

《整改要求》为 P2P 平台划出了三条红线，一是不能以任何形式自我增信，二是不能证券化和打包债权，三是不能销售理财产品。《整改要求》的下发基本上可以宣告北京地区的 P2N 模式被禁止。监管部门下发 P2N 禁令的主要原因是该模式风险可控性低，不符合当前市场监管的潮流。政府对于网贷平台的监管焦点已经开始着重于平台的风险控制能力。对此各大平台加强风控能力势必要成为平台未来发展的主要方向。其中特别规定了禁止网贷平台资产端对接金融交易所产品、对接融资租赁公司产品、对接典当行、对接保理公司、对接小额贷款公司、对接担保公司等其他形式。

（五）相关影响

和此前广东、厦门公布的监管细则相比，《整改要求》可以称得上最具体、最严格。例如，不仅禁止各种承诺保本保息的风险准备金、备用金，还明令禁止 P2P 对接金融交易所、小贷公司、保理公司和典当行等的资产。而此前已经发布地方网贷细则的厦门和广东，对风险备付金均没有提出更多要求。通过《整改要求》，我们可以看出，P2N 模式存在很多问题，之前一系列合作机构风险事件的频发也印证了这一点。而此次 P2N 被明令禁止同时表明了监管部门真正希望看到的是众平台能够自主开展业务，并可以自控风险，这也给其他那些不在波及范围内的平台敲响了警钟：想要长足发展并真正得到监管部门和投资人的肯定和信赖，必须将平台安全放在首位。

十五、《上海市网络借贷信息中介机构业务管理实施办法（征求意见稿）》

（一）发文信息

2017 年 6 月 1 日，上海市金融办发布《上海市网络借贷信息中介机构业务管理实施办法（征求意见稿）》（以下简称《办法》）。

（二）出台背景

P2P 业务的蓬勃发展在推动金融发展的同时，也造成了金融乱象，一些 P2P 中介机构实际演变成了“民间借贷”的新形式，对金融稳定性造成冲击，亟需监管层面对其进行规范，2016 年 8 月，银监会发布《网络借贷信息中介机构业务活动管理暂行办法》，其他省市如厦门、广东也已经相继出台了 P2P 机构管理实施细则。上海作为互联网金融发展水平较高的地区，需要对上海市的网络借贷信息中介机构业务活动进行规范。

（三）主要内容

《办法》包括 4 个方面的内容，从备案管理、风险管理、监督管理、法律责任角度加强对网络借贷信息中介机构的管理。网络借贷信息中介机构实行备案登记管理。加强风险管理与客户保护。加强网络借贷信息中介机构的行业自律管理。明确网络借贷信息中介机构的法律责任和监管机构的执法范围。

（四）内容述评

《办法》确立了四条“红线”：不得提供增信服务；不得直接或间接归集客户资金；不得非法集资；不得损害国家利益和社会公共利益。明确了各监管主体的监督管理职责，明确网络借贷信息中介机构的法律责任。将使网贷机构合规成本提高，网贷机构制度化建设进程提速，“无证经营”将面临严法规制。

（五）政策影响

《办法》提出的网贷平台“银行存管本地化”引起了较大的争议。《办法》

要求上海本市的网贷平台要对接本地银行，其后深圳等地也出台了类似规定。银行存管本地化问题，虽然本质上是便于地方金融第一时间掌握所在的网贷平台的数据，也便于验证真实性，但给一些接入“异地存管”的平台带来了障碍，导致部分平台更换银行存管。

随着各地根据相继出台本地区的网络借贷信息中介机构备案登记管理办法，网络借贷信息中介机构会向制度化、专业化方向发展，行业门槛会大大提升，行业规范性得到提升。

第二节　第三方支付监管政策

一、《关于实施支付机构客户备付金集中存管有关事项的通知》（银办发〔2017〕10 号）

（一）发文信息

2017 年 1 月 13 日，中国人民银行发布《关于实施支付机构客户备付金集中存管有关事项的通知》（以下简称《通知》）。面向中国人民银行上海总部，各分行、营业管理部，各省会（首府）城市中心支行，各副省级城市中心支行；各国有商业银行，股份制商业银行，中国邮政储蓄银行；各非银行支付机构。

（二）出台背景

消费者在网上购买商品或服务时，支付的货款在确认收货前，会存放在支付机构账户上形成客户备付金。当时间较长时，这部分资金会出现巨额沉淀。客户备付金的规模巨大、存放分散，易发生挪用客户备付金风险。为纠正和防止支付机构挪占客户备付金，保障客户资金安全，应建立支付机构客户备付金集中存管制度。

（三）主要内容

《通知》规定自 2017 年 4 月 17 日起，支付机构应将客户备付金按照一定比例交存至指定机构专用存款账户，该账户资金暂不计付利息。首次交存的平均比例为 20% 左右，最终将实现全部客户备付金集中存管。支付机构应交存客户备付金的金额根据上季度客户备付金日均余额与支付机构适用的交存比例计算得出，每季度调整一次，每季度首月 16 日完成资金划转（遇节假日顺延）。商业银行为支付机构交存的客户备付金不计入一般存款，不纳入存款准备金交存基数。

（四）内容述评

建立支付机构客户备付金集中存管制度有利于保护支付机构用户资金安全、维护支付体系稳定运转、对广大人民群众资金安全负责。支付机构的备付金存款和信托、基金不同，法律上没有破产隔离的地位，支付机构自身经营风险会传递到备付金存款客户。所以，人民银行对 2013 年的备付金存管制度做了进一步补充要求，支付机构须上缴一部分资金至专门机构，且不支付利息，从比例限制和制定规则出发点看，都类似银行的存款准备金制度，起到一定的流动性管理和风控效果。

（五）政策影响及展望

这一政策的出台，有利于行业长期、健康、可持续发展，同时不会对支付机构流动性产生影响。根据客户备付金管理要求，支付机构应将客户备付金的 50% 以上集中存放在备付金存管银行；另据统计，支付机构客户备付金有较大部分以非活期存款形式存放。因此，目前实施的交存比例（最低 12%、最高 24%）不会影响支付机构的流动性安排。支付机构靠“吃利差”盈利的模式将不可持续。从支付机构的角度来看，应积极应对市场变化，主动调整经营策略，加快业务转型，进一步提高客服能力，加强支付业务创新，寻求长远、健康的发展道路。

后续展望：2018 年起，支付机构客户备付金集中交存比例将由 20% 提高到 50%，未来人民银行将根据具体情况灵活开展公开市场操作，对冲支付机构客户备付金集中缴存比例调整的影响，维护银行体系流动性合理稳定，引导支付机构回归支付业务本质。

二、《关于调整支付机构客户备付金集中交存比例的通知》（银办发〔2017〕248 号）

（一）发文信息

2017 年 12 月 29 日，中国人民银行办公厅下发《关于调整支付机构客户备付金集中交存比例的通知》（以下简称《通知》），面向人民银行省一级分支机构，各政策性银行、大型银行、股份制银行，邮储银行，各非银行支付机构。

（二）出台背景

2017 年 1 月，人民银行发布《关于实施支付机构客户备付金集中存管有关事项的通知》，明确规定，自 2017 年 4 月 17 日起，支付机构应将客户备付金按照一定比例交存至指定机构专用存款账户，该账户资金暂不计付利息。支付机构应该交存客户备付金执行 10% ~24% 不等的比例。该项制度建立以来进展顺利，市场各方对集中交存比例逐步上调已有预期。本次调整考虑了春节前现金投放等季节性因素的影响。

（三）主要内容

2018 年起支付机构客户备付金集中交存比例将由 20% 左右提高至 50% 左右。《通知》以 1 月 8 日、2 月 22 日、3 月 12 日、4 月 9 日为四个时间节点规定了银行卡收单业务、网络支付业务、预付卡发行与受理业务的交存比例，逐步提高。具体为：

1. 考虑春节前现金投放等季节性因素的影响，为维护银行体系流动性合理稳定，2018 年 1 月仍执行现行集中交存比例，2018 年 2 月至 4 月按每月 10% 逐月提高集中交存比例，具体要求见附件。

2. 自 2018 年第二季度起，支付机构按新的集中交存比例交存客户备付金，交存金额恢复按季度调整，交存时间调整为每季度首月第二个星期一（遇节假日顺延）。

3. 支付机构需在日间支取集中交存的客户备付金的，应委托备付金存管银行办理。备付金存管银行可通过人民银行营业部门柜台办理，或通过中央银行会计核算数据集中系统（ACS）综合前置子系统以电子化方式办理（相关业务流程另文下发）。

4. 支付机构执行新的集中交存比例后，应确保其日终在备付金存管银行存放的客户备付金，不低于当日所有未集中交存客户备付金总额的 50%。

5. 支付机构需在春节等节假日期间使用集中交存的客户备付金的，应提前向人民银行分支机构书面报告。

6. 人民银行将根据具体情况灵活开展公开市场操作，对冲支付机构客户备付金集中交存对银行体系流动性的影响，维护银行体系流动性合理稳定。

（四）内容述评

支付机构客户备付金集中存管制度是落实党中央、国务院关于互联网金融风险专项整治工作决策部署的重要举措，该制度自 2017 年初建立以来实施进展顺利，市场各方对集中交存比例逐步上调已有预期。本次调整已充分考虑了春节前现金投放等季节性因素的影响，在现行制度的基础上，对提高交存比例的过程采取分步实施稳妥推进。

（五）政策影响

一是第三方支付行业盈利模式出现调整。第三方支付交易存在的时间差产生资金沉淀，资金沉淀的利息是支付机构收入的重要组成部分。支付机构客户备付金集中存管制度使这部分收入降低。

二是加速断直连（切断第三方支付机构直接连接银行）过程。支付机构客户备付金集中存管制度使备付金失去了作为存款的谈判价值，也失去了获取通道的筹码，一定程度上有助于为网联[①]的发展扫清障碍。

三、《关于将非银行支付机构网络支付业务由直连模式迁移至网联平台处理的通知》（银支付〔2017〕209 号）

（一）发文信息

2017 年 8 月 4 日，中国人民银行支付结算司下发《关于将非银行支付机构网络支付业务由直连模式迁移至网联平台处理的通知》（以下简称《通知》），面向中国人民银行上海总部金融服务一部及各分支机构、各类银行及非银行支付机构。

（二）出台背景

支付宝、财付通等第三方支付直连银行的模式绕开了人民银行的清算系统，使银行、人民银行无法掌握具体交易信息，无法掌握准确的资金流向，同时给反洗钱、金融监管、货币政策调节、金融数据分析等人民银行的各项金融工作带来很大困难。为降低互联网金融风险，提供统一、公共的资金清算服务，实现支付机构一点接入，保证清算行为合法合规，节约连接成本等，人民银行指导中国支付清算协会牵头发起设立网联清算有限公司。进一步，人民银行支付结算司下发《通知》，就网络支付业务由支付机构与银行直连模式迁移至网联平台处理有关事项做出具体部署。

（三）主要内容

1. 明确非银机构网络支付业务迁移至网联平台处理，并规定期限。《通知》要求，相关机构应于 2017 年 10 月 15 日前完成接入网联平台和业务迁移

① 网联：非银行支付机构网络支付清算平台，即“网络版银联”，支付机构的线上支付通道将直接通过网联平台与各家银行对接。

的相关准备工作；2018 年 6 月 30 日起，支付机构受理的涉及银行账户的网络支付业务全部通过网联平台处理。

2. 网联平台运营机构应制订实施计划，组织各银行和支付机构妥善做好接入工作。

（四）内容述评

网联平台是在人民银行的指导下，中国支付清算协会组织支付机构，按照“共建、共有、共享”原则共同发起筹建的，《通知》进一步有力推动了网联平台的建设应用，第三方支付机构直连银行的模式将逐步终结。

（五）政策影响

1. 切实落实支付牌照准入制度，为备付金集中存管奠定基础。《通知》具体实施后，网联平台能够彻底屏蔽非法接入；掌握具体商品交易信息和资金流向，防范洗钱、挪用备付金等行为，为监管机构货币政策调整、金融分析等提供数据支持；第三方支付机构运营和资金压力显著降低，资金使用效率提升，进一步促进行业创新。

2. 中小第三方支付机构不再受制于通道，对接银行网关成本降低，同时节约通道建设成本。

3. 交易数据不再为第三方支付机构独有，大型第三方支付企业对银行的议价地位下降。标准接口令支付巨头议价地位下降，从而不再急于拓展市场，扩大场景覆盖以及数据提取市场竞争更加激烈，推广补贴分润的比例可能变得更高。

4. 防范相关互联网金融风险的同时，促进支付业务全面发展。网联平台能够防范“资金池”的形成，第三方支付基于支付功能的利润将降低，第三方支付机构将对其所拥有的数据进行挖掘和应用，衍生出相关的增值服务，使商业生态更加完整。

四、《关于进一步加强无证经营支付业务整治工作的通知》（银办发〔2017〕217 号）

（一）发文信息

2017 年 11 月 13 日，中国人民银行下发《关于进一步加强无证经营支付业务整治工作的通知》（以下简称《通知》），面向中国人民银行上海总部、各分行、营业管理部、各省会（首府）中心城市支行、各副省级城市中心支行。

(二) 出台背景

2016 年 10 月，中国人民银行联合十三部委发布《非银行支付机构风险专项整治工作实施方案》，在打击无证经营支付业务相关工作方面取得了良好的成绩。

(三) 主要内容

《通知》包括 6 个方面的内容，共计 22 条整治工作要点。

1. 整治工作的主要目标

一是切实加强无证机构整治，加大处罚力度，坚决切断无证机构支付业务通道，遏制支付服务市场乱象，整肃支付服务市场违规行为。

二是从严惩处违规为无证机构提供支付服务的市场主体，坚决整治严重干扰支付服务市场秩序的行为。

三是持续强化人民银行支付结算监管工作。

2. 整治工作的检查范围

全面检查持证机构为无证机构提供支付清算服务的违规行为。

3. 整治工作的原则

一是突出重点，以点带面。二是严肃执法，形成震慑。三是防打结合，打早打小。

4. 整治工作的思路

一是全面检查持证机构，排查持证机构事前、事中、事后各环节的可疑违规线索，筛查无证机构名单。

二是以查处无证机构为切入点，结合无证整治和投诉举报等线索，彻查为无证机构提供服务的持证机构，并据此检查该机构为其他无证机构提供违规服务的情况。

5. 整治工作的工作进度安排

6. 整治工作的要求

一是加强组织领导。二是重视部门协作配合。三是建立健全工作机制。四是做好宣传教育引导。五是畅通举报渠道，中国支付清算协会作为主要平台。

(四) 内容述评

《通知》是前期支付行业专项整治工作的延续和进一步深入，以持证机构为重点检查对象，全面检查持证机构违规为无证经营支付业务机构提供支付清算服务的行为。与《非银行支付机构风险专项整治工作实施方案》相比，《通知》进一步延展了整治的范围，拓展了整治手段。继整治无证机构之后，将持证机构作为重点检查对象，并基于此进一步研究分析行业业务环节特点，加大力度，深入整治。

（五）政策影响

一是从源头消灭无证支付机构违规从事支付业务的土壤。《通知》以持证机构为重点检查对象，将彻底断绝无证支付机构违规从事支付业务的通道，从根源上净化支付服务市场环境。二是带来支付机构的进一步分化。因为目前无证机构提供服务主要是通过“聚合①”“四方②”等方式，而这些是后起支付公司的主要业务，因此可能会受到此次整治的较大冲击，持证机构之间业务模式及规模不同，受到整治的影响就不同，行业间各个机构的分化将加剧。

五、《关于规范支付创新业务的通知》（银发〔2017〕281号）

（一）发文信息

2017年12月20日，中国人民银行下发《关于规范支付创新业务的通知》（以下简称《通知》），面向中国人民银行及其分支机构；各类银行及非银行支付机构；中国银联股份有限公司、中国支付清算协会、城市商业银行资金清算中心、农信银资金清算中心、网联清算有限公司。

（二）出台背景

近年来，我国支付创新业务不断发展，支付服务环境日趋完善，对提高支付效率、便利社会生产生活发挥了积极作用。在监管层面，人民银行也对支付业务创新愈加重视。为进一步严格整肃和治理支付行业，加强支付业务管理，促进支付创新，推动支付服务市场持续健康发展，继217号文③之后，人民银行对支付创新业务做出更加细致的规范。

（三）主要内容

《通知》针对支付创新业务，主要包括以下几个方面：

1. 开展支付创新业务应事前报告。

---

① 聚合：即聚合支付，也称融合支付，是指只从事“支付、结算、清算”服务之外的“支付服务”，依托银行、非银行机构或清算组织，借助银行、非银行机构或清算组织的支付通道与清结算能力，利用自身的技术与服务及集成能力，将一个以上的银行、非银机构或清算组织的支付服务，整合到一起，为商户提供服务。

② 四方：即第四方支付，是相对于第三方而言的，作为对第三方支付平台服务的拓展。第三方支付介于银行和商户之间，而第四方支付是介于第三方支付和商户之间，没有支付许可牌照的限制。

③ 《关于进一步加强无证经营支付业务整治工作的通知》（银办发〔2017〕217号）。

2. 维护支付服务市场公平竞争秩序。

3. 加强收单业务受理终端管理。要求收单机构应当建立并完善受理终端管理制度，强调收单业务广告内容不得使用或者变相使用“零扣率”“低扣率”等涉嫌不正当竞争、误导消费者或者违法违规行为的文字。

4. 规范小微商户收单业务管理。要求清算机构应当配套建立小微商户收单业务规则和管理系统，细化小微商户准入、商户注册数量、交易限额和交易监测等风险管理措施。

5. 加强代收业务管理及支付业务系统接口管理。

（四）内容述评

《通知》是又一针对支付创新业务的强监管政策，相比以往政策，主要有以下特点：

1. 首次要求开展支付创新业务事前报告。

2. 强化业务受理终端管理。

3. 严格限制支付通道使用。《通知》要求各银行、支付机构之间不得相互开放和转接支付业务系统接口。同时强调严禁银行、支付机构、清算机构支持或者变相支持无证机构经营支付业务。

4. 监督管理更加严格。

（五）政策影响

1. 支付服务市场趋于公平竞争，收单业务更加规范透明化，广告用语标准规范，不良违法违规竞争现象逐步减少。

2. 随着业务备案制度的推行，监管隐患逐渐减小，支付创新行业发展适度减缓，利于监管机构对行业发展的引导。

3. 支付通道及接口限制更加严格。违规开放端口及违规“聚合”等现象预计减少。无证机构依靠支付本身获得盈利的方式将减少，或提升商户服务能力、推出更多增值服务。

4. 监督管理更加严格，未来支付机构受到处罚可能成为常态。

六、《关于印发〈条码支付业务规范（试行）〉的通知》（银发〔2017〕296号）

（一）发文信息

2017年12月25日，中国人民银行下发《关于印发〈条码支付业务规范（试行）〉的通知》（以下简称《通知》），面向中国人民银行及其分支机构，各类银行及非银行支付机构，中国银联股份有限公司，中国支付清算协会，网联清算有限公司。

（二）出台背景

条码支付具有支付便捷、应用门槛低的优势，在推动普惠金融和优化我国非现金支付环境建设方面能够发挥积极作用。对创新支付的监管，人民银行一贯秉承“鼓励创新，防范风险”并重的原则。随着近年来支付标记化等技术在移动支付中的广泛应用，客观上提高了条码支付的安全标准。但是，囿于缺乏统一的业务规范和技术标准，在条码生成机制和传输过程中仍存在风险隐患，也引发了支付安全的风险案件，市场机构在业务推广过程中还存在不正当竞争等现象。

（三）主要内容

《通知》针对条码支付业务规范，主要内容有：

1. 严格遵循业务资质及清算管理要求。

2. 规范条码支付收单业务管理。《通知》规定，按照风险防范能力等级，对条码支付额度进行分级管理。免验证支付单日累计交易金额不超过500元。同时，认定静态密码、一次性密码、指纹等均为认可的支付验证方式。

3. 严守清算政策要求，强化监督管理。

4. 发挥行业自律作用。

（四）内容述评

《通知》与以前针对支付业务的政策相比，主要集中于条码支付业务，并体现出以下特点：

1. 强调业务资质要求。

2. 重申清算管理要求。进一步强化了支付机构与银行多头直连的现象，明确要求银行、支付机构开展条码支付业务涉及跨行交易时，应当通过人民银行跨行清算系统或者具备合法资质的清算机构处理。

3. 维护市场公平竞争秩序。

4. 规范条码生成和受理。提出交易验证方式、交易限额管理、信息管理和安全防护，静态条码应用管理、综合应用支付标记化技术等措施，保障条码支付业务的安全性。

5. 加强商户管理和风险管理。

（五）政策影响

《通知》及其附件就条码支付的业务和技术都做了相关的硬性要求，对鼓励创新和规范行业发展起到积极作用。

一是规范条码支付业务市场，降低了条码支付技术风险。支付服务机构将建立相应职能部门，积极履行提前告知义务。

二是明确条码支付业务具体规范措施，强化业务风险管理，有效保障行业良性发展。

三是要求开展条码支付业务的相关企业进行自查和整改，构建企业自我管理，行业组织自律、主管部门监管、社会全面监督多位一体的管理体系，保障各项要求落实到位。

四是设置扫码支付消费限额，科学合理地降低支付风险和满足用户需要。

第三节　虚拟币交易监管政策

一、《关于对代币发行融资开展清理整顿工作的通知》（整治办函〔2017〕99号）

（一）发文信息

2017年9月2日，互联网金融风险专项整治工作领导小组办公室下发《关于对代币发行融资开展清理整顿工作的通知》（以下简称《通知》），面向各省市金融办（局）。

（二）出台背景

ICO，全称为 Initial Coin Offering，是数字货币领域从 IPO 概念引申而来的融资活动。与众筹相似，ICO 通过承诺给予投资者开发出来的数字加密代币或其他回报，项目方可以从投资者手中募集到比特币、以太币等其他数字货币资产。近年来，随着代币发行融资的盛行，由于监管缺失，相关领域乱象丛生，暴露出极大的金融风险。

（三）主要内容

1. 全面摸排。要求对辖内平台高管人员进行约谈和监控，账户监控，必要时冻结资金和资产防止平台卷款跑路。

2. 一律叫停 ICO 新发行的项目。要求全面停止新发生代币发行融资活动，建立代币发行融资的活动监测机制。

3. 对已完成的 ICO 项目要进行逐案研判，针对大众发行的要清退，打击违法违规行为。

（四）内容述评

结合相关文件，《通知》主要有以下特点：

1. 明确代币发行融资活动的本质属性。《通知》指出其实质上是属于未经批准的非法公开融资，涉嫌非法集资、非法发行证券、非法发售代币募集，以及涉及金融诈骗、传销等违法犯罪活动，严重扰乱了经济金融秩序。

2. 全面叫停代币发行融资活动。《通知》要求任何组织和个人不得非法从事代币发行融资活动，同时各金融机构和非银行支付机构不得开展与代币发行融资交易相关的业务。

3. 充分提醒社会公众应当高度警惕代币发行融资与交易的风险隐患。

（五）政策影响

1. 监管效应立竿见影。首周 2 家知名平台宣布暂停服务；诸多代币发行平台立即暂停新项目的上线，同时一些项目逐步开通退币业务；相关代币价格出现大幅波动（2017 年 9 月 2 日触及新高点后，比特币价格出现了大幅度回落）。

2. 强化对投资者的保护。《通知》提醒社会公众应当高度警惕代币发行融资与交易的风险隐患。另外，各省监管机构执行对代币发行平台高管约谈监控及其账户监控等措施，以充分保护投资者利益。

3. 相关业务或逐步转移至海外。监管机构对代币发行活动的定性及对代币交易所的严监管，对代币发行平台在国内发展产生了重要影响，投资者可能将业务重心转移到国外，以规避国内监管。

二、《关于防范代币发行融资风险的公告》

（一）发文信息

2017 年 9 月 4 日，中国人民银行、中央网信办、工业和信息化部、工商总局、银监会、证监会、保监会七部门联合下发《关于防范代币发行融资风险的公告》（以下简称《公告》），面向各金融机构和非银行支付机构、代币融资交易平台以及金融行业组织等。

（二）出台背景

一段时间内，国内通过发行代币形式包括首次代币发行（ICO）进行融资的活动大量涌现，投机炒作盛行，涉嫌从事非法金融活动，严重扰乱了经济金融秩序。

（三）主要内容

《公告》内容主要涉及6个方面。

1. 准确认识代币发行融资活动的本质属性。代币发行融资是指融资主体通过代币的违规发售、流通，本质上是一种未经批准非法公开融资的行为，涉嫌违法犯罪。

2. 任何组织和个人不得非法从事代币发行融资活动。各类代币发行融资活动应当立即停止，已完成代币发行融资的组织和个人应当做出清退等安排。

3. 加强代币融资交易平台的管理。任何所谓的代币融资交易平台不得从事法定货币与代币、“虚拟货币”相互之间的兑换业务，不得买卖或作为中央对手方买卖代币或“虚拟货币”，不得为代币或“虚拟货币”提供定价、信息中介等服务。

4. 各金融机构和非银行支付机构不得开展与代币发行融资交易相关的业务。各金融机构和非银行支付机构不得直接或间接为代币发行融资和“虚拟货币”提供账户开立、登记、交易、清算、结算等产品或服务，不得承保与代币和“虚拟货币”相关的保险业务或将代币和“虚拟货币”纳入保险责任范围并及时向有关部门报告违法违规线索。

5. 社会公众应当高度警惕代币发行融资与交易的风险隐患。代币发行融资与交易存在多重风险，投资者须自行承担投资风险，社会公众应当强化风险防范意识和识别能力，及时举报相关违法违规线索。

6. 充分发挥行业组织的自律作用。各类金融行业组织应当做好政策解读，督促会员单位自觉抵制与代币发行融资交易及“虚拟货币”相关的非法金融活动，远离市场乱象，加强投资者教育，共同维护正常的金融秩序。

（四）内容述评

七部门联合发布的《公告》明确了代币发行融资非法集资的性质，对相关机构个人的行为进行了规范，对金融投资者具有教育意义。

（五）政策影响

《公告》全面叫停了代币发行融资活动，保护了投资者利益。《公告》明确指出已完成代币发行融资的组织和个人应当做出清退等安排，保护投资者合法权益。

预计“一行三会”及中央网信办、工业和信息化部等部门将进一步整顿查办代币发行融资平台存量业务中的违法违规活动，并对违规违法的机构与平台进行处罚。

三、《关于开展为非法虚拟货币交易提供支付服务自查整改工作的通知》(银管支付〔2018〕11号)

(一) 发文信息

2018年1月17日，中国人民银行营业管理部下发《关于开展为非法虚拟货币交易提供支付服务自查整改工作的通知》(以下简称《通知》)，面向辖区内各法人支付机构支付服务提供部门。

(二) 出台背景

2017年9月至今，政府对ICO及非法虚拟货币交易实行了严厉的强监管政策，国内ICO及虚拟货币交易所的清理整治已基本完成，并取得明显效果，有效防控了潜在的金融和社会风险。但投资者境外交易及规避监管等行为使风险依旧存在。

(三) 主要内容

《通知》主要对辖区内各支付机构提出两点监管要求。

1. 开展自查整改工作，严禁为虚拟货币交易提供服务，并采取有效措施防止支付通道用于虚拟货币交易。

2. 加强日常交易监测。对于发现的虚拟货币交易，应及时关闭有关交易主体的支付通道，并妥善处理待结算资金。

(四) 政策影响

《通知》作为《关于防范代币发行融资风险的公告》的补充和延续，凸显出2018年政府将持续加强对虚拟货币交易平台的清理整顿，降低金融风险，引导金融创新服务实体经济的决心。其主要影响有：

1. 强化“持续严监管”的政策预期。2018年初以来监管机构对虚拟货币监管力度不减，针对虚拟货币多次发文，打出“组合拳”全方位清理整顿相关行为。监管机构将继续对虚拟货币相关行为保持严密关注，采取包括取缔相关商业存在，取缔、处置境内外虚拟货币交易平台网站等在内的一系列监管措施，以防范金融风险，维护金融稳定。

2. 对通过支付通道和交易服务的严控，将使非法虚拟货币交易有效减少。金融机构及非银行支付机构将迅速开展自查整改工作，并加强日常交易检测，防止支付通道的滥用。

3. 促进投资者对国家政策、相关风险的进一步认识。

第四节　其他相关监管政策

一、《关于银行业风险防控工作的指导意见》（银监发〔2017〕6号）

（一）发文信息

2017年4月7日，银监会发布《关于银行业风险防控工作的指导意见》（以下简称《指导意见》）。面向各银监局，机关各部门，各政策性银行、大型银行、股份制银行，邮储银行，外资银行，金融资产管理公司，其他会管金融机构。

（二）出台背景

2016年召开的中央经济工作会议明确提出“要把防控金融风险放到更加重要的位置”。针对我国因金融开放程度增高与国内部分企业负债率偏高而导致部分金融领域风险有所上升的问题，银监会发布了相关通知对“三违反”“三套利”进行专项查处，然而这些仅属于针对具体问题的专项治理，无法实现提高银行业整体风险防控能力与化解系统性风险。为进一步加强银行业风险防控，督促银行业金融机构切实处置一批重点风险点，消除一批风险隐患，在严守不发生系统性金融风险底线的同时，进一步提升风险管理水平，银监会发布了《指导意见》。

（三）主要内容

《指导意见》针对互联网金融提出了系列意见，要求稳妥推进互联网金融风险治理，促进合规稳健发展，主要包括以下三点：

一是持续推进P2P风险专项整治。严格执行《网络借贷信息中介机构业务活动管理暂行办法》和备案登记、资金存管等配套制度，按照专项整治工作实施方案要求，稳妥推进分类处置工作，督促网络借贷信息中介机构加强整改，适时采取关、停、并、转等措施。

二是重点做好校园网贷的清理整顿工作。网络借贷信息中介机构不得将不具备还款能力的借款人纳入营销范围，禁止向未满18岁的在校大学生提供网贷服务，不得进行虚假欺诈宣传和销售，不得通过各种方式变相发放高利贷。

三是做好“现金贷”业务活动的清理整顿工作。网络借贷信息中介机构应依法合规开展业务，确保出借人资金来源合法，禁止欺诈、虚假宣传。严格执行最高人民法院关于民间借贷利率的有关规定，不得违法高利放贷及暴力催收。

（四）内容述评

《指导意见》明确把稳妥推进互联网金融风险治理作为银行业风险的十个重点防控方向之一。重点对 P2P、校园网贷、“现金贷”风险进行清理整顿。将有助于切实处置互联网金融领域重点风险点，消除风险隐患，是银监会关于有效防范和化解风险的一次重要举措。

（五）政策影响

就互联网金融领域而言，《指导意见》将督促企业合法、审慎进行融资活动。对企业而言，除无法再通过此前不合规的方式获得银行资金外，其他融资方式也将受到限制，从而督促企业提高自身的经营与盈利能力，改变部分企业依靠融资延续的现状。

二、《关于进一步做好互联网金融风险专项整治清理整顿工作的通知》（银发〔2017〕119 号）

（一）发文信息

2017 年 5 月 16 日，人民银行等十七部门联合发布《关于进一步做好互联网金融风险专项整治清理整顿工作的通知》（以下简称《通知》）。

（二）出台背景

近年以来，有关部门打击处置了一批违法经营金额大、涉及面广、社会危害大的互联网金融风险案件。为鼓励和保护真正有价值的互联网金融创新，整治违法违规行为，切实防范风险，建立监管长效机制，促进互联网金融规范有序发展，十七部门联合发布了《通知》。

（三）主要内容

《通知》对下一步的清理整顿工作进行了详细的进度安排。7 月起进行各地清理整顿的督查和中期评估，2018 年 6 月底前完成整改验收。各省领导小组承担第一责任人职责，实现互金从业机构数量及业务规模双降。做好严格准入或备案管理，化解存量、严控增量。对于经现场检查发现存在违法违规问题的从业机构，采取差别化处置措施。

1. 7 月起进行各地清理整顿的督查和中期评估。《通知》要求，各省领导小组应按照清理整顿的有关要求，完成本行政区域的互联网金融活动的状态分类，形成机构分类清单以及清理整顿状态分类阶段总结报告，并于 2017 年 6 月底前报送互联网金融风险专项整治工作领导小组。领导小组于 2017 年 7 月起组织对各地清理整顿的督查和中期评估，确保整治质量和效果。

2. 需在 2018 年 6 月底前完成整改验收。《通知》要求，各省领导小组要根据辖内从业机构分类清单，对照各从业机构经审核通过的整改计划，持续监督从业机构整改情况及业务退出进度，并及时纠偏；对从业机构整改完成并提交验收申请的，及时组织监管验收。《通知》明确指出，整改实施阶段应最迟于 2018 年 6 月底前完成。

3. 要实现互金从业机构数量及业务规模双降。《通知》要求，各省领导小组要切实承担第一责任人职责，统一组织本地区清理整顿工作，采取有效措施确保整治期间辖内互联网金融从业机构数量及业务规模双降。

4. 做好严格准入或备案管理。凡从事互联网金融活动，必须依法接受准入或备案管理。化解存量、严控增量。整改期间，从业机构存量不合规业务要逐步压降至零，不得新增不合规业务。

5. 对于经现场检查发现存在违法违规问题的从业机构，采取差别化处置措施。对合规类机构应纳入日常监管范围；对整改类机构应出具整改意见，明确违法违规金融活动的退出时间表；对取缔类机构应视具体情形，出具行政处罚意见或按照处置非法集资、打击非法证券活动、清理整顿各类交易场所等工作机制予以查处。

（四）内容述评

清理整顿是专项整治工作的四个阶段之一。专项整治工作包括四个阶段：摸底排查、清理整顿、督查和评估、验收和总结。《通知》明确了整治工作的全面部署安排，有助于帮助互联网金融实现规范与发展并举、创新与防范风险并重，促进互联网金融健康可持续发展。《通知》对专项整治做出延期的安排，并实施网贷机构及数量双降的政策。对行业影响较大。

（五）政策影响

有利于鼓励和保护真正有价值的互联网金融创新，整治违法违规行为，切实防范风险，建立监管长效机制，促进互联网金融规范有序发展。P2P 行业的监管文件不断出台，地方监管部门需要据此不断做调整。目前互联网金融风险底数已基本摸清，风险整体水平正逐步下降，但互联网金融业态向消费金融、地方交易场所、互联网资产管理等方向发展，对如何进行长效监管、加强监管协同性和一致性带来挑战。

三、《关于对互联网平台与各类交易场所合作从事违法违规业务开展清理整顿的通知》（整治办函〔2017〕64号）

（一）发文信息

2017年6月30日，互联网金融风险专项整治工作领导小组办公室下发《关于对互联网平台与各类交易场所合作从事违法违规业务开展清理整顿的通知》（以下简称《通知》），面向省级地方政府互联网金融风险专项整治工作领导小组办公室，人民银行省一级分支机构。

（二）出台背景

2017年上半年一些互联网平台明知监管要求（包括交易场所不得将权益拆分发行、降低投资者门槛、变相突破200人私募上限等政策红线），仍然与各类交易场所合作，将权益拆分面向不特定对象发行，或以“大拆小”“团购”“分期”等各种方式变相突破200人限制。一些产品无固定期限、资金和资产无法对应，存在资金池问题；一些产品未向投资者披露信息和提示风险，甚至将高风险资产进行包装粉饰，向不具备风险承受能力的中小投资者出售，一旦信用风险爆发，可能影响社会稳定。

（三）主要内容

《通知》包括5条清理整顿工作的具体要求。

1. 停止增量，化解存量。各地整治办会同人民银行分支机构责令辖内互联网平台于2017年7月15日前，停止与各类交易场所合作开展涉嫌突破政策红线的违法违规业务的增量。同时妥善化解存量违法违规业务。

2. 开展现场检查，依法处罚。对于2017年7月16日以后仍继续与各类交易场所合作开展违法违规业务的互联网平台，各地整治办会同人民银行分支机构对相关互联网平台开展现场检查，查实互联网平台是否存在违法违规问题，并按相关法律法规进行处罚。

3. 防范处置风险。各地要注意风险隔离，避免形成连锁反应和交叉感染，守住风险底线。

4. 持续检测。各地整治办会同人民银行分支机构对辖内互联网平台与各类交易场所合作开展违法违规业务的情况进行全面排查和持续监测，保证问题全面整治，防止相关违法违规业务死灰复燃。

5. 整顿情况上报。人民银行分支机构会同各地整治办于2017年7月15日前，将辖内互联网平台与各类交易场所合作开展违法违规业务清理整顿情况，报告全国整治办。

（四）内容述评

《通知》是针对 2017 年上半年愈演愈烈的互联网金融平台与各类交易场所合作模式，违法违规问题的禁止性通知。明确了该模式的定义、存在的问题、整顿的责任主体、执行人、时间节点和配套措施，有效防范了互联网金融风险。此外，《通知》是对 2017 年以来的清理整顿各类交易场所的回头看工作的补充。

（五）政策影响

《通知》是对互联网金融平台的又一次监管加强。互联网金融平台全面停止了与各类交易场所的合作。配合清理整顿各类交易场所回头看工作继续推进。随着与各类交易场所开展相关业务的模式被监管，互联网平台会创新更多的业务模式，这对监管提出了新的要求。

附件　市场案例："三农"互联网金融企业翼龙贷情况介绍

自2007年第一家网贷平台成立以来，中国网贷行业已经迈过十年。"网贷老兵"、联想控股成员企业——翼龙贷在见证行业经历从低谷到高潮，从非正规军向正规军发展的同时，走出一条合规发展之路。

截至2018年1月底，翼龙贷借助互联网技术累计为"三农"领域输送超过380亿元的信用资金，帮助超过48万人次脱贫致富、创业创新。翼龙贷已在全国200多个城市设立合作商，覆盖超过1200个区县。平台累计成交量达750亿元，注册用户超过549万人。

一、翼龙贷的特点

总体来说，翼龙贷始终明确信息中介定位，坚持小额分散经营原则，以普惠"三农"为使命。

具体表现如下：

一是翼龙贷一直坚守金融信息中介的定位，不碰触用户资金、不涉及混业经营，借助互联网技术撮合农村借款人和城市出借人的借贷需求，实现金融资源的有效配置。

二是单笔借款额度小，平均借款额度6.46万元，93%的借款金额在9万元以下，10万元以上的仅占7%；借款笔数分散，分布在全国1200多个区县；借款资金流向分散，遍布农林牧渔、零售业、制造业等20多个行业；借款人年龄层分散，25～34岁的借款人占比32.6%，35～44岁的借款人占比34%，45～54岁的借款人占比27.2%。

三是翼龙贷一直以普惠"三农"为企业使命。独创线下风险防控与线上信息撮合相结合的"同城O2O"模式，在地市、县、村寻找当地人做合作商，他们熟悉当地的情况和社群结构，利用农村"熟人社会"的亲缘、地缘、人缘优势，对农户的还款能力和资产状况进行调查分析，控制风险，并进行贷中、贷后管理。

二、翼龙贷的概况

（一）产品方面：翼龙贷针对“三农”领域特点完成产品布局，并推进体系升级

综合考虑一个农村普通种植养殖户的年收入、资金缺口等多方面因素，翼龙贷将授信额度稳定在平均6万元。在产品布局上，针对农民缺少有效抵质押物的情况，形成了以信用贷为主的借贷产品格局，并细分涉农客群，针对其需求特点，量体裁衣，优化升级借贷产品体系（见表1）。

表1　翼龙贷借贷产品

产品	产品定位	额度	借款期限及还款方式
翼农贷	针对“三农”自然人客群生产经营及日常消费的资金需求	1万~9万元	3~12个月（按月结息，到期还本） 12/15/18/21/24个月（等额本息）
翼商贷	针对大农户、个体工商户、农业合作社等主体的生产经营性资金需求	1万~15万元	3~12个月（按月结息，到期还本） 12/15/18/21/24个月（等额本息）
翼企贷	针对中小微企业经营性资金需求	10万~100万元	借款期限及还款方式 6/12个月（按月结息，到期还本） 12个月（等额本息） 36个月（等本等息）
C+	针对有稳定居所、稳定经营项目、稳定收入的涉农自然人资金需求	2万~20万元	12/24/36个月（等本等息）
产业集群	针对具备集群属性的中小微型企业、个体工商户及自然人资金需求	个人：2万~20万元， 企业：10万~100万元	1~12个月（按月结息，到期还本） 6~36个月（等额本息）
供应链	针对特色农业及生产服务行业的个人及经济组织经营性资金需求	个人：≤20万元， 企业：≤100万元	1/3/6/12/18/24个月 （按月结息，到期还本）

续表

产品	产品定位	额度	借款期限及还款方式
翼房贷	针对有房产的个人或企业资金周转	个人：≤20 万元， 企业：≤100 万元	1～12 个月（按月结息，到期还本） 3～36 个月（等额本息）
翼车贷	针对有车产的个人或企业资金周转	个人：0.1 万～20 万元， 企业：0.1 万～100 万元	1～12 个月（按月结息，到期还本） 3～36 个月（等额本息）

（二）技术方面：创造了多项"三农"互联网金融行业的领先技术

2016 年 5 月，翼龙贷开发了"三农"领域的线上金融信息服务 APP"翼龙借款"。农民足不出户，通过翼龙借款 APP 就能快速发起借款申请，掌握借款进度，后期还款也在 APP 上进行。基于此也完善了公司对"三农"领域的数据积累。该技术受到农业部的肯定和关注，2017 年，翼龙贷成为全国农民手机应用技能培训联盟单位。

在规避互联网欺诈方面，翼龙贷不断强化反欺诈技术，依托自身积累的用户数据、合作单位（金融数据公司、手机运营商等）授权的数据以及网络公开抓取的数据，结合欺诈风险识别技术，得以更加精准地识别各类异常、恶意信息，降低恶意欺诈风险。

（三）风控体系建设方面

采用同城借贷原则。针对农村个人授信，基于风险控制的要求，翼龙贷要求借款人必须在有翼龙贷合作商的城市才能借款，且借款人必须在当地有固定居所或经营场所。翼龙贷合作商会派出至少两名风控人员上门进行尽职调查，实地考察，从借款人的家庭、工作、社会关系等多个维度比照检验借款人，确定借款人是否合格及评定借款人的风险等级。

建设大数据风控模型。在深耕农村的十余年时间里，翼龙贷积累了独有的"三农"数据，包括近百万名借款人的借款申请记录、信用记录等，以及 40 余万名出借人的信息。翼龙贷将继续通过自有渠道、结合外部渠道，采集并完善数据，进行准入行为分析，构建用户画像，通过建立大数据风控模型综合评估借款人信用情况，提高审批效率，降低人工成本。

三、翼龙贷的经验

专注"三农"领域的翼龙贷通过多年实践，借助互联网技术，有效覆盖了传统农村金融所不能触及的群体和客户，真正践行了普惠金融，脱虚向实，促进农村实体经济的发展。

（一）引导城市闲散资金回流农村，反哺“三农”

翼龙贷成立十年间，在服务“三农”、助力双创、支持调整农村产业结构等方面，都发挥了积极的作用，积累了很多鲜活的案例。

助力提升“三农”产业升级。46 岁的山西新型职业农民董会龙，承包了700 亩农田。为了提高经营效益，他决定购买德国进口拖拉机和无人机，提高农田的机械化、科技化水平，但是除了自有资金和政府补贴，仍存在资金缺口。翼龙贷为董会龙授信 6 万元，解决了他的燃眉之急。

做小微企业的成长“伙伴”。河北保定“80 后”军人毛智军退伍后，看好有机猪肉消费市场但苦于没有创业资金。在翼龙贷的帮助下，他果断走上“大众创业、万众创新”之路，仅用 5 年时间就从个体工商户发展升级为小微企业，目前已启动新三板挂牌上市。

响应国家政策助推产业转型。受浙江省环保政策的影响，以养殖业为生的衢州农民周荣芳走向了转型之路，转而发展苗木种植。在他缺少发展资金的时候，翼龙贷帮助他成功撮合到 7 万元借款，渡过了难关。如今，周荣芳不仅扩大了种植基地，还注册了家庭农场。

（二）促进农村就业，增加农民收入

来自社科院专家的调查显示，每 3 万元借款可以解决一名农民的全时或季节性就业问题。翼龙贷累计向“三农”领域撮合了超过 380 亿元的资金支持，以此测算，帮助解决了农村 120 万人以上的就业问题。根据中国社科院专家抽样调查，翼龙贷帮助就业人员一般都是年龄较大、外出就业可能较小的本地农民。

与此同时，翼龙贷有助于农民更好地解决融资问题，吸引相当一部分外出务工的农民带着特长回乡创业，带动农村的发展与就业。

比如河南省周口市商水县巴村的翼龙贷客户陈姓夫妇，他们在广东的玩具加工业打工近十年后，选择返乡创业，建成一家玩具加工厂，雇佣的 60 多名工人均为当地留守妇女，其中包括一些年过六旬的老人。

此外，截至 2018 年 1 月底，翼龙贷已在全国近 200 个城市设立运营中心，业务覆盖全国 1200 个区县、10000 多个乡镇，至少帮助解决了 1 万名当地人口的就业需求。

（三）履行社会责任，参与精准助贫减贫

翼龙贷在实践中结合贫困地区的实际情况，探索出多种有效的互联网金融助贫减贫模式。据不完全统计，截至2017年底，翼龙贷业务覆盖我国199个国家扶贫工作重点县，累计为这些县域51560个主体撮合借贷资金55.92亿元。

1. 基于本地化O2O的互联网金融助贫减贫模式

内蒙古通辽市科尔沁左翼中旗是国家扶贫开发工作重点县。该县的花胡硕苏木哈根庙嘎查（蒙古语嘎查即汉语行政村）有意发展养殖项目，改变贫困现状，但由于贫困村的"名声"在外，难以从传统金融机构获得贷款。2015年，嘎查书记抱着试试看的心态向翼龙贷提交了借款申请，经过尽调家访，不到一周就获得了资金支持。此后渴望脱贫的村民们纷纷找上了翼龙贷。全村有近30户人家成为翼龙贷的借款户。如果按每户平均借款6万元算，相当于翼龙贷为哈根庙嘎查提供了约200万元的"专项扶贫资金"。有了充足的资金扶持，哈根庙嘎查一举摘掉贫困县的"帽子"，成功实现整体脱贫。

2. 基于农业供应链的产业化助贫减贫模式

河南省驻马店市汝南县东官庄镇舍屯村合作社曾经因为缺乏资金和土地资源有限，无法推广药草种植技术，守着宝藏却收入微薄。在翼龙贷的资金支持下，舍屯村合作社将药草种植产业发展到邻县——国家扶贫开发工作重点县新蔡县。新蔡县农户提供田地，舍屯村村民提供技术、种子、农药等，获得的纯利润双方平分。以前，新蔡县以种高粱、玉米为主，年景好时，每亩地年收入600元至700元。自从种了药材、花木等经济作物，一亩地的净收入达到了2700元至3000元。也就是说，舍屯村农村合作社帮助邻县贫困村民实现了收益翻三番。

3. 探索政企联动的助贫减贫模式

2015年，辽宁省阜蒙扶贫局与当地翼龙贷合作，尝试由扶贫局出具贫困户名单，由当地翼龙贷合作商进行风控筛选，共同完成贷前、贷中、贷后等环节。被选中的贫困户获得扶贫局最高2万元、翼龙贷最高6万元的资金支持。据统计，2016年1月至2017年初，扶贫局累计发放贷款170万元，共85户。85户贫困户中有17户获得了翼龙贷授信，共计90万元，其中7户贫困借款人显著提高了生活水平，已成功脱贫。

类似政府与企业合作的模式在海南省琼海市阳江镇岭下村也有尝试。2017年2月，岭下村与翼龙贷签订战略合作协议，通过翼龙贷平台快速解决全村农

户发展资金的问题，并带动贫困户实现产业脱贫。根据协议，翼龙贷分 3 期为岭下村农户提供助农资金，首期为 160 户村民撮合借款 960 万元，其中包括 40 名贫困户。

（四）助力构建农村信用体系

翼龙贷在专注“三农”市场的过程中，积极参与农村信用体系的构建，摸索出一些行之有效的措施。

1. 关联化、普惠化扩大征信采集覆盖面

翼龙贷的信息采集和借款审批以家庭为单位，借款人需要提供全部家庭信息资料，相关文书材料至少须由夫妻双方共同签字才能生效。这些在人民银行征信体系中处于信息空白而资质优良的农民群体，通过翼龙贷独有的模式纳入自有信用数据库，有效补充了“三农”信用数据，促进了农村信用体系建设的完善。

2. 依托互联网技术和大数据，打造“三农”信贷工厂

通过自主研发的农民线上金融服务应用软件，翼龙贷可以获取农民的地理位置、经营情况、历史收益等信息，判断其信用状况，有针对性地开展各级风控审核。

此外，针对农业生产和收益回报易受气象变化、价格波动的影响，导致相关借款人可能出现无法按时还款的情况，翼龙贷提出了信用成长计划，为借款人量身定制信用打分卡，帮助其逐渐积累信用值，再次贷款时还可享受相应的利率优惠、增值服务等。

四、翼龙贷的未来发展

“三农”政策整体利好，以及“三农”市场条件日益成熟，农村金融的“黄金时代”已经到来。

成立十年来，翼龙贷确定了服务“三农”的战略重点和经营特色，深耕“三农”市场形成差异化竞争优势，与“农”相伴、向“农”而兴是翼龙贷的商业选择。基于对“三农”发展面临历史机遇、“三农”金融市场缺口等的预判，凭借在“三农”领域多年精耕细作的领先优势，未来，翼龙贷将继续专注“三农”市场，以金融信息服务为切入点，提升在覆盖“三农”金融市场、细分市场专业经营、积累“三农”金融大数据三个维度的能力，坚定不移地实施专业化精细化发展战略，建设成开放式的“三农”生态系统，成为传统“三农”金融的有益补充。翼龙贷今后的发展主要着眼以下三个方面：

一是作为传统"三农"金融机构的有益补充，实现"三农"中低端市场全覆盖。

作为传统"三农"金融机构的有益补充，翼龙贷的目标客群定位主要为农村的中低端客户。根据目标客户群，翼龙贷在农业信贷部的基础上，成立了供应链金融、集群金融等业务部门，探索与新型职业农民、家庭农场等农村中端市场主体相适应的金融服务。

二是在覆盖市场的过程中，提升细分市场专业经营能力。

农村金融市场的蓝海吸引了越来越多互联网企业进场。数据显示，全国正常经营的2000多家网贷平台中，涉农P2P有300多家，专注农村业务的仅有29家，翼龙贷是其中唯一一家十年耕耘农村市场的P2P。无论是实现商业可持续发展，还是更好地服务"三农"实体经济，持续提升专业化经营能力才是硬道理。翼龙贷将围绕"专业化模式与产品、批量获客与风控、数据引导、风险定价"等方面进行持续提升。

三是沉淀"三农"数据，解决"三农"痛点。

随着互联网在农村地区、农业生产、农民生活的全面渗透，更多"三农"数据将沉淀下来。翼龙贷作为深度参与"三农"生态的互联网金融企业，在此过程中也将积累丰富的用户数据及客户资源。有了数据引导，传统金融机构在"三农"上的征信、资产评估、风险定价等方面的"痛点"也将迎刃而解。翼龙贷相信，大数据作为"互联网+金融+农业"的催化剂，或将推动传统农业实现生态的转变。

翼龙贷将致力于以金融为切入点，建设一个开放式的"三农"生态系统，不仅为现有"三农"领域提供金融支持，更着眼于以金融为抓手，改善和提升"三农"产业生态环境。